JN099107

知的財産法

第9版

角田政芳・辰巳直彦［著］

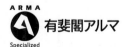

ARMA
A
Specialized
有斐閣アルマ

科学技術，とくにデジタル・テクノロジー，インフォメーション・テクノロジー，バイオ・テクノロジー等の領域では第 4 次産業革命といわれる飛躍的な技術の発展により，知的財産法もその発展・変化にいかに対応するかが問われている。

インフォメーション・テクノロジーの領域では，すでに AI，IoT，VR/AR，ビッグデータそして 5G の時代に突入している。5G は，大容量のデータを瞬時に送受信可能な次世代通信規格であり，2 時間映画でも，たった 3 秒でダウンロードできるものであり，4K や 8K の超高精細度映像の送受信でさえ容易になる。

これらのイノベーションの基礎となるテクノロジーの法的保護は，単にテクノロジーの保護法の中心である特許法の知識だけでは，そのソリューションを提供することはできない。AI 自体，AI が創作した表現物，AI 開発や 3D プリンターでの製造にかかせないデータセットの特許法や著作権法等による保護が課題である。VR コンテンツでは，現行著作権法が保護する視覚と聴覚に訴える著作物の範囲に留まらない，香り，味，風や熱など嗅覚，味覚，触覚を加えた五感で体感する創作物がインターネットを通じて送受信可能となっているが，著作権の支分権には公衆に直接見せまたは聞かせる目的での再生する権利しか用意されていない。

第 8 版以降における知的財産法の主な改正点は，以下の通りである。

特許法については，平成 28 (2016) 年に 12 ヵ国で署名された「環太平洋パートナーシップ協定」(TPP12) の締結に伴う同年の関係整備法 (法律第 108 号) により「新規性喪失の例外期間 (グレースピリオド)」が 6 ヵ月から 1 年に延長され，令和元 (2019) 年の「特許法等の一部を改正する法律」(法律第 3 号) により，特許権侵害訴訟において中立

な技術専門家が現地調査を行う査証制度が導入され，また損害賠償額算定規定の見直しが行われた。

意匠法についても，特許法と同様に，平成 28 年の TPP12 関係整備法（法律第 108 号）により，「新規性喪失の例外期間（グレースピリオド）」が 6 ヵ月から 1 年に延長された。注目すべきは，令和元（2019）年改正（法律第 3 号）により，従来のモノに限定されてきたデザインからコトのデザインまで拡張する画像デザインの保護と建築物の外観・内装のデザイン保護が実現したことであり，さらに間接侵害規定が拡充された。

不正競争防止法については，平成 30（2018）年の「不正競争防止法等の一部を改正する法律」（法律第 33 号）により，「ビッグデータ」等の保護と技術的制限手段の無効化規制が拡大された。

著作権法については，上記の TPP12 の関係整備法により，著作権の存続期間が死後 50 年から 70 年に延期され，アメリカの離脱後の 11 ヵ国による平成 30 年の TPP11 の関係整備法（法律第 70 号）により著作権侵害罪の一部が非親告罪となった。さらには，同年の「著作権法の一部を改正する法律」（法律第 30 号）によりコンテンツの有効な利活用のためのいわゆる「柔軟な権利制限規定」が導入された。

第 9 版では，これらの法改正と新しい重要判例をもれなく紹介した。

テクノロジーやアートの世界における「未知との遭遇」はなお続いていくこととなる。そのような中で，それらの知的財産法による保護と利活用の法的インフラの構築・整備もサスティナブルに発展させる必要があるが，その役割を果たすのは，若い知的財産法の研究者，裁判官，弁護士・弁理士などの実務家，企業の担当者たちである。

本書は，2000 年の初版以来，そのような役割を果たすプロフェッショナルを目指して学部や大学院，ロースクールで知的財産法を学習する人たちに対して，知的財産法の基本と，問題となっている論点につき，最新の学説・判例の到達点を示しながら，ともに考えてみる機

会を共有したいとの思いで執筆してきた。その思いは，ますます募るばかりであり，本書が読者の方々の情熱と使命感に応えられるよう祈るばかりである。どうか，ご指導・ご批判のほど，お願いしたい。

　最後に，本書第9版の刊行に当たり，多大なご尽力をいただいた有斐閣書籍編集部の笹倉武宏氏と渡邉和哲氏に心から感謝申し上げたい。

2020年3月

角田政芳

辰巳直彦

初版はしがき

　本書は，大学の法学部の学生や，ある程度法律学の知識のある人たちが初めて知的財産法を学ぶためのテキストである。

　知的財産法とは，テクノロジー，マーク，アート，そしてパフォーマンスのような知的な創作について排他的独占権を認め，経済市場における支配的地位を認める私法の体系である。人類の歴史の中で，知的財産法は，科学技術の発展に大きく貢献してきた。そして，今日の情報通信技術（IT）やバイオテクノロジーなどに代表されるハイテクノロジーの発展のための法的インフラということができる。今日，知的財産法の正確な理解は企業経営の一つの柱となっており，大学などの研究成果の産業界への移転においても不可欠なものとなっている。特に物的資源の乏しいわが国においては，人の知恵という無尽蔵の資源から生まれる財産を保護するものとして，この法分野は今後非常に重要な役割を担うものと考えられる。

　他方，知的財産法は，あくまでも財産法の一分野であって，「最適な富の配分」を約束するものでは決してないことも念頭におかれるべきである。その意味で，「知的」というキャッチフレーズに惑わされない謙虚さも必要だといえる。

　最初に述べたように，本書は知的財産法の初学者を念頭においている。そこで，読者の方々にはまずとにかくPart 1 の「知的財産法の世界へ」を開いていただきたい。ここでは，知的財産法の問題がいかに読者の方々の身近にあることなのかという現実からアプローチして，法制度の発展経過や知的財産権の意義，種類，そして法的性質といった知的財産法の総論を概観していただくことになっている。

　そして，知的財産法の各論は，Part 2 の「テクノロジーと知的財産権」から始まる。Part 2 は，特許法，実用新案法，意匠法，商標法，不正競争防止法にわたる工業所有権法を扱っている。ここでは弁理士試験をめざす学生が最初に手にする入門書としても役立つように，手

続的な側面も重視して記述した。それ以外の読者は，手続に関わる技術的なところは適宜飛ばして読んでいただいてもかまわない。

Part 3 の「アートと知的財産権」では著作権を中心に扱い，Part 4 の「デジタル社会と知的財産権」ではコンピュータ・プログラムやデータベース，半導体レイアウトの保護，そしてマルチメディアの問題を，Part 5 の「国際社会における知的財産」においては国際取引と知的財産の関係と知的財産法の国際的ハーモナイゼーションを取り扱っている。

本書は，この5つのパートをさらに分けた23章からなっており，その各章はそれぞれ大学における1回の講義を想定したものである。ただ，これらの各章の構成は，類書におけるような知的財産法の体系を意識したものではなく，独立してそれだけで十分にまとまりのある内容となっている。つまり，章ごとに基礎的事項から現実の問題点までを解説し，かつ今後の展望についても示唆を与えるよう工夫している。

また，コラム欄では，各章のテーマに関連するトピック，知っておいていただきたい事項，そして重要な事件の概要などを紹介した。ぜひ読んでいただきたい。

なお，本書の性格上，判例や学説の詳細を紹介できる範囲は限られている。そのことは，知的財産法の領域の広さを考えればなおさらである。本書の読者の方々が，本書による理解をもとにして，さらに高度の学習や研究へと進まれるように期待したい。

最後に，本書は執筆者の事情や相次ぐ法改正のために，発刊に至るまでに思いのほか長い年月を要してしまった。完成に至るまでに適切なアドバイスと忍耐強いご協力をいただいた有斐閣の大橋將，信国幸彦，一村大輔，中村曜子の各氏に対し心から感謝したい。

2000年9月

角田政芳

辰巳直彦

●**法令等**

○関係法令は，特に注記のない限り，令和 2（2020）年 3 月 1 日現在で施行されているものによっています。

○各章の主題となっている法令は，条数だけで引用しています。

たとえば，特許を扱う第 4 章で特許法を引く場合は，法令名を何も付さず単に「33 条 3 項」のように表記します。

○それ以外の法令等を引用する場合で，頻出するものについては，つぎのように略記します。

TRIPs	：TRIPs 協定
マドプロ	：マドリッド・プロトコル
意	：意匠法
意施規	：意匠法施行規則
実	：実用新案法
実施規	：実用新案法施行規則
実施令	：実用新案法施行令
種	：種苗法
種施令	：種苗法施行令
商標	：商標法
商標施令	：商標法施行令
商標施規	：商標法施行規則
知財高裁	：知的財産高等裁判所設置法
著	：著作権法
著施令	：著作権法施行令
著管	：著作権等管理事業法
特	：特許法
特施令	：特許法施行令
特施規	：特許法施行規則
不競	：不正競争防止法
不競施令	：不正競争防止法施行令

```
憲      ：日本国憲法
民      ：民法
民訴    ：民事訴訟法
民保    ：民事保全法
刑      ：刑法
刑施    ：刑法施行法
```

●判例

判例を引用する場合は略記しています。

たとえば次のように。

　　名古屋高金沢支判平 3.7.10 判時 1408 号 113 頁

この表記は 4 つの部分から成ります。

① 裁判所名

　　上の例では，名古屋高等裁判所金沢支部です。

② 裁判の種類

　　上の例では，判決です。決定の場合は「決」となります。

③ 裁判の年月日

　　上の例では，平成 3 年 7 月 10 日です。

④ 裁判が掲載された刊行物名と掲載頁

　　文献名は，以下のように略記しています。

```
民録     ：大審院民事判決録
刑録     ：大審院刑事判決録
号外     ：審決公報号外
民集     ：最高裁判所民事判例集
刑集     ：最高裁判所刑事判例集
下民集   ：下級裁判所民事裁判例集
取消集   ：審決取消訴訟判決集
無体集   ：無体財産権関係民事・行政裁判例集
知裁集   ：知的財産権関係民事・行政裁判例集
裁時     ：裁判所時報
東高民   ：東京高等裁判所判決時報　民事
判時     ：判例時報（商業誌）
判タ     ：判例タイムズ（商業誌）
```

●知的財産法〔第9版〕── 目次

第9版はしがき　i　　　　　　初版はしがき　iv
本書を読む前に　vi

> **Part1**　知的財産法の世界へ

第1章　日常生活の中の知的財産

1　購入したスマートフォンと知的財産 ……………………………… 2
2　知的財産保護の必要性 ………………………………………………… 4
3　知的財産権の意義と種類 ……………………………………………… 5
4　知的財産権の性質 ……………………………………………………… 7

第2章　知的財産法の発展

1　特権から知的財産権へ ………………………………………………… 10
2　特許法の発展 …………………………………………………………… 12
　　　①主要国の特許法の発展　②日本の特許法の発展
3　実用新案法の発展 ……………………………………………………… 16
4　意匠法の発展 …………………………………………………………… 17
5　商標法の発展 …………………………………………………………… 19
6　不正競争防止法の発展 ………………………………………………… 21
7　著作権法の発展 ………………………………………………………… 23
　　　①主要国の著作権法の発展　　②日本の著作権法の発展

> **Part2**　テクノロジーと知的財産権

第3章　発明と特許法

1　特許法とは ……………………………………………………………… 30
　　　①特許権と発明保護　②自由競争と特許法
2　発明の意義 ……………………………………………………………… 33

3 特許取得の実体要件 ……………………………………………… 40
　①特許要件　②産業上の利用可能性　③新規性　④進歩性
　⑤不特許事由

第4章	特許取得手続

1 特許取得手続の意義 ……………………………………………… 50
2 発明者と特許を受ける権利 ……………………………………… 51
　①発明者と特許を受ける権利　②特許を受ける権利の移転・承
　継・消滅　③冒認出願と特許権　④共同発明　⑤職務発明
3 出願手続 ……………………………………………………………… 66
　①書面主義　②明細書　③特許請求の範囲（クレーム）
　④発明の単一性　⑤出願日の認定と出願の効果
4 特別な出願 …………………………………………………………… 81
　①パリ条約による優先権の主張を伴う出願　②国際出願
　③国内優先権制度　④先の特許出願を参照すべき旨を主張する
　方法による特許出願　⑤出願の分割・変更　⑥外国語書面出願
　⑦実用新案登録に基づく特許出願　⑧特許延長登録出願
　⑨電子出願
5 出願公開 ……………………………………………………………100
6 出願審査 ……………………………………………………………101
　①出願審査の手続　②補正
7 特許登録 ……………………………………………………………109
8 特許異議申立制度 …………………………………………………109
9 審判と審決取消訴訟 ………………………………………………113
　①審判　②拒絶査定不服審判　③訂正審判
　④特許無効審判　⑤不服申立てと審決取消訴訟

第5章	特許権とビジネス——特許権の効力・制限・活用

1 はじめに ……………………………………………………………130
2 特許権の効力 ………………………………………………………131
　①効力の内容　②特許権の保護期間および消滅
　③特許権の共有
3 特許権の効力の制限 ………………………………………………136
　①特許発明の実施の制限　②法定の制限事由
　③法定実施権による特許権の制限　④裁定実施権による特許権の制限
　⑤特許無効の抗弁　⑥特許権の消尽

4 特許権の活用 ··152

    ① ライセンス   ② 特許権の移転および担保権の設定

第6章　特許権の侵害と救済

1 特許権の侵害 ···158

    ① はじめに   ② 直接侵害   ③ 間接侵害

    ④ 生産方法の推定

2 民事的救済 ···174

3 刑事上の制裁 ··181

4 侵害訴訟に対する対抗手段 ····································182

第7章　バイオテクノロジーの保護──特許法と種苗法

1 バイオテクノロジーの法的保護 ······························183

2 特許法による保護 ··185

    ① バイオテクノロジーの発明性   ② バイオテクノロジーの特許性

    ③ バイオテクノロジー特許の権利範囲

3 種苗法による保護 ··188

4 種苗法の保護対象 ··189

5 育成者権の発生要件 ···190

    ① 主体的要件   ② 客体的要件   ③ 手続的要件

    ④ 育成者権の意義・性質・効力・存続期間

    ⑤ 育成者権の効力の制限

6 育成者権の侵害と民事救済・刑事制裁 ·····················196

第8章　実用新案

1 実用新案の保護法 ··199

2 保護対象と登録要件 ···201

3 実用新案権の効力と侵害 ··204

4 実用新案制度の問題点 ··206

第9章　意　匠

1 意匠の保護法 ··208

2 保護対象と登録要件 ……………………………………210
    ① 意匠の要件　② 意匠の登録要件

3 意匠権取得手続 ……………………………………217

4 意匠権の効力と侵害 ……………………………………219

5 意匠法における特殊な制度 ……………………………………223

第 **10** 章　商　標

1 商標とは ……………………………………227

2 商標権の取得 ……………………………………230
    ① 登録主義　② 審査主義

3 登録要件・実体審査 ……………………………………239
    ① 積極的要件　② 消極的要件　③ 実体審査

4 商標登録と登録異議申立て ……………………………………258

5 無効審判 ……………………………………260

6 商標権の効力 ……………………………………262

7 商標および商品・役務の類似 ……………………………………266

8 商標権の制限 ……………………………………270

9 商標権の分割, 移転および使用権 ……………………………………278

10 更新登録 ……………………………………281

11 防護標章登録制度 ……………………………………282

12 商標登録の取消し ……………………………………283

13 権利侵害に対する救済 ……………………………………287

14 マドリッド・プロトコルによる国際登録 ……………………………………289
    ① 国際登録出願の手続　② 国際商標登録出願

第 **11** 章　不正競争防止法

1 不正競争防止法の体系的位置づけ ……………………………………292

2 個別不正競争類型（2 条 1 項） ……………………………………295
    ① 商品・営業主体混同惹起行為（1 号）
    ② 著名表示冒用行為（2 号）　③ 商品形態模倣行為（3 号）
    ④ 営業秘密の不正取得・使用・開示行為（4 号〜10 号）
    ⑤ 限定提供データの保護（11 号〜16 号）
    ⑥ デジタル・コンテンツの技術的制限手段の無効化行為（17 号・18 号）
    ⑦ ドメイン名不正取得等行為（19 号）
    ⑧ 原産地・品質等誤認惹起表示（20 号）

　　　⑨ 競業者の営業誹謗行為（21 号）
　　　⑩ 代理人等による商標の不正使用（22 号）
　3 刑罰規定 ……………………………………………………………………326

Part3 アートと知的財産権

第12章 アートと著作権法

　1 著作権法とは ………………………………………………………………330
　　　① 制定された背景　② 著作物等の国際的保護
　2 著作物と著作者 ……………………………………………………………333
　　　① 著作物と著作者　② 著作権法の基本原理　③ 著作物の保護
　　　範囲および発行・公表
　3 著作者の権利 ………………………………………………………………353
　　　① 著作者人格権　② 著作権
　4 著作隣接権者の権利 ………………………………………………………372
　　　① 著作物の流布に貢献のある者の保護
　　　② 個別著作隣接権者の権利

第13章 著作物の自由利用

　1 はじめに ……………………………………………………………………379
　2 公共のための強制許諾制度 ………………………………………………382
　3 公共のための効力制限（自由利用）………………………………………383
　　　① 私的使用のための複製　② 付随対象著作物の利用（30条の2，写り込み）
　　　③ 検討の過程における利用（30条の3）
　　　④ 著作物に表現された思想又は感情の享受を目的としない利用（30条の4）
　　　⑤ 図書館等における複製　⑥ 引用・転載
　　　⑦ その他の主な効力制限規定
　4 譲渡権の消尽 ………………………………………………………………408

第14章 著作権の保護期間

　1 保護期間の限定はなぜ必要か ……………………………………………412
　2 保護期間の原則 ……………………………………………………………413
　3 保護期間の例外（公表起算主義等）………………………………………415

<table>
<tr><td>第15章</td><td colspan="2">著作権とビジネス</td></tr>
</table>

1 著作権は財産権 ……………………………………………420
2 著作権の譲渡 ………………………………………………421
3 著作権のライセンス ………………………………………425

<table>
<tr><td>第16章</td><td colspan="2">著作権の侵害と救済・制裁</td></tr>
</table>

1 著作権の侵害とは …………………………………………431
2 侵害の態様 …………………………………………………432
3 民事上の救済 ………………………………………………438
　　1 侵害への対応　　2 本案訴訟
4 刑事上の制裁 ………………………………………………443

<table>
<tr><td>第17章</td><td colspan="2">パブリシティの保護</td></tr>
</table>

1 パブリシティ ………………………………………………445
2 パブリシティ権の形成 ……………………………………446
3 物のパブリシティ …………………………………………451
4 パブリシティの主体の推奨責任 …………………………452

Part4　デジタル社会と知的財産権

<table>
<tr><td>第18章</td><td colspan="2">プログラム，データベースおよびデータの保護</td></tr>
</table>

1 保護の意義 …………………………………………………456
2 プログラムの保護 …………………………………………458
　　1 著作権法による保護　　2 特許法による保護
3 データベースの保護 ………………………………………466
　　1 著作権法による保護　　2 不法行為法による保護

| 第19章 | 半導体集積回路の保護 |

1 はじめに ……………………………………………………………472
2 わが国の半導体集積回路保護法 ………………………………473
　　1 体系的位置づけ　2 保護対象　3 権利発生と権利内容
　　4 権利の制限
3 権利侵害に対する救済 …………………………………………479
4 今後の課題 ………………………………………………………480

| 第20章 | インターネットと知的財産権 |

1 情報のデジタル化・ネットワーク化がもたらすもの ………481
2 デジタル化時代と著作権 ………………………………………483
3 インターネットと著作権 ………………………………………485
4 インターネットと特許権 ………………………………………491
5 インターネットと商標権 ………………………………………493
6 インターネット・サービス・プロバイダーの責任 …………496

Part5　知的財産権の国際的展開

| 第21章 | 国際関係と知的財産権 |

1 総説 ………………………………………………………………502
2 並行輸入と知的財産権 …………………………………………503
3 技術移転と知的財産権 …………………………………………509
4 強制実施許諾制度の問題 ………………………………………510
5 生物多様性条約と知的財産権 …………………………………510
6 知的財産権侵害の国際裁判管轄と準拠法 ……………………511

| 第22章 | 知的財産法のハーモナイゼーション |

1 ハーモナイゼーションから統一へ ……………………………515
2 属地主義 …………………………………………………………516

3 工業所有権法のハーモナイゼーション ……………518
　　1 パリ条約　　2 特許法のハーモナイゼーション
　　3 意匠法のハーモナイゼーション（ハーグ協定）
　　4 商標法のハーモナイゼーション

4 著作権法のハーモナイゼーション ……………525

5 TRIPs 協定——WTO へのシフト ……………529

事項索引　531　　判例索引　548

Column ━━━━━━━━━━━━━━━━━━━━━━━━━━━━━━━

① 自書告身帖事件　8
② ソフトウェア関連発明　36
③ 微生物に係る発明についての国際寄託制度　68
④ パラメータ発明とサポート要件　72
⑤ 「新たな生産」,「特許権の消尽」,「間接侵害」の関係　133
⑥ 膵臓疾患治療剤事件　139
⑦ TLO（Technology Licensing Organization : 技術移転機関）　157
⑧ 山中伸弥教授の iPS 細胞の特許　197
⑨ 団体商標　233
⑩ 地域団体商標と地理的表示（Geographical Indication）の保護　233
⑪ 立体的形状等の商標　243
⑫ コーヒー豆産地名の商標登録　244
⑬ パロディ商標　252
⑭ 「駆け込み使用」と「審判の請求がされることを知った後」　285
⑮ Chupa Chups 事件　288
⑯ 「不正の利益を得る目的」とは　321
⑰ ファッションショーの著作物性　341
⑱ 共同著作物か二次的著作物か　347
⑲ 建築の著作物の複製　361
⑳ 送信可能化　366
㉑ 展示権と上映権　367
㉒ 録音録画補償金制度と「東芝録画補償金控訴審事件」　387
㉓ パロディ事件　410
㉔ ポパイ事件　419
㉕ ブラーゲ旋風　423
㉖ 原稿料・印税・原稿買取り・懸賞論文　429
㉗ 司法救済ワーキングチームの「間接侵害」等に関する考え方の整理　437
㉘ 馬名のパブリシティ権　452
㉙ AI や IoT とこれからの世界　458
㉚ クラウドコンピューティング（cloud computing）とは何か？　482
㉛ MP3 問題　484

㉜ VR ビジネスにおける知的財産権処理　489

㉝ マンガ・アニメの違法アップロード「大規模削除事業」　498

㉞ 水際措置　508

→本書第 12 章 3 ②(1)および第 13 章 3 ①参照。

知的財産法の世界へ

グーテンベルクの活版印刷機
（撮影・角田）

かつて他人の知的財産は，利用するのが大変
困難でした。しかし技術の発達により今では
私たちの身の回りにあふれ，その気になれば
いつでも利用できる状態にあります。

第1章

日常生活の中の知的財産

> 私たちの生活空間にあるもののほとんどは，人類が営々と積み
> 重ねてきた知的創作の成果物である。その知的財産には，他人
> の無断利用を排除することのできる知的財産権という強力な権
> 利が法によって認められている。

1 購入したスマートフォンと知的財産

　私たちが，たとえばスマートフォンを購入するとき，まず第1に注
目するのはそのブランドである。第2にそのデザインである。第3に
その機能である。第4にそれにどのようなソフトウェアやデータベー
スが組み込まれているかである。第5にそのメーカー名である。第6
にその生産国や場所である。

　第1のブランドは，私たちがそのスマートフォンの広告で見たもの
と同じメーカーの同じ商品であるかどうかを確かめるマークである。
これはメーカーが付けたものが多いが販売業者のマークである場合も
ある。このマークは法律上**商標**と呼ばれ，特許庁に登録されていれば
商標権があることとなる。

　第2のデザインは，私たちの感覚にあったデザインであるはずであ
り，そうでないものを購入することは非常に少ない。また，このデザ
インも，ブランドと同様に，それが広告のスマートフォンと同じもの
であるかどうかを確かめるマークとしての役割も果たしている。とき
には，デザインだけで広告の商品と同じものであると思う人もいるで

あろう。このデザインはメーカーが創作したものであり法律上**意匠**と呼ばれ，特許庁に登録されていれば意匠権があることとなる。

　第3の機能は，私たちがスマートフォンに求めたり期待した処理能力や技術であるはずである。スマートフォンのCPUやメモリーはもちろん，メインボード，液晶パネル，タッチパネル，カメラモジュール，SIMカードスロット基板，アンテナモジュール，バッテリー，周辺機器との結合部などのすべてに，メーカーが開発した多くのテクノロジーが凝縮されており，それらは法律上**発明**や**考案**と呼ばれる。特許庁で特許・登録されていれば特許権や実用新案権があることとなる。さらに，そのCPUやメモリーはLSI（集積回路）でできており，その素子や配線のレイアウトは登録されていれば集積回路配置利用権があり，LSIのコピーから保護される。また，メーカーは，これに付随してその製造上のノウハウとかトレード・シークレットと呼ばれるものを保持している。

　第4のソフトウェアやデータベースも，私たちが期待した機能を有するものであるはずである。これはハードとしてのスマートフォンのメーカーではなく通常はソフトメーカーが創作したものであり，法律上**著作物**と呼ばれ，著作権があることとなる。スマートフォンを起動してディスプレイに現れる文章，図形，絵や流れてくる音楽，あるいはワープロソフトでユーザーが作成した文章も著作物であり著作権や著作者人格権がある。

　第5のメーカー名は，私たちがスマートフォンの広告で見たメーカーの名称である。そのスマートフォンがそのメーカーのものであるかどうかを確認したり，使用方法の問合せや故障の連絡に利用しようと考えるものである。これは法律上**商号**と呼ばれ，商号権がある。

　第6の生産国や場所は，私たちがスマートフォンが国内で生産されたものであるか国外で生産されたものであるかなどを確認するものである。スマートフォンのような精密な電子機器については，十分な生

産能力と信頼のある国や地域で生産されたものであるかを確認するマークとなっている。これらは法律上**原産国・原産地**と呼ばれ虚偽表示や紛らわしい表示から保護されるものである。この原産地のうち原産地名称であって農林水産物食品の地理的表示については，登録による保護が可能となっている。

2 知的財産保護の必要性

　私たちが購入したスマートフォンについてだけでも，商標，意匠，発明，考案，LSI のレイアウト，トレード・シークレット，著作物，商号，そして原産国・原産地表示という，いわば人類の知的・精神的な創作や経済活動上の成果や信用のシンボルとしてのマークが利用されている。

　これらは，ハード（有体物）としてのスマートフォンと一体となってはいるが，観念上は別異の存在であり，無体物である。有体物の支配権は民法上の所有権であり（民 206 条・85 条），知的財産権はこれとは別個の権利であって，相互に関係がない（最判昭 59.1.20 民集 38 巻 1 号 1 頁〔自書告身帖事件〕。本章 *Column* ① 参照）。そして，プログラムが記憶されている DVD は数万円の値段が付いているが，なにも記憶されていない DVD は 100 円程度で購入することができる。私たちの知的な創作であり無体物であるプログラムは，それが一体となっている有体物としての DVD の 100 倍以上の経済的価値を有している。同様のことは，知的財産すべてについていうことができる。

　しかしながら，経済的価値を有する知的財産は，それが無体物であるために第三者の無断利用，無断使用を引き起こしやすい。したがって知的財産権は非常に傷つきやすい権利であるということができる。今日，私たちの周りには，他人の知的財産に関する権利を侵害する事

例があふれており，それは国の内外を問わない。

　このため，経済的価値を有する知的財産は，今日私的財産権として法的に承認されており，その種類に応じて創作者の人格的な利益にも配慮しながら，国内法のみならず国際的にも，これを正当に保護する必要がある。同時に，そのための社会的な規範的意識の確立も重要である。

3　知的財産権の意義と種類

　知的財産権は，主として知的創作と経済活動におけるマークに対する排他的独占権の総称である。この知的財産権を分類すると，発明，考案，意匠などのテクノロジーやマークに対する排他的な独占権である工業所有権（近年，産業財産権という用語も用いられるようになっているが，まだ法令の中では使われていないので本書では従来の用語を使う）と，著作物や歌手・演奏家・俳優など実演家の実演，レコード，無線・有線放送などアートに対する排他的な独占権である著作権・著作隣接権とに大別することができる。工業所有権は，狭義では特許庁の登録により発生する特許権，実用新案権，意匠権，商標権の４つの権利を意味するが，広義のものには未登録の商品等表示やトレード・シークレット（営業秘密）など，不正競争防止法により保護されるものもある（パリ条約１条２項・３項参照）。

　これらを，テクノロジーに関する知的財産権，マークに関する知的財産権およびアートに関する知的財産権とに分けて，それぞれ知的財産と知的財産権および保護法の対応を整理すると以下のようになる。

テクノロジーに関する知的財産権（保護法）

発明……………………特許権（特許法）

考案……………………実用新案権（実用新案法）

意匠……………………意匠権（意匠法）

トレード・シークレット………（不正競争防止法）

植物新品種……………育成者権（種苗法）

半導体レイアウト……集積回路配置利用権（半導体集積回路の回路配置に関する法律）

マークに関する知的財産権（保護法）

商標……………………商標権（商標法）

商号……………………商号権（商法，会社法）

周知・著名商品等表示…………（不正競争防止法）

商品形態…………………………（不正競争防止法）

地理的表示………………………（地理的表示法）

アートに関する知的財産権（保護法）

著作物…………………著作権・著作者人格権（著作権法）

実演等…………………著作隣接権（著作権法）

　その他，個別の法律が存在するわけではないが，有名人の氏名または肖像などが有する顧客吸引力に着目し，それらを営業的に利用することに対する排他的権利として，「パブリシティ権」が判例上認められるに至っている。もっとも，権利性のない知的財産でも，保護に値する法益として，不法行為法（民709条）によって保護される可能性もある。また，印刷用あるいはパソコンのディスプレイやプリンタへの出力用のデザイン書体で，タイプフェイスと称せられるものは，外国においては特別法や著作権法などにより保護している場合があり，著

6　第1章　日常生活の中の知的財産

作物性のないデータベースなどとともに法的保護の方法を検討する必要がある。

　さらには，1993 年に締結された生物多様性条約のもとにおける遺伝子資源や，2007 年に国連が採択した「先住民族の権利に関する宣言」における伝統的知識およびフォークロアも，知的財産権と位置付けられている。

4　知的財産権の性質

　知的財産権は，知的財産に対する「私権」(財産権) であり (TRIPs 協定前文参照。この協定については第 22 章 5 参照)，支配権であり，排他的独占権である。客体が無体物であることから，無体財産権と称されることもあり，知的所有権と称されることもある。

　ここで排他的独占権とは，知的財産を他人が利用することを排除して，独占的に利用することができる権利をいう。その知的財産の利用行為は，権利ごとに異なっており，特許権・実用新案権・意匠権については発明・考案・意匠の「実施」といい，商標権については商標の「使用」といい，さらに具体的な行為が権利ごとに定められている。著作権は，複製権，上演・演奏権，上映権，公衆送信権，口述権，展示権，頒布権，譲渡権，貸与権，二次的著作物作成権・利用権といった支分権からなるために，それらの支分権ごとに著作物の利用行為が異なっている。これらの内容については，各権利の章を参照していただきたい。

　狭義の工業所有権 (特許権，実用新案権，意匠権，商標権の 4 つの権利) は，絶対的な排他的独占権と呼ばれることがある。これらの権利は，創作と同時に認められるのではなく，審査主義 (実用新案権を除く)，先願主義のもとで特許庁における登録を経て一国においては唯一の権利が付

与される権利である。そのために，特許権を例にとれば，同一の発明が2人以上の者によって別々になされた場合でも，特許権者以外の者は，たとえ特許権者より先に発明したとしても，原則としてその発明を実施することができない。

　これに対して，著作物に関する著作権は，相対的な排他的独占権と呼ばれることがある。著作権の発生には無方式主義が採用されており，著作物の創作と同時に著作権が発生することとなっている（著17条2項，ベルヌ条約5条2項）。そのために，同一の著作物が2人以上の者によって別々に創作された場合であっても，その間に模倣・盗用がなければ，それぞれに著作権が発生し，自己の著作物を利用する限り著作権の侵害は発生しない（最判昭53.9.7民集32巻6号1145頁〔ワン・レイニー・ナイト・イン・トーキョー事件〕）。この点は特許権などの工業所有権と大きく相違する点である。

　他方，前述のように個別の法律によらずとも，判例上権利の認められるパブリシティ権のような知的財産権もあり，さらに権利性がなくとも不正競争防止法上の不正競争の禁止の効果として，あるいは民法の一般不法行為法上保護される知的財産もあり得る。

　いずれにしても，知的財産権は市場や競争秩序と深い関係を有しているものであるが，私権であり，権利者である私人が自己責任によって自己の権利の実現・執行を図るべきものといえる。権利性のない知的財産の保護の場合も同様である。もっとも，知的財産権秩序一般は，ときには刑罰法規と相まって維持されている面があることも忘れてはならない。

Column① 自書告身帖事件 •••••••••••••••••••••••••••••••

〈最判昭59.1.20民集38巻1号1頁〉
　この事件は，中国唐代の著名な書家である顔真卿真蹟の書「顔真卿自書建中告身帖」（自書告身帖）を所蔵する博物館が，書道全集「顔真卿楷書と王澍臨書」に博物館所有の自書告身帖を無断複製して発行した出版社に対して，「自書告身帖」の所有権に基づく販売差止め等を請求した事例である。最高裁判所は，「美

術の著作物の原作品は，それ自体有体物であるが，同時に無体物である美術の著作物を体現しているものというべきところ，所有権は有体物をその客体とする権利であるから，美術の著作物の原作品に対する所有権は，その有体物の面に対する排他的支配権能であるにとどまり，無体物である美術の著作物自体を直接排他的に支配する権能ではないと解する」として，もはや古典となった「自書告身帖」の場合のように「著作権の消滅後は……著作権者の有していた著作物の複製権等が所有権者に復帰するのではなく，著作物は公有（パブリック・ドメイン）に帰し，何人も，著作者の人格的利益を害しない限り，自由にこれを利用しうることになるのである」と述べて，自書告身帖を複製した書道全集の販売を所有権に基づいて差し止めることはできないとした。この判決は，著作権と所有権の違いを明確にしたものである。なお，著作権と所有権との関係は，頒布権や美術著作物の展示権等において調整されることとなる。

第2章 知的財産法の発展

グーテンベルクの活版印刷が著作権という制度を生み出したように，その時々のハイテクノロジーが知的財産法を発展させてきた。その発展過程を知ることは，知的財産法の根本思想や原理を理解することになる。

本章については，さしあたり読み飛ばし，本書を通読した上で再読するか，または知的財産法の歴史的発展の流れの概観について理解した後，日本の現行法に関する記述の部分については，本書を通読した後に再読されることを推奨する。

1 特権から知的財産権へ

　人類の知的な創作を保護する法制度の発展は，テクノロジーについてもアートについてもその独占の経済的な価値に注目した特権（privilege）の制度に始まり，17世紀の自然法思想に基づく精神的所有権理論により支えられ，経済的自由権としての知的財産権として認められるに至る過程である。いいかえれば，恩恵主義から権利主義への移行の過程である。その特徴は，人類の物質的・精神的な生活の向上に貢献する科学・技術の発達に応じて，また産業や文化の発達に寄与するように保護制度を変容させてきていることである。もっとも，歴史的には近代資本主義体制の出現と商品交換市場の社会における一般化が，こうした変容に決定的な契機を与えたということができる。

　すなわち近代資本主義の出現は，中世における職能団体——たとえばイギリスにおいてはギルド——において親方から徒弟に伝統的に代々受け継がれた「技芸」を，職能団体の解体とともに消滅に導いた。

その中で近代の「技術」は，かつての秘術としての錬金術から脱皮した合理科学としての「近代科学」と結びつき，「芸術」は，それまでの教会や宮廷を舞台とするものから市場を舞台とするものへと変化した。そしてそれらは，ともにかつての伝承的な技芸に代わり，近代資本主義の市場において価値を有し，個人の知的精神的活動によってのみ生み出されうる財産として権利保護の対象たるべきことが正面から見据えられるに至ったのである。したがって，近代資本主義の出現以前と以後においては，知的創作に対する保護の法制度として似たように見えるものであっても，その意味づけと法的位置づけにおいては，決定的な差異があるということができる。

　知的財産法の発展を正確に理解することは，知的財産権の本質や保護制度の正しい理解を導くこととなる。知的財産法を，「特許制度は天才という炎に利益という油を注ぐものである」というリンカーンの言葉に象徴される産業政策の制度であるととらえる思想がある。とくに近年においては，知的財産法は投下資本の回収保障の制度であるという思想も存在する。確かに，近代資本主義のもとにおいて，知的財産が市場における資本の運動手段であり，知的財産の価値実現は資本があって初めてなしうることは否定できない。しかし，資本の運動を支える知的財産の創作は，知的精神的活動を有する自然人のみがなしうる中，知的財産の創作とそれに対する権利を一義的に自然人に割り当てる法制度が用意されるに至ることは必然といえる。その意味で，近代資本主義の枠内においてみる限り，知的創作に対する創作者の当然の権利としての知的財産権という素朴な考えは，依然，一面の妥当性を有している。こうした知的財産権は，私権であり，財産権であって，その権利の内容は公共の福祉に適合するように法律により定められる（憲29条参照）。

　また，知的財産の保護は，主権の及ぶ領域における保護（属地主義）が現在でも妥当するが，それが無体物であって国境を容易に越え得る

ものであるため，国際的な保護制度が要請される。各国の知的財産法は，こうした国際的な保護制度の動向に対応して発展している。ここでは特許法，実用新案法，意匠法，商標法，著作権法の発展を概観する。条約を中心とする国際的な保護制度については，第22章を参照。

2 特許法の発展

① 主要国の特許法の発展

テクノロジーに特権を与える制度自体は，すでに古代ギリシャの特別の料理の考案者に対する特権付与の制度として存在していた。しかし，これは今日の特許法とは異質のものであった。

1474年自由都市ヴェネチアにおいて世界最古の特許法が制定され，すでに新規性，進歩性，実施可能性を要件として10年間の特許権が認められていた。

イギリス 1561年に国王による恩恵としての専売特許状（monopoly patent）が付与されたが，国王の特許状濫発に対抗した議会は，1624年，特許法のマグナ・カルタと呼ばれる専売条例（The Statute of Monopolies）を制定して，特許は「真正かつ最初の発明者」に与えるとする「先発明主義」の特許制度を誕生させ，産業革命の基盤を形成するに至った。また，専売条例はすでに特許権の属地的効力や14年の存続期間も定めていたが，なお恩恵主義は維持されていた。その後1852年に明細書制度，出願公告制度を有する特許法が制定され，1902年に審査主義が導入され，1949年と1977年の改正を経て，1988年「著作権，意匠および特許法」により一部改正されている。現行法は，2017年の改正法である。

アメリカ 1787年の憲法1条8節8項は，「著作者および発明者に，それぞれの著作および発明に対

する排他的権利を一定の期間に限って保証することにより，学術の進歩および有用な芸術と技術の進歩を促進する」という権限を連邦議会に認めた。これに基づいて，1790年には，「先発明主義」に基づく最初の連邦特許法が制定された。その後，1870年改正などを経て，1952年に現行特許法が制定され，1994年にはTRIPs協定への対応と日米包括経済協議合意の履行のため，特許権存続期間を出願から20年とし，1999年には早期公開制度を導入するなどの改正がなされた。2005年以来，先発明主義から先願主義への移行を含む改正法案が幾度か提出され議論されていたが，ようやく2011年，包括改正法が成立するに至った。現行法は，2015年の改正法である。

フランス 1789年の市民革命によって国王による特権が廃止されたあと，1791年に自然法思想に基づく精神的所有権ないし天賦人権としての財産権を発明者に認める特許法が制定された。同法は，発明者に「発明者権」を認め，「無審査主義」を採用したものであった。その後1968年の全面改正により審査主義的な手続を導入し，1992年制定の統一法典「知的所有権法に関する法律」の第2部「工業所有権」の一部に特許法が組み込まれた。最新の改正は，2018年に行われている。

ドイツ 1877年に統一ドイツ帝国は，発明の早期出願による産業への貢献を目的とした「出願者主義」による特許法を制定した。同法は，世界で初めて審査公告制度を導入したものであり，特許権の有効性の判断を通常裁判所ではなく特許局審判部にゆだねる制度を設けた。その後，1936年のナチス特許法は，「出願者主義」を廃止し「発明者主義」を採用して発明者の保護を強化した。1957年には「従業者発明法」が制定された。旧西ドイツでは1981年の改正法により出願公告制度を廃止し，特許付与後の異議申立制度を導入した。1990年10月3日の東西ドイツの統合後は，旧西ドイツ法が旧東ドイツ地域にも施行されることとなった。

その後のドイツ特許法における主な改正としては，2009 年に，特許無効手続の迅速化と職務発明に関する規定の簡素化を図る改正が行われている。現行法は，2017 年の改正法である。

② 日本の特許法の発展

明治期　わが国では，明治維新後に欧米の特許法が導入された。それ以前は，とくに江戸時代享保 6（1721）年の「新規御法度」のように自由な発想自体が禁止されていた。

わが国における最初の特許法は，明治 4（1871）年の「専売略規則」である。これは，「新発明致候者ハ爾来専賣御差許相成候」と定め，先願主義，審査主義，存続期間延長などの規定も設けていたが，運用上の問題から翌 5 年施行が停止された。その後，特許制度の存在しない時代が続いて，たとえば優秀な「ガラ紡機」の発明の模倣を禁止できないなどの事実が特許制度の必要性を認識させる結果となった。

明治 18（1885）年にようやく高橋是清の立案による「専売特許条例」が制定された。専売特許条例は，フランス法とアメリカ法を模範とした本格的な特許法であった。これは，すでに特許要件としての新規性，先発明主義，追加特許などの規定をもっていたが，特許付与を農商務卿の裁量に任せていた点は，恩恵主義の素地を提供していたこととなる。その後，明治 21（1888）年の特許条例はドイツ法にならって特許無効審判制度を採用し，明治 32（1899）年には，パリ条約に対応した特許法が制定された。明治 42（1909）年には工業所有権 4 法が全面的に改正された。その改正特許法を「旧旧特許法」といい，旧旧特許法は，職務発明を使用者に帰属させ，国内公知を新規性喪失事由とし，先使用権・試験研究による特許権の制限などを定めた。大正 10（1921）年の「旧特許法」は，先発明主義を放棄して先願主義を採用し，職務発明についても発明者主義に移行して出願公告制度・異議

申立制度，抗告審判制度と大審院への出訴などを定めた。

| 現行特許法 | 昭和 34（1959）年制定の現行特許法の主な特徴は，法目的規定と発明の定義規定の新設，

新規性喪失事由としての刊行物記載に関する世界主義の採用，進歩性規定の新設，職務発明規定の改正，特許権の効力は業としての実施に及ぶとする規定，判定制度の導入，出願から 20 年の存続期間，存続期間延長制度の廃止，間接侵害の導入を含む権利侵害規定の整備などである。

　その後現行法は，多くの改正を経て今日に至っている。その主な改正は以下の通りである。昭和 45（1970）年改正では，出願公開制度，審査請求制度，準公知，審査前置制度が導入された。昭和 50（1975）年改正では，物質特許制度，多項制が導入された。昭和 60（1985）年改正では，国内優先権制度の導入，昭和 62（1987）年改正では，多項制改善，特許権存続期間延長制度が創設された。平成 6（1994）年改正では，TRIPs 協定等に対応する外国語書面出願，特許付与後異議申立制度などが導入された。平成 14（2002）年改正では，プログラム等を「物の発明」の「物」に含むこととし，これに対応した実施行為の追加とプログラムの定義規定の創設，間接侵害を拡充する規定の追加，明細書と特許請求の範囲の分離がなされた。平成 16（2004）年改正では，職務発明規定の見直しや実用新案登録に基づく特許出願制度の導入などがなされた。平成 18（2006）年改正では，分割出願制度の見直しと輸出の実施行為への追加および侵害罪の罰則強化などがなされた。平成 20（2008）年改正では，仮専用実施権と仮通常実施権が導入された。平成 23（2011）年改正では，新規性喪失例外が拡大され，仮通常実施権および通常実施権の当然対抗制度や冒認出願および共同出願違反の特許権の移転登録請求権を創設し，無効審決取消訴訟提起後 90 日以内の訂正審判の請求を禁止し，特許権侵害訴訟の判決確定後の特許無効審決や訂正審決の確定につき再審の訴えでの主張を認め

ないこととし，特許無効審判の確定審決の対世的な一事不再理効（第三者効）が廃止された。平成26（2014）年改正では，平成15（2003）年に廃止された特許異議申立制度を復活させ，特許無効審判の請求人適格を利害関係人に制限し，災害等の際の各種手続期間の延長がなされた。平成27（2015）年には，職務発明について契約や勤務規則等により，あらかじめ使用者等に特許を受ける権利を取得させることを定めたときは，その権利はその発生時から使用者等に帰属するものとし，従業者には，従来の相当対価請求権に代えて相当利益請求権を認めるなどの改正がなされた。

　平成28（2016）年12月9日には，環太平洋経済連携協定（TPP）関係整備法が成立し，その中では，新規性喪失の例外期間の延長や特許権の存続期間の延長制度規定の整備などの改正がなされた。

　そして，平成30（2018）年改正では，新規性喪失の例外（グレースピリオド）期間の延長，インカメラ手続の拡充，判定制度の改善等がなされ，令和元（2019）年改正では，損害賠償額算定規定の見直しや査証制度の導入等がなされた。

3 実用新案法の発展

　世界最初の実用新案法は，1891年のドイツ実用新案法とされている。従来ドイツ実用新案法が保護要件としてきた空間的形態の要件は，1990年の改正法において放棄され，物質や材料なども保護対象とされたため，特許権との重複保護の範囲が拡大している。

　わが国における実用新案の法的保護の始まりは，明治4（1871）年の「専売略規則」中の「有来リノ器物トイヘトモ，別ニ工夫ヲ為シ，一層世用ノ便利ヲ為スモノハ，年限ヲ以官許ヲ与フベシ」という規定に求めることもできるが，明治38（1905）年にドイツ法にならって

「実用新案法」が制定された。これにより,「工業上ノ物品ニ関シ,其ノ形状,構造又ハ組合ニ係ル実用アル新規ノ考案」が登録により保護されるに至った。その後,明治42 (1909) 年の「旧旧実用新案法」,大正10 (1921) 年の「旧実用新案法」を経て,昭和34 (1959) 年に現行実用新案法が制定された。その後の主な改正としては,平成5 (1993) 年における無審査主義と技術評価書制度の採用,平成14 (2002) 年における特許法改正にならった間接侵害の拡充や,実用新案登録請求の範囲の独立書面化,平成16 (2004) 年における実用新案権の存続期間延長や訂正の許容範囲の拡大,平成18 (2006) 年における輸出の実施行為への追加,侵害罪の罰則強化などがある。平成23 (2011) 年には,特許法にならった新規性喪失例外の拡大その他の改正のほか,仮通常実施権の導入(仮専用実施権については特許庁における業務システムの改造が不可欠であるという技術的理由により改正には盛り込まれていない)等の改正があった。平成27 (2015) 年には,職務発明に関する改正特許法の規定を準用するなどの改正がなされた。平成30 (2018) 年には,特許法改正同様に,グレースピリオドが6月以内から1年以内に改められ,令和元 (2019) 年には,損害賠償額算定規定の見直しや査証制度の導入がなされた。

4 意匠法の発展

世界の意匠法 意匠の保護制度は,1711年フランスのリヨンの執政官が絹織物業界における他人の図案の模倣を禁止したことに始まり,1806年にはナポレオンの命により法律として制定された。1842年にはアメリカにおいて特許法の一部に意匠特許の規定が置かれ,1953年の現行特許法に引き継がれている。産業革命後のイギリスにおいては,1787年に「麻布,綿製品,

キャラコおよびモスリンの意匠」に関する所有権を与える条例が制定された。イギリスの1988年の「著作権，意匠および特許法」では，15年間の保護を認める未登録意匠権を導入した。これにより，意匠の保護には，いわゆるパテント・アプローチとコピーライト・アプローチが並存することとなり，2001年に成立した「共同体意匠規制」に引き継がれている。

日本の意匠法

わが国においては，明治21（1888）年にイギリス特許意匠商標条例（1883年）にならって「意匠条例」が制定され，「工業上ノ物品ニ応用スヘキ形状模様若シクハ色彩ニ係ル新規ノ意匠ヲ按出シタル者ハ此条例ニ依リ其意匠ノ登録ヲ受ケ之ヲ専用スルコトヲ得」と定められた。その後，明治32（1899）年に「意匠法」が制定され，明治42（1909）年の「旧旧意匠法」，大正10（1921）年の「旧意匠法」を経て，昭和34（1959）年現行意匠法が制定された。

その後約40年根本的な改正はなされなかったが，平成10（1998）年の改正では，「部分意匠制度」の導入，類似意匠制度の廃止と関連意匠制度の導入，システムデザイン制度の導入がなされた。平成18（2006）年改正では，意匠権の登録後20年への延長，画面デザインの保護拡充，輸出の実施行為への追加および侵害罪の罰則強化などが行われた。平成20（2008）年には，拒絶査定不服審判請求とともに補正却下不服審判請求の期間が30日から3カ月に延長された。平成23（2011）年の改正では，仮通常実施権の導入（仮専用実施権については，実用新案法と同様に特許庁における業務システムの改造が不可欠であるという技術的理由により改正には盛り込まれていない），その他，同年の特許法改正と同様の改正がなされた。平成26（2014）年改正では，「ハーグ協定ジュネーブ・アクト」への加盟に伴う複数の国に意匠を一括出願するための規定が整備された。平成27（2015）年には，職務発明に関する改正特許法の規定を準用するなどの改正がなされている。

そして，平成30（2018）年には，グレースピリオドの期間延長，インカメラ手続の拡充などがなされ，令和元（2019）年には，画像デザイン保護と空間デザイン（建築物の内装）の保護拡充，間接侵害の拡充，損害賠償額算定規定の見直しや査証制度の導入などがなされた。

5 商標法の発展

世界の商標法

マークの保護は，古代ギリシャ・ローマから中世においても陶工標（pottersmark）や生産標（production mark）についてなされていた。しかし，これらはいわゆる「人的標識」というべきものであり，今日の知的財産権としてのマークに対する権利が登場するのは，同一種類の大量生産品が製造され，出所を識別するマークの必要性が生じた産業革命以後のことである。マークの保護に関する各国の法制は，おおまかに英米法系諸国における使用主義と大陸法系諸国における登録主義に分けることができる。

　フランスでは，1791年の法律が商標所有者の権利を不正競争から保護していたが，1857年に世界最初の商標法といわれる使用主義および無審査主義を内容とする「製造標および商標に関する法律」が制定された。その後1964年には，サービスマーク登録制度，登録主義，審査主義などを導入した現行商標法が制定され，1978年の改正を経て，1991年にはEC指令に対応する改正がなされた。

　イギリスでは，1875年に「先使用主義」に基づく商標登録法が制定され，その後数次の改正を経て1938年現行法が制定されている。その特徴は，使用主義，審査主義，出願公告主義を採用している点などである。1986年の「特許・意匠およびマーク法」は，サービスマーク登録制度を導入している。

　アメリカでは，1870年に商標登録に関する統一法が初めて制定さ

れ，その後数次の改正を経て 1946 年に現行商標法であるランナム法が制定されている。その特徴は，徹底した使用主義，審査主義，出願公告主義，サービスマーク，証明標章制度を採用している点である。その後数次の改正を経て，1988 年使用主義を緩和する改正がなされた。

ドイツでは，1874 年に「無審査主義」に基づく商標法が制定されていたが，1894 年には審査主義に移行し，1936 年の商標法は，登録主義，審査主義，出願公告制度などを採用し，1979 年改正によってサービスマークの登録制度が導入された。1990 年の東西ドイツ統一後 1992 年の「工業所有権拡張法」により，東西における商標権などは相互に拡張されることとなった。

日本の商標法　わが国における最初の商標法は，明治 17 (1884) 年の「商標条例」であり，登録主義および先願主義を採用していた。その後明治 21 (1888) 年の「商標条例」，明治 32 (1899) 年の商標法，明治 42 (1909) 年の「旧旧商標法」，大正 10 (1921) 年の「旧商標法」を経て，昭和 34 (1959) 年現行商標法が制定された。現行法の特徴は，識別力を登録要件とし，使用による識別力を認め，商標権の自由譲渡，防護標章制度などを導入した点である。

その後の主要な改正は，次の通りである。平成 3 (1991) 年改正では，サービスマーク登録制度が導入され，平成 8 (1996) 年改正では，「立体商標制度」が導入され，さらに，一出願多区分制度，団体商標制度，商標権付与後異議申立制度の導入，不使用取消審判請求人適格の緩和，法人重課，連合商標制度・出願公告制度・更新時の実体審査の廃止などの改正がなされた。平成 11 (1999) 年の改正では，商標登録出願の公開制度の導入と「マドリッド・プロトコル」(第 22 章 3 ④参照) 加盟に対応する改正がなされた。平成 17 (2005) 年改正では，いわゆる地域ブランド (地域団体商標) の登録制度が導入された。平成 18

（2006）年改正では，小売・卸売に係る役務商標の保護，団体商標の主体の拡大，輸出の商標の使用への追加，および侵害罪の罰則強化が図られた。平成 23（2011）年改正では，博覧会への商標を付した商品を出品したときの出願時の特例を拡大し，商標権侵害訴訟の判決確定後の登録無効審決や登録取消決定の確定につき再審の訴えでの主張を認めないこととし，商標登録無効審判の確定審決の対世的な一事不再理効を廃止した。なお，特許法等とは異なり，通常使用権の当然対抗制度は採用せずに，従来通り登録を対抗要件にとどめた。平成 26（2014）年改正では，いわゆる「新しい商標」といわれる色彩，音のほか，動く商標，位置商標，ホログラムにも保護を拡充し，地域団体商標の登録主体に国の内外における商工会等を追加した。

　そして，平成 27（2015）年には，商標登録料を 25% 程度，更新登録料を 20% 程度引き下げるなどの改正がなされた。

　なお，平成 28（2016）年 12 月 9 日には，TPP 関係整備法が成立して，商標の不正使用に対する損害賠償規定の整備を行う改正がなされ，平成 30（2018）年 12 月 30 日の TPP11 協定の発効とともに施行された。さらに，平成 30 年には，商標登録出願の分割要件の強化等の改正がなされ，令和元（2019）年には，損害賠償額の算定規定の見直しや査証制度の導入等，特許法と同様の改正がなされた。

6 不正競争防止法の発展

わが国での発展　　先進国では歴史的に典型的な不正競争の禁止は，営業上の不法行為として規律の対象としている国々もみられるところ，特別法としての不正競争防止法については 1891 年の「ドイツ不正競業禁圧法」が最古のものといわれる。わが国では，1925（大正 14）年のパリ条約ハーグ改正条約の不正競争

からの保護規定（同条約10条の2）への国内法対応の必要から，昭和9（1934）年に最低限度の不正競争禁止を目的として旧不正競争防止法が制定された。

　その後の重要な改正は，以下の通りである。平成2（1990）年改正では，営業秘密の保護を導入し，平成5（1993）年には全面改正がなされ，旧不正競争防止法をほぼそのまま承継しつつも，著名商品等表示，商品形態の保護などが新設された。平成11（1999）年改正では，アクセス管理技術とコピー防止技術の無効化機器・装置等の提供等が不正競争行為に追加された。平成13（2001）年改正では，ドメイン名の不正取得・保有・使用が不正競争行為に追加された。平成15（2003）年改正では，営業秘密に関する刑事罰が導入され，平成17（2005）年改正では，その刑事罰による保護が拡充された。平成18（2006）年には営業秘密侵害行為および商品形態模倣行為に対する罰則強化が図られた。平成21（2009）年の改正では，営業秘密侵害罪について整備拡張する改正がなされ，また，平成23（2011）年には，技術的制限手段を回避する装置等の定義の拡大と刑罰規定の創設がなされ，さらに営業秘密侵害罪の刑事訴訟手続における秘匿決定を認めた。

　平成27（2015）年には，営業秘密の一層の保護強化のため営業秘密侵害罪の罰金額の上限引上げ，保護範囲の拡大などの改正がなされた。

　そして，平成30（2018）年には，AI，IoT，ビッグデータ等の技術革新に対応するデータ不正取得，使用，開示を不正競争に位置づける等の改正がなされた。

7 著作権法の発展

① 主要国の著作権法の発展

> **著作権法の始まり**

無断複製や模倣を禁止する著作権法の発展は，人類が大量の複製技術を手にした時に始まる。1450年頃グーテンベルク（Gutenberg）が発明した活版印刷機械は，瞬く間にヨーロッパとアメリカに広まり，各地において権力者による出版統制のための特権（privilege）付与の制度を生み出した。世界最初の著作権法は，1545年ヴェネチアの出版特許制度といわれる。そして，テクノロジーのうち特に複製技術や情報の送信技術の発達とそれに基づいた表現の利用形態の多様化に対応して，その保護法制度を変容させてきている。

　著作権法の発展に関する理解は，特許法の発展に関する理解と少し異なる点がある。特許法が発明奨励のための産業政策立法である側面を強調されるのに比べて，そのような傾向が少なかったことである。むしろ著作権は，なお精神的所有権ないし基本権としての知的財産権である点が強調される。著作権法は，求心的な累積的発展を遂げるテクノロジーに対して，著作者の個性を基軸として差別化され多様化を志向するが故に市場において価値を持ちうるアート（絵画・小説・音楽をその中核とする）を伝統的な保護対象としているからである。また，著作権法は著作者の人格権の保護を図るとともに，実演家などの著作隣接権の保護にも配慮してきている。産業との関わりにおける権利保護制度が工業所有権法，文化との関わりにおける権利保護制度が著作権法，という区別がされてきた理由はここにある。

> **イギリス**

1709年に世界最初の著作者保護（出版権）の著作権法といわれる「アン条例」（Statute of

Anne, Copyright Act of 1709）が成立した。この条例においては，方式主義がとられ，書籍カンパニーの登記簿に登記しなければ保護を受けられず，また図書館への納本も要求された。1911 年の著作権法はコモン・ローにより保護されていた未刊著作物を保護対象とするに至り，1956 年の現行法は，ベルヌ条約および万国著作権条約に加盟するために制定され，従来の納本，登録を保護要件から排除した。現行法は，1988 年には「著作権，意匠および特許法」により一部改正され，著作者人格権と実演家の権利を認めるに至った。

アメリカ　1787 年の合衆国憲法 1 条 8 節 8 項に基づいて，1790 年に合衆国最初の著作権法が制定された。この法律は，方式主義を採用し，タイトルの登記，国務長官への納本を保護の要件としていた。その後幾度にもわたる改正がなされたが，アメリカ著作権法の特徴として指摘されるのは，未刊著作物と既刊著作物を区別し，前者はコモン・ローにより形式を要せず，期間の制限もない保護がなされるが，発行後はコモン・ローによる保護を喪失し，制定法による保護を受けるという著作権の二元的保護制度である。その制定法による保護は，すべての複製物に Copyright の文字（またはその略号 Copr. か©），著作権者の氏名，第 1 発行年という著作権表示をすることを保護要件とし，著作権侵害に対する出訴要件として著作権局（Copyright Office）への複製物の納本と登録が要求されていた。1976 年の現行法は著作権の二元的保護を廃止し，1989 年にはベルヌ条約（第 22 章 4 参照）加盟に伴うベルヌ条約実施法により，著作権表示は原則的に廃止された。1994 年には TRIPs 協定に対応する改正を行い，さらに 1998 年には 1996 年成立のインターネット条約（第 22 章 4 参照）に対応した「デジタル・ミレニアム著作権法」（DMCA）を制定している。

フランス　市民革命後，1791 年に著作権法が制定され，著作物創作により自然権である著作者の権利

(droit d'auteur) が発生するものとされた。その後，1957 年の著作権法は判例上認められていた著作者人格権を明記するに至り，1985 年には「著作権および実演家，レコード製作者ならびに放送事業者の権利に関する法律」を制定し，著作隣接権を創設し，私的録音・録画に対する賦課金制度，ソフトウェアの保護を明定した。フランスは，1992年に知的財産権法の統一法典である「知的所有権法に関する法律」を制定し，その第 1 部に著作権と著作隣接権保護の規定を置いている。

ドイツ

1838 年にプロイセンが著作者の精神的所有権保護の立場にたった「学術的および美術的著作物所有権の保護に関する法律」を制定した。その後，1901 年の「文学的および音楽的著作物の著作権に関する法律」と「出版法」が制定され，1907 年には「造形美術および写真著作物に関する法律」が制定された。これらの立法においても精神的所有権としての「著作者の権利」の保護が中心とされていたが，すでに著作者人格権保護の規定は存在していた。1965 年には，現行著作権法が制定され，保護を受ける者に実演芸術家，レコード製作者，放送事業者，映画製作者が加えられ，著作権の内容に展示権と追及権などが加えられ，保護期間を死後 50 年から 70 年に延長し，著作権の譲渡性を否定した。この法律は，1985 年にプログラムを著作物の例示に加え，私的録音・録画に対する報酬支払義務を課し，文献複写機器メーカーに報酬支払義務を課すなどの改正がなされた。

② 日本の著作権法の発展

著作権法前史

わが国の著作権法の発展も，各国の状況とほぼ変わりがない。ただし，それは明治 2
(1869) 年の出版の取締法規である出版条例の中に出版者保護の規定が置かれたことに始まる。明治 8 (1875) 年の出版条例には，福沢諭吉の翻訳語である「版権」が，図書の専売権の意味で初めて用いられた。

明治 20（1887）年には出版条例と版権条例が分離されるに至った。版権条例は版権を著作者に認め，その保護は登録を要件とし，すでに著作者人格権の規定を置いていた。明治 20（1887）年の版権法を経て，明治 32（1899）年にはベルヌ条約加入のために水野錬太郎博士が起草した著作権法（旧法）が制定された。旧法は，著作権が著作物の創作により発生するものとし，外国著作者の権利を保護する規定などを設けた。その後，大正 3（1914）年 7 月 4 日の「桃中軒雲右衛門」事件大審院判決（刑録 20 輯 1360 頁）を受けて，大正 9（1920）年には本来著作隣接権の対象とされるべき「演奏歌唱」が保護著作物に加えられ，昭和 9（1934）年にはプラーゲ旋風（第 15 章 *Column* ㉕参照）に対処して出所明示を条件としてレコード演奏と放送を自由とする改正が行われ（旧著 30 条 1 項 8 号），昭和 14（1939）年には「著作権ニ関スル仲介業務ニ関スル法律」が制定された。

現行著作権法

昭和 45（1970）年制定の現行著作権法は，著作者人格権の保護強化，保護期間の延長，映画著作権の映画製作者への帰属，そして著作隣接権を定めたが，実演家などの人格権の保護については規定していなかった。

その後，現行著作権法は，国際条約や複製技術，送信技術とくにインターネット，取引形態の変化に対応して多くの改正を重ねている。

その主要な改正は，以下の通りである。昭和 59（1984）年改正では，貸レコードへの対応，昭和 60（1985）年改正では，コンピュータ・プログラム保護の明確化，平成 4（1992）年改正ではデジタル録音・録画補償金請求権の導入，平成 8（1996）年改正では，著作隣接権の遡及的保護，平成 9（1997）年改正では，インターネット条約対応のための公衆送信権や送信可能化権が創設された。平成 11（1999）年改正では，映画以外の著作物に関する譲渡権，譲渡権の国内および国際的消尽，コピープロテクション回避装置などの禁止規定が新設され，演奏権制限の経過規定（附則 14 条）が廃止された。平成 14（2002）年改正

では，実演家人格権や放送事業者および有線放送事業者の送信可能化権の創設，平成15（2003）年改正では，映画の著作権の保護期間の延長，平成16（2004）年改正では，商業用レコード還流禁止規定の新設や貸与権制限の経過規定（附則4条の2）の廃止がなされた。平成18（2006）年改正では，デジタル放送への移行に伴うIPマルチキャストによる放送の同時再送信を可能とする規定が新設され，侵害品の業としての輸出および輸出目的の所持をみなし侵害とし，また罰則の強化が図られた。平成21（2009）年の改正では，主にインターネットに対応する規定の整備が行われた。たとえば，侵害の事実を知りながらアップロードされた著作物をデジタル方式で録音または録画することを私的使用のための複製から除外し，インターネットサービスプロバイダーにより中継される著作物の記録媒体への記録，情報検索サービスの提供を業とする者による著作物の記録や自動公衆送信などを著作権制限事由に加えた。平成26（2014）年改正では，電子書籍に対応した出版権の整備と，視聴覚的実演に関する北京条約の実施に伴う規定が整備された。

　平成28（2016）年12月9日にTPP関係整備法が成立して，著作権の存続期間の死後70年への延長や著作権侵害罪の一部を非親告罪とする改正がなされ，平成30（2018）年12月30日のTPP11協定の発効とともに施行され，さらに平成30年には，いわゆる「柔軟な権利制限」を中心とする改正が行われた。

　なお，平成12（2000）年には，「著作権ニ関スル仲介業務ニ関スル法律」が廃止され，新たに「著作権等管理事業法」が制定され，また，平成19（2007）年には，「映画の盗撮の防止に関する法律」（法65号）が制定された。

テクノロジーと知的財産権

BBSのアルミホイール（第5章，第21章参照）

工業所有権によって保護されたテクノロジーやマークは，権利者以外が勝手に使うことはできません。ただしその権利の効力にも限度があります。

第3章

発明と特許法

人は権利を得たいがために知的創作に励むのではない。それで
はなぜ特許制度などというものを設ける必要があるのだろうか。
それは近代資本制の自由競争市場と不可分の関係を有する。こ
の制度の根拠を考えると，特許発明として保護されるための要
件もおのずと理解されるだろう。

1 特許法とは

① 特許権と発明保護

絶対的な排他的独占権

特許法とは自然法則を利用した技術的思想の
創作である発明を保護するものである。発明
は無体物であるために，それ自体，他人の利用を排除するものではな
いが，特許法は一定の要件を備える発明について，他人の独自創作し
た同一の発明の実施さえも排除することのできる絶対的な排他的独占
権たる特許権を付与して発明を保護するものである。

従来の保護の根拠

発明の特許保護の根拠としては，近代の啓蒙
期においては素朴な精神的所有権説が有力で
あったが，今日では，一国の産業政策として発明の権利保護を図るの
だという産業政策説が一般的である。これには発明のための企業努力
に報い発明を奨励するという発明奨励説，累積的な技術発展のために
発明公開の代償として権利を付与するという公開代償説，模倣による
過当で不正な競争を防止するために保護するという過当競争防止説が
ある。しかし，発明奨励説および過当競争防止説は，特許制度の機能

効果を制度の存立根拠とする点で妥当ではなく，公開代償説も，技術の公開による発展は，秘密に管理された技術の保護を図る現行法制度——不正競争防止法による営業秘密の保護——においては必ずしも積極的な根拠を提供し得ない。

② 自由競争と特許法

自由競争と発明保護
の根拠

近代資本主義制度のもとにおける市場は，商品交換市場であるとされているが，その市場は個別の資本の淘汰をかけた経済的強制としての自由競争をも不可欠の前提としている。この自由競争が誘因となって新たな技術が生み出されるが，それが既存の技術との差異において示す競争的価値は，資本にとって新たな地平における競争を切り開き，より多くの利潤獲得の可能性を保障するものであり，それによって資本が不断に存続することができ，また，絶えざる新たな競争も生み出されることになる。しかし新たな技術も，一般の技術向上とともにその価値が低下していくものである。しかも無体物であるために，それ自体として他人の利用を排除するものではないので，万人の自由利用が認められるとすれば，価値の低下は一層加速してたちまちのうちに消失してしまい，投下資本回収や利潤獲得が不可能となり，資本の存続が保障されなくなる。

そこで発明としての新たな技術に着目し，それを基軸とした絶えざる新たな地平における競争の展開と，その中での資本による利潤獲得の可能性を法的に保障するために，発明の財産的価値は資本の保有者により利用されるべき創作者の財産として排他的に保護されるべきことが資本主義制度の枠内において当然に必要となる。確かに，新たな技術について市場での先行利益により投下資本回収と利潤獲得が可能であれば，そのような技術保護は必要とはされないが，どのような技術がそれに当たるのかはあらかじめは不明である。そこで，一般的に一定要件を満たす新たな技術について，諸種の社会的利益との調和の

上に法律制度として発明に一定期間排他的権利を付与して保護する特許制度が資本主義の根幹を支えるべく設けられていると解することができる。憲法29条2項は、「財産権の内容は、公共の福祉に適合するやうに、法律でこれを定める」としているが、特許権も法律に基づき、また法律あっての権利なのであり、その内容もまさに公共の福祉に適合するように諸種の社会的利益との調和の上に法律により定められているのである。そしてこの排他的権利保護は、競争者が自由競争に負けて市場から排除されないよう、絶えずより良い新たな技術の開発獲得に向かわせることになる。

公共の福祉との調和　　実際、特許法は、資本主義制度の枠内において資本の存続を保障する制度とはいえ、発明に権利付与して保護するにあたっては、諸種の社会的利益との調和を図る配慮として、技術の累積的発展を考慮して第三者の試験・研究のための実施を認め、法定・裁定の実施権による発明の利用制度を設け、また権利の存続期間を限定する。

　一方、発明が無体物であるだけに権利者以外の第三者の法的地位を安定させるために、出願に始まる権利付与のための手続を定めて、その履践の過程で権利範囲の特定化・明確化がなされるように図っている。さらにはすでに存在する競争的地平における市場での自然な技術発展を阻害しない限度において、財産的価値がある発明に権利付与するよう実体要件を定め、かつ出願に始まる手続中において実体的要件の充足の有無を審査することによって権利の安定性・信頼性を図るようにしている。もっとも、知的財産という無形物の権利保護は保有者に多大な利益をもたらす反面、他者には大きな制約を課すために、個々の場面において解釈によって権利行使を制限し、調和を図ることも大きな課題となる。

特許付与機関の位置づけ　　ところで出願に始まる権利付与のための手続は、現在、国の機関である特許庁の行政手続

として設けられているが，以上のような私権としての特許権の性質と，社会的利益との調和を図る配慮のもとで権利者以外の第三者の法的地位の安定のために，このような手続が要求されているのである。このことからすれば特許付与手続は，国民の信託を受け得る技術専門機関があれば，必ずしも国の機関としての特許庁の行政手続である必然性はない。ただ歴史的に最も国民の信託を受け得る技術専門機関として特許庁が，その任務を担ってきたのであり，実際上は今後もその地位は重要であろう。

発明保護の機能

このようにして諸種の社会的利益との調和にも配慮して発明に権利を付与して保護する特許法が，同時に発明の利用を図るものでもあり，これを通じて発明一般が奨励され，また，競争秩序を維持する機能を持ち得ることは当然である。その故にこそ，さらにそのことが発明の特許保護を正当化する理由となることも否定できない。発明奨励説や過当競争防止説はこの点を指摘するものであり，特許法1条の「この法律は，発明の保護及び利用を図ることにより，発明を奨励し，もつて産業の発達に寄与することを目的とする」というのは，このような趣旨において特許法の法目的として捉えることができる。

2 発明の意義

特許法の定義

特許法は「この法律で『発明』とは，自然法則を利用した技術的思想の創作のうち高度のものをいう」と定義している（2条1項）。ドイツの学者，コーラーの説にならった定義である。発明の創作者は「発明者」といわれ，発明の完成とともに私権であり財産権である「特許を受ける権利」は原則として発明者に帰属する。特許法の発明の定義によれば，まず発明で

あるためには「自然法則」を利用したものでなければならないが，その意味が問われる。また特許法は「技術」を保護する法制度といわれることがあるが，厳密には「技術的思想」を保護するものであり，そのために「技術」と「技術的思想」の区別も問題になる。さらには，そうした技術的思想の創作としての「発明」が「発見」といかに区別されるべきかも問題になる。

自然法則の利用

まず，特許法上の発明であるためには「自然法則」を利用していることが要件となるが，自然法則とは自然界において経験によって見出される法則をいう。自然法則に該当しないものとしては，①人間の推理力，その他純知能的・精神的活動によって見出された法則，②人為的な取決め，③経済上の法則，④心理法則などがある。したがって計算方法，課税方法，遊技の方法，催眠術の方法などは自然法則を利用したものとはいえない。また，自然法則そのものの新たな認識は「発見」であって（後述），「発明」とはいえない。判例上，長いビット・データを短縮するハッシュ法による計算方法は自然法則を利用するものではないとされた（知財高判平 20.2.29 判時 2012 号 97 頁〔ハッシュ法事件〕）。同様に，土木・建築業者の入札における選定方法は人為的な取決めとしたもの（知財高判平 24.7.11 裁判所 HP〔入札抽選併用土木建築業者等選定システム事件〕）や，仮名表記を従来のローマ字表記とは異なる取決めによって表記したローマ字表はやはり人為的な取決めであるした判例（知財高判平 24.7.11 裁判所 HP〔ローマ字表事件〕）がある。また，人間の精神的活動に対する指示や，情報の単なる提供・配列も自然法則を利用しているとはいえない。例えば，「省エネ行動シート」なる図表のレイアウトにおける「軸」と「領域」のそれぞれに名称を付して意味付けをして示したものにつき，人間に提示し，人間がそれを認識して意味を理解することができるという心理法則（認知メカニズム）を利用するものであって，自然法則を利用するものでないとした判例（知財高判平 24.12.5 判時 2181

号127頁〔省エネ行動シート〕）や，さらに，カレンダー表示に偉人図，その写真，名前の読み方や出身地の地図等を配置した「偉人カレンダー」や同様な「百人一首カレンダー」につき，自然法則を利用するものとはいえないとした判例もある（知財高判平25.3.6判時2187号71頁〔偉人カレンダー事件〕）。他方，コンピュータやネットワークを利用した歯科医療システムの発明について，人の精神的活動が必要となるものであっても，それを支援するための技術的手段を提供するもので自然法則を利用しているものとした判例（知財高判平20.6.24判時2026号123頁〔歯科医療システム事件〕）や，綴りがわからない英語でも，人間の子音に対する識別能力が高いことに着目した英語の辞書を引く方法の発明について，人為的取決めに留まるとはいえず，また，実施の過程で人間の精神的活動等と評価しうる構成を含むものであっても自然法則を利用したものとする判例がある（知財高判平20.8.26判時2041号124頁〔音素索引多要素行列構造対訳辞書事件〕）。

　発明であるためには，自然法則が全体的に利用されていることが必要で，一部のみ利用し全体として自然法則に反する利用がなされている永久機関は自然法則を利用しているものとはいえない（東京高判平14.3.27裁判所HP〔第一種永久機関事件〕）。これに対して自然法則の利用についての認識は必ずしも必要でなく，結果として自然法則を利用しているものであればよい。

　自然法則は近代産業文明の成立以来，物理・化学などの法則がその中心であり，特許法では「自然法則の利用」という要件が，技術的思想を発明として保護するか否かを振り分ける重要な機能を果たしてきた。しかし，近年の産業の高度情報化とともにソフトウェア関連発明やビジネスモデル等の発明との関連において，「自然法則の利用」という要件について大きな課題が提示されているが，基本的にはこれを維持しつつ，柔軟に取り扱っていくべきであろう。今後は，また，大量なデータから学習し，新たな認識や創作を生み出すAI（人工知能＝

Artificial Intelligence) システムや，さまざま機器をインターネットにより接続してデータをやり取りさせ，制御することで，社会生活において有用な活動が可能となるような IoT（物のインターネット＝Internet of Things）が重要なものとなるが，これらにおいても，データとともにソフトウェアが大きな役割を果たすことが期待されており，その適切な保護が必要とされるであろう。

Column② ソフトウェア関連発明 ••••••••••••••••••••••••••••••••••••••

　インターネットと接続されたコンピュータ・システムを用いたソフトウェア関連の発明として，一定のオークションに参加できるシステムがあったとする。オークション自体をみれば「人為的な取決め」で，自然法則によるものではないが，こうしたオークション・システムがソフトウェアとインターネットを用いたコンピュータ・システムというハードウェア資源との協働のもとでこそ，初めて実現可能なものといえるような場合には，全体として「自然法則を利用」した発明と考えてよいであろう。その過程で，オークション参加者による値の入力という人の動作を発明の要件としていてもよいであろう（実際，Yahoo!の中古車オークション事件であるが，自然法則の利用については問題とならず，進歩性の有無が問題となったものとして知財高判平 23.4.18 裁判所 HP〔Yahoo!中古車オークション事件〕や，会計処理システムにつき知財高判平 21.5.25（判時 2105 号 105 頁〔会計処理システム事件〕）を参照。その他，第 18 章 2 ②参照）。

••

| 技術と技術的思想 |

　「技術」とは一般に一定の目的を達成するための具体的手段である。たとえば，今，楽器が世の中に存在しなかったとして，三本の弦を板に張って爪弾くことで曲を奏でる道具を作り上げた者がいたとすると，その者が作り上げた個別具体的な弦楽器ともいえる当該道具は曲を奏でるための「技術」である。それは他人に伝達できる客観性があり，他人がその教えに従って発明者と同様に目的を達成できるものでなければならない。その意味で，逆に，身をもって習得する必要があり客観性のない，いわゆる技能や秘訣は「技術」とはいえない。

　これに対して「技術的思想」とは，技術を支えるその背後にある考え方のことであり，この点，「技術」と区別される。上記の弦楽器の

例でいえば，広く抽象的に表現するとすれば，「一または複数の弦を張り，弦を任意の手段で振動させることによって曲を奏でる物」が，その「技術的思想」といえる。そして，ウクレレのようなものであれ，ギターのようなものであれ，あるいは琴のようなものであれ，その大きさ，弦の数や張り具合等を問わず，また，弦の振動のさせ方として，ギターのように爪指で弾いて振動させるものか，バイオリンのように弦を弓で擦って振動させるものか，ピアノのように鍵盤で弦を叩いて振動させるものかを問わず，それらはすべてその「技術的思想」を具体化した「技術」といえる。特許法はこのような「技術的思想」を「発明」として捉え，それを「技術」として具体化して「発明」の経済的価値を実現する行為を「発明」の「実施」と捉えて（2条3項），これら実施行為を特許権者だけがなし得るものとして「技術的思想」たる「発明」を保護するものといえる（68条本文参照）。

　この技術的思想は具体的であり，有用性がなければならず，具体性を欠くもの，あるいは何に役に立つか不明であるものは発明としては未完成である。また，技術的思想は，自然法則を利用したものであるが故に反復可能性のあるものでなければならない。もっとも，この反復可能性も科学的に当業者において可能であれば足り，その確率が高いことを要しない（最判平 12.2.29 民集 54 巻 2 号 709 頁〔黄桃育種増殖法事件〕）。

創　作　技術的思想を人の知的精神的活動によって創り出すことをいう。この点，すでに存在するが人々には未知なるものを，人が精神的活動によって認識し新たな知見として明らかにする「発見」とは区別される。既知の物質についての新たな性質を発見し，その性質を一定の用途に用いることに想い至ることは，そのように想い至ることに単なる「発見」を超えた創作的要因が認められるので「発明」ということができる。たとえば，日本料理固有の「うま味」の原因が，だし汁を取る際の昆布煮汁に含まれるアミノ酸塩の一種であるグルタミン酸塩であることを発見し，グル

タミン酸塩自体は既知であるものの，それを調味料の製造に用いることに想い至った「味の素」特許（特許14804号，明治41年）のような用途発明がその典型である。近時の判例において，スピルリナプラテンシスあるいはスピルリナマキシマといわれる藍藻類に赤色系錦鯉の斑文あるいは色調の色揚げ効果があることを見出して，これらを赤色系錦鯉に給飼することで色揚げ効果を高めることを特徴とする錦鯉の飼育方法について，発見を超えて自然法則を利用した技術的思想の創作といい得る要素が含まれていると判示されている（東京高判平2.2.13判時1348号139頁〔錦鯉飼育方法事件〕）。また，自然物から人為的に単離した化学物質，微生物，さらには最近では遺伝子切片の配列なども，一定の有用性があることを示すことができれば，創作したものとして発明といえる。

高度のもの　特許法は，発明を自然法則を利用した技術的思想の創作のうち高度のものに限定している。実用新案法も，自然法則を利用した技術的思想の創作である考案のうち，物品の形状，構造またはこれらの組み合わせに係るものを保護するが，保護対象そのものは，特許法と同じ自然法則を利用した技術的思想の創作である。しかし，考案は技術水準の低いものでも保護されるのに対して，特許法で保護する発明には技術水準の低いものは含まれない趣旨を明らかにしたものである。

未完成発明　一応，発明らしき外観をしているが，単なる課題または着想の提示に止まり，課題解決のための具体的手段が示されていないもの，または示されていても極めて漠然としか提示されていないか，もしくは解決のための手段が課題解決の目的を達成することができないと認められるものは未完成発明といわれ，特許法29条1項柱書の発明とは認められず，特許は拒絶される（49条2号参照）。原子力エネルギー発生装置につき，原子核分裂に不可避的に伴う多大な危険を抑止するための具体的方法が示され

ておらず未完成発明であるとされた事例がある（最判昭44.1.28民集23巻1号54頁〔原子力エネルギー発生装置事件〕）。

　しかしエネルギーを取り出すこと自体が発明の課題であり，そのための具体的手段が示されている限りにおいては発明は完成されたものであり，特許法上の発明に当たるが，その実施に不可避的に伴う危険性を除去することが現在および将来にわたっても技術的に不可能であり，そのために発明が実施不可能であることが明白である場合は，産業上の利用可能性の要件を欠くものとして処理することが妥当であろう。

発明のカテゴリー　発明は「物の発明」と「方法の発明」とに分類され，「方法の発明」は，さらに「物を生産する方法の発明」と，その他の狭義の「方法の発明」に分類される。「物の発明」とは，技術的思想が物としての技術的形象により具体化されるものである。なお，平成14（2002）年改正により，特許法上，「物」とは有体物のほかに，無体物としての「プログラム等」を含み，「プログラム等」とは，「電子計算機に対する指令であつて，一の結果を得ることができるように組み合わされたもの」と定義されるコンピュータ・プログラムをいうほかに，「その他電子計算機による処理の用に供する情報であつてプログラムに準ずるものをいう」とされている（2条4項）。したがって，コンピュータ・プログラムのほかに，たとえばコンピュータにより処理効率が飛躍的に高まるデータ構造を有するデータ等も「物の発明」に該当し得ることになる。「方法の発明」とは，技術的思想が一定の目的に向けられた系列的に関連のある数個の行為または現象により具体化されるものであり，経時的要素を含む発明である。発明のカテゴリーの差異によって特許権の権利内容が異なり得るが（68条・2条3項参照），カテゴリーの区別は特許請求の範囲の記載の仕方だけではなく，発明の実体によって決まるのが原則である。もっとも両者を明確に区別することが困難な場合も少なくなく，

出願の先後願関係の判断においても，技術的思想が同一である限り，特許請求の範囲の記載において「物の発明」と「方法の発明」の違いがあっても同一と認める妨げとならないとされている。

3 特許取得の実体要件

① 特許要件

三大要件

発明は自然法則を利用した技術的思想であり，特許法はこれに権利を付与して保護するものであるが，すべての発明を保護するものではなく，保護に値する発明であるための実体要件を定めている。これが「産業上の利用可能性」，「新規性」および「進歩性」という要件である。特許法の保護する発明は無体物であるから，権利者以外の第三者の法的地位の安定のために，出願に始まる権利付与のための手続を定め，その履践の過程で権利範囲の特定化・明確化がなされるように図るとともに，その手続の中でこれらの実体要件充足の有無を審査することにしており，その判断基準時は出願時である。さらに原則として保護に値する発明であっても，特許法は公益的観点から保護を否定している場合がある。これが「不特許事由」といわれるものである。

② 産業上の利用可能性

産　業

特許法は，経済市場において法的に保護に値する発明に権利を付与するものであるが，その外延を画するものが産業上の利用可能性という要件である。どのようなものが特許法の「産業」の概念に一般に含まれるかは議論のあるところであるが，議論の実益は乏しい。一般に経済市場と関わりのあるものはすべて特許法上の「産業」と考えることができ，工業，鉱業，

農林水産業，牧畜業等の生産業はもとより，運送業，交通業等の補助産業も含まれる。他方，金融保険業等のサービス業は産業に含まれないとされることがあるが，これについても特許法上の産業に該当することを否定する理由はない。またわが国においては医療業も産業ではなく，一般に「人間を手術，治療又は診断する方法」の発明は産業上の利用可能性を欠くとされている（なお，人または動物の治療のための診断方法，治療方法および外科的方法について特許の対象からの除外を認める TRIPs 協定 27 条 3 (a)参照）。人体を構成要件（発明の構成に欠くことができない事項）とする発明であるからであるとされ人道的な理由もあるように思われるが，他方，人の病気の治療に用いられる医薬品は，生産業において生産される物であるので産業上の利用可能性があるとされる。また，従来から人体から分離・排出した物を構成要件とする病気の早期発見方法等も産業上の利用可能性があるとされてきた。

　確かに人間を手術，治療または診断する方法は一般に開放され，すべての者が等しく適正・公平・迅速にそれらの恩恵に与（あずか）ることが認められるべきであるが，これは医療に関する発明を不特許事由（川上規制）または特許権の制限（川下規制）として取り扱えば足りることであり，あえて医療業を産業から除外する理由はない。判例も，医師の医療行為には特許権の効力が及ばないとする制度が存在しない現行法の下では医療行為自体の特許権を認めることはできないと述べ，立法による対応を示唆している（東京高判平 14.4.11 判時 1828 号 99 頁〔外科手術表示方法事件〕）。

利用可能性 | 産業上の利用可能性の「利用」とは発明の実施のことをいい，実験上または理論上のものに過ぎず，およそ実際に実施し得ないものは産業上の利用可能性を欠く。他方，実施が可能なものであれば，その結果物の利用のいかん（武器の発明につき，それを戦争に利用）や，その利用の経済性（経済的利益をもたらすものであるかどうか）は問うところではない。出願時に産業上

利用が不可能でも将来利用可能性があれば足りる。多少の技術的欠点を伴っていても，技術の改良や他の技術でカバーされることもあるので，これも産業上の利用可能性を否定することにはならない。他方，喫煙方法のように個人的にのみ実施できる発明や，理論上は可能であっても実際上は実施できない発明は産業上の利用可能性はないといえる。

③ 新 規 性

新規性とは

発明が新規性を有するとは，発明が未だ社会に知られていないものであることをいう。新規性を有しない発明は一般にすでに社会に広く知られ得る状態に置かれたもので，既知の技術であって社会に有用な付加を加えるものとはいえず，権利を付与すれば自由な経済活動を阻害するので排他的独占的権利としての特許権は付与されない。特許法は発明が新規性がない場合として次の３つを挙げている（29条1項1号～3号）。

(1) **公知発明** 　特許出願前に日本国内または外国で公然と知られた発明をいう（1号）。

日本国内だけでなく外国で公然と知られた発明も含む（世界主義）。公然と知られた発明とは秘密状態を脱した発明をいう。発明者が発明を他に示しても守秘義務を課している場合は公知とはならない。公知であるためには現に知られている必要があるのか，それとも知られ得る状態にあればよいのか争いのあるところであるが，実際上は，客観的に公然と知られ得る状態にあれば，公然と知られたと推定してよい。

(2) **公用発明** 　特許出願前に日本国内または外国で公然と実施された発明をいう（2号）。

技術的思想としての発明がだれにでも任意に知られ得る状態で実施されていることが公用といえるために必要である。したがって，内部に発明のある製品を公に展示しただけでは直ちに発明が公用となった

とはいえない。

(3) **刊行物記載等の発明**　　特許出願前に日本国内または外国におい
て頒布された刊行物に記載された発明または電気通信回線を通じて公
衆に利用可能になった発明をいう（3号）。

　刊行物とは，頒布により公開されることを目的として複製された文
書・図画その他の情報媒体をいう。刊行物の内容としては公開性と情
報として流通し得る情報性という性質を有することが必要で，その結
果，頒布性がなければならない。実際に読まれる必要はなく，購入ま
たは閲覧し得る状態に置かれればよい。複製物である限り，マイクロ
フィルム，CD-ROM，光ディスクも刊行物に含まれると見てよい。
いまだ複製物が作成されていない公開された原本が刊行物といえるか
は問題であるが，それが閲覧に供され，任意にその複製物を作成し得
るようになっていて，そのために内容に公開性および情報性という性
質があれば，規定の趣旨から，公開された原本に記載された発明につ
き刊行物公知を否定する理由はない（台湾専製法〔特許法〕のもとで異議申
立てのために公開閲覧される特許公告資料が原本か複製物かが争われ，したがって
「頒布された刊行物」に該当するか問題となった事案で，裁判所が複製物であると
し，その該当性を肯定したものとして知財高判平21.12.24裁判所HP〔エアー・ポ
ンプ事件〕がある）。なお，刊行物等記載の発明といえるためには，そ
の記載を見て，当業者が発明を実施できる程度のものでなければなら
ず，物の発明であれば，その物の構成が記載されていることが必要で
ある。

　インターネットによる情報発信も普及し，ペーパーレス計画や外国
との出願データの電子的交換が推進される中，電気通信回線を通じて
公衆に利用可能になった発明についても公知とされる。

<u>　新規性喪失の例外　</u>）特許法は，特許を受ける権利を有する者が試
験を行ったり，発明を刊行物等に発表したり
して新規性が喪失したとされる発明でも，1年以内に特許出願した場

合には，29条1項および2項の新規性および進歩性の適用について
は，新規性の喪失に至らなかったものとみなしている（30条1項。なお，
新規性喪失の例外の適用がある場合に，進歩性の判断の適用においても新規性を喪
失しなかったものとみなすとは，たとえば特許を受ける権利を有する者が発明Aに
ついて，雑誌で発表をした後，改良発明A'をし，発明Aを雑誌で発表してから
6カ月以内に発明A'を特許出願した場合，出願時に公知となった発明Aに基づき，
発明A'の進歩性が否定されると判断できる場合であっても発明Aについて新規性
喪失の例外の適用を主張して発明A'を出願すれば，発明Aは発明A'の進歩性否
定の基礎としては用いられないということである。2項についても同様である）。
特許を受ける権利を有する者が発明を早期公表することの利益を考慮
したものである。

　公報掲載を除外したのは，かつて，「刊行物に発表」することを新
規性喪失の例外適用としていたところ，これは特許を受ける権利を有
する者が，自ら主体的に刊行物に発表することを指称するものであり，
特定の発明について特許出願をした結果，その発明が公開特許公報に
掲載されることはこれに該当せず，外国における公開特許公報であっ
ても異なるところはないとする判例の趣旨を取り入れたものである
（最判平元.11.10民集43巻10号1116頁〔第3級環式アミン事件〕）。

　(1)　**意に反する公知**　　特許を受ける権利を有する者の意に反して新
規性を喪失するに至った発明のことをいい，特許を受ける権利を有す
る者が秘密に管理している発明を，第三者が盗み出して公表した場合
が典型的である。

　(2)　**特許を受ける権利を有する者の行為に起因する公知**　　これには従来の
ように発明に係る試験や刊行物または電気通信回線による発表，学会
での文書発表や博覧会での出品が該当することはもちろんのこと，そ
の他，特許を受ける権利を有する者が出願前に発明に係る製品を製造
販売した場合は29条1項2号の「公用発明」となり，従来は新規性
喪失の例外の適用を受け得なかったが，これも特許を受ける権利を有

する者の行為に起因する公知に該当しよう。また，特許を受ける権利を有する者が守秘義務を課すことなく，当該特定第三者へ開示された発明は 29 条 1 項 1 号の「公知発明」に該当するが，特許を受ける権利を有する者の行為に起因する公知といえ，新規性喪失の例外の適用を受け得るものと考えられる。これに対して，特許を受ける権利を有する者により学会での発表の後，その者が 6 カ月以内に出願するまでに，同一発明をした別の発明者またはその者から特許を受ける権利を承継して第三者が，最初の公表を知らずに当該同一発明について刊行物で公表等をしたりした場合は，最初に学会で発明を発表した特許を受ける権利を有する者の行為に起因するものとはいえないので，新規性喪失の例外の適用がなされないということになろう。

　特許を受ける権利を有する者の行為に起因する公知を理由に新規性喪失の例外規定（30 条 2 項）の適用を受けようとする者は，その旨を記した書面を特許出願と同時に提出し，かつ，新規性喪失の例外規定の適用を受けることができる発明であることを証明する書面を，特許出願の日から 30 日以内に特許庁長官に提出しなければならない（同条 3 項）。責めに帰することのできない理由で期間内に提出できなかったときには，理由のなくなった日から 14 日（在外者にあっては，2 カ月）以内で，かつ，期間経過後 6 カ月以内に提出することができる（同条 4 項）。意に反する公知の場合には，この手続は必要ではなく，拒絶理由通知があれば，そのときに意に反する公知である旨を意見書に示して証明すればよい。

準公知（先願範囲の拡大）　特許出願された発明が出願時に新規性を有する場合でも，当該特許出願日前の出願に係る先願の発明が存在し，それが公開（出願公開または特許掲載公報の発行）されたときに，その先願の願書に最初に添付された明細書，特許請求の範囲または図面（36 条の 2 第 2 項の外国語書面出願にあっては同条 1 項の外国語書面）に記載されている発明と特許出願された発明が同一のときに

は，発明者または出願人が同一の場合を除き，特許出願された発明には特許権は付与されない。これを，先願範囲の拡大あるいは準公知という（29条の2）。

　先願主義による先後願関係は，特許請求の範囲（第4章3③参照）に記載の発明を基準として判断される。しかし先願の特許請求の範囲には記載がないが，先願の願書に最初に添付された明細書または図面に記載されている発明も，本来的に特許請求の範囲に記載し，先願の出願人が権利を取得し得る発明である。また，その出願が公開された以上は，先願の願書に最初に添付された明細書，特許請求の範囲または図面に記載されている発明と同一のものは何ら新たな技術とはいえない。それにもかかわらず後願に権利を付与することは，先願者が特許権を取得し得る範囲の発明について後願者に特許権を付与することとなり，ある発明に対しては唯一の特許権の成立を認めるという特許法の基本的な趣旨に反し適当ではない。そこで先願の書面で特許権を取得し得る最大限の範囲において後願排除効を認めることにした。公開された以上，先願の出願が放棄，取下げまたは却下等となっても先願の地位に変わりはない。なお，特許出願日前に先願の実用新案登録出願が存在し，実用新案掲載公報が発行されたときにも，同一の条件で拡大された範囲の先願の地位が取得され，後願の特許出願が排除される。

④　進 歩 性

進歩性とは　　　　発明に特許権が付与されるためには，出願時点で，その発明の属する技術分野における通常の知識を有する者（「当業者」という）が，新規性のない発明（技術）に基づいて容易にその発明に想い至ることができるものであってはならない（29条2項）。これを進歩性という。

　特許権という絶対的な排他的独占権を付与するにあたっては，出願

時点での現行の技術水準に比して一定程度卓越した技術でなければならない。発明の属する技術分野における当業者が，その分野での通常の知識を前提に公知技術に基づいて容易に想い至ることができるレベルのものは，やがては自然の技術発展によっても到達し得るものと予測し得るために，進歩性のないものとして権利付与が認められない。市場において行われる自由な経済活動と技術発展が阻害されてはならないからである。

進歩性の判断基準

「出願に係る発明」が進歩性を有するかどうかは，まず，「出願に係る発明」と最も近いと考えられる先行技術としての公知発明を「引用発明」として選び出し，これを「出願に係る発明」とを対比して，「共通点」と「相違点」とを認定し，「相違点」に関してその他の先行技術に照らして，「引用発明」の構成から「出願に係る発明」の構成とすることの①「動機付け」があって容易といえるか，それとも②「動機付け」がなく，むしろ「阻害要因」があるために容易とはいえないかを評価して判断する。ただ，「引用発明」の構成から「出願に係る発明」の構成とすることが容易と評価できる場合でも，③「出願に係る発明」について当業者にとって予測できない効果または異なる効果が認められ，それが明細書に開示されているときには進歩性が認められる。なお，発明が容易であるとするためには，「課題解決のための特定の構成を採用すること」を考慮するだけでなく，「解決課題の設定が容易であった」ことの判断が必要なこともあり，この場合には，その点について証拠に基づいた論理的な説明が不可欠である（知財高判平 23. 1. 31 判時 2107 号 131頁〔換気扇フィルター事件〕）。また，出願に係る発明と先行技術である引用発明とが相違する特徴点につき，それに到達できる試みをしたであろうという推測が成り立つのみでは十分ではなく，当該発明のごとく特徴点に到達するためにしたはずであるという程度の示唆が先行技術に存在することが必要であるとされている（知財高判平 22. 9. 28 判時 2097

号 125 頁〔医療用器具事件〕)。

　単なる公知技術の寄せ集めの発明で，寄せ集めの総和以上の効果が予期されないものや，公知技術の転用，置換，素材変更または設計変更で，当業者にとって困難ではなく，効果も予測可能なものは進歩性はない。上位概念で表わされる公知発明に対して，その下位概念で表わされる発明であって，それが文献などに具体的に開示されていない発明は選択発明といわれるが，それが上位概念で表わされる公知発明からは予測できない異質の効果または同質でも際だって優れた効果を有する場合には進歩性が認められる。公知発明についての数値，形状，配列を限定・変更した発明についても同様である。特に数値限定については公知発明にない有利な効果であって，公知発明に比べて予測できない異質の効果または同質ではあるが際だって優れた効果があり，数値限定に臨界的意義があることが必要である。化学物質は，その化学構造が既知の化学物質の構造と著しく異なる場合や，既知の化学物質の構造と類似していても，予測できない性質を有していたり，その性質の程度が著しく優れている場合には進歩性が認められる（後者に該当する例として，知財高判平 25.7.24 判時 2226 号 93 頁〔光学活性ピペリジン誘導体酸付加塩事件〕参照）。この点，出願に係る化合物を一定の用途に用いる発明について，同等の効果を有する他の構造の異なる化合物があるだけで，当業者が予測できない顕著な効果を否定することはできないとした最判令元. 8.27（裁時 1730 号 1 頁〔アレルギー疾患処置点眼剤事件〕）がある。

5　不特許事由

不特許事由とは　特許法は，原則として保護に値する発明でも公益的観点からの不特許事由に該当する場合には特許保護を否定する。特許法により，どのような発明に対して特許を付与すべきかは，もっぱら産業政策に依拠しているとして，不特

許事由にはそうした観点が端的に示されているとする立場もある。しかし不特許事由は，特許保護の原則のあくまでも例外であり，それを一般化することによって特許法による発明保護はもっぱら産業政策に依拠しているとすべきではない。

　もっとも，一般の私的財産権の保護は公共の福祉に従うものとされ（憲29条），その意味で，発明の特許保護にあたっても，確かに一定限度の社会的利益との調整の中で公益的要請を取り込み，その限度で個別の産業政策的考慮が入り込むことは否定できない。

| 現在の不特許事由 |

現在，不特許事由とされているのは，公序良俗または公衆衛生を害するおそれのある発明だけである。公序良俗を害するおそれのある発明とは，発明の本来的な目的に沿う実施が公序良俗を害するおそれのあるものをいい（東京高判昭61.12.25無体集18巻3号579頁〔紙幣事件〕），具体的には阿片吸引器等がこれに該当するとされている。

　公衆衛生を害するおそれのある発明については単に公衆衛生的な観点から取締法規により製造・販売が禁じられているからといって，直ちに不特許事由に該当すると判断されてはならない。取締法規による具体的な発明の実施規制と特許法による保護適格の問題とは異別に考えるべきである。公衆衛生を害するおそれのある発明というのも，公序良俗を害するおそれのある発明の場合の一態様として，本来的な目的に沿う発明の実施が公序良俗を害するといえる程度に公衆衛生を害するおそれのある場合にのみ，不特許事由に該当すると限定的に考えるべきであろう。

第4章 特許取得手続

特許出願手続は，特許を受け得る私人のイニシャティブにより，
私権としての特許権を，その本来の性質に則して取得するため
の制度的受け皿であり，それ以上でも以下でもない。

1 特許取得手続の意義

特許権は絶対的な
排他的独占権

特許権は，絶対的な排他的独占権であるから，
発明についてどのような範囲で権利を求める
かを特定・明確化させる手続が必要である。また，絶対的独占権たる
特許権が成立した場合には，その後第三者が独自に創作した同一の発
明の実施さえも排除されるために，第三者の重複投資のリスクを回避
させる必要から，権利の客体たるべき発明を手続過程で公開の上，権
利を付与することにしている。さらに，特許権は，第三者の創作や経
済活動の自由を制限する強力な権利として多大な社会的影響を持つこ
とがあるので，真に権利を付与するに値する実体要件を具備している
ものかどうかを，一連の手続過程において審査した上で最終的に権利
付与することが適切であると考えられる。こうしたことから，特許法
は特許庁に特許出願に始まる一定の手続の履践を要求している。

先発明主義と先願主義

発明に対する特許権は，唯一の者に帰属すべ
き絶対的排他的独占権として構成されている
ために，同一の発明について二以上の出願がなされた場合に，特許権
をいずれの者に付与すべきかが問題となる。これには伝統的に2つの

考え方がある。ひとつは「先発明主義」であり，発明の先後を基準として特許権を付与するものである。これに対して「先願主義」は，発明の先後を問題とせずに最先の出願人に対して特許権を付与するものである。

日本法の先願主義

　　　　特許権は，独自創作の実施をも排除し絶対的独占権としてひとつの発明に対して唯一の者にのみ付与される権利である。そうした絶対的独占権の成立し得る発明は，できるだけ早期に公開することが要請される。わが国の特許法は，出願公開制度を整備し，同一発明について複数の出願があった場合には最も早く発明を出願し手続をとった者に特許権を付与しようとする「先願主義」を採用している。これは，特許権付与の主体の判断を容易化するとともに，権利の安定性という要請に基づくものである。アメリカのみが建国以来，最先の発明者に特許を付与する「先発明主義」を採用してきたが，先願主義の導入が21世紀に入って10年程議論されていたところ，ようやく2011年包括改正法が成立するに至り，2013年にはその施行により先願主義に移行した。ただ，先願主義において出願を急ぐあまりの不完全な出願による出願人の不利益に鑑みて補正の制度が採用されている。

2　発明者と特許を受ける権利

① 発明者と特許を受ける権利

発明者と発明者主義

　　　　発明者とは，技術的思想の創作に現実に加担した者をいい（東京地判平17.9.13判時1916号133頁〔ファイザー事件〕），①新たな着想を得た者，または，②その着想につき，一定の解決原理を前提に具体化した者（具体的な解決手段を見出した者）のいずれかに該当する者をいう。ただし，①の新しい着想を

得た者の着想は，単なる思いつきや一定の問題を解決する必要があるという抽象的な技術的課題ともいえる研究テーマの程度では十分とはいえず，技術的意義または技術的課題を把握した上で具体的な解決手段の方向性を示唆しうるような一定程度の具体的な着想である必要がある。

　他方，技術的思想の創作行為自体に関与しない者，たとえば，①部下の研究者に対し，具体的着想を示さずに，単に研究テーマを与えたり，一般的な助言や指導を行ったりしたに過ぎない者（単なる管理者・助言者），②研究者の指示に従い単にデータをまとめたり，実験を行ったりしたに過ぎない者（単なる補助者）および③発明者に資金や設備を提供するなどし，発明の完成を援助または委託したに過ぎない者（単なる援助者・委託者）は，発明者ではない（知財高判平 20.5.29 判時 2018 号 146 頁〔ガラス多孔体事件〕）。

　特許法上，発明者は，例外なく自然人であって，発明者が発明を完成すると，原則として特許を受ける権利は原始的に発明者に帰属する（29 条 1 項柱書。例外として 35 条 3 項，後述 5 参照）。同時に人格権としての発明者人格権（発明者掲載権）を有することになる（大阪地判平 14.5.23 判時 1825 号 116 頁〔希土類鉄系合金事件〕）これを「発明者主義」という。

| 特許を受ける権利 |

特許を受ける権利の性質については争いがあるが，財産権であるとする私権説や，反対に少数ながら公権だとする公権説がみられるほか，財産権としての側面のほかに，特許庁に特許出願をし，特許付与という行政処分を請求する権利という側面があり，それゆえに公権としての性質をも備えているとする公権・私権の両性説が現在では多数説である。

　しかし，特許権の成立のために，特許法が特許出願に始まる一定の手続の履践を要求しているのは，あくまでも無体の技術的思想である権利の客体としての発明と，それに対して付与される絶対的排他的独占権としての特許権の性質に鑑みたものである。その意味で出願前お

よび出願中においては，特許を受ける権利は，まさに特許権が付与される以前の排他性・独占性を剝ぎ取られた「裸の特許権」たる性質を有する純粋な私権であり，財産権であるといえる。その意味で私権説が妥当である。

② 特許を受ける権利の移転・承継・消滅

> **特許を受ける権利の移転**

特許を受ける権利は，その原始的な帰属主体である発明者から移転され得るが（33条1項），その場合は，移転を受けた承継人が特許出願の上で特許権を取得することができる。共同発明については，特許を受ける権利は原始的に共同発明者の共有となるが（後述④参照），その他に単独発明者より第三者に対して特許を受ける権利の割合的な一部譲渡がなされたり，単独発明者から特許を受ける権利が相続により複数の相続人に移転する場合には共有となる。このように特許を受ける権利が共有に係る場合は，各共有者はその持分を他の共有者の同意を受けなければ譲渡できない（33条3項）。また，特許を受ける権利が共有に係る場合は，共有者全員が共同して特許出願しなければならず（38条），これに反する出願は拒絶され（49条2号），登録されて特許権が発生しても無効理由を有する（123条1項2号）。また，発生する特許権についても共有となる。特許を受ける権利は財産権とはいえ，公示制度がない等の理由により，質権の目的とすることはできないとされている（33条2項）。しかしその他の担保を否定する趣旨ではなく，実際にも譲渡担保がなされている。

> **特許を受ける権利の承継**

特許出願前の特許を受ける権利の承継は，承継人が特許出願をしなければ第三者に対抗できない（34条1項）。この点に関して，職務発明に係る特許を受ける権利につき，発明者である従業者から使用者側である原告会社に就業規則等によって承継され（35条），原告会社はその発明を特許出願せず

に営業秘密として保有することにしたところ，それに不満を持った当該従業者が被告会社に特許を受ける権利を二重に譲渡し，被告会社が特許出願した場合において，被告会社が先の権利の承継や原告会社による発明の秘密管理について事情を知っているときには先に特許出願をしたとしても，「背信的悪意者」として，それをもって原告会社に対抗することができず，原告会社が本件特許を受ける権利の承継を被告会社に対抗することができるというべきであるとされた判例がある（知財高判平 22.2.24 判時 2102 号 98 頁〔加工工具バリ取りホルダー事件〕）。なお，この問題は，平成 27（2015）年改正後，特許を受ける権利が原始的に使用者等に発生する場合には生じないが（35 条 3 項，後述⑤参照），そうでない場合には依然問題になり得る。

　同一人から承継した同一の特許を受ける権利について，同日に二以上の特許出願があったときには，特許庁長官の協議命令により（34 条 7 項による 39 条 6 項および 7 項の準用）出願人の協議により定めた者以外の承継は第三者に対抗できない（34 条 2 項）。

　特許出願後の特許を受ける権利の承継は，相続その他の一般承継の場合を除き，特許庁長官への届出が効力発生要件である（同条 4 項）。特許を受ける権利の相続その他の一般承継については，承継人が，遅滞なく特許庁長官へ届け出なければならない（同条 5 項）。同一人から承継した同一の特許を受ける権利について，同日に二以上の届出があったときには，特許庁長官の協議命令により（同条 7 項による 39 条 6 項および 7 項の準用）届出をした者の協議により定めた者以外の届出は効力を生じない（34 条 6 項）。

仮専用実施権および仮通常実施権　従来から，特許を受ける権利を有する者が出願した後，特許権の成立する前であっても，出願に係る発明についてライセンス契約が締結されることは実務においてよく行われてきた。ただし，ライセンシーの地位を登録する手だてがなく，ライセンシーは特許を受ける権利の譲渡があった場合や，

出願人が破産した場合に破産管財人に対抗することができなかった。そこで，平成20 (2008) 年の改正により，特許権成立前の仮専用実施権および仮通常実施権とそれらの登録制度が導入され，ライセンシーの地位の強化が図られた。

　すなわち，特許を受ける権利を有する者は，特許権成立前であっても，特許を受ける権利に基づき，特許出願の願書に添付した最初の書面の範囲内で，その取得すべき特許権について仮専用実施権を設定することができる (34条の2第1項)。仮専用実施権は，登録が効力発生要件であり (34条の4)，特許権の設定登録がなされれば，専用実施権が設定されたものとみなされる (34条の2第2項)。

　また，特許を受ける権利を有する者は，特許を受ける権利に基づき，特許出願の願書に添付した最初の書面の範囲内で，その取得すべき特許権について仮通常実施権を許諾することができる (34条の3第1項)。そして仮通常実施権については登録が第三者に対する対抗要件であったが，平成23 (2011) 年改正により登録がなくとも，第三者に当然対抗できるようになった (34条の5)。また，特許権の設定登録がなされれば，通常実施権が許諾されたものとみなされる (34条の3第2項)。

特許を受ける権利の消滅

特許を受ける権利は，それを有する出願人が特許登録を受けると，特許権に転化してその本来の目的を達成して消滅する。また拒絶査定の確定によっても消滅するほか，規定はないが，相続人の不存在および法人の解散によっても消滅すると解すべきである。また財産権であるので放棄の意思表示によっても消滅する。

③　冒認出願と特許権

冒認出願

冒認出願とは，特許を受ける権利を有しない者による出願をいい，特許出願の拒絶理由お

よび特許権成立後は無効理由となる（49条7号・123条1項6号）。その判断基準時は査定または審決時である。特許の実務において，冒認出願に対して，真の権利者（特許を受ける権利を有する者）は，特許権成立前であれば冒認出願人を被告として特許を受ける権利を有することの確定の確認判決を得て，それを添付して特許庁に対して出願人名義変更申請をすれば，名義変更の上で特許権を取得することが認められている。

これに対して，冒認出願人が特許権を取得した後に，真の権利者が特許権の移転登録請求を求めることができるかについて議論があった。最判平13.6.12（民集55巻4号793頁〔生ゴミ処理装置事件〕）では，特許を受ける権利を有する共有者が共同出願した後，一方の持分につき偽造譲渡証書により名義変更を得た者が共有特許権を取得した事案において，不当利得として真の権利者の持分につき移転登録請求が認められるべきであるとした（ただし，この事件も正確にいえば，冒認出願に係るものではなく，共同出願違反に係るものというべきであろう）。もっとも，特許出願もしていない真の権利者が，冒認特許権者に対して移転登録を請求しても認められないとする判例（東京地判平14.7.17判時1799号155頁〔ブラジャー事件〕）もあり，学説において解釈により肯定説も見られたが，否定説が多数説となっていた。

冒認特許権の移転登録請求　こうしたところ，平成23（2011）年改正により，いわゆる冒認出願のみならず，共同出願違反に付与された特許権に対する真の権利者からの移転請求権について明文の条文が設けられるに至った（74条1項）。この請求権に基づく移転登録がなされればはじめから真の権利者に特許権が帰属していたものとみなされ，出願公開後の補償金請求権も同様とされた（同条2項）。他方，冒認について善意の冒認特許権者やその実施権者に対しては，一定要件のもとで実施事業継続を保障するために相当の対価の支払を条件とする法定通常実施権が与えられることとなった（79条の

2)。

　移転請求を認める根拠は，冒認特許権が成立した場合でも，真の権利者の有し続ける特許を受ける権利に基づくものと考えるべきであろう。ただし，現在，特許権成立前において実務慣行に委ねられている真の権利者による特許を受ける権利を確認する確定判決を得た上での冒認出願の名義変更についても，むしろ真の権利者による冒認出願人に対する出願人の地位の移転請求として条文上手当すべきであったと思われる。

　なお，真の権利者の特許権発生後，特許権の移転は一般承継を除き，登録が効力発生要件であるが（98条1項1号），第三者の不法な移転登録によって特許権が移転するわけではなく，また，そのような登録には公信力も認められない。したがって，特許権者は不法登録の名義人に対して登録抹消請求が認められる。

④　共同発明

| 共同発明の意義 |

　発明の過程において2人以上の者の一体的・連続的な創作的寄与という実質的な協力関係のもとで完成された発明を共同発明といい，こうした関係において発明を完成させた複数の者を共同発明者という。この場合，①新たな着想をした者と，②その着想を具体化した者とが別人である場合も，これらの者が一体的・連続的な協力関係のもとに発明を完成した場合にも，その両者が「共同発明者」となる。ただし，②における着想の具体化が，当業者にとって自明の程度のことには属さないことが必要である。また，①の新たな着想を得た者が，それを公表してしまい，その後，これを別人が受けて具体化した場合，①の着想者は発明者ではなく，②の具体化をした者のみが発明者となる。これに対して，単なる管理者，単なる補助者および単なる後援者・委託者は発明者ではない。

| 共同発明と特許を
受ける権利 | 共同発明の場合，特許を受ける権利が原始的
に共同発明者の共有となり，各持分は他の共 |

有者の同意を得なければ譲渡できないし (33条3項)，また，共有者全
員でなければ，特許出願することができない (38条)。共同発明の特
許権は共有となり，契約で別段の定めをした場合を除き各自他の共有
者の同意を得ないで特許発明を実施することができるが (73条2項)，
他の共有者の同意なくして持分の譲渡または質権の設定をしたり，専
用実施権の設定または通常実施権の許諾をすることができないという
拘束を受ける (同条1項・3項)。共同発明は組織的な技術開発が行われ
る企業内での従業者の職務発明の場合，また，複数の企業が大型プロ
ジェクトで研究開発を行う場合などに特に問題になる。

5　職 務 発 明

| 職務発明の定義と
規定の経緯 | 「職務発明」とは，従業者・法人の役員・国
家公務員または地方公務員 (以下「従業者等」 |

という) がした，使用者・法人・国または地方公共団体 (以下「使用者
等」という) の業務範囲に属し，かつ，発明に至った行為がその使用者
等における従業者等の現在または過去の職務に属する発明をいう (35
条1項参照)。特許法は，発明は自然人のみがなし得ることに着目して，
職務発明とはいえ，自然人たる従業者等を発明者とし，他方，職務発
明は使用者等の人的・物的な寄与のもとで初めて可能であることを考
慮して両者の利益を調整する規定を35条に設けている。そして，従
来は「発明者主義」を例外なく貫徹させて，職務発明についても特許
を受ける権利を従業者等に原始的に帰属させ，使用者等は従業者等か
ら権利の承継を受けることができるようにするとともに，その場合の
見返りとして，従業者等は「相当の対価」の支払を請求する権利を有
するとし (同条旧3項)，また，相当の対価の額は，その発明により使
用者等が受けるべき利益の額およびその発明がなされるについて使用

者等が貢献した程度を考慮して定めなければならないとのみ規定していた（同条旧4項）。

　こうしたところ，平成10（1998）年頃から退職従業員による対価の追加払請求訴訟が多く見られるようになり，裁判所は35条旧3項および旧4項は強行規定であるとか（東京高判平13.5.22判時1753号23頁〔オリンパス光学職務発明控訴審事件〕），使用者等が職務発明規程などにより相当の対価の額を一方的に定めた額の支払を受けても，それが条文にいう相当の対価の額に足りない場合には，従業者等が対価請求権を有効に放棄するなどの特段の事情のないかぎり，不足額の支払請求が可能であるとしていた（最判平15.4.22民集57巻4号477頁〔オリンパス光学職務発明上告審事件〕。特に注目すべき判決として青色発光ダイオードの発明につき，発明者である退職従業員が追加払請求をしたのに対して，東京地判平16.1.30判時1852号36頁〔青色発光ダイオード事件〕が相当の対価額は600億円余りと認定し，請求の範囲内で200億円という額を認容した事案がある。もっとも，その後，控訴審で6億円と遅延損害金2億円で和解が成立した）。これに対して産業界からは，裁判所が「相当の対価」の額を事後的に定めることとなると使用者等の経営上の予測可能性を阻害するとか，あるいは，発明がなされた後に使用者等が発明の権利化・事業化についてなした貢献等が対価の額を決定するについて考慮されないのは不当であるといった批判がなされるようになった。他方，従業者等からすると，これまでの対価額が使用者等により一方的に定められ，しかも，それが低額であることも問題であった。

　こうした批判を受けて平成16（2004）年改正により，「相当の対価」の額の決定において，使用者等および従業者等の双方の意見が反映される不合理でない手続を取るときには，その額が「相当の対価」とされるようになり（同条旧4項），また，最終的に裁判所が介入する場合にも，発明がなされた後の使用者等の貢献等も「相当の対価」の額の算定に考慮され得るようになった（同条旧5項）。しかし，①職務発明

が従業者等の共同研究による場合には，共有に係る特許を受ける権利の譲渡につき他の共有者の同意を得る必要があることによる権利帰属の不安定や（33条3項参照），②特許を受ける権利の従業者等からの二重譲渡がなされる場合の不都合に鑑みて，平成27（2015）年改正によりあらかじめの定めのある場合に特許を受ける権利を原始的に使用者等に帰属させることを認め，選択的に特許を受ける権利を従業者等に原始的に帰属させることができるものとした。しかし，①は従来から解釈で十分対処してきたことであるし，そうでなくとも冒認または共同出願違反の共有特許権について真の権利者による持分の移転請求がなされた場合に，他の共有者の同意を不要としている74条3項に倣い，同趣旨の規定を職務発明について設けることによって対処できたはずである。また，②については使用者等と従業者等の間だけではなく，より一般的な枠組みにおいて取引の安全のための公示手段として機能し得ない「出願」を対抗要件とする特許を受ける権利の二重譲渡を認めることの適否が問題なのであり（34条2項），その意味で特許を受ける権利が使用者等に原始的に帰属する場合も使用者等からの二重譲渡が生じ得，譲受人への帰属の不安定は払拭できない。こうした点において改正趣旨は必ずしも説得的ではない。なお，平成27年改正により「相当の対価」という用語も使用者等が従業者等に与える金銭以外の処遇を含み得る「相当の利益」という文言に換えられた。

職務発明の要件 ｜「使用者等の業務範囲」は，会社の場合には定款だけにとらわれることなく判断されるべきであり，使用者等の現に行っている業務または将来行うことが具体的に予定されている業務を指し，国家公務員または地方公務員の場合には，その公務員の所属する機関が所轄する業務範囲をいう。「職務」とは，発明を行うことが予定され期待されるものをいう。現在だけでなく過去の職務の場合も含まれるので，過去においてそのような職務にあり，そこでの職務遂行上の経験・着想を基に，同じ使用者等の業

務範囲内で転任した後に発明をした場合も，職務発明に当たる。退職後に発明をした場合には，これに当たらない。嘱託，臨時雇の者も従業者等に当たり，常勤・非常勤を問わない。

使用者等の通常実施権　特許を受ける権利が従業者等に原始的に帰属する場合において，従業者等が特許を受けたとき，または職務発明について特許を受ける権利を承継した者が特許を受けたときには，使用者等は，その特許権について通常実施権（第5章3③参照）を有する（35条1項）。職務発明について使用者等の人的・物的寄与を考慮した上で，利益の均衡を図るための規定である。使用者等の法定の通常実施権は特許発明の全範囲におよび，かつ，無償である。従業者等の特許権取得前においても，使用者等には従業者等が特許権を取得したときに有する法定の通常実施権と同等の発明を実施する法的な地位を有するものと解される。

予約承継等の定め　特許法は，従業者等がした発明について，職務発明を除き，あらかじめ，使用者等に特許を受ける権利を取得させ，使用者等に特許権を承継させ，または使用者等のために仮専用実施権もしくは専用実施権を設定することを定めた契約，勤務規則その他の定めの条項は無効とし，従業者等の利益を保護する（35条2項）。しかし，この規定は反対解釈として職務発明については，あらかじめの使用者等による権利の取得や承継を定める条項（「予約承継等の定め」という）が有効であるとの前提に立つものである。予約承継等の定めは，発明の完成により当然に使用者等に特許を受ける権利が帰属することを定める場合のほか，従業者等に特許を受ける権利が原始的に帰属することを前提に，使用者等に権利承継のための予約完結権を与えたり，または使用者等の申込みの意思表示に対して従業者等に承諾義務を課す場合などがあり得る。さらに特許法は，職務発明については，契約のほか勤務規則その他の定めによる予約承継等の定めも有効であるとしているので，使用者等の予めの一方的意

思表示による定めも有効と考えられる。

<u>使用者等への特許を受ける権利の原始的帰属</u>　職務発明について，契約，勤務規則その他の定めにおいてあらかじめ使用者等に特許を受ける権利を取得させることを定めたときには，その特許を受ける権利は，その発生した時から使用者等に帰属する (35条3項)。平成27 (2015) 年改正により設けられた規定である。もちろん，このような定めとはせずに従業者等に特許を受ける権利が原始的に帰属するような定めであってもよいし，何の定めもない場合には，当然に従業者等に特許を受ける権利が原始的に帰属する。職務発明について原始的に使用者等に特許を受ける権利を取得させることを定めたときには，理念的には常に従業者等は次項により「相当の利益」を受ける権利を有するので (同条4項)，使用者等は特許権取得を望まない発明を含めてすべての取扱いに対処する必要があり，このような定めを設けることが使用者等にとって合理的かは一考を要する。

　また，職務発明について，未だ従業者等による発明の完成もなく特許を受ける権利も発生していない段階で，発明の完成により特許を受ける権利が発生した時の使用者等への権利の帰属を定めることについては，民法上認められている未だ発生していない「将来債権の譲渡」と類似するところがあり，この場合，債権が発生したときには，それが譲受人に帰属するとされていることからすれば，本項の場合においても発明者主義に変更はないとした上で，将来発生すべき特許を受ける権利の使用者等へのあらかじめの承継 (譲渡)，または特許を受ける権利が帰属すべき法的地位の使用者等へのあらかじめの承継 (譲渡)を認める規定であるとの解釈も成り立ち得よう。このような解釈が可能であれば，改正前から予めの権利承継を定めが可能とされていた場合と実質変わりはないともいえよう。

<u>相当の利益を受ける権利</u>　従業者等は，契約，勤務規則その他の定めにより，職務発明について使用者等に特許を受

ける権利を取得させ，使用者等に特許権を承継させ，もしくは使用者
等のために専用実施権を設定したとき，または契約，勤務規則その他
の定めにより職務発明について使用者等のために仮専用実施権を設定
した場合において，特許権の設定登録がなされて専用実施権が設定さ
れたものとみなされたときは，相当の金銭その他の経済上の利益
(「相当の利益」) を受ける権利を有する (35条4項)。「職務発明について
使用者等に特許を受ける権利を取得させ (た)」場合としては，①前
項の規定により使用者等に特許を受ける権利を原始的に帰属させる定
めがある場合のほかに，②従業者等に特許を受ける権利が原始的に帰
属するが，使用者等が契約，勤務規則その他の定めにより特許を受け
る権利を継承的に取得した場合も含む。平成27 (2015) 年改正前は，
「相当の対価」とされていたが，それでは金銭に限られることから，
広く発明をした従業者等の昇進，留学の機会やストックオプションの
付与なども含ませる趣旨で「相当の利益」という文言に改正された。
また，特許を受ける権利が原始的に使用者等に帰属する場合も認めら
れることになったので権利の承継に対する見返りとしての「対価」と
いう用語はなじまないものの，そのときにも「相当の利益」の付与は
従業者等の発明に対するインセンティブを確保する趣旨がある。もっ
とも，使用者等が権利を承継的に取得する場合をも含む規定であるの
で，「相当の利益」には対価的な意義がある場合もある。いずれにし
ても金銭以外のものは経済的評価ができるものでなければならないで
あろうから，表彰状の授与等は含まれない。

　もし，従業者等が契約，勤務規則その他の定めにより，職務発明に
ついて使用者等に特許を受ける権利を取得させる定めがあった場合で
も，発明者主義に変更はないとした上で，このような定めは将来発生
すべき特許を受ける権利の使用者等へのあらかじめの承継，または特
許を受ける権利が帰属すべき法的地位の使用者等へのあらかじめの承
継を定めるものと解釈できるとすれば，「相当の利益」は，実質，従

来の承継に対する「相当の対価」と同じで，金銭的対価に限らない趣旨として「相当の利益」としたに過ぎないとの解釈も可能であろう。

> **相当の利益の定め**

契約，勤務規則その他の定めにより相当の利益に定める場合には，「相当の利益の内容を決定するための基準の策定に際して使用者等と従業者等との間で行われる協議の状況，策定された当該基準の開示の状況，相当の利益の内容の決定について行われる従業者等からの意見の聴取の状況等を考慮して，その定めたところにより相当の利益を与えることが不合理であると認められるものであつてはならない」とされ（35条5項），「相当の利益」の基準策定や個別の内容決定の過程における使用者等と従業者等との手続的合理性が，「相当の利益」の額の「相当性」の判断において重視される。そして，その結果，不合理とされない場合には，そうした定められた内容が「相当の利益」として取り扱われることになる。また，手続的合理性を担保するための指針が経済産業大臣により公表されている（同条6項）。こうして改正35条のもとにおいては，使用者等および従業者等双方の意見を反映することのできる合理的な内容決定についての決定手続を経れば，それが「相当の利益」とされることにより，使用者等の経営上の予測可能性を損なうことなく，かつ，従業者等の満足も図られることになる。

他方，相当の利益についての定めがない場合，または定めがあるがそれに従って相当の利益を与えることが不合理と認められる場合には，「相当の利益」は，裁判所が「その発明により使用者等が受けるべき利益の額，その発明に関連して使用者等が行う負担，貢献及び従業者等の処遇その他の事情を考慮して定め（る）」ことになる（同条7項）。その際に，使用者等が発明完成後に，出願・権利取得やライセンスのためにした貢献や負担，さらには使用者等が従業者等に与えた処遇等その他も，相当の利益の決定のために考慮される要素となる。もっとも現行35条7項に基づき，従業者等が，裁判上，相当の利益を受け

る権利を行使する場合には，結局は，金銭的請求にならざるを得ず，使用者側での貢献や従業者等にそれまで与えられた処遇等は控除要因という扱いになろう。この点においても改正前の状況とは異なるところはない。

| 消滅時効等 | 相当の利益を受ける権利の消滅時効については，相当の対価の支払請求権を規定していた

旧規定に倣って取り扱われると解せられる。すなわち，支払等の時期についての条項がない場合においては，従業者等の相当の対価の支払請求権は権利承継時に発生し，消滅時効の起算点は同時点であるとされていた（東京地判平16.2.24判時1853号38頁〔味の素アスパルテーム事件〕，大阪高判平6.5.27知裁集26巻2号356頁〔合成繊維糸事件〕，東京地判昭58.12.23無体集15巻3号844頁〔クラッド事件〕）ので，相当の利益を受ける権利についても同様に，使用者等が特許を受ける権利等を取得した時点となろう。また，専用実施権の設定時もしくは設定されたものとみなされる時点も起算点となる。もっとも職務発明の対価の支払時期に関する条項がある場合には，その支払時期が消滅時効の起算点になるとされていたが（前掲〔オリンパス光学職務発明上告審事件〕），多くの企業は権利承継時等に一括して支払うのではなく，出願補償，登録補償，実施（運用）補償等と段階ごとに支払っている場合が通常で，このように一定期間ごとに分割して支払う旨の定めがある場合には，分割した各期間に対応する支払時期から，その期間に対応する額について消滅時効の起算点になるとするのが判例であった（東京地判平16.9.30判時1880号84頁〔温水器用ステンレス鋼製缶体事件〕）。この点，相当の利益について，分割して金銭で支払う定めがある場合には同様のことがいえよう。消滅時効の期間については商事時効の5年とする見解もあったが，法定債権であるとして10年とするのが判例上一般であった（前掲〔温水器用ステンレス鋼製缶体事件〕参照）。職務発明は，国または地方公共団体の公務員が従業者等としてなす場合も含むので，これらの者の権利

2　発明者と特許を受ける権利　**65**

は商行為によって発生するものとはいえないであろうから，相当の利益を受ける権利の消滅時効は権利を行使することができることを知った時より5年，または権利を行使することができる時より10年と解するのが妥当であろう（民166条1項）。なお，「使用者等が受けるべき利益の額」とは，従来から，発明を実施することによる利益ではなく，発明の実施を排他的に独占し得る地位を取得することにより受けることになると見込まれる利益（独占の利益）とされている（前掲〔クラッド事件〕，前掲〔青色発光ダイオード事件〕）。また，外国における特許を受ける権利の承継に対する対価についても35条の規定が類推適用されるとするのが判例であったが，（最判平18.10.17民集60巻8号2853頁〔日立製作所職務発明事件〕），これらは平成27年改正後も同様であろう。

3 出願手続

① 書面主義

特許権を取得するためには手続が必要とされ，その端緒としての特許出願は，特許を受けようとする特許出願人が，その氏名または名称および住所または居所，発明者の氏名および住所または居所などの法定の事項を記載した「願書」に，①出願人が特許請求の範囲に記載し，特許を求める発明につき，その実在的・実証的論拠を「開示」する「明細書」，②出願人が特許を受けようとする発明を「特定」するための「特許請求の範囲」，そして，③明細書の開示を補充するために必要な場合には「図面」および④発明の概要を記載し，公開公報のフロントページとして利用される「要約書」を添付して特許庁長官に提出しなければならない（36条1項・2項）。これを書面主義という。こうした書面による出願がなされることによって出願人が特許を受けようとする意思が客観的に表示されたものとなり，出願が特許庁に係属す

ることによって，出願人は特許庁長官に対して特許査定を求めて手続
を遂行し得る手続上の地位を取得する。

②　明　細　書

記載内容

特許出願に際して，願書に添付すべき書面と
して特許請求の範囲と並んで重要なものが明
細書である。明細書には，①発明の名称，②図面の簡単な説明，③発
明の詳細な説明を記載しなければならない（36条3項）。特に発明の詳
細な説明は，発明の内容がいかなるものかを開示するという「技術文
献」としての機能を果たし，他方，特許請求の範囲は発明を特定し，
特許権が付与された場合には権利範囲を確定する「権利書」としての
機能を果たす。

発明の詳細な説明

発明の詳細な説明は，経済産業省令で定める
ところにより，その発明の属する技術の分野
における通常の知識を有する者がその実施をすることができる程度に
明確かつ十分に記載しなければならない（36条4項1号）。具体的には，
発明の属する技術分野，従来の技術，発明が解決しようとする課題，
課題を解決するための手段を挙げ，また発明の実施の形態につき出願
人が最良と思うものを少なくともひとつ掲げ，必要とあればそれを具
体的に示した実施例を記載して示し，さらには従来の技術との関連に
おいて有利な効果を有するものであるときには，発明の効果を記載す
る。こうした記載による発明の開示を要求することによって，権利が
求められ，あるいは，権利が成立した発明について，その分野の当業
者のすべてが自らも反復し実施しようと思えばできる程度に，発明の
技術上の意義を的確に把握し，特許請求の範囲に記載された発明につ
いて権利の客体としてふさわしい実証的な裏付けがなされるように図
っている。この要件を「実施可能要件」といい，この要件違反は，開
示不備として拒絶理由，特許異議申立理由および無効理由となる（49

条4号・113条4号・123条1項4号）。この実施可能要件は，特許請求の範囲（その各請求項）の記載に属する技術の一部だけではなく，その全体について当業者が実施できる程度に記載しなければならず，当業者が実施する上で期待し得る程度を超える試行錯誤や創意工夫を強いるものである場合は，この要件を満たすものとはいえない（知財高判平21.9.2裁判所HP〔抗C型肝炎ウイルス抗体事件〕を含む同一事案の4つの同日判決参照）。判例は，特許権の付与の根拠として公開代償説に立脚して，この実施可能要件を公示することが多いが，この明細書における発明の「開示」は，特許権付与の前提として第三者の法的安定性を図るための「公開」とは別物であり，むしろ絶対的独占的な特許権が求められている発明について，その対象たり得るにふさわしい実在的・実証的論拠を，当業者が特許権成立にふさわしいと納得できる程度に出願人が記載して示すということに意義があるというべきである。

　また，その発明に関連する文献公知発明（29条1項3号の発明）で，特許を受けようとする者が出願時に知っているものがあれば，その記載の刊行物の名称，その他の文献公知発明に関する情報の所在（先行技術文献情報）を記載しなければならない（36条4項2号）。これを先行「技術文献情報開示要件」という。この要件を満たしていないと認めるときは，審査官から出願人にその旨が通知され，指定の相当の期間内に意見書を提出する機会が与えられるが（48条の7），補正または意見書の提出によってもなお要件を満たすこととならないときには拒絶理由となる（49条5号）。ただし，無効理由にはならない。

> ***Column③*** 微生物に係る発明についての国際寄託制度 ••••••••••••••••••
>
> 　微生物に係る発明では，微生物の入手が困難なことから，発明の開示の趣旨を達成できないこともあるので，36条の要件を補充するものとして，特許庁長官の指定する機関への微生物の寄託と試験研究のための実施者への分譲のための制度を設け，寄託を証明した書面を願書に添付しなければならないものとしている（特施規27条の2・27条の3）。なお微生物の寄託の国際的制度として，「特許手続上の微生物の寄託の国際的承認に関するブダペスト条約」が締結されており，これにより，いずれかの国際寄託当局に対する微生物の寄託は，締約国各国での

特許手続上の寄託として承認される。日本では，国内寄託の指定機関と同様，産業技術総合研究所特許生物寄託センターおよび製品評価技術基盤機構特許生物寄託センターが，その地位の取得を認められている。

・・

③ 特許請求の範囲（クレーム）

> **意　義**

　特許請求の範囲は，いわゆるクレームといわれるもので，特許出願人が出願した発明について特許権付与を求める範囲を記載した書面である。特許審査手続の段階において，特許出願に係る発明につき新規性や進歩性等の特許要件を判断するにあたっては，その前提として発明を特定する「発明の要旨」の認定（要旨認定）が行われるが，この要旨認定は願書に添付した特許請求の範囲の記載に基づいてなされるとともに，特許権が付与された場合には，そこに記載された内容が特許発明の技術的範囲とされ（70条），ひいては特許権の及ぶ範囲とされるので，「権利書」として重要な書面である。

　ところで，発明の詳細な説明において開示された発明に対して，出願人が絶対的な排他的独占権である特許権を求めるときは，そうした権利を付与するにふさわしい客体の「特定性」が確保されていなくてはならない。これは絶対権である所有権等の物権の客体で，有体物である「物」が，それ自体，物理的・空間的に「特定」されているのに対して，所有権類似の絶対権として構成されている特許権の客体たる発明は無体物であり，それ自体として観念的な存在として「特定」されているとはいえず，そういうものに強力な権利である特許権を付与することはふさわしくないからである。そのために特許請求の範囲は，請求項に区分して，各請求項ごとに特許出願人が特許を受けようとする発明を特定するために必要と認める事項のすべてを記載することが要求される（36条5項前段）。このようにして，特許権の付与を求める

発明について，それを構成するすべての要素の結合として，権利の客体たり得るだけの特定性が後述の 36 条 6 項の記載要件と相俟って図られるように記載することが要求される。

多 項 制

特許請求の範囲の記載は権利の客体の特定を図るために請求項に区分してなされなければならないが，他方，一の請求項に係る発明と他の請求項に係る発明とが同一である記載となることを妨げないとされ，いわゆる「多項制」が採用されている（36 条 5 項後段）。かつては「単項制」が採られていたが，そのもとにおいては同一の発明に対して一項の記載しか認められず，同一発明について単に表現形式を変えただけのものの記載はできなかった（東京高判昭 45.5.20 無体集 2 巻 1 号 334 頁〔強化コンクリート製品の製造方法事件〕参照）。しかし，その後，昭和 50（1975）年に採用された出願に係る発明の構成の必須要件を記載する必須要件項と，それに対する実施態様を実施態様項に記載することのできる多項制を経て，昭和 62（1987）年に導入されるに至った現在の改善多項制のもとにおいては，同一発明につき，たとえば「1. コンクリート強化用混和剤 A」を一の請求項とし，別に「2. コンクリート強化用混和剤 A を用いる強化コンクリート製造方法」，さらには「3. コンクリート強化用混和剤 A により強化されたコンクリート」と請求項を設けることによって，表現形式の差異にもかかわらず漏れなく権利を取得することができる。また，たとえば「軸の断面を多角形とした鉛筆」という上位概念の請求項に対して，上位概念に限定要素を付加した「軸の断面を六角形とした鉛筆」（限定要素の内的付加）や，「軸の断面を多角形とし，末端に消しゴムを付けた鉛筆」（限定要素の外的付加）という下位概念の請求項を記載することもできる。こうしてわが国の特許法上は，特許請求の範囲に請求項が複数記載されていても，それらが相互に技術的思想において上位か，下位または同一かを問題にせずに，各個の請求項を別個独立のものとして取り扱い，これにより個別の請求項

に記載された発明も，当該請求項に記載された構成からなる発明として，この限りにおいて他の請求項と関わりなく個別に把握されることになる。

特許請求の範囲の記載　特許出願人が特許を受けようとする発明につき，それを構成するすべての要素と当該構成要素の結合として権利の客体たり得るように特定して記載することは出願人の自己責任であるとしても，特定のための構成要素がいかなるもので，それらがいかに結合されているかは第三者の利害に関わることでもあるので，それらを第三者が容易にかつ明確に理解できなければならない。そこで，特許請求の範囲の記載は，①特許を受けようとする発明が発明の詳細な説明に記載したものであること（36条6項1号）のほか，②特許を受けようとする発明が明確である（同項2号）とともに，③請求項ごとの記載が簡潔であることを要し（同項3号），さらには④経済産業省令で定めるところにより記載しなければならない（同項4号）。この36条6項の記載要件違反は，拒絶理由であるとともに（49条4号），4号違反を除き，特許異議申立理由および無効理由でもある（113条4号・123条1項4号）。特に①の要件を「サポート要件」という。また，②の要件を「明確性要件」という。

　特許請求の範囲の記載が，明細書の「サポート要件」に適合するか否かは，特許請求の範囲の記載と発明の詳細な説明の記載とを対比し，特許請求の範囲に記載された発明が，発明の詳細な説明に記載された発明で，発明の詳細な説明の記載により当業者が当該発明の課題を解決できると認識できる範囲のものであるか否か，また，その記載や示唆がなくとも当業者が出願時の技術常識に照らし当該発明の課題を解決できると認識できる範囲のものであるか否かを検討して判断する。また，「実施可能要件」と「サポート要件」とは相互に補完する関係にあるといえるが，「実施可能要件」は，当業者が出願された発明の技術上の意義を理解するために必要な程度の開示が明細書においてな

されているかを問題にする要件であるのに対して，「サポート要件」は特許請求の範囲の記載が明細書に開示された技術的事項を超えたものではないかを問題とする要件であるといえる（知財高判平22.1.28判時2073号105頁〔性的障害治療におけるフリバンセリン使用事件〕参照）。しかし，「実施可能要件」とともに「サポート要件」を満たさないことが往々にしてある。

Column④　パラメータ発明とサポート要件 ●●●●●●●●●●●●●●●●●●●●●●●●

　特許請求の範囲に記載された出願に係る発明が，技術的な変数（パラメータ）を用いた一定の数式により示される範囲をもって特定される「パラメータ発明」に関して，知財高大判平17.11.11（判時1911号48頁〔パラメータ発明事件〕）は，特許請求の範囲の記載が明細書の「サポート要件」に適合するためには，発明の詳細な説明につき，その数式が示す範囲と得られる効果（性能）との関係の技術的な意味が，特許出願時において，具体例の開示がなくとも当業者に理解できる程度に記載するか，または特許出願時の技術常識を参照して，当該数式が示す範囲内であれば，所望の効果（性能）が得られると当業者において認識できる程度に，具体例を開示して記載することを要するとしている。

●●

　なお，特許請求の範囲の記載が「物の発明」である場合に，その物を特定する手段としてその製造方法が記載されているときに（これを「プロダクト・バイ・プロセス・クレーム（product by process claim）」という），「明確性要件」を満たすかどうか問題になった事案がある。知財高大判平24.1.27（民集69巻4号822頁〔プラバスタチンナトリウム控訴審事件〕）は，物の発明についての特許に係る特許請求の範囲にその物の製造方法が記載されている場合において，そのような特許請求の範囲の記載を一般的に許容しつつ，その特許発明の技術的範囲は，原則として，特許請求の範囲に記載された製造方法により製造された物に限定して確定されるべきものとし（「不真正プロダクト・バイ・プロセス・クレーム」），出願時に物の構造または特性で特定することが不可能または困難であるときには，製造方法に限定されない物の発明として認められるべきであるとした（「真正プロダクト・バイ・プロセス・クレーム」）。これに対し

て最判平 27.6.5（民集 69 巻 4 号 700 頁・904 頁〔プラバスタチンナトリウム上告審事件〕）の同日の 2 つの判決は，「プロダクト・バイ・プロセス・クレーム」は物の発明であるかぎり，製造方法を除外した物の発明として技術的範囲の確定および要旨の認定がされるべきで，物の構造または特性で特定することが不可能，またはおよそ実際的でないという事情が存在するときにのみ——いわゆる「真正プロダクト・バイ・プロセス・クレーム」のみ——に限定して認められるべきであり，それ以外の控訴審判決が容認した「不真正プロダクト・バイ・プロセス・クレーム」は「明確性要件」を欠くとして認められないとし，控訴審判決を破棄差戻しとした（この点，第 6 章 1 も参照）。特許請求の範囲の記載は出願人の自由であるとともに自己責任の伴うものであるが，物の発明についてその製造方法が記載されていても，特許発明の技術的範囲の確定や発明の要旨認定は，知財高裁判決に従っても不明確になるものとはいえないであろう。この点，最高裁判決は硬直的であると考えられる。

　もっとも，特許請求の範囲の記載を形式的に見ると経時的であることから物の製造方法の記載があるといい得るとしても，それが物の構造または特性等を特定するものとして明細書の記載または技術的常識を加えて判断すれば一義的に明らかである場合には，明確性要件が問題となるプロダクト・バイ・プロセス・クレームと見る必要はないとするその後の判例もあり（知財高判平 28.9.20（裁判所 HP〔二重瞼形成用テープ〕は「……細いテープ状部材に，粘着剤を塗着する」という記載は，テープ状部材を形成した後に粘着剤を塗着するという経時的要素を表現したものではなく，単にテープ状部材に粘着剤が塗着された状態を示すことにより構造または特性等を特定しているのにすぎないものと理解するのが相当とした。また，同旨の判例として知財高判平 28.9.29 裁判所 HP〔ローソク事件〕や知財高判平 28.11.8 裁判所 HP〔ロール苗搭載樋付田植機事件〕がある），プロダクト・バイ・プロセス・クレームの取扱い以前に経時的記載の解釈が問題となる点を指摘するも

のとして妥当と考える。

　ところで，出願に係る発明についての新規性，進歩性等の実体要件
は，請求項ごとに審査され，ひとつについて拒絶理由があれば，特許
は全体に対して付与されない。そのため，拒絶理由通知があれば，特
許権を取得するためには，該当する請求項を補正して拒絶理由の解消
を図るか，または，ときとして補正により請求項を削除することが必
要になる。

| 要旨認定と明細書 |

　特許審査に際しては，特許請求の範囲（その
中でも各請求項）の記載に基づいて特許要件を
判断すべき対象たるべき発明を特定するための発明の要旨認定がなさ
れる。その要旨認定は，特許請求の記載に基づいて発明特定事項を確
定し，その各特定事項の用語の意義を明らかにすることからなる。こ
れについて，最判平 3.3.8（民集 45 巻 3 号 123 頁〔リパーゼ事件〕）は，「要
旨認定は，……特許請求の範囲の記載に基づいてされるべき」であり，
ただ，「特許請求の範囲の記載の技術的意義が一義的に明確に理解す
ることができないとか，あるいは，一見してその記載が誤記であるこ
とが明細書の発明の詳細な説明に照らして明らかであるなどの特段の
事情がある場合に限って，明細書の発明の詳細な説明の記載を参酌す
ることが許されるにすぎない」とする。

　このリパーゼ事件判決は，特許請求の範囲の記載から，「リパーゼ」
に係る発明と特定できるときに，明細書の発明の詳細な説明では
「Ra リパーゼ」の開示しかなく，また，「Ra リパーゼ」ならともかく，
「リパーゼ」に係る発明は明細書の発明の詳細な説明に記載したもの
といえずに拒絶理由があるとみられるときに，原審判決が，明細書の
発明の詳細の説明に基づいて「リパーゼ」を「Ra リパーゼ」と限定
解釈して拒絶理由はないものと判示した点が問題となったものである。
確かに，要旨認定において特許請求の範囲の記載から明確に発明特定
事項を確定でき，それを前提にすると拒絶理由がある場合に，明細書

の発明の詳細の説明を基に限定解釈して拒絶理由はないものとすることは誤りである。それが認められるならば，本来，特許権が認められるべきでない発明に特許権の成立を認めてしまうことになる。

ただ，リパーゼ事件最高裁判決の一般的命題については問題がある。要旨認定の中心的作業は，まず，第一ステップとして特許請求の記載に基づいて発明特定事項を確定することにあるが，このときに例外的にしろ明細書の発明の詳細な説明の記載を参酌して確定できるとすると，これも拒絶理由があると考えられるのに（特36条4項および同条6項，49条4号参照），それを救済するような認定を許すことになる。とりわけ，特許請求の範囲の記載の技術的意義が一義的に明確に理解することができないときは，明確性要件（36条6項2号）に反する拒絶理由があるおそれの場合にも明細書の記載を参酌した確定を許容して，これを救済することは問題である。逆に，要旨認定の第一ステップにおいて確定された発明特定事項の用語の意義を解釈する第二ステップにおいては，常に，明細書の発明の詳細な説明の記載を参酌できると解してよく，その点は，特許権が成立した後の特許発明の技術的範囲の用語の意義の解釈と，基本的な基準においては同様であるように思われる（知財高判平21.1.27裁判所HP〔熱粘着式造粒方法事件〕参照）。

④　発明の単一性

発明の単一性の概念　　一の願書で出願して特許権を取得し得る発明の範囲を，「発明の単一性」という。もともとは，特許協力条約（PCT）による国際出願に由来する制度であり，特許法37条は「二以上の発明については，経済産業省令で定める技術的関係を有することにより発明の単一性の要件を満たす一群の発明に該当するときは，一の願書で特許出願をすることができる」とする。これを受けて特許法施行規則25条の8第1項では，37条でいう「技術的関係」とは「二以上の発明が同一の又は対応する特別な技術的特

徴を有していることにより，これらの発明が単一の一般的発明概念を形成するように連関している技術的関係をいう」とし，同条2項では「特別な技術的特徴とは，発明の先行技術に対する貢献を明示する技術的特徴をいう」と規定する。そして，この技術的関係については，二以上の発明が別個の請求項に記載されているか，単一の請求項に択一的な形式によって記載されているかにかかわらず，その有無を判断するものとされている（同条3項）。

単一性の類型 発明の単一性が認められる類型としては，たとえば，同一ないしは対応する特別な技術的特徴を有する場合として，請求項1の「高分子化合物A（酸素バリアー性のよい透明物質）」に対して，請求項2に「高分子化合物Aからなる食品包装容器」を記載する場合ないし請求項1の「窒化ケイ素に炭化チタンを添加してなる導電性セラミックス」に対して，請求項2に「窒化ケイ素に窒化チタンを添加してなる導電性セラミックス」を記載する場合や，その他に特定の関係にある場合の類型として，請求項の一の物の発明の記載に対して，他の請求項に，その物を生産する方法の発明やその物を生産する機械，器具，装置等の物の発明，その物を使用する方法の発明やその物の特定の性質をもっぱら利用する物の発明を記載する場合等がある。

　こうして，改善多項制の採用とともに，一般的発明概念を形成する二以上で別出願をなし得る一群の発明を一の願書で出願することを可能とする発明の単一性の制度の採用は特許協力条約（PCT）のもとでの国際的調和を図るとともに，一の出願で広い範囲での特許権取得を可能とするものとしての意義がある。発明の単一性違反は，拒絶理由であるが（49条4号），無効理由ではない。

⑤ 出願日の認定と出願の効果

出願日の認定と手続補完　特許出願の願書その他の添付書面が特許庁長官に提出されると，特許庁長官は，特許出願に係る願書が提出された日を特許出願の日として認定しなければならない（38条の2第1項本文）。もっとも，特許庁長官は出願については方式審査を行うので，瑕疵がある場合には相当の期間を指定して出願人に補正を命じることができ（17条3項），それに応じて出願人が期間内に補正をして瑕疵が治癒されればよいが，出願人が指定期間内に補正をしないときには，特許庁長官は出願を却下することができる（18条）。また，瑕疵が補正できないものについては，特許庁長官は出願人にその理由を通知し，相当の期間を指定して弁明書を提出する機会を与えて，出願を却下することができる（18条の2第1項）。ただし，特許法は，次の3つの出願の要件を充足しない場合であっても，出願人のために手続補完の制度を設けて，特許庁長官は出願を却下をせずに，特許を受けようとする者に対して特許出願について補完をすることができる旨を通知しなければならないものとした（同条2項・18条の2第1項但書）。すなわち，①特許を受けようとする旨の表示が明確でないと認められるとき，②特許出願人の氏名もしくは名称の記載がなく，またはその記載が特許出願人を特定できる程度に明確でないと認められるとき，および③明細書（外国語書面出願にあっては，明細書に記載すべきものとされる事項を36条の2第1項の経済産業省令で定める外国語で記載した書面。以下，同様）が添付されていないとき（もっとも，38条の3の規定によって先の特許出願を参照すべき旨の主張を伴う特許出願をするときは除く。後述4④参照）である（38条の2第1項1号〜3号）。もっとも，例えば願書のみでは出願人の名前または名称が不明で②に該当すると考えられる場合であっても，願書に添付された書面全体からみて出願人をうかがい知ることができる場合には補完の通知はせずに，補正を命じて対

処する。

　この通知を受けた者は，経済産業省令で定める期間内に限り（通知の日から2カ月；特施規27条の7第1項），手続補完書を提出し，また上記③の明細書の補完をするときには手続補完書の提出と同時に明細書を提出して，手続の補完をすることができる（38条の2第3項・4項）。特許を受けようとする者が特許庁長官からの補完のための通知を受ける前に，その通知を受けた場合に執るべき手続を自発的に執った場合には，経済産業省令で定める場合を除き（特許出願として提出された書類が特許庁に到達した日から2カ月経過後に執った場合；特施規27条の9），当該手続は，その通知を受けたことにより執った手続とみなされる（38条の2第9項）。上記③の明細書について補完をする場合には，手続補完書の提出と同時に図面（外国語書面出願にあつては，必要な図面でこれに含まれる説明を36条の2第1項の経済産業省令で定める外国語で記載したもの）を提出することができる（38条の2第5項）。規定の期間内に補完がなされたときには，その特許出願は，手続補完書を提出した時にしたものとみなされ，特許庁長官は，手続補完書を提出した日を特許出願の日として認定する（同条6項）。また，手続補完書とともに明細書や図面が提出されたときには願書に添付して提出したものとみなされる（同条7項）。逆に特許庁長官より補完の通知を受けた者が規定の期間内に補完をしないときは，特許庁長官は特許出願を却下することができる（同条8項）。

　この出願日の認定および手続補完の制度は，特許法条約（Patent Law Treaty：PLT）5条に基づき，平成27（2015）年改正により設けられたものである。

　┌─────────────────┐
　│ 明細書等の一部記載が │　特許庁長官は，特許出願の日の認定に際して，
　│ 欠けている場合の補完 │　願書に添付されている明細書または図面（外
　└─────────────────┘
国語書面出願にあっては，明細書に記載すべきものとされる事項を36条の2第1項の経済産業省令で定める外国語で記載した書面または必要な図面で，これに含ま

れる説明を同条項の経済産業省令で定める外国語で記載したもの。以下，同様）について，その一部の記載が欠けていることを発見したときは——明細書の一部の落丁や図面の一部または全部の欠落等——，その旨を特許出願人に通知しなければならない（38条の4第1項）。明細書等は，出願人が特許を受けようとする発明を裏付ける重要な書面であることから，特別な補完制度を設けることにしたものである。この通知を受けた出願人は，経済産業省令で定める期間内に限り（2カ月：特施規27条の11第1項），経済産業省令で定めるところにより（一定の様式による；特施規27条の11第2項），明細書または図面の補完に係る書面（以下，「明細書等補完書」という）を提出して，明細書または図面について補完をすることができる（38条の4第2項・3項）。もっとも，この場合も出願人が特許庁長官からの補完のための通知を受ける前に，その通知を受けた場合に執るべき手続を自発的に執った場合には，経済産業省令で定める場合を除き（特許出願として提出された書類が特許庁に到達した日から2カ月経過後に執った場合；特施規27条の11第12項），当該手続は，その通知を受けたことにより執った手続とみなされる（38条の4第9項による38条の2第9項の準用）。明細書等補完書の提出により補完がなされたときには，特許出願の日の認定にかかわらず，特許出願は明細書等補完書を提出した時にしたものとみなされる。上記38条の2による手続補完書による補完とが複合的になされた場合にも同様である（38条の4第4項）。ただし，明細書等補完書による補完が各種優先権の主張を伴う特許出願に係るものであって（41条1項・43条1項・43条の2第1項〔43条の3第3項において準用する場合を含む〕もしくは43条の3第1項もしくは2項の規定によるもの），かつ，提出された明細書等補完書に記載した内容が経済産業省令で定める範囲内にあるときは（優先権の主張の基礎とした出願に完全に記載されているとき；特施規27条の11第6項），この限りでない（38条の4第4項但書）。もっとも，明細書等補完書を提出した後に，上記38条の2による補完のための手続補完書の提出がなされ

たときは，特許出願は当該手続補完書を提出した時にしたものとみなされる（38条の4第5項）。また，明細書等補完書の提出により補完をした明細書または図面は，特許出願に係る願書に添付して提出したものとみなされる（同条6項）。明細書等補完書の提出により補完をした者は，経済産業省令で定める期間内に限り（通知の日から1カ月；特施規27条の11第10項），提出した明細書等補完書を取り下げることができ（38条の4第7項），明細書等補完書の取下げがあったときは，その補完はなされなかったものとみなされる（同条8項）。

　この明細書等記載の補完の制度も，特許法条約（PLT）5条に基づき，平成27（2015）年改正により設けられたものである。なお，本制度は，分割に係る特許出願（本章4⑤参照），実用新案登録出願または意匠登録出願からの出願変更による特許出願（本章4⑤参照）および実用新案登録に基づく特許出願（本章4⑦参照）については適用されない（38条の4第10項）。特許法条約（PLT）5条の適用外だからである。

出願の効果　特許出願は，特許庁長官により出願日の認定等により出願日が確定すると，当該出願日に特許出願がされたという効果が生じる。そして出願日を基準として，後に出願の放棄，取下げ，却下や拒絶査定または拒絶審決の確定により出願が初めからなかったものとみなされる場合を除き，最先の出願には先願の地位，すなわち後願排除効が生じ，最先の特許出願人のみが特許を受けることができる（39条1項・5項本文）。先願か否かの判断は特許請求の範囲を基準にしてなされる。ただ先願主義は，特許出願に係る発明と実用新案登録出願に係る考案との間でも適用があるので，特許出願人は，実用新案登録出願人より先に出願した場合にのみ，その発明について特許を受けることができる（同条3項）。

　同日に二以上の特許出願または特許出願と実用新案登録出願があるときには先願主義が働かず，特許庁長官が相当の期間を指定してこれら出願人に協議命令を通知し（同条6項），これら出願人間で協議して

定めた一の出願人のみが，特許または実用新案登録を受けることができる。協議が成立せずまたは協議ができないときには，いずれの特許出願人も特許を受けることができない（同条2項・4項）。この場合は拒絶査定または拒絶審決が確定しても，出願が初めからなかったものとはみなされない（同条5項但書）。第三者の後願または同日出願人の一人による再度の出願により特許権の取得が認められれば，不公平，不平等を招来するばかりでなく，協議制度の趣旨に反するからである。特許庁長官は，指定期間に届出のない場合には，協議が成立しなかったものとみなすことができる（同条7項）。パリ条約上の優先権の主張や国内優先権等の優先権の主張（本章4①～③参照）も出願日を起算日とし，新規性，進歩性等の特許要件（29条）は出願時を基準に判断される。もっとも32条の不特許事由の判断は審査または審決時を基準になされる。実体審査は出願日から3年以内に審査請求がなされるのを待って行われ（48条の3第1項），審査の結果，拒絶理由がないと認められれば特許査定を経て（51条），特許登録により特許権が発生するが（66条1項），特許権の存続期間も特許出願日から起算され，20年をもって終了する（67条1項）。

4 特別な出願

① パリ条約による優先権の主張を伴う出願

| 国際的な優先権 |

特許権を異なる国々で取得しようとすると，それぞれの国ごとの法律，手続，言語により出願しなければならないが，外国人にとっては出願の準備に多大な時間を取られることになる。一方，自国でなした出願に関する情報の伝播により，自国以外で出願するための準備を整えて出願したとしても，すでにその国で第三者が同一発明について出願をしていたり，実施し

ていたりすることにより先願とされなかったり，新規性・進歩性を欠くものとされて特許権を取得できないことがあり得る。そこで外国人のこうしたハンディにかかわらず，同一発明に対しては国際的に同一人が特許権を取得し得るように，パリ条約（第22章3①参照）では，第1国でなした特許出願に基づき12カ月以内に他国で優先権の主張を伴う出願をすることにより，第1国での出願日を優先日とする利益を享受することが認められている（パリ条約4条）。これにより，①第1国出願とパリ条約加盟国であるわが国での優先権の主張を伴う特許出願との間で行われた行為，たとえば他の出願，当該発明の公表または実施などによって，わが国での特許出願が不利な取扱いを受けることはない（パリ条約4条B第1文）。すなわち新規性（29条1項），進歩性（29条2項），先後願（39条）および先願範囲の拡大（29条の2）などの要件の判断は第1国出願日を基準として行われる。また，②第1国出願日とわが国での優先権の主張を伴う特許出願との間に行われた行為により，第三者にいかなる権利または使用の権限も生ずることはない。したがって，この期間内における他人の行為により先使用権（79条）は生じないし，その間に存在した物によって特許権が制限（69条2項2号）を受けることもない（パリ条約4条B第2文）。こうしたパリ条約上の優先権についての発生要件，主張要件およびその効果についてはパリ条約によることを前提にして，わが国の特許法では，わが国への移行手続のみを規定することにしている。

優先権主張の手続　わが国での特許出願についてパリ条約による優先権の主張をしようとする者は，第1国出願日から12カ月以内にわが国において特許出願をなし，優先権を主張する旨および最初に出願したパリ条約同盟国の国名および出願年月日を記載した書面（優先権主張書面）を，経済産業省令で定める期間として優先日（優先権主張書面を提出することにより，これが変更する場合は変更前または変更後のいずれか早い日）から1年4カ月または優先権の主張を

伴う特許出願日から4カ月のいずれか遅い日（出願審査請求または出願公開請求のあった後の期間は除く）までに特許庁長官に提出しなければならない（43条1項，特施規27条の4の2第3項1号）。ただし，出願願書に必要事項を記載する場合には提出を省略できる（特施規27条の4第3項）。また，特許庁長官に，最初に出願したパリ条約同盟国の認証がある出願年月日記載の書面，発明の明細書，特許請求の範囲（第1国出願が実用新案登録出願の場合は実用新案登録請求の範囲）および図面の謄本またはこれらと同様の内容を有する公報もしくは証明書で，その同盟国の政府が発行したもの（優先権書類）を，当該特許出願について優先権の主張の基礎とした最初の出願の日（当該特許出願が41条の国内優先権の主張を伴うときや，他のパリ条約の優先権または43条の2第1項〔43条の3第3項において準用する場合を含む〕や43条の3第1項もしくは2項に規定するパリ条約の例による優先権の主張を複合的に伴うときには，その基礎とした出願の日のうちで，最先の出願の日）から1年4カ月以内に提出しなければならない（43条2項）。また，あわせて同じ期間中に出願番号記載の書面を提出しなければならない（同条3項）。2項規定の書類を所定の期間内に提出しないときは，優先権の主張は効力を失う（同条4項）。もっとも，わが国と優先権書類を電磁気的方法によりパリ条約の同盟国の政府または工業所有権に関する国際機関との間で交換することができる場合として経済産業省令で定める場合においては，パリ条約の同盟国で必ずしも第一国でない国や，WIPOのような国際機関から，わが国の特許庁が優先権書類を電子的方式で送付を受けることができるので，2項規定の期間内に，出願番号その他経済産業省令で定める事項を記載した書面を特許庁長官に提出すれば，2項規定の優先権書面は提出されたものとみなされる（同条5項）。2項の優先権書類または5項の電磁気的方法による交換のために優先権書類に代わる出願番号等記載の書面を優先日から1年4カ月期間内に提出できなかったときでも，特許庁長官は優先権の主張をした者に対し，その旨を通知しなければなら

ず（同条6項），この通知を受けた者は，経済産業省令で定める期間内に限り（通知の日から2カ月；特施規27条の3の3第5項），これらの書類・書面を提出することができる（43条7項）。さらに，当該通知を受けた者がその責めに帰することができない理由により，この期間内にもこれら書類・書面を提出することができないときは，さらに経済産業省令で定める期間内（優先権書類の発行政府の遅延による場合は入手より1カ月（在外者にあっては2カ月），それ以外の場合には理由がなくなった日から14日（在外者にあっては2カ月）で，かつ，通知の日からの提出期間経過後6カ月；特施規27条の3の3第6項1号・2号）に，これら書類または書面を特許庁長官に提出することができる（43条8項）。これら期間内に書類・書面の提出があったときには，4項による優先権の主張が効力を失うという効果は遡及的に解除され，維持されることになる（同条9項）。

> パリ条約の例にならう
> 優先権の主張

①パリ条約の優先権の主張を伴う出願を優先期間内にすることができなかったことに正当な理由があり，かつ，経済産業省令で定める期間としてパリ条約上の優先期間（12カ月）の経過後2カ月以内に特許出願をしたときには，パリ条約の例による優先権の主張が認められる（43条の2第1項，特施規27条の4の2第2項）。また，この場合の手続はパリ条約上の優先権の主張を伴う出願についての43条が準用される（43条の2第2項による43条の準用）。ただし，優先権主張書面を提出することによる優先権の主張も優先期間の経過後2カ月以内にする（43条の2第2項による43条の準用，特施規27条の4の2第3項4号）。そして，優先権書類の期間内の提出および当該書類を期間内に提出しなかった場合や，さらに正当な理由により提出できなかった場合にも，パリ条約上の優先権の主張を伴う出願の場合と同様の効果および救済規定が準用される（43条の2第2項による43条2項〜9項の準用）。

また，②TRIPs協定（第22章5参照）2条1項は，WTO加盟国に対して，パリ条約の規定を遵守することを義務づけるとともに，内国

民待遇（3条）および最恵国待遇（4条）を規定している。そこで，①日本国民またはWTO加盟国の国民がWTO加盟国でした出願，②WTO加盟国の国民がパリ条約同盟国でした出願および③パリ条約同盟国の国民がWTO加盟国でした出願につき，当該出願に基づきわが国でなされる出願の際にパリ条約の例による優先権の主張を認めることにした（43条の3第1項）。

　さらに，③パリ条約またはTRIPs協定の規定する優先権のほか，相互主義の観点から，日本国民に対し，日本国と同一の条件により優先権の主張を認める国であって，特許庁長官の指定するもの（特定国）の国民がその特定国においてした出願および日本国民またはパリ条約同盟国もしくはWTO加盟国の国民が特定国においてした出願に基づいてパリ条約の例による優先権の主張ができる旨規定し（43条の3第2項），そして，これらの場合の手続についても，パリ条約による優先権の主張を伴う出願についての43条の規定が準用される（43条の3第3項）。また，②および③についても優先権期間内に正当な理由により特許出願できず，かつ，経済産業省令で定める期間としてパリ条約上の優先期間（12カ月）の経過後2カ月以内に出願したときにも，同様にパリ条約の例による優先権の主張が認められる。また，この場合の手続はパリ条約上の優先権の主張を伴う出願についての43条が準用される（43条の3第3項による43条の準用）。ただし，優先権主張書面を提出することによる優先権の主張も優先期間の経過後2カ月以内にする（43条の3第3項による43条の2の準用，特施規27条の4の2第3項4号）。そして，優先権書類の期間内の提出および期間内に提出しなかった場合や，さらに正当な理由により提出できなかった場合にも，パリ条約上の優先権の主張を伴う出願の場合と同様の効果および救済規定が準用される（43条の3第3項による43条2項～9項の準用）。

② 国際出願

PCT による国際出願

パリ条約の特別の取極としての「特許協力条約」（PCT。第22章3②参照）により、締約国の国民または居住者は、受理官庁に国際出願すれば、当該受理官庁で出願が受理された日が、各指定国での実際の出願日とみなされる（PCT11条(3)）。これによってパリ条約の優先権の趣旨はいっそう押し進められることとなる。国際出願は、国際調査機関によって先行技術が調査されて、国際調査報告とともに特許性に関する見解書が作成され、その報告書が出願人に交付される。また、出願書類は受理官庁から国際事務局（WIPO事務局）に送付され、国際出願日から18カ月経過した場合またはそれ以前に出願人の請求があった場合には国際公開に付されるとともに（PCT21条）、国際事務局を通じて各指定国官庁にも送達される（PCT20条）。他方、出願人は、国際調査からさらに進んで、選択国を選択して国際予備審査を請求し、国際予備審査機関により、新規性、進歩性、産業上の利用可能性について予備的で拘束力のない判断を受けることもできる（PCT31条）。その後、各指定国の国内手続に移行し各国の国内法に基づく特許取得手続が進められることになる。

この国際出願は、平成14（2002）年のPCT規則改正により、従来は少なくとも一の国の指定の記載をすることとされていたのが廃止され、これにより、国際出願にあたっては国際出願日においてすべての締約国が指定されることになった（「みなし全指定」。PCT規則4.9）。そして出願人は国内移行段階における各国所定の国内移行手続をとるかどうかによって、権利を取得したい国を最終的に選択する。

なお、国際予備審査は、国際出願の請求の範囲に記載された発明の新規性、進歩性、産業上の利用可能性について、予備的かつ拘束力のない見解を表明するものであるが、先のPCT規則改正により、国際

予備審査を請求する場合においても，PCT 第 2 章（国際出願に関する規定）に拘束されるすべての締約国が選択されたものとみなされる（PCT 規則 53.7）。もっとも国際調査報告の作成に際しては，特許性についての書面による見解も作成されることになったので（PCT 規則 43 の 2），特許性についての判断を求めるために出願人があえて国際予備審査請求する必要性は相対的に少ない。

国際出願手続

わが国では PCT を受けて，「特許協力条約に基づく国際出願等に関する法律」（国際出願法；昭和 53 年法 30 号）を制定し，国際出願を処理すべき国際段階の手続として，日本からの国際出願の手続について規定している。これによれば，出願人は，条約に従って処理すべき旨の申立を記載した願書のほか，明細書，請求の範囲，必要な図面および要約書を，日本語または経済産業省令で定める外国語（英語；国際出願法施行規則 12 条）で作成して特許庁長官に提出する（国際出願法 3 条）。特許庁長官は，適式な国際出願が特許庁に到達すれば，その日を国際出願日として認定し（同法 4 条 1 項），この認定によって各指定国で同時に国内出願があったものとみなされる。そして日本の特許庁が受理官庁として受理した国際出願で，日本語による出願については日本の特許庁が国際調査機関および国際予備審査機関となり，英語による出願については出願人の選択により日本の特許庁または欧州特許庁のいずれかが国際調査機関となり，それぞれ国際調査機関となったものが国際予備審査機関となって，国際調査あるいは国際予備審査が実施される。また，その間，国際事務局により国際公開がなされることになる。

他方，国際段階から国内段階への移行については，PCT の規定に基づく国際出願日が認められた外国またはわが国からの国際出願であって，指定国に日本国を含むものは，その国際出願日にわが国にされた特許出願とみなされる（特 184 条の 3）。出願人は，外国語でされた国際特許出願（外国語特許出願）については，優先日から 2 年 6 カ月以

内（国内書面提出期間。ただし優先日から2年4カ月から2年6カ月までに184条の5の規定による国内移行のための書面を提出したときは，その書面提出の日から2カ月以内；翻訳文提出特例期間）に，明細書，請求の範囲，図面（図面の中の説明に限る）および要約の翻訳文を特許庁長官に提出しなければならず（184条の4第1項），期間内に提出がなければ，その国際特許出願は取り下げられたものとみなされる（同条3項）。もっとも期間内に正当な理由により提出できない場合は，経済産業省令で定める期間内（正当な理由がなくなった日から2カ月で，かつ，当該期間の末日が国内書面提出期間〔外国語特許出願にあっては，翻訳文提出特例期間〕の経過後1年を超えるときは国内書面提出期間の経過後1年；特施規38条の2第2項）に限り，翻訳文の提出をすることができ（184条の4第4項），そのときには国内書面提出期間満了時に提出されたものとみなされる（同条5項）。

③　国内優先権制度

改良発明，関連発明
などの優先権

一度，ある発明について出願した後，それを出発点として，その改良発明や上位概念の発明，あるいは関連する発明がなされた場合に，それを取り込みつつ，かつ，すでになされた出願に係る発明については，その出願日を優先日として認められた上で一括して特許権が取得できれば便利である。このような趣旨のもとに特許法上認められた制度が国内優先権制度である（41条）。

すなわち願書に最初に添付された明細書，特許請求の範囲（先の出願が実用新案登録出願であれば実用新案登録請求の範囲）または図面（外国語書面出願の場合には，外国語書面）の範囲に記載された発明について出願した後1年以内ならば，一の願書で出願できる発明の単一性の要件を満たす範囲内で，先に出願した発明とともにその改良発明，上位概念の発明あるいは関連する発明について出願し，先の出願を基礎に国内優先権を主張すれば，先に出願した発明については先の出願日を，先に

出願した発明以外の発明については後の出願日を基準にして先後関係や特許要件が判断され，先に出願した発明について不利益を受けることなく後の出願に乗り換えることができ，しかも後に出願した発明のすべてにわたって特許権を取得することが可能となる。

　先の出願は，出願人が特許を受ける権利を有する特許出願のほかに，実用新案登録を受ける権利を有する実用新案登録出願，日本国を指定国として含む国際出願（184条の3・184条の20）や国際実用新案登録出願（実48条の3・48条の16）であってもよい。ただし，先の出願について仮専用実施権を有する者があるときは，国内優先権の主張をした後の出願をする際に，これらの者の承諾を受けていなければならない（41条1項但書）。先の出願に含まれていなかった発明を含めることはもちろん（部分優先），二以上の先の出願を基礎に国内優先権を主張することもできる（複合優先）。もっとも，先の出願が国内優先権またはパリ条約の優先権を伴う場合には，その優先権の基礎となった発明について再度累積的に優先権を主張することは許されない（41条2項括弧書）。

国内優先権主張の手続　国内優先権を伴う特許出願が，先の出願の日から1年以内に，同一の出願人によりなされることが必要である（41条1項1号）。もっとも，先の出願から1年以内に出願することができなかったことについて正当な理由がある場合は，特許出願が，経済産業省令で定める期間として当該期間経過後2カ月以内になされればよい（同号括弧書，特施規27条の4の2第1項）。また，先の出願が分割，変更に係る出願または実用新案登録に基づく特許出願でないことも要件となる。これらを基礎に国内優先権を認めないのは，分割要件や変更要件等の判断の繁雑化を避けるためである。さらには先の出願が係属していることが必要である。つまり，先の出願が放棄・取下げ・却下のいずれもされておらず，査定または審決が確定していないこと，さらには先の出願が実用新案登録出願の場合に

は，その設定登録がなされていないことも要件となる（41条1項）。また，国内優先権の主張をしようとする者は，その旨および先の出願の表示を記載した書面（優先権主張書面）を，経済産業省令で定める期間として優先日（優先権主張書面を提出することにより，優先日が変更する場合は変更前または変更後のいずれか早い日）から1年4カ月または優先権の主張を伴う特許出願日から4カ月のいずれか遅い日（出願審査請求または出願公開請求のあった後の期間は除く）までに特許庁長官に提出しなければならない（同条4項，特施規27条の4の2第3項1号）。ただし，先の出願から1年以内に出願することができなかったことについて正当な理由がある場合の出願については，経済産業省令で定める期間として，当該期間経過後2カ月以内に提出しなければならない（41条4項，特施規27条の4の2第3項3号）。

> **先の出願の取扱い**

国内優先権を伴う特許出願がなされれば，その基礎とされた先の出願は，その出願日から経済産業省令で定める1年4カ月経過したときに取り下げられたものとみなされ（42条1項，特施規28条の4第2項），その後，国内優先権を伴う特許出願の出願人は優先権の主張を取り下げることはできない（42条2項）。

　なお，先の出願が取り下げられたものとみなされる場合，原則として出願公開されることはないが，後の出願と先の出願の明細書，特許請求の範囲または図面の双方に記載された発明については後の出願について特許掲載公報の発行または出願公開がされた時に，先の出願について出願公開（または先の出願が実用新案登録出願の場合には，実用新案登録掲載公報）が発行されたものとみなされ（41条3項），先の出願につき準公知（先願範囲の拡大）の適用がある。もっとも，先の出願がさらに国内優先権またはパリ条約上の優先権の主張を伴う場合には，その基礎とされた出願と先の出願との双方で開示された発明については，累積的な優先権の利益を与えることになるので先願範囲の拡大は認めら

れない（同項括弧書）。

④ 先の特許出願を参照すべき旨を主張する方法による 特許出願

　特許を受けようとする者は，先に特許出願をしている場合に，明細書や図面を提出することなく，それを援用して特許出願ができれば大変に便利で，また，迅速な出願が可能である。それで，特許を受けようとする者は，外国語書面出願をする場合を除き，願書に明細書および必要な図面を添付することなく，その者がした先にした特許出願（外国においてしたものを含む。以下，「先の特許出願」という）を参照すべき旨を主張する方法により，特許出願をすることができるものとした。ただし，その特許出願が①特許を受けようとする旨の表示が明確でないと認められるとき，②特許出願人の氏名もしくは名称の記載がなく，またはその記載が特許出願人を特定できる程度に明確でないと認められるときは，この限りでない（38条の3第1項）。

　この方法により特許出願をしようとする者は，その旨および経済産業省令で定める書面を提出しなければならない（同条2項）。加えて，特許出願をした者は，経済産業省令で定める期間内に（出願日から4カ月；特施規27条の10第3項），願書に添付して提出すべき明細書および必要な図面を提出するとともに，先の特許出願が真正に存在し虚偽でないことや先の特許出願の技術的範囲の確認のための書面として経済産業省令で定める事項を記載した書面を提出しなければならない（38条の3第3項）。もし，提出された明細書および図面に記載した事項が，先の特許出願の願書に添付した明細書，特許請求の範囲または図面（当該先の特許出願が，外国語書面出願である場合にあつては外国語書面，外国においてしたものである場合にあつてはその出願に際し提出した書類であつて明細書，特許請求の範囲または図面に相当するもの）に記載した事項の範囲内にない場合は，その特許出願は，これら明細書および図面を提出した時にな

されたものとみなされる（同条4項）。いずれにしても，このように提出された明細書および図面は，願書に添付して提出した明細書および必要な図面とみなされる（同条5項）。

　なお，先の特許出願を参照すべき旨を主張する方法による特許出願の制度は，特許法条約（PLT）5条に基づき，平成27（2015）年改正により設けられた。また，本制度は分割に係る特許出願（後述⑤参照），実用新案登録出願または意匠登録出願からの出願変更による特許出願（後述⑤参照）および実用新案登録に基づく特許出願（後述⑦参照）については適用されない（同条6項）。

⑤　出願の分割・変更

出願の分割　出願の分割は，出願した一部について拒絶理由がある場合など，当該部分はそのまま対処しつつ，他の部分について分割して出願することにより，取り敢えずその部分については確実な権利を取得する手段として利用される。出願の分割により出願された出願を分割出願という。特許出願人は，次に掲げる場合に限り，二以上の発明を包含する特許出願の一部を一または二以上の新たな特許出願とすることができる（44条1項）。これを分割出願といい，①出願書面の補正時または補正期間内，②特許査定の謄本の送達のあった日から30日以内または③拒絶査定の謄本の送達のあった日から3カ月以内にしなければならない（同項1号～3号）。すなわち分割出願がなされた場合，新たな特許出願はもとの特許出願の時にしたものとみなされる（同条2項）。責めに帰することのできない理由で，②または③の期間内に出願ができなかったときは，理由のなくなった日から14日（在外者にあっては，2カ月）以内で，かつ，規定の期間経過後6カ月以内に出願をすることができる（同条7項）。

　分割出願により，独立の特許権が取得することができる発明は，原出願の特許請求の範囲に記載されたものに限らず，最初の出願の明細

書または図面に記載された発明についても認められる（最判昭55.12.18 民集34巻7号917頁〔半サイズ映画フィルム録音装置事件〕）。

```
┌──────────────────┐
│    出願の変更      ╲
└──────────────────┘
```
実用新案登録出願は特許出願に変更すること ができ（ただし出願日から3年を経過した後はこの 限りでない），また，意匠登録出願は，意匠登録出願について拒絶すべき最初の査定の謄本の送達があった日から3カ月経過後または意匠登録出願の日から3年経過後（最初の査定の謄本の送達があった日から3カ月以内は除く）は別として，特許出願に変更することができる（46条1項・2項）。責めに帰することのできない理由で期間内に出願ができなかったときには，理由のなくなった日から14日（在外者にあっては，2カ月）以内で，かつ，規定の期間経過後6カ月以内に出願をすることができる（同条5項）。同様に特許出願，実用新案登録出願，意匠登録出願の三者間では，相互に変更することが可能である（実10条，意13条参照）。出願の変更があったときには，もとの出願は取り下げられたものとみなされ（46条4項），変更出願はもとの出願のときにしたものとみなされる（同条5項による44条2項の準用）。

⑥ 外国語書面出願

願書は日本語で記載したものを提出しなければならないが，明細書または特許請求の範囲に記載すべき事項を経済産業省令により定める外国語（英語その他の外国語；特施規25の4）で記載した書面および必要な図面でこれに含まれる説明をその外国語で記載したもの（外国語書面）ならびに要約書に記載すべきものとされる事項をその外国語で記載した書面（外国語要約書面）を願書に添付して出願することが可能である（外国語書面出願；36条の2第1項）。外国人が自国での出願書類をそのまま用いることで，わが国での出願を容易にするためである。ただし特許出願日（優先権の主張を伴う出願の場合には，優先権の基礎となったもののうち最先の出願の日）から1年4カ月以内にこれらの書面の翻訳文を

提出しなければならない（同条2項本文。ただし書の場合には，その経過後2カ月以内）。

　特許庁長官は当該期間（同項但書の規定により外国語書面および外国語要約書面の翻訳文を提出することができるときは，同項但書に規定する期間。以下，同様）内に外国語書面および外国語要約書面の翻訳文の提出がなかったときは，外国語書面出願の出願人に対し，その旨を通知しなければならない（36条の2第3項）。この通知を受けた出願人は，経済産業省令で定める期間内に限り（通知の日から2カ月；特施規25条の7第4項），外国語書面および外国語要約書面の翻訳文を特許庁長官に提出することができる（36条の2第4項）。そして，この期間内に外国語書面（図面を除く）の翻訳文の提出がなかったときは，その特許出願は，当該期間の経過の時に取り下げられたものとみなされる（同条5項）。もっとも，みなし取下げとなった特許出願の出願人は，期間内に翻訳文を提出することができなかったことについて正当な理由があるときは，さらに経済産業省令で定める期間内に限り（正当な理由がなくなった日から2カ月，かつ，通知の日から1年；特施規25条の7第5項），外国語書面および外国語要約書面の翻訳文を特許庁長官に提出することができる（36条の2第6項）。もちろん，この期間内に提出されなかったときには，みなし取下げの効果は覆らない。そして，これらの翻訳文提出期間徒過についての救済規定によって提出された翻訳文は，特許出願日から1年4カ月の期間が満了する時に特許庁長官に提出されたものとみなされる（同条7項）。

　こうして期間内に提出され，または提出されたとみなされる外国語書面の翻訳文は特許出願の願書に添付して提出した明細書，特許請求の範囲および図面とみなされ，外国語要約書面の翻訳文は願書に添付して提出した要約書とみなされる（同条8項）。

⑦ 実用新案登録に基づく特許出願

制度の導入

特別な特許出願制度のひとつとして，実用新案登録に基づく特許出願制度が平成16 (2004) 年の特許法改正で導入された (46条の2)。従来は，登録により実用新案権が発生した後に技術動向の変化や事業計画の変更があって審査を経た安定性のある権利を取得したい場合や，権利についてより長期の存続期間を確保できるようにしたい場合であっても，実用新案から特許に乗り換えることができず，出願時からいずれか一方の出願を選択せざるを得なかった。そのために出願時に上記のような可能性が排除できない場合には，特許出願を行わざるを得ず，これが特許出願件数の増加と実用新案登録出願件数の減少の一因であるといわれていた。そこで実用新案制度をより魅力的なものとするための方策のひとつとして実用新案登録に基づく特許出願を導入することにした。

出願の要件

実用新案権者は，自己の実用新案登録に基づいて特許出願をすることができ，この場合においてはその実用新案権を放棄しなければならない (46条の2第1項)。また，実用新案登録に係る実用新案登録出願の日から3年経過したとき等はできないという期間制限がある (同項1号〜3号)。責めに帰することのできない理由で期間内に出願ができなかったときには，理由のなくなった日から14日 (在外者にあっては，2ヵ月) 以内で，かつ，期間経過後6ヵ月以内に出願をすることができる (同条3項)。

実用新案登録に基づく特許出願は，専用実施権者，許諾通常実施権者，質権者，職務考案についての通常実施権者，専用実施権についての許諾通常実施権者があるときには，これらの者の承諾を得た場合に限りすることができる (同条4項)。

効　果

実用新案登録に基づく特許出願の願書に添付した明細書，特許請求の範囲または図面に記

載した事項が，その基礎とされた実用新案登録の願書に添付した明細書，実用新案登録請求の範囲または図面に記載した事項の範囲内にあるものに限り，その実用新案登録に係る実用新案登録出願の時にしたものとみなされ，出願時が遡及する（46条の2第2項）。しかし，これでは実用新案登録に係る実用新案登録出願と，それを基礎とした特許出願が同日出願となり，実用新案登録に基づく特許出願に拒絶理由が生じ，または，これに対して付与された特許が無効理由を有することになりかねないので，実用新案登録を基礎とした特許出願に係る発明とその実用新案登録に係る考案とが同一である場合を同日出願の関係からは除外するものとしている（39条4項）。

⑧ 特許延長登録出願

| 概　　要 |

特許延長登録出願とは，TPP関係整備法による特許法改正により，①一般的な制度として，特許出願から5年を経過した日または出願審査請求のあった日から3年のいずれか遅い日（基準日）の後に特許権設定登録があった場合には，基準日から特許権設定登録の日までの期間（A）で，出願人の責めに帰する期間や審判や審決取消訴訟等に関する期間（B）を除外した期間（A−B）につき，特許権の延長を受けることができるという制度である（67条2項・3項1号〜10号）。適時・迅速な特許付与がかなわなかった期間につき延長を認めて補塡をする趣旨である。これに加えて，②従来からのものとして，特許権が発生した後，医薬品医療機器等法のもとにおいて，医薬品等について製造承認を得なければ特許発明を実施できないために特許権が浸食され，特許権者が十分な投資回収をなし得ない不利益を救うために，5年を限度として追加的に特許権の延長を受けることができるとするものである（67条4項）。

| 出　　願 |

特許延長登録出願をすることができる者は特許権者で，特許権が共有に係るときには他の

共有者と共同出願をする必要がある（67条の2第4項，67条の5第4項による67条の2第4項の準用）。出願は，上記①については，特許権設定登録の日から3カ月が経過する日までの期間内にしなければならず（67条の2第3項），特許権の存続期間の満了後はできない（同3項但書）。ただし，出願人の責めに帰することのできない理由で当該3カ月の期間内に出願できないときには，理由のなくなった日から14日（在外者にあっては，2カ月）の期間で，その期間が9カ月を超えるときは9カ月の期間内に出願することができる。上記②についての出願は，政令所定の処分を受けた日から3カ月以内で，特許権の存続期間の満了までに行わなければならない（67条の5第3項，特施令3条）。ただし，出願人の責めに帰することのできない理由で当該3カ月の期間内に出願できないときには，理由のなくなった日から14日（在外者にあっては，2カ月）の期間で，その期間が9カ月を超えるときは9カ月の期間内に出願することができる（同施令3条）。また，もし満了前6カ月の前日までに政令で定める処分を受けることができないと見込まれるときには，一定事項記載の書面をその日にまでに特許庁長官に提出しなければならない（67条の6第1項）。他方，この書面が提出されないときには特許権の存続期間の満了前6カ月以降は特許延長登録出願ができなくなる（同条2項）。ただし，責めに帰することのできない理由で期日までに書面を提出できなかったときには，理由のなくなった日から14日（在外者にあっては，1カ月）以内で，かつ，期日経過後2カ月以内に提出することができる（同条4項）。

特許延長登録出願があれば特許権の存続期間は延長されたものとみなされる（67条の2第5項本文，67条の5第4項による67条の2第5項の準用）。ただし，拒絶査定が確定するかあるいは延長登録がなされたときはこの限りでない（67条の2第5項但書，67条の5第4項による67条の2第5項の準用）。拒絶査定の確定により，元来の存続期間のままとなり，また，延長登録により確定的に延長される。

効 果

上記②については，存続期間が延長され，延長されたとみなされる場合には特許権の効力は，処分の対象となった物（処分で用途が定められた場合は，物と用途）についての実施以外には及ばないとされている（68条の2）。つまり，ニトログリセリンという物の発明について，それが狭心症の医薬として製造承認を受けたことにより特許権の存続期間が延長された場合には，延長された特許権の効力はニトログリセリンを狭心症の医薬として実施する場合に限られ，ダイナマイトとして使用する行為には及ばない。

ただ，具体的事案における適用については判例・学説で争いがあったが，現在では知財高大判平 26. 5. 30（判時 2232 号 3 頁〔血管内皮細胞増殖因子アンタゴニスト控訴審事件〕）が，医薬品の成分を対象とする特許については製造承認を受けることによって禁止が解除される「特許発明の実施」の範囲は，成分，分量，用法，用量，効能，効果によって特定される医薬品の製造販売等の行為であると解するのが相当であるとし，先行処分と異なる新たな用法・用量を追加変更したものは，後の処分により初めて禁止が解除されたとして，本件において特許庁が反対の審決をしたのを取り消し，この上告審である最判平 27. 11. 17（民集 69 巻 7 号 1912 頁〔血管内皮細胞増殖因子アンタゴニスト上告審事件〕）もこれを支持した。これとは反対に，同日の知財高判平 26. 5. 30（裁判所 HP〔粉末薬剤多回投与器事件〕）は，一定の医薬品投与機のノズルにつき特許請求の範囲において特定のないものにつき先の製造承認処分を受け，その後，カウンター付きノズルのものについて製造承認を受けたときには，カウンターの付加は先行処分による禁止が解除された実施形態の範囲内におけるを限定付加にすぎず，したがって後の処分によって新たに禁止が解除されたとはいえないとして特許庁の拒絶審決を維持した（また，同様に，後の処分は先行処分によって禁止が解除された特許発明の範囲で限定をしたものであって，政令で定める処分を受けることが必要であったとは認められないとした同日の 2 つの知財高判平 26. 9. 25 判時 2241 号 142 頁および

裁判所HP〔キナゾリン誘導体事件〕を参照）。

　なお，延長された特許権の効力は処分対象物のほかに均等物または実質同一物の実施に及ぶとする東京地判平28.3.30（判時2317号121頁〔オキサリプラチン第1一審事件〕）があるが（同趣旨の判決として東京地判平28.12.2裁判所HP〔オキサリプラチン第2事件〕や東京地判平28.12.22裁判所HP〔オキサリプラチン第3事件〕を参照），上記オキサリプラチン第1事件の控訴審である知財高大判平29.1.20（判時2361号73頁〔オキサリプラチン第1控訴審事件〕）は，特許発明の技術的範囲の外延を画する均等と68条の2による特許延長の効力範囲は適用される状況が異なり，後者に均等論の要件をそのままままたは類推適用できず，後者は「成分，分量，用法，用量，効能および効果」によって特定された「物」についての「当該特許発明の実施」の範囲で効力が及ぶものであるが，「成分」については僅かな差異または全体的にみて形式的な差異である物は実質的同一といえるものとして効力が及ぶものとしたが，本件処分の「成分」に対して，被告医薬品はこれら以外の添加剤を含むもので実質同一とはいえないとし被告を非侵害としている。

⑨　電子出願

ペーパーレス計画

　特許庁は昭和59（1984）年以来，出願から審査，審判，登録，公報の発行に至るまでの過程を総合的にコンピュータ化するいわゆるペーパーレス計画を精力的に推進している。その中で，オンラインにより電子形式によりペーパーレスでの出願等の手続を可能とするものとして，「工業所有権に関する手続等の特例に関する法律」（平成2年法30号）が制定され，書面に基づく手続を規定している現行の工業所有権4法に関して特例を定めている。これにより，特許法等による出願とその他これに付随する特定手続（手続の補正や審査請求等）が電子的に可能となっている。

| オンライン出願 | 出願等の手続はオンラインで行い，電気通信回線の故障その他の事由によりオンラインで |

行うことができない場合には磁気ディスク等による手続が可能である。もちろん，従来の書面による出願等の手続も，政令で定めるものを除き排除されておらず，ただ補充的措置として，書面による手続をした日から30日以内に所定の手数料を支払い，書面の記載事項を磁気ディスクに記録すべきことを特許庁長官に求めなければならない。いずれにしても特許庁のファイルに記録され，その記録事項は書面に記載された事項と同一であると推定することによって，実際の業務はファイルを使用して行うことができるように図られている。

5 出 願 公 開

| なぜ出願を公開するか | 発明に特許権が付与されると，同一の発明については第三者による実施の事業も排除され |

ることになる。そのため，特許権の成立する可能性のある発明をできるだけ早期に公開することが，第三者に重複研究・重複投資のリスクを回避させるという観点から不可欠となる。また，新たな有用な技術の公開は，社会においてさらなる技術発展を促す要因となり得る。

| 出願公開の手続 | 特許庁長官は，特許出願の日（優先権の主張を伴う出願の場合には，優先権の基礎となったもののう |

ち最先の出願の日）から1年6カ月経過したときは，すでに特許査定により登録がなされて特許掲載公報が発行されているものを除き，出願公開をしなければならない（64条1項）。それ以前でも特許出願人は出願公開の請求をすることができる（64条の2）。出願公開は64条2項に定められた事項を特許公報に掲載して行う。国際出願に関しては，日本語特許出願につき国際事務局による国際公開が，また外国語特許

出願につき国内公表が出願公開に代わる効果を有する（184条の9，184条の10）。

| 補償金請求権 |

出願公開は，特許権成立前に発明が公開されるために，公開された発明の盗用を誘発する可能性が高い。そこで，出願人が，出願公開後（国際出願につき，日本語特許出願は国際公開後，外国語特許出願は国内公表後；184条の10），出願に係る発明の内容を記載した書面を提示して警告したときは，その警告後特許権の設定登録前に，業としてその発明を実施した者に対し，その実施に対して受けるべき金銭相当額を補償金として請求することができる（65条1項）。悪意の実施者に対しては，警告しないでも同様に認められる。また，補償金請求権の行使は，特許権の設定登録後でなければ行使することができない（同条2項）。もっとも，仮専用実施権者または仮通常実施権者が，設定行為で定められた範囲で実施している場合には，補償金請求権は行使できない（同条3項）。ただし，補償金請求権の行使は特許権の行使を妨げない（同条4項）。補償金請求権の行使に対しては明文の規定はないが先使用権（79条）を抗弁として主張できると解され，また無効理由が存することによる権利行使の制限の抗弁を主張することもできる（65条6項による104条の3の準用）。

6 出 願 審 査

① 出願審査の手続

| 繰延審査制度 |

特許出願に対する特許要件の審査は，すべての出願について行われるのではない。出願人の特許出願が他人に特許を取られないための防衛的なものであったり，特許権を取得するために出願したものの実施価値がないものと判明したり，新技術の出現により陳腐化して価値がなくなったと判断される

場合もある。そこで出願人に一度なした特許出願を再評価し、特許権を取得するための手続を進めるか否かを判断する機会を与え、出願審査請求を待って、初めて出願に係る発明の特許要件の審査に入る制度を採用した（48条の2）。これを繰延審査制度という。これにより特許庁も不必要な審査を回避し、審査遅延の弊害をある程度除去することができる。

| 出願審査の手続 |

出願に係る発明について特許権が成立するか否かには、第三者も利害を有し得るので、何人も、出願の日から3年以内に特許庁長官に出願審査を請求することができる（48条の3第1項）。出願審査の請求は取り下げることができず（同条3項）、出願の時から3年以内に出願審査請求がなされなければ、特許出願は取り下げられたものとみなされる（同条4項）。正当な理由により3年の期間内に審査請求をすることができなかったときには、経済産業省令で定める期間内（正当な理由がなくなった日から2カ月で、かつ、その末日が出願日から3年の期間の経過後1年を超えるときは、当該期間の経過後1年）に審査請求することができる（同条5項、特施規31条の2第6項）。ただし、当該出願に特許が付与された場合においては、期間経過後のみなし取下げの公報発行後から審査請求がなされた旨の公報発行前に、善意で発明の実施の事業またはその準備をした者につき、法定の通常実施権が与えられる（48条の3第8項）。出願審査の請求があった特許出願については、特許庁長官は審査官に審査させる（47条）。こうして初めて実体審査の手続が開始される。

| 実 体 審 査 |

実体審査は審査官が独立の行政機関として行い、特許出願に拒絶理由が存在するかどうかを審査する。拒絶理由としては以下のものが限定列挙されている（49条1号～7号）。

①特許出願の願書に添付した明細書、特許請求の範囲または図面の補正が17条の2第3項に違反して新規事項を追加し（外国語書面出願の

補正が外国語書面の翻訳文の範囲外の新規事項を追加する場合も同様），または同条4項に違反して単一性要件を欠く場合。

　②特許出願に係る発明が25条の外国人の権利享有に関する規定に違反する場合，29条の規定する新規性，進歩性または産業上の利用可能性を欠く場合，29条の2の準公知（先願範囲の拡大）により排除されるべき場合，32条の不特許事由に該当する場合，38条の共有に係る特許を受ける権利につき，共有者による共同出願でない場合，または39条による最先の出願でなかったり，同日出願で一人の出願人を定める協議が成立せずまたは協議ができないために特許を受けることができない場合。

　③特許出願に係る発明が条約の規定により特許をすることができないものである場合。

　④特許出願につき，明細書中の発明の詳細な説明の記載が36条4項1号の実施可能性要件を満たさないか，もしくは特許請求の範囲の記載が36条6項の記載要件を満たさない場合，または37条の発明の単一性の要件を満たさない場合。

　⑤先行技術文献情報について記載不備の通知を受け，明細書の補正または意見書の提出によってもなお要件を満たすこととならない場合。

　⑥特許出願が外国語書面出願で，当該特許出願の願書に添付した明細書，特許請求の範囲または図面に記載した事項が，外国語書面に記載した事項の範囲内にない場合，すなわち外国語書面出願につき36条の2第8項によって願書に添付した明細書，特許請求の範囲または図面とみなされる外国語書面の翻訳文またはその補正（誤訳訂正書による場合も含む）が，外国語書面の原文範囲外である場合。

　⑦特許出願人が，その発明について特許を受ける権利を有していない場合，いわゆる冒認出願である場合。

拒絶理由通知　実体審査がなされて拒絶理由が存在する場合，審査官は特許出願人に対して拒絶理由を通知

し，相当の期間を指定して意見書を提出する機会を与える（50条）。これを最初の拒絶理由通知という。この拒絶理由通知を受けて出願人は，明細書，特許請求の範囲または図面の補正をすることもできるが（17条の2第1項但書1号），その場合には新規事項追加が禁止され，単一性要件を満たさなければならない（同条3項・4項；これらの要件に違反する補正がなされれば，新たな拒絶理由が生じることになる。49条1号参照）。そして出願人が補正をしても拒絶理由が解消しない場合には，審査の最終判断としての拒絶査定がなされる（同条）。一方，最初の拒絶理由通知に対して出願人が補正をした結果，当初の拒絶理由は解消したが，当該補正によって新たな拒絶理由が生じた場合には，審査官は，再度，拒絶理由を通知する。これを最後の拒絶理由通知という。これを受けて出願人はさらに補正をすることができるが（17条の2第1項但書3号），この場合の補正は新規事項の追加が禁止され（同条3項），単一性要件を満たす（同条4項）ほかに，内容的制限が加わり（同条5項），さらには特許請求の範囲の請求項について限定的減縮の補正を行う場合には独立特許要件（29条・29条の2・32条・36条および39条の要件をいう）を満たすものでなければならない（17条の2第6項）。この補正によってもなお拒絶理由が解消しないか，または補正要件を満たさず補正却下される場合には（53条），審査官は拒絶査定をする。

50条の2の通知が併せてなされる拒絶理由通知

現行特許法のもとにおいては，もとの出願の審査においてすでに拒絶理由の通知がなされている同一発明をそのままの内容で分割出願することが可能であり，そのために権利化時期を先延ばしすることのみを目的としたり，あるいは別の審査官により異なる判断がなされることを期待して同じ発明を繰り返し分割出願するといった濫用がなされ得る。そこで分割出願の審査において，もとの特許出願の審査においてすでに通知済みの拒絶理由がそのまま適用される場合には，拒絶理由通知に併せて，その拒絶理由がもとの出願についてすでになされ

た拒絶理由通知の内容と同一である旨を通知し，この通知が併せてなされた最初の拒絶理由通知については，最後の拒絶理由通知の場合と同様の補正制限を課し，出願人に拒絶理由を十分精査することを促すことにした（50条の2）。

優先審査

特許庁長官は，出願公開後に特許出願人でない者が業として出願に係る発明を実施していると認める場合において必要があるときは，審査官にその特許出願を他に優先して審査させることができる（48条の6）。出願公開された発明は第三者の盗用を招くおそれがあるが，補償金請求権による保護が認められているに過ぎず，しかも，その行使も特許権の設定登録後に限られている。そのために出願人の保護に欠ける一方，出願人が特許性のない発明に関して警告書を乱発して第三者の正当な実施を妨げる危険もあり，早期に審査して特許可否につき判断を下す必要性があるからである。

情報提供制度

出願審査において補助的な役割を果たすものとして，施行規則13条の2において，出願公開された特許出願については情報提供制度が設けられており，何人も一定の実体要件に関わる資料提供ができる。これによって審査情報が拡大され，審査の迅速性および的確性が保たれ，瑕疵ある特許権の成立の未然の防止が図られている。

② 補　　正

補正とは

先願主義のもとにおいて出願を急ぐあまり，手続に瑕疵があったり，願書に添付の明細書，特許請求の範囲または図面等が不完全のまま提出されることがあり，そのままでは特許出願人が特許権を取得できないこともあり得る。それでは出願人に酷であるので，特許法は出願人に，出願後，瑕疵を治癒する機会を与えることにしている。これを補正という。補正には，

方式を訂正する手続的補正（17条1項本文）と出願書面の実体を訂正する実体的補正（同項但書）とがあり，また，特許庁長官の命令によって行う強制補正（同条3項）と出願人が自発的に行う自発的補正（同条1項）とがある。補正がなされれば効果は出願時に遡及するが，これを広く認めると審査の蒸し返しとなり，審査の迅速性が損なわれ，また，第三者の利益も害されるので，補正の時期および範囲を制限する補正制限主義が採用されている。以下，自発的補正で，かつ，実体的補正である願書に添付した明細書，特許請求の範囲または図面の補正の時期，範囲について説明する。

| 特許査定謄本
送達前の補正 | 特許出願人は，特許すべき旨の査定の謄本の送達前には，何時でも願書に添付した明細書，|

特許請求の範囲または図面の補正を手続補正書を提出することによってすることができる（17条の2第1項）。ただし，誤訳訂正書を提出してする場合を除き，願書に最初に添付した明細書，特許請求の範囲または図面（外国語書面出願にあっては36条の2第2項によって提出された翻訳文）に記載した事項の範囲内においてしなければならず，新規事項の追加は認められない（17条の2第3項：新規事項追加禁止）。最初の明細書，特許請求の範囲または図面に直接的に記載された事項およびその記載から当業者に自明な事項は新規事項の追加とはならない。請求項の記載から一定の事項を「除く」とする補正が新規事項の追加として認められないかが問題になるが，「明細書等の記載の範囲内」の意味は，当業者が明細書・特許請求の範囲・図面をすべての記載を総合して理解することのできる技術的事項であり，補正がこのようにして導かれる技術的事項との関係で新たな技術的事項を導入しない限りは，「明細書等に記載した範囲内」として新規事項追加には当たらず，同一出願人の先願と後願の請求項において一部に重複部分がある場合において，先願違反を回避するために両出願の請求項につき，一定事項を「除く」とする補正をすることは新たな技術的事項を導入するもので

はなく，許されるとするのが判例である（知財高判平21.3.31裁判所 HP〔経口投与用吸着剤〈除くクレーム〉補正第1事件〕，知財高判平21.3.31裁判所 HP〔経口投与用吸着剤〈除くクレーム〉補正第2事件〕および同一当事者間での特許侵害訴訟における同一の争点で，同一の判断がなされている判例として東京地判平21.8.27裁判所 HP〔経口投与用吸着剤特許侵害事件〕参照）。

　なお，先行技術文献情報を単に明細書に追加する補正は新規事項追加に当たらない。外国語書面出願につき，36条の2第2項によって提出された翻訳文の誤訳訂正を目的として補正をするときは，理由を記載した誤訳訂正書により行い（17条の2第2項），この場合，当該翻訳文の範囲を超えて補正することが可能である。その後の補正は，翻訳文または誤訳訂正書による補正後の明細書，特許請求の範囲または図面に記載した事項の範囲内でできる（同条3項括弧書）。

補正の時期的制限　補正は審査官から最初の拒絶理由通知がなされた後は時期的に制限される。すなわち出願人は，①最初の拒絶理由通知につき，意見書を提出する期間として定められた期間内（17条の2第1項但書1号），②先行技術文献情報の記載不備の通知を受けた場合において，それに対する意見書を提出する期間として指定された期間内（同2号），さらには③最後の拒絶理由通知につき，意見書を提出する期間として定められた期間内（同3号）にのみ補正をすることができる。

　これらの場合の補正は新規事項追加が禁止されるとともに（同条3項），特許請求の範囲についてするものは，その補正前に受けた拒絶理由通知において特許要件の判断が示された発明と，補正後の発明が37条の発明の単一性の要件を満たさなければならない（同条4項；単一性要件）。すなわち技術的特徴の異なる発明に補正（シフト補正）することが禁じられる。

補正の内容的制限　加えて，(ア)最初の拒絶理由通知でも，その通知に併せて50条の2の通知がなされた場合

の補正および(イ)最後の拒絶理由通知に対する補正については，厳格な内容的制限が課せられる。これらの場合において特許請求の範囲についてする補正は，①請求項の削除，②特許請求の範囲の減縮，③誤記の訂正，④明りょうでない記載の釈明を目的とするものに限定される（17条の2第5項）。しかも，②の特許請求の範囲の減縮補正のさらなる要件として，請求項に記載した発明を特定するために必要な事項を限定するものであって，補正前の請求項と補正後の請求項に記載された発明が産業上の利用分野および解決しようとする課題が同一であるものに限られ（同項2号括弧書），かつ，補正後における特許請求の範囲に記載の発明が特許出願の際独立して特許を受けることができるものでなければならない（同条6項による126条7項の準用；独立特許要件；29条・29条の2・32条・36条4項1号・同条6項および39条1項〜4項の要件をいう）。また，④の補正は，拒絶理由通知に係る拒絶の理由に示す事項についてするものに限られる（17条の2第5項4号括弧書）。

　こうして，50条の2の通知が併せてなされた最初の拒絶理由通知に対する補正および最後の拒絶理由通知に対する補正については，その内容を厳しく制限することによって，すでになされた審査結果が蒸し返され，審査遅延を招くことがないように図られている。

| 要約書等の補正 |

　　　　要約書の補正は，経済産業省令で定める期間として特許出願の日（各種優先権の主張の伴う出願については，当該優先権の基礎とした最先の出願日）から1年4カ月である。ただし，特許出願で出願公開されたものの審査請求後や，国際特許出願の中でも外国語特許出願で国際公開されたものの審査請求後はできない（17条の3，特施規11条の2の2）。また，優先権主張書面についても優先権主張書面の提出期間内は補正が認められている（17条の4，特施規11条の2の3）。

7 特許登録

特許出願について，審査官が拒絶理由を発見できないとき，また，拒絶理由通知がなされた後に意見書の提出または補正により拒絶理由が解消されたときは特許査定がなされる（51条）。さらには，一度拒絶査定がなされたが拒絶査定不服審判が請求され，前置審査において拒絶査定を維持することが妥当でないと判断されるときには特許査定（163条3項による51条の準用）が，また審判においては特許審決がなされうる（159条3項による51条の準用）。特許査定または特許審決は，文書をもって理由を付し，その謄本が特許出願人に送達される（52条2項，163条3項による52条2項の準用，157条2項）。特許出願人が，これを受けて第1年から第3年までの各年分の特許料を納付するか，またはその納付の免除もしくは猶予があるときには，特許権設定登録がなされて特許権が発生する（66条1項・2項）。特許権設定登録がなされれば，出願公開にならって特許発明の内容が特許公報に掲載され公示される（同条3項）。そして特許権は，特許出願の日から20年まで存続する（67条1項）。

8 特許異議申立制度

制度の趣旨

こうして成立した特許権も，必ずしも特許庁の審査が万全であるとは限らない。そこで成立した特許権についても特許要件について公衆審査に付する趣旨で，特許異議申立制度が導入されている。当初は特許付与前に出願公告後3カ月の異議申立制度を採用していたが，平成6（1994）年特許法改正

により，特許付与後の異議申立制度となり，その後，平成15 (2003) 年改正により特許無効審判に吸収すべく，廃止された。しかしその後，特許無効審判を請求し，審理を維持する負担から，再導入の要望の声が上がり，平成26 (2014) 年改正により，再度，特許異議申立制度が制度化された。これにより，何人も，特許庁長官に特許掲載公報の発行の日から6カ月以内に限り，特許異議申立理由 (113条各号) のいずれかを理由に，また，2以上の請求項があるときには請求項ごとに，特許異議申立てをすることができる。

異議申立理由 　異議申立理由は，以下の特許出願に対して特許されたときであり，拒絶理由と重複するところがあるが，必ずしも一致しない。

①願書に添付した明細書または図面の補正が17条の2第3項に違反して新規事項の追加になる場合。この場合，拒絶理由とは異なり，外国語書面出願につき翻訳文範囲外の補正をした場合は異議申立理由とはならない。

②25条の外国人の権利享有に関する規定違反の場合，29条の規定する新規性，進歩性また産業上の利用可能性を欠く場合，29条の2の準公知 (先願範囲の拡大) に係る場合，32条の不特許事由に該当する場合，または39条による最先の出願でなかったり，同日出願で一人の出願人を定める協議が成立せずまたは協議ができないために特許を受けることができない場合。

③条約に違反する場合。

④特許出願の明細書につき，36条4項1号の実施可能要件違反の場合または36条6項 (4号を除く) の記載要件不備の場合。これに対して，37条の出願の単一性の要件を満たさない場合は拒絶理由ではあるが異議申立理由ではない。

⑤外国語書面出願に係る特許の願書に添付した明細書または図面に記載した事項が，外国語書面に記載した事項の範囲内にない場合，す

なわち原文範囲外の場合。

　なお，拒絶理由とは異なり，また，後述の特許無効審判の無効理由と異なり，冒認出願による特許は異議申立理由にはならない。

審　理 異議申立てについての審理および決定は，3人または5人の審判官の合議体による（114条1項）。審判長は異議申立書の副本を特許権者に送付しなければならず（115条3項），特許権についての専用実施権者その他その特許に関し登録した権利を有する者に通知しなければならない（同条4項による123条4項の準用）。審理は書面審理により（118条1項），特許権についての権利を有する者その他特許権に関し利害関係を有する者は，異議申立てについての決定があるまで，特許権者を補助するため，その審理に参加することができる（119条）。審理においては，特許権者，特許異議申立人または参加人が申し立てない理由についても審理でき，職権による審理が認められているが，異議の申し立てられていない請求項については審理することはできない（120条の2）。

　審判長は，取消決定をしようするときは，特許権者および参加人に対し，特許取消理由を通知し，相当の期間を指定して，意見書を提出する機会を与えなければならない（120条の5第1項）。特許権者は，特許取消しを回避するために，指定された期間内に意見書を提出し，また特許庁長官に，願書に添付した明細書，特許請求の範囲または図面の訂正請求をすることができる（同条2項）。訂正請求は，訂正請求書に，訂正明細書等を添付してする（同条9項による131条3項および4項の準用）。ただし，この訂正は，①特許請求の範囲の減縮，②誤記または誤訳の訂正，③明瞭でない記載の釈明，④他の請求項の記載を引用する請求項の記載を当該他の請求項の記載を引用しないものとすることを目的とするものに限られる。そして，この訂正については後述の特許無効審判における訂正請求の場合と同様，二以上の請求項に係る特許請求の範囲の請求項を訂正する場合には請求項ごとにすることが

できるが，複数の一定の関連を有する一群の請求項は当該一群の請求項ごとに，また，明細書や図面の訂正をする場合は，関連する請求項のすべてまたは一群の請求項のすべての訂正の請求しなければならない（120条の5第3項，同条9項による126条4項の準用）。また，訂正要件については訂正審判（本章9③参照）の規定の準用がある（120条の5第9項による126条5項～7項の準用。ただし，独立特許要件は異議が申し立てられていない請求項に係る①特許請求の範囲の減縮や②誤記・誤訳の訂正にのみ必要とされる）。

この訂正請求があった場合には，特許異議申立人に，取消理由通知ならびに訂正請求書および訂正明細書等の副本を送付し，相当の期間を定めて意見書を提出する機会を与えなければならない（120条の5第5項）。また，審判長は，訂正が①～④に掲げる事項を目的とせず，また，訂正要件に適合しないときには，理由を通知し，相当の期間を指定して，特許権者または参加人に意見書を提出する機会を与えなければならない（同条6項）。このときも，その期間内であれば，特許権者は訂正請求書に添付した明細書，特許請求の範囲または図面の補正をすることができる（17条の5第1項）。もっとも，この補正は要旨を変更するものであってはならない（120条の5第9項により準用される131条の2第1項）。

| 決　定 |

審判官は，特許権者による訂正請求があった場合にはその訂正の可否とともに異議申立理由についても審理判断し，特許が異議申立理由の一に該当すると認めるときには取消決定をしなければならない（114条2項）。これに対して，不服のある特許権者は，特許庁長官を被告として，決定の謄本の送達があった日から30日以内に決定取消訴訟を専属管轄裁判所である知的財産高等裁判所に提起することができ（178条），さらに不服があれば最高裁判所まで上告して争うこともできる。取消決定が確定したときは，その特許権は，初めから存在しなかったものとみなされる

（114条3項）。逆に，審判官が特許異議の申立てに係る特許が，異議申立理由の一に該当すると認めないときには特許維持決定をしなければならず（同条4項），これに対しては不服を申し立てることはできない（同条5項）。特許権者の訂正請求を認容して特許維持決定がなされれば，その訂正後における明細書，特許請求の範囲または図面により，特許出願，出願公開，特許査定または審決および特許権の設定登録がなされたものとみなされる（120条の5第9項による128条の準用）。なお，特許異議申立てができるからといって，特許無効審判の請求ができないわけではない。特許異議申立決定は，一群の請求項ごとの訂正があった場合には当該一群の請求項ごとに，そうでない場合には請求項ごとに確定する（120条の7）。

　なお，特許権もしくは専用実施権の侵害または補償金請求権に基づく支払に係る訴訟の終局判決の確定後に，特許取消審決が確定したときは，当該訴訟の当事者であった者は，初めから特許権が存しなかったことを再審の訴えにおいて主張することはできない（104条の4）。また，特許異議申立ての決定は，①請求項ごとの異議申立てがあった場合で，一群の請求項ごとに訂正がなされた場合には一群の請求項ごとに，②それ以外の場合には請求項ごとに確定する。

9 審判と審決取消訴訟

① 審 判

審判の意義

特許法は，特許庁での審査における最終処分に瑕疵があったり，瑕疵が生じたりしたときに，出願人，特許権者または一般第三者の利益が害されることを是正するため，行政機関たる特許庁における審判合議体により特許に関する事件を審理判断する準司法的手続を用意している。これが審判であ

る。特許に関する不服の審理は高度に専門技術的な知識が要求され，その判断には対世的効力が結びつけられているので，あらかじめ技術専門的官庁である特許庁に判断させることが妥当だからである。

審判の種類 審判には，特許を受ける権利または特許権に関して不利益または瑕疵ある処分を受けた出願人または特許権者が自己の出願や特許権について特許庁に一定の処分を求め，相手方たる被請求人のいない査定系審判といわれる拒絶査定不服審判および訂正審判とがあり，また，特許に無効理由があるか否かについて対立した当事者が争う当事者系審判といわれる特許無効審判および存続期間の延長登録無効審判がある。

②　拒絶査定不服審判

意　義 拒絶査定に対して不服のある出願人はその謄本の送達のあった日から3カ月以内に拒絶査定不服審判を請求することができる（121条1項）。この拒絶査定不服審判は，特許を受ける権利に関し不利益な処分を受けた出願人が特許庁に一定の処分を求めるもので，相手方たる被請求人のいない査定系審判である。特許を受ける権利の共有者が審判を請求する場合は，全員が共同して審判を請求する必要がある（132条3項）。審決の合一確定の必要から民事訴訟法の固有必要的共同訴訟と同様の手続が採られ，共同審判とされている。

審査前置制度 (1)　補正　　出願人は拒絶査定不服審判の請求と同時に補正ができる（17条の2第1項但書4号）。この補正は新規事項の追加が禁止され（同条3項），単一性要件を満たすものであること（同条4項）のほかに，内容的制限が加わり（同条5項），さらには特許請求の範囲の請求項について限定的減縮の補正を行う場合には独立特許要件を満たすものでなければならない（同条6項）（これらの補正要件については本章6②を参照）。この補正がなさ

れた場合は特許庁長官は審査官に請求の審査をさせなければならない（162条）。これまで審査に関与した審査官であれば審査についての知識を有効に活用できるからである。これを審査前置制度といい，その審査を前置審査という。

(2) **審査**　　前置審査において審査官は，拒絶査定不服審判請求と同時になされた補正を含めて審査し，特許査定をし（163条3項による51条の準用），反対に特許査定ができないときは特許庁長官に審査結果を報告する（164条3項）。こうして初めて審判合議体による審判に移行することになる。

| 審理・審決 |

(1) **一般**　　審判は，特許庁長官が指定した3人または5人の審判合議体が行う（136条1項）。特許庁長官は指定した審判官のうち一人を審判長として指定する（138条1項）。審査でした手続は審判においても効力を有し，審判は続審としての性格を有する（158条）。査定系審判である拒絶査定不服審判の審理は書面審理が原則であるが，審判長は申立てまたは職権により口頭審理とすることができる（145条2項）。審判においては拒絶査定で示された審査官の判断の当否に限らず，職権探知主義の採用により，当事者の申し立てない理由についても審理でき（153条1項），そのために積極的に証拠調および証拠保全をすることができ（150条），また，職権進行主義が採られている（152条）。拒絶査定不服審判の請求の際に補正がなされ，補正の結果，拒絶査定の拒絶理由が解消したときでも，新たな拒絶理由が発見された場合には審査と同様に拒絶理由の通知がなされ，審理が進められる。

　こうした審理の結果，拒絶査定を維持することが妥当であるときには，請求不成立の拒絶審決がなされる。これに対して不服のある出願人は，特許庁長官を被告として，審決謄本送達の日から30日以内に審決取消訴訟を知的財産高等裁判所（知財高裁）に提起することができる（178条，知財高裁2条2号）。反対に，拒絶査定が妥当でない場合は

請求成立の特許審決がなされる（159条3項による51条の準用）。もっとも拒絶査定を取り消して，さらに審査に付すべき旨の審決をすることもでき（160条1項），この場合，審決の判断は，その事件における審査官を拘束する（同条2項）。

なお，特許延長登録出願に対する拒絶査定についても拒絶査定不服審判を請求できる。

③ 訂 正 審 判

意　義

訂正審判とは，特許権者が特許権の設定登録後に明細書，特許請求の範囲または図面に記載された事項の訂正を請求する審判である（126条）。このような訂正は特許権の効力範囲に変動を来すので慎重でなければならないが，特許請求の範囲の一部に公知技術が含まれていたり，明細書などの記載が不明確であるときに，これを全部無効であるとすると発明の保護に欠け，また無用な争いが生じる可能性がある。そこで第三者に不測の不利益を与えない限度で，こうした訂正を審判手続により認めることにした。拒絶査定不服審判と同じ査定系審判である。

請求人と請求期間

訂正審判は特許権者が請求し（126条1項），審判請求書に訂正した明細書，特許請求の範囲または図面（訂正明細書等）を添付する（131条4項）。特許権が共有に係るときには，共有者全員が共同して請求しなければならない（132条3項）。合一確定の必要性からである。特許権者は専用実施権者，質権者，職務発明に対する通常実施権者，許諾による通常実施権者があるときは，それらの者の承諾を得た場合に限り訂正審判を請求できる（127条）。訂正により特許権の変動を来し，これらの者が影響を受けるおそれがあるからである。これらの者は承諾義務を負わないと解されている（東京地判平16.4.28判時1866号134頁〔通常実施権抹消登録請求事件〕）。

訂正審判は特許権設定登録後に請求できるが，特許権が消滅した場合においても認められる（126条8項）。ただし，①特許異議申立てにより特許取消決定または特許無効審判における無効審決が確定した場合（同項但書），②特許無効審判が特許庁に係属したときからその審決の確定まで（請求項ごとに特許無効審判の請求がなされた場合には，その全てについての審決が確定するまでの間）は請求できない（同条2項）。

訂正請求単位 ／　二以上の請求項に係る願書に添付した特許請求の範囲の訂正をする場合には，請求項ごとに訂正の請求をすることができる。もっとも複数の一定の関連を有する一群の請求項は一群の請求項ごとに，また，明細書や図面の訂正をする場合は，関連する請求項のすべてまたは一群の請求項のすべての訂正を請求しなければならない（126条3項および4項）。

訂正目的 ／　(1)訂正審判において訂正が請求できる事項は，明細書，特許請求の範囲および図面について，①特許請求の範囲の減縮，②誤記または誤訳の訂正，③明瞭でない記載の釈明および④他の請求項の記載を引用する請求項の記載を当該他の請求項の記載を引用しないものとすることを目的とするものに限られる（126条1項但書）。これに違反して訂正認容審決が確定した場合は，特許の無効理由となる（123条1項8号）。なお，③についての訂正審判を請求する場合には，その趣旨および理由は，経済産業省令で定めるところにより記載したものでなければならない（131条3項）。

訂正要件 ／　(2)訂正は新規事項追加が禁止され，願書に添付した明細書，特許請求の範囲または図面に記載した事項の範囲内に限られる。訂正の基準となるのは，特許権設定登録時の明細書等，その後に訂正請求または訂正審判を認容する審決が確定している場合は，その訂正後の明細書等となる。もっとも誤記の訂正については，最初に願書に添付した明細書等（外国語書面出願の場合には外国語書面）が基準となる（126条5項）。そして，(3)訂正は実

質上特許請求の範囲を拡張または変更するものであってはならない（同条6項）。特許請求の範囲の記載自体の訂正によって拡張となる場合はもちろん，明細書や図面の訂正によって特許請求の範囲が拡張される場合もこの要件を満たさない。加えて，(4)特許請求の範囲の減縮または誤記・誤訳の訂正を目的とする訂正は，独立特許要件（29条・29条の2・32条・36条4項1号・同条6項および39条1～4項の要件）を満たさなければならない（126条7項）。これら(2)～(4)の訂正要件に違反する訂正認容審決がなされて確定したときには，特許の無効理由となる（123条1項8号）。

審理・審決　3人または5人の審判合議体によって請求されている訂正が，訂正事項に該当し，かつ，訂正要件を充足するかどうかが審理される。査定系審判であるので，審理手続および方式は拒絶査定不服審判と同じである。

　審理の結果，訂正を認めるときは訂正認容審決がなされ，それが確定すれば訂正後の明細書，特許請求の範囲または図面により，特許出願，出願公開，特許査定または審決および特許権設定登録がなされたものとみなされる（128条）。反対に訂正を認めないときは，訂正不成立審決がなされるが，これに不服の特許権者は特許庁長官を被告として審決謄本送達の日から30日以内に審決取消訴訟を知的財産高等裁判所に提起することができる（178条，知財高裁2条2号）。

　一群の請求項ごとに訂正審判請求がなされたものについては，統一的な審決確定の要請から，一群の請求項ごとに審決が確定し（167条の2第2号），それ以外は請求項ごとに審決が確定する（同条3号）。

④　特許無効審判

意　義　特許権は特許査定または特許審決により特許権設定登録がなされて発生するが，無効理由があるときに特許権を存続させておいたのでは，産業や自由競争にと

って大きな障害となり得る。そこで特許法は，特許権を対世的に消滅させるために，特許無効審判を請求することができるとしている（123条）。この特許無効審判は，特許に無効理由があるか否かについて対立した当事者が争う形を取る当事者系審判である。

| 無効理由 | 特許の無効理由としては，次の8つが法定されている（123条1項各号）。|

①その特許が17条の2第3項に違反して新規事項を追加した補正に係る特許出願（外国語書面出願を除く）に対してされたとき。

②その特許が，外国人の権利享有（25条），新規性，進歩性および産業上の利用可能性（29条），先願範囲の拡大（29条の2），不特許事由（32条），共同出願（38条），または先願（39条1項~4項）の各規定に違反するとき。ただし，38条の共同出願違反の特許であっても，74条1項の規定による移転請求に基づき，移転登録があったときは無効理由が治癒されたものとされるので，その場合にはもはや無効理由とはならない。もっとも，特許を受ける権利の共有者が，たとえば3人存在していた場合で，その1人の者による共同出願違反による特許権については，他の2人の共有者の各自がその持分に応じた移転登録請求が可能であり，無効理由が完全に治癒されるのは特許権が3人の共同名義となったときと解すべきであろう。

③その特許が条約に違反してされたとき。

④その特許が発明の詳細な説明の実施可能要件（36条4項1号）または特許請求の範囲の記載要件（同条6項）を満たしていない特許出願に対してされたとき。ただし，36条6項4号の経済産業省令に定める記載違反は無効理由とはならない。

⑤外国語書面出願に係る特許の願書に添付した明細書，特許請求の範囲または図面に記載した事項が外国語書面に記載した事項の範囲内にないとき，すなわち特許が外国語書面の原文範囲外の出願に係るとき。

⑥その特許が発明について特許を受ける権利を有しない者に対して
されたとき。すなわち，いわゆる冒認特許権であるとき。ただし，冒
認特許権でも，74条1項の規定による真の権利者の移転請求に基づ
き，移転登録があったときは無効理由が治癒されたものとされるので，
その場合にはもはや無効理由とはならない。もっとも，特許を受ける
権利につき，もともと2人以上の共有者がいる場合の冒認特許権につ
いては，共有者各自がその持分に応じた移転登録請求が可能であり，
無効理由が完全に治癒されるのは全員の持分につき移転登録がなされ
て，それらの者の共同名義となったときと解すべきであろう。

⑦特許がされた後，外国人の権利享有の規定（25条）または条約に
違反することとなったとき。

⑧その特許の願書に添付した明細書，特許請求の範囲または図面の
訂正が，訂正目的（126条1項但書または134条の2第1項但書）または訂
正要件（126条5項〜7項（134条の2第9項で準用する場合を含む））に違反す
るとき。

| 審判請求 | 特許無効審判は利害関係人に限り請求するこ
とができる（123条2項）。ただし，上記②の |

うち共同出願違反および⑥の冒認出願に係る特許に該当する場合は特
許を受ける権利を有する者に限り請求することができる（同項括弧書）。
特許権侵害の警告を受けた者が特許権者と不争条項を含む和解契約を
締結した後，対象製品とは異なる他の製品について特許権者により特
許権侵害訴訟を提起されたときに，その者が特許無効審判を請求する
ことは，利害関係人とはいえないために請求は却下されるとする知財
高判令元.12.19（裁判所HP〔二重瞼形成用テープ和解事件〕）がある。特許
無効審判を請求する場合，請求の趣旨や請求の理由等の所定事項を記
載した審判請求書を特許庁長官に提出しなければならない（131条1
項）。同一の特許権について，特許無効審判を請求する者が2人以上
あるときは，別々に審判を請求してもよいが，これらの者が共同して

審判を請求することもできる（132条1項）。相手方である被請求人は特許権者であり，共有に係る特許権については共有者の全員を被請求人としなければならない（同条2項）。特許無効審判は特許権の消滅後においても請求できる（123条3項）。特許権の消滅後でも，存続期間中の行為につき，損害賠償請求を受ける可能性があるからである。また2以上の請求項がある場合には請求項ごとに請求できる。

| 訂正請求 | (1) **意義**　特許権者は特許権の設定登録後，訂正審判を請求することによって明細書，特 |

許請求の範囲または図面に記載された事項の訂正をすることができる。しかし，特許無効審判が係属し審決が確定するまでの間は，同一の審判合議体によって無効理由とともに訂正の成否が審理できるように，訂正審判の請求を制限するとともに，他方，特許無効審判の手続中において一定の期間内に訂正ができるように図られている（134条の2第1項本文）。これにより特許権者も特許無効審判が請求されている発明について，同一の手続の中で無効理由を回避することができる。これを特許無効審判における訂正請求という。

この訂正請求は，被請求人である特許権者のみがなし得る。ただし，専用実施権者，質権者，職務発明に対する通常実施権者，許諾による通常実施権者がいる場合には，これらの者の承諾が必要である（同条9項による127条の準用）。

二以上の請求項に係る願書に添付した特許請求の範囲の訂正をする場合には，請求項ごとに請求することができる（134条の2第2項本文）。ただし，特許無効審判が請求項ごとに請求された場合には，請求項ごとに訂正請求をしなければならない（同項但書）。もっとも複数の一定の関連を有する一群の請求項は一群の請求項ごとに，また，明細書や図面の訂正をする場合は，関連する請求項のすべてまたは一群の請求項のすべての訂正を請求しなければならない（同条3項および同条9項による126条4項の準用）。

(2)　**訂正目的と訂正要件**　　訂正請求は，①特許請求の範囲の減縮，②誤記または誤訳の訂正，③明瞭でない記載の釈明および④他の請求項の記載を引用する請求項の記載を当該他の請求項の記載を引用しないことを目的とする事項に限って認められる（134条の2第1項但書）。また，訂正要件は訂正審判における訂正要件とほぼ同様であるが，独立特許要件は①特許請求の範囲の減縮および②誤記・誤訳の訂正については特許無効審判が請求されていない請求項についてのみ必要とされる（同条9項による126条4項〜8項の準用および同7項の読替え準用）。

審理・審決

　3人または5人の審判合議体によって審判請求書の「請求の趣旨」で無効が求められた請求項につき，無効理由が存在するかどうか審理される。特許無効審判は，当事者対立構造を採り，口頭審理により行われるが，審判長は申立てまたは職権により書面審理とすることができる（145条1項）。当事者以外の者であっても，当事者参加や補助参加ができる（148条）。

　審判合議体により，無効理由の存否とともに，訂正請求があれば訂正目的および訂正要件の具備も審理される。

　審理の結果，請求の趣旨で挙げられた請求項につき，無効理由が存在しない場合には，請求不成立の特許維持審決がなされる。これに対して不服のある審判請求人は，特許権者を被告として，審決謄本送達の日から30日以内に審決取消訴訟を知的財産高等裁判所に提起することができる（178条，知財高裁2条2号）。一部の請求項について無効とし，他の請求項について特許を維持する一部認容審決のときも同様である。反対に無効理由が存在する場合には，請求成立の特許無効審決がなされる。これに不服のある特許権者は，審判請求人を被告として審決取消訴訟を知的財産高等裁判所に提起することができる（178条，知財高裁2条2号）。一部認容審決のときも同様である。

　特許維持審決が確定すると，特許権はそのまま存続し，当事者または参加人は同一の事実および同一の証拠に基づいて特許無効審判を請

求することができなくなる（167条）。なお，同一の事実および同一の証拠か否かは，主引用発明と副引用発明の組合せにより決まり，主引用例における主引用発明が異なる場合でも，主引用発明が同一で，これに組み合わせる公知技術あるいは周知技術が異なる場合も，異なる無効理由となり，同一の事実および同一の証拠とはいえないとする知財高判平27.7.15（裁判所HP〔洗浄剤組成物事件〕）がある。ただ，一事不再理効が平成23（2013）年改正により第三者効を有するものから当事者および参加人に対してのみ効力を有するものとなった後においては，特許無効審判の一回的紛争解決を図る趣旨を重視すべきであるとし，主引用例が同一で，多数の副引用例も共通し，3つの副引用例を追加したにすぎない審判請求は同一の事実および同一の証拠に基づくと解するのが167条の趣旨にかなうとして一事不再理効を認めた知財高判平28.9.28（判タ1434号148頁〔ロータリーディスクタンブラー錠事件〕）もあり，注目に値する（その他，一事不再理効を認めた判例として知財高判平28.9.29裁判所HP〔有精卵検査法第2事件〕がある。また，知財高判平29.1.17判タ1440号137頁〔物品の表面装飾構造事件〕参照）。なお，無効不成立により一事不再理効が生じた当事者間において，104条の3の特許無効を抗弁として主張できるかについては，特段の事情のないかぎりは訴訟上の信義に反するもの，または「当該特許が特許無効審判により……無効にされるべきものと認められるとき」に当たらないとして104条の3の適用はないとして許されないとするのが判例である（知財高判平30.12.18判時2431・2432号206頁〔美肌ローラ事件〕や，意匠権侵害の事件であるが大阪地判令元.8.29裁判所HP〔そうめん流し器事件〕も同旨）。

　他方，審判合議体が無効審決をするときには審決の予告を当事者および参加人に通知し，被請求人に対して相当の期間を指定して訂正請求の機会を与えなければならない（164条の2第1項・2項）。これに応じて被請求人が訂正請求をすれば審理は続行されるが，訂正要件を満たさないときや，そうでなくともなお無効理由があるときには特許無効

審決がなされる。そして特許無効審決が確定すると特許権は遡及的に存在しなかったものとみなされる。ただし、後発的無効理由の場合（123条1項7号）は、当該無効理由の発生時から特許権は存在しなかったものとみなされる（125条）。もっとも、特許権もしくは専用実施権の侵害または補償金請求権に基づく支払に係る訴訟の終局判決の確定後に、特許無効審決が確定したときには、その訴訟の当事者であった者が、遡及的に特許権が存在しなかったものとみなされることを再審の訴えにおいて主張することはできない（104条の4）。

また、訂正請求がなされている場合は、原則として特許が無効か否かの前提として請求項ごとに訂正の成否が審決の中で示され、また、その審決も訂正についての判断とともに請求項ごとに確定する（167条の2第3号）。これに対して、一群の請求項ごとに訂正請求がなされた場合には一群の請求項ごとに確定する（同条1号）。

訂正を認める旨の審決が確定すると、訂正後の明細書、特許請求の範囲または図面により、特許出願、出願公開、特許査定または審決および特許設定登録がなされたものとみなされる（134条の2第9項による128条の準用）。なお、訂正目的または訂正要件に違反するのに、訂正審決が確定したときには特許の無効理由となる（123条1項8号）。

さらに当事者系審判として延長登録無効審判もある（125条の2）。この場合、利害関係人のみが審判を請求できる。延長登録維持審決が確定すると、当事者または参加人は同一の事実および同一の証拠に基づいて特許無効審判を請求することができなくなる（167条）。他方、延長登録無効審決が確定すると遡及的に存続期間の延長はなかったもの、または、延長されるべき期間を超える期間については延長がなかったものとみなされる（125条の2第3項）。

再審における主張制限　特許権もしくは専用実施権の侵害または補償金請求権に基づく支払いに係る訴訟の終局判決の確定後に、特許無効審決または延長登録無効審決が確定したとき

は，その訴訟の当事者であった者は，遡及的に特許権が存在しなかったものとみなされ，また，延長されなかったものとみなされることを再審の訴えにおいて主張することはできない（104条の4）。紛争の一回的解決を確保する趣旨である。

5 不服申立てと審決取消訴訟

意　義

行政庁の行政処分に不服があれば，行政事件訴訟法に基づき審査請求ができる場合であっても，審査請求に代えて直ちに処分の取消訴訟を提起することができるのが原則である（行政事件訴訟法8条1項）。しかし，特許法は特許庁の行政処分でも，査定，取消決定または審決，および特許異議申立書，審判もしくは再審の請求書または特許異議申立手続や特許無効審判における訂正請求書の却下の決定，ならびに特許法の規定により不服申立てができないとされている処分およびこれらの不作為については行政不服審査法による審査請求をすることはできないとした（195条の4）。これに代わるものとして，特許法は査定に関しては審判制度を設け，また，その審決，さらには特許異議申立書，審判もしくは再審の請求書または特許異議申立手続や特許無効審判における訂正請求書の却下の決定に関しては行政事件訴訟法上の「他の法律に別段の定めのある場合」（同法1条）の特則として，特許法上，決定や審決の取消訴訟による不服申立てを認めている。

審決取消訴訟

行政機関は，終審として裁判を行うことはできず（憲76条2項2文），また，何人も裁判所における裁判を受ける権利は憲法上保障されているので（憲32条），特許庁の行った行政処分である審決に対して不服のある者は裁判所にその取消しを求めて提訴することができる（178条）。これが審決取消訴訟である。ただ特許事件は技術専門性が高いので，知識経験の豊かな審判合議体が準司法的手続により下した判断を尊重するとともに，

事件の解決を遅延させないために，一審級省略することにして，直接，東京高等裁判所——その特別な支部で専門部たる知的財産高等裁判所——に訴えを提起すべきものとしている。

当事者適格 審決取消訴訟において原告となり得る者は，当事者，参加人および審判または再審に参加を申請して拒否された者に限られ，原告たるには訴えの利益があることが必要である。すなわち①査定系審判である拒絶査定不服審判または訂正審判の請求不成立の審決に対する訴えについての原告は，それぞれ出願人または特許権者であり，被告は特許庁長官である。また②当事者系審判である特許無効審判または延長登録無効審判の請求不成立の審決に対する訴えについての原告は審判請求人，その参加人または参加を申請して拒否された者であり，被告は審判被請求人である特許権者となる。他方，請求成立の無効審決に対する訴えについての原告は審判被請求人である特許権者，その参加人または参加を申請して拒否された者であり，被告は審判請求人となる（178条2項・179条）。

共有に係る権利と訴え提起 特許権または特許を受ける権利の共有者が，その共有に係る権利について審判を請求する場合には，共有者の全員が共同して審判請求をしなければならないが（132条3項），審決取消訴訟については，そのような規定はないので，審決取消訴訟は共有者の全員が共同して提起しなければならない固有必要的共同訴訟なのか，それとも共有者の一部であっても保存行為として提起することができる類似必要的共同訴訟かについて議論があり得る。これに関しては，査定系審判である拒絶査定不服審判についての拒絶査定維持審決に対する訴えは，共有者全員について合一的に確定する必要性のある固有必要的共同訴訟であるとするのが判例であるが（最判平7.3.7民集49巻3号944頁〔磁気治療機器事件〕），他方，近時，当事者系審判である無効審判についての無効審決に対する訴えは類似必要的共同訴訟であり，共有者の一人が訴訟を提起することは保存行為

として許されるとする判例が出るに至っている（商標の無効審決に対する取消訴訟につき最判平14.2.22民集56巻2号348頁〔ETNIES商標事件〕および最判平14.2.28判時1779号81頁〔水沢うどん商標事件〕。また，特許異議申立による特許取消決定に対する取消訴訟について最判平14.3.25民集56巻3号574頁〔パチンコ装置事件〕）。

　いずれにしても，特許権の発生・変更・消滅の対世的効力は審判の審決の確定によって生じるところ，権利が共有に係るときには，審判の審決までの共有者間の「合一確定の要請」が手続的に担保されているかどうかが決定的な要因である。したがって，審決取消訴訟については，いずれの場合においても一部の者による提起を認めても，①その訴訟で請求認容の判決が確定した場合には，その取消しの効果は他の共有者にも及び，再度，確定判決の拘束力を前提として，特許庁においては共有者全員での審判審理が審決に向けて行われる。反対に，②その訴訟で請求棄却の判決が確定した場合には，訴訟を提起した者はもちろん，他の共有者についても出訴期間の満了により，すべての共有者との関係で審決が確定する。そのために合一確定の要請に反するところはない。したがって，共有者の一部の審決取消訴訟の提起が権利の「保存行為」かどうかは，さほど重要な根拠ではない。それ故に，特許無効審判における無効審決および特許異議申立てにおける特許取消決定についてはもちろんのこと，拒絶査定拒絶審判における拒絶審決についても，共有者の一部の者による提起が認められるべきであるし，また，同じく査定系に属する訂正審判につき，共有特許権者からの請求を不成立とする審決に対しては，未だ判例はないが，この場合も，共有者の一部の特許権者による審決取消訴訟であっても，原告適格が認められるべきであると考えられる。

　なお，特許無効審判について利害関係人が複数（例えば，AとB）いる場合，これらの利害関係人は別個に特許権者に対して特許無効審判を請求することができるし，また，共同して審判を請求することもで

きる（132条1項）。もし，AおよびBが共同審判を請求して，特許無
効審決が下され，これに不服のある特許権者が原告として共同審判請
求人のBのみを被告として審決取消訴訟を提起した場合，出訴期間
の経過とともに審判請求人Aとの関係では特許無効審決が確定し，
特許権者の特許権は遡及的に発生しなかったものとされる（125条）の
で，審決取消訴訟は訴えの利益を欠くものとして不適法により却下さ
れるべきものとなる（知財高判平30.12.18判時2412号43頁〔二次元コード等
読み取り装置事件〕）。したがって，特許権者はA・B双方被告として訴
えを提起する必要がある。

出訴期間 ｜ 審決取消訴訟は審決または決定の謄本の送達
を受けた日より30日以内に提起しなければ
ならない（178条3項）。これは不変期間である（同条4項）。

審理と審理範囲 ｜ 審決取消訴訟は審判の事後審であり，知的財
産高等裁判所が一審の事実審としてまず審理
を行う。審理は行政事件訴訟法の規定により行われるが，規定のない
場合には民事訴訟法の規定が適用される（行訴7条）。特許無効審判ま
たは延長登録無効審判の審決に対する審決取消訴訟において，裁判所
が特許庁長官に当該事件に関する法令解釈や運用基準の正当性などに
ついて意見を求めることができる求意見制度や，特許庁長官が裁判所
の許可を得て意見を述べることができる意見陳述制度が設けられてい
る（180条の2）。

　審決取消訴訟は審決という形で行われた行政処分の違法を理由とし
て，その取消しを求める抗告訴訟であるが，通常の抗告訴訟において
は行政処分に際して斟酌されなかったすべての証拠の提出が認められ
ている。これに対して審決取消訴訟においては，審決の理由となった
事実を示す証拠についての事実認定の適否，およびその事実に基づく
審決に示された判断の適否が審理されるが，その範囲は専ら審判手続
において現実に争われ，かつ，審理判断された特定の事実および証拠

に関するものに限られるとされている。これは審決取消訴訟は，技術専門知識を有する審判官による第一次的判断を尊重して，その限りでの違法性を審理するという考えによる。したがって，たとえば無効審判の審決で判断されなかった新たな公知事実との対比における無効理由を主張することは許されない（最大判昭51.3.10民集30巻2号79頁〔メリヤス編機事件〕）。つまり文献Aの特定箇所から一定の先行技術を認定して新規性を欠くとして無効審決がなされた場合，審決取消訴訟では文献Aの当該箇所のみを基礎として審決の適否が審理され，他の文献Bを証拠として審理して無効審決を支持したり，違法としたりすることはできない。もっとも一切新たな証拠の提出が認められないわけではなく，審判においてすでに審理判断された証拠に示されている先行技術のもつ意義を明らかにするために，審判手続には現れていなかった資料を補強証拠として用い，出願当時の当業者の技術常識を認定することはできる（最判昭55.1.24民集34巻1号80頁〔食品包装容器事件〕）。

> **判　決**　訴えに理由がない場合には請求棄却判決がなされ，これに不服のある当事者は最高裁判所

に上告することができる（民訴311条）。これに対して訴えに理由がある場合には審決（または決定）を取り消すべき旨の請求認容判決がなされる（181条1項）。これに不服のある者は最高裁判所に上告することができるが，取消判決が確定した場合には審判に差し戻され，審判官はさらに審理を行い，審決（または決定）をしなければならない（同条5項）。この場合，当該確定判決は審判官を拘束し（行政事件訴訟法33条1項），その拘束力は判決主文が導き出されるのに必要な事実認定および法律判断に及ぶ（最判平4.4.28民集46巻4号245頁〔高速旋回式バレル研磨法事件〕）。

第5章 特許権とビジネス
——特許権の効力・制限・活用

> 特許権は，憲法上保護される財産権として，その内容は公共の福祉に適合するように特許法によって定められている。市場における発明の排他的独占を約束するこの権利は，ライセンス・権利移転・担保権設定などによる有効なビジネス・ツールとなっている。

1 はじめに

特許権は，技術的思想としての特許発明に対する排他的独占権である（TRIPs 28条）。私権であり（TRIPs 前文），財産権（憲29条）であって，技術的思想という無体物を客体とする無体財産権である。

特許権者は，特許発明を第三者が無断実施することを排除して，自ら独占的に実施し，第三者にライセンスを行い，さらに特許権の交換価値に基づいて担保権を設定し，また特許権自体を第三者に移転して，特許発明から生じる経済的利益を享受する権利を法律上認められている（TRIPs 28条2項参照）。

しかし，特許権の効力は種々の理由から制限される。それには，特許権者自身の特許発明の実施に対する制限と，特許権の排他的効力に対する制限がある。この制限には実施権の存在が挙げられることがあるが，そのうちライセンス（許諾実施権）の存在は，むしろ特許権の活用形態の一種というべきである。

2 特許権の効力

1 効力の内容

特許法は，特許権の効力について「特許権者は，業として特許発明の実施をする権利を専有する」と定めている（68条）。

| 業として |

「業として」の意味については，事業目的説，不特定多数の需要に供する意味とする説，事業として反復継続的に行うこととする説などがある。しかし，個人的家庭的範囲における実施を除く広い意味と解される。

| 特許発明 |

特許発明とは，特許を受けている発明をいう（2条2項）。特許権の客体たる特許発明の技術的範囲は，願書に添付した特許請求の範囲（クレーム）の記載に基づいて定められ（70条1項），その際には明細書の記載や図面などの解釈資料が用いられる（同条2項）。この特許発明の技術的範囲については，特許庁の鑑定意見とされる判定を求めることができる（71条）。

| 特許発明の実施 |

特許発明の実施には，3つの態様が法定されている（2条3項）。

①物の発明の場合には，その物の生産，使用，譲渡等，輸出もしくは輸入または譲渡等の申出をする行為である（同項1号）。

物の生産とは，それが有体物である場合にはその製造や組立て行為をいうが，動植物の場合には飼育，育成，栽培などの行為をいい，またその物がプログラム等である場合には，その作成・複製・インストールをいうものとされている。物が有体物である場合に，その修理や部品の交換がこれに該当するかについて，判例および学説の一部は，特許部分の全面的取替えないしこれに準ずる程度の主要部の全部取替えは，生産に該当するとし（東京地判平12.8.31裁判所HP〔写ルンです事

件〕），部分的取替えについては，特許権の消尽（用尽）の効果が非修理部分に残存している場合には，間接侵害に当たる場合を除き生産に該当しないとした事例がある（大阪地判平元.4.24無体集21巻1号279頁〔製砂機ハンマー事件〕，東京地判平16.12.8判時1889号110頁〔キャノン・インクカートリッジ一審事件〕参照）。

今日，特許権者等が製造し販売した特許製品を購入者が使用したり譲渡することには特許権が及ばないとする消尽理論には異論はない。これに対して，特許権者等が特許製品の販売の際に一部の所有権を留保していた場合（大阪地判平26.1.16判時2235号93頁〔薬剤分包用ロールペーパー事件〕），間接侵害を構成する物を販売した場合（知財高大判平26.5.16判時2224号146頁〔Apple対Samsung控訴審事件〕）にどのように理解すべきかという問題が生じている（「新たな生産」「特許権の消尽」そして「間接侵害」の関係については*Column*⑤を参照）。

物の使用とは，特許発明に係る物を，特許発明の目的を達成するような方法で用いることをいう（大阪地判平18.7.20判時1968号164頁〔台車固定装置事件〕）。その物がプログラムである場合には，その実行行為が使用である。著作権の支分権に使用権がないのと決定的に異なっている。

譲渡等には，貸渡しのほか，その物がプログラム等である場合には，インターネット上の送信行為等，電気通信回線を通じた提供が含まれる。この電気通信回線には，双方向性を有するネットワークがすべて含まれるものとされている。

輸出とは外国への搬出をいい，輸入とは日本国への搬入をいう。

申出には譲渡等のための展示が含まれるが輸出の申出は観念し得ないものとされている。

②方法の発明の場合には，その方法の使用をする行為である（2条3項2号）。方法の発明に対する特許権の効力は，その方法を用いて生産した物の販売には及ばない（最判平11.7.16民集53巻6号957頁〔生理活性

物質測定方法上告審事件〕)。

　③物を生産する方法の発明の場合には，その方法を使用する行為の
ほかに，その方法により生産した物の使用，譲渡等，輸出もしくは輸
入または譲渡等の申出をする行為が含まれる（同項3号）。ここでいう
生産物については，それが有体物である場合には，TRIPs 協定28条
1項(b)が「少なくとも直接的に得られた物」の使用・販売等に特許権
が及ぶとしているが，わが国ではこれを直接生産物に限るとする見解
と間接生産物を含むとする見解に分かれている。本号における生産物
がプログラム等である場合には，その方法により作成されたプログラ
ム等の販売等が物の譲渡等に当たることとなる。

Column⑤　「新たな生産」，「特許権の消尽」，「間接侵害」の関係 ‥‥‥‥‥‥‥
　特許権者が製造販売した特許製品を，その購入者がそのまま使用したり，譲渡
（再販売）する行為には特許権の効力は及ばない（最判平9.7.1民集51巻6号
2299頁〔BBS上告審事件〕，最判平19.11.8民集61巻8号2989頁〔キャノン・
インクカートリッジ上告審事件〕，最判平19.11.9判例集未登載〔エプソン・インク
カートリッジ上告審事件〕)。
　しかしながら，特許権者等が製造販売した特許製品の購入者が，その使用後残
った一部を用いて特許製品を製造する行為については，〔キャノン・インクカート
リッジ上告審事件〕が「新たな生産」として，その製造販売が国内と外国で行わ
れた場合とで異なることはなく，特許権の効力が及ぶものとした。この点で，
〔BBS上告審事件〕や〔エプソン・インクカートリッジ上告審事件〕では，特許製品
がそのまま使用譲渡輸入等されているのと異なる。
　次に，特許権者等が製造販売した特許製品の一部について，特許権者等が所有
権留保をしていた場合に，その一部を用いて特許製品を製造する行為については，
前掲〔薬剤分包用ロールペーパ事件〕が，その一部については特許権が消尽して
いないことを理由として，「新たな生産」として特許権の効力が及ぶものとした。
　さらに，特許権者等が間接侵害（間接侵害については第6章1③参照）を構成す
る特許製品の生産にのみ用いる物を製造販売し，これを用いて特許製品を製造す
る行為については，前掲〔Apple 対 Samsung 控訴審事件〕が，やはり「新たな
生産」として，特許権の効力が及ぶものとした。つまり，〔Apple 対 Samsung
控訴審事件〕は，特許権者等が，「特許製品の生産にのみ用いる物（第三者が生産
し，譲渡する等すれば特許法101条1号に該当することとなるもの。以下「1号製
品」という。）を譲渡した場合には，当該1号製品については特許権はその目的
を達成したものとして消尽し，もはや特許権の効力は，当該1号製品の使用，
譲渡等（特許法2条3項1号にいう使用，譲渡等，輸出若しくは輸入又は譲渡等の申

出をいう。以下同じ。）には及ばず，特許権者は，当該1号製品がそのままの形態を維持する限りにおいては，当該1号製品について特許権を行使することは許されない」として，「特許製品の生産にのみ用いる物」についてのみ特許権が消尽するとした。そのために，「その後，第三者が当該1号製品を用いて特許製品を生産した場合においては，特許発明の技術的範囲に属しない物を用いて新たに特許発明の技術的範囲に属する物が作出されていることから，当該生産行為や，特許製品の使用，譲渡等の行為について，特許権の行使が制限されるものではない」とした。そして，「このような場合であっても，特許権者において，当該1号製品を用いて特許製品の生産が行われることを黙示的に承諾していると認められる場合には，特許権の効力は，当該1号製品を用いた特許製品の生産や，生産された特許製品の使用，譲渡等には及ばない」と述べている。

　しかしながら，ここでは，特許製品の生産について許諾がない場合を問題としているのであって，特許権者等が製造販売したものは特許製品の生産にしか用いないものであるから，特許製品の生産について，少なくとも黙示の許諾があったものと解するか，そもそも特許権が消尽すると解するのでなければ理論的には一貫しない。

❖❖❖

> **権利の専有**

　権利を専有するとは，排他的独占権を有するとの意味である。これは，特許発明を第三者が権原なしに実施することを排除して独占的に実施することができる権利である（専用権説）。これに対して，特許権を他人の特許発明の実施を排除する権利にすぎないとする立場がある（排他権説）。確かにTRIPs協定28条も特許権を「排他的権利」としているが，ライセンスなどの特許法上の制度からすると，排他権説は説得力がない。

　なお，特許権は他人の独自創作をも排除できる絶対的な権利である。この点は，著作権が他人の独自創作を排除できない相対的な権利であるのと大きく異なっている。

② 特許権の保護期間および消滅

　特許権は，その設定登録により発生するが（66条1項），発明の利用を図り産業の発達に寄与するという特許法の目的に基づいて存続期間が法定されている。特許権の存続期間は特許出願の日から20年であ

る（67 条 1 項，TRIPs 33 条参照）。この存続期間は，医薬品や農薬のように安全性確保等の目的で行政庁の処分に相当の期間を要するため特許発明の実施ができない場合には，その期間を回復するために最長 5 年の延長が認められる（67 条 4 項）。

この行政処分には，たとえば，医薬品，医療機器等の品質，有効性及び安全性の確保等に関する法律（医薬品医療機器等法）（旧薬事法）14 条に定められている医薬品の製造承認等があり，特許権の存続期間が延長された場合の当該特許権の効力は，その特許発明の全範囲に及ぶものではなく，当該行政庁の処分の対象となった物等についてのみ及ぶこととなるが（知財高判平 21.5.27 裁判所 HP〔タケプロンカプセル事件〕。特許権の延長登録出願については，第 4 章 4 ⑧を参照），侵害訴訟における対象物件が当該政令処分の対象となった当該用途に使用される物の均等物ないし実質的に同一と評価される物についての実施行為にまで及ぶと解されている（東京地判平 28.3.30 判時 2317 号 121 頁〔オキサリプラチン第 1 一審事件〕）。

特許権の設定を受ける者および特許権者は，特許料を納付しなければならない（107 条）。この特許料の法的性質については，租税説，対価説，手数料説および専用料説などがある。

特許権は，①存続期間の満了（67 条 1 項），②無効審決の確定（125 条），③放棄（97 条 1 項），④相続人不存在（76 条），⑤特許料不納（112 条），⑥独禁法 100 条による特許の取消しにより消滅する。もっとも，正確には無効判決の確定によって特許権は遡及的に存在しなかったものとみなされ（125 条），これは厳密な意味での特許権の消滅ではない。また，特許権の放棄は，意思表示のみによって生じるのではなく，方式要件として登録が効果の発生要件となっている（98 条 1 項 1 号）。相続人不存在の場合は，一般の財産権が国庫に帰属せしめられる（民 959 条）のと異なり，公有（public domain）にすべきものと考えられたものである。

③　特許権の共有

　特許権は，財産権として複数の者による共有が認められる。特許権の共有は，民法上の準共有（民264条）に相当し，その性質は合有に近いとされる。しかし，合有にあっては持分権の処分が共同目的により制限されるのに対して，特許権の各共有者は契約で別段の定めある場合を除き，他の共有者の同意なく特許発明の実施をすることができ（著73条2項），他の共有者の同意があれば持分権の譲渡，質入れ，専用実施権の設定および通常実施権の許諾ができる（同条1項・3項）。各共有者が下請業者を自己の一機関として特許発明を実施させる場合には，他の共有者の同意を要しない（仙台高秋田支判昭48.12.19判時753号28頁〔蹄鉄事件〕など）。

　特許権の共有者が，特許権を侵害する第三者に対して，単独で差止請求，損害賠償請求および不当利得返還請求をできるか否かについて，判例は，各共有者にその持分に応じた損害額の請求を認めている（大阪地判昭62.11.25無体集19巻3号434頁〔寄木模様建材事件〕）。学説は，これを保存行為（民252条・264条）とするものと持分権に基づくものとするものに分かれている。既判力との関係から後者が妥当であり，著作権の共有においても，持分権に基づいてこれらの請求が認められている（著117条）。この点については，立法的解決の必要性が指摘されている。

3　特許権の効力の制限

①　特許発明の実施の制限

　特許発明であっても，それが他人の特許発明，登録実用新案，登録意匠等を利用し，または意匠権もしくは立体商標に対する商標権と抵

触する場合には，その特許権者は特許発明を実施できない（72条）。ただし，第三者の無断実施に対する排他的効力まで制限されるものではない。

　いわゆる利用発明の意義については，判例は，そっくり説を採用しており（大阪地判昭33.9.11判時162号23頁〔クロルプロマジン事件〕，大阪地判昭42.10.24判タ214号107頁〔ポリエステル事件〕），学説は要部利用説および実施不可避説などに分かれている。この問題は，先願と後願の関係にある場合に限らず，利用発明の実施可能性の問題であり，特許権，実用新案権，意匠権の侵害の一態様として位置づけられる。利用関係にある先願と後願の特許権者間の利益の調整は，相互の裁定による実施権の制度（92条）により行われる。

　なお，特許権と著作権も抵触関係が生じ得るため，調整規定の必要性が指摘されている。

② 法定の制限事由

試験・研究のための実施（69条1項）

試験または研究のための特許発明の実施は，それが技術の進歩発展に寄与し，かつ特許権者の利益を害しない限り，それには特許権の効力は及ばない（TRIPs 30条参照）。その理由は，試験・研究のための実施は，発明の利用を図り産業の発展に寄与しようとする特許法の目的にむしろ合致し，これに特許権の効力が及ぶとすることはかえって特許法の目的に反するからである。特許法は，もともとそのような試験・研究のための実施を許容している。発明の公開は特許権付与の条件とされ，特許明細書における発明の開示は当業者の発明実施を可能にさせており（36条4項），特許発明の特許性調査，自己の技術の特許権侵害該当性調査などのために，その技術的効果や構成等の確認や分析などを行うことを前提としている。

　わが国の特許法は，試験・研究自体には何らの制限を設けず，その

ための実施行為にも制限を加えてはいない。そのため，これらの点について判例，学説は分かれている。

「試験・研究」については，その対象が特許発明自体であるものに限定する見解や，その目的が「技術の進歩」にあるものに限定する見解もある（東京地判昭 62.7.10 無体集 19 巻 2 号 231 頁〔グリホサート除草剤事件〕，名古屋高金沢支決平 8.3.18 判時 1599 号 134 頁〔グラマリール事件〕など）。他方，そのような目的に限定することなく，明細書の開示に基づき，特許発明の実施を追試験し，実施上の問題点を認識，解決し，効率的な実施条件探知のための試験・研究なども含まれるとする見解もある。判例は，旧薬事法（現医薬品医療機器等法）に基づく医薬品の製造承認のための試験も，新薬の場合はもちろん（東京地判平 10.2.9 判時 1632 号 119 頁〔コンセンサス・インターフェロン事件〕），後発薬品の場合であっても，特許権の存続期間満了後の製造・販売を目的として，製造承認申請書に添付する資料を得るために必要な範囲を超えない試験のための生産・使用は，これらの行為に特許権の効力が及ぶこととすると，特許権の存続期間を結果的に延長することとなるし，またこれらの行為が特許権者の利益を害することにはならないから，特許権の侵害とはならないとしている（最判平 11.4.16 民集 53 巻 4 号 627 頁〔膵臓疾患治療剤事件〕。*Column*⑥参照）。ただし，特許権者等の実施行為と直接競業する行為や，譲渡の対価，使用による便益の対価または製造物の蓄積・保存等の直接の利益を目的とするような行為は試験・研究には該当しないとするものもある（東京高判平 10.3.31 知裁集 30 巻 1 号 118 頁〔プロカテロール事件〕）。しかし，特許権者等との競業等の考慮は後述する実施行為が特許権者の利益を不当に害しないかどうかにより判断すれば足りるのであって（TRIPs 30 条），特許発明に関する試験・研究自体には，その特許発明自体の技術的効果，構成の確認・分析のほか，特許発明をもとにした利用技術や応用技術，そして新たな技術の研究開発も含まれると解される。

試験・研究の「ために」の意義については，試験装置などの特許権取得を無意味にしないために「として」と解されている。しかし，試験装置などは，その試験能力などの技術的効果の確認・分析のための生産・使用が特許権侵害とならないだけであって，試験装置としての使用行為は特許権の侵害を構成すると解すべきである。

試験・研究のための実施行為には，法定の実施態様（2条3項1号〜3号）のすべてが含まれるわけではない。物の発明（化学物質や薬剤など）の場合には，通常生産，輸入，使用行為がこれに当たる。譲渡や貸渡し行為，その申出行為については，判決例には，商品見本の納入は商取引目的であるとして試験のための実施に当たらないとするものがあるが（大判昭16.3.28審決公報号外23号75頁〔開閉器事件〕），販売行為や貸渡し行為は，その行為自体が試験・研究の対象とされていたとしてもこれに該当せず，もっぱら自己のために試験を行う者への販売・貸渡しのみ許される。これに対して，方法の発明の場合には使用行為のみ，そして物を生産する方法の発明の場合には，使用行為のほか，生産物について行う物の発明の場合と同様の行為である。物の発明であると方法の発明であるとを問わず，試験・研究のために生産された物の販売は，もはや試験・研究という目的を欠いており特許権侵害を構成する。

なお，試験・研究のための実施を行う者に対して，特許に係る物の生産にのみ使用する物や方法の実施にのみ使用する物の供給行為は，反対説もあるが間接侵害を構成する。

Column⑥ 膵臓疾患治療剤事件 •••••••••••••••••••••

〈最判平11.4.16民集53巻4号627頁〉

本件の原告（控訴人，上告人）は，医薬品メーカーであり，「グアニジノ安息香酸誘導体及び該グアニジノ安息香酸誘導体を含有する抗プラスミン剤と膵臓疾患治療剤」特許権者である。被告（被控訴人，被上告人）も医薬品メーカーであるが，原告の医薬品の後発医薬品を，薬事法による製造承認を受けて製造販売している。被告は，この製造販売に先立って，原告の特許権の存続期間中に，被告製剤を製造して，薬事法上後発医薬品製造承認申請のために必要な生物学的同等性

試験等を実施した。原告は，この被告の試験のための被告製剤の製造と使用が特許権を侵害するとして，差止めと損害賠償を請求した。被告は，自己の行為は特許法 69 条 1 項の「試験又は研究」に当たり，本件特許権の侵害に該当しないと主張した。第 1 審および控訴審ともに，原告の請求を棄却した。最高裁判所も，次のように判断して，原告の上告を棄却した。

「第三者が，特許権の存続期間終了後に特許発明に係る医薬品と有効成分等を同じくする医薬品（以下「後発医薬品」という。）を製造して販売することを目的として，その製造につき薬事法 14 条所定の承認申請をするため，特許権の存続期間中に，特許発明の技術的範囲に属する化学物質又は医薬品を生産し，これを使用して右申請書に添付すべき資料を得るのに必要な試験を行うことは，特許法 69 条 1 項にいう『試験又は研究のためにする特許発明の実施』に当たり，特許権の侵害とはならないものと解するのが相当である。その理由は次のとおりである。……後発医薬品についても，その製造の承認を申請するためには，あらかじめ一定の期間をかけて所定の試験を行うことを要する……その試験のためには，特許権者の特許発明の技術的範囲に属する化学物質ないし医薬品を生産し，使用する必要がある。もし，特許法上，右試験が特許法 69 条 1 項にいう『試験』に当たらないと解し，特許権存続期間中は，右生産等を行えないものとすると，特許権の存続期間が終了した後も，なお相当の期間，第三者が当該発明を自由に利用し得ない結果となる。」「他方，第三者が，特許存続期間中に，薬事法に基づく製造承認申請のための試験に必要な範囲を超えて，同期間終了後に譲渡する後発医薬品を生産し，又はその成分とするため特許発明にかかる化学物質を生産・使用することは，特許権を侵害するものとして許されないと解すべきである。そして，そう解する限り，特許権者にとっては，特許権存続期間中の特許発明の独占的実施による利益は確保される」。

単なる通過の国際交通 機関（69 条 2 項 1 号） 特許権の効力は，単に国内を通過するにすぎない船舶もしくは航空機またはこれらに使用する機械，器具，装置その他の物については及ばない。特許権の行使により円滑な国際交通を阻害させないためである。パリ条約（第 22 章 3 ①参照）5 条の 3 にも同様の規定があるが，パリ条約より広く同盟国の船舶などに限定されてはおらず，他方わが国の地理的理由から車両は含まれていない。しかし，船舶などに積み込まれた同盟国の車両についても単なる通過用である限り特許権の効力は及ばないと解される（26 条，パリ条約 5 条の 3 第 2 号）。なお，この規定はいわゆる特許権の属地主義の国内法上の根拠条文ともいうことができる。

特許権の効力は，特許発明の技術的範囲に属

特許出願前から日本国内にある物（69条2項2号）

する物が，特許出願前から日本国内に存在していた場合，その物には及ばない。既存の状態を保護し法的安定性を確保するためである。このような場合の多くは，その特許発明は新規性を欠き本来特許を受けることはできなかったものであり（29条1項），先使用権（79条）が認められるが，それらの要件を充足しない場合であっても特許権の効力が制限される。

医師または歯科医師の処方箋による調剤行為または調剤する医薬（69条3項）

2つ以上の医薬を混合して製造されるべき医薬または医薬の混合方法に特許が付与されることから，医師などの医療行為を阻害しない

ために，医薬の調剤行為および調剤される医薬には特許権が及ばないとされている。ただし，混合医薬以外の医薬，たとえば2つ以上の医薬を組み合わせてなる医薬についてまで特許権の効力が制限されるものではない（東京地判平25.2.28裁判所HP〔ビオグリタゾン事件〕参照）。

特許料追納による回復特許権の効力制限（112条の3）

特許権は，特許料の追納期間内における特許料などの不納が特許権者の責めに帰することができない理由に基づく場合には，その回復

が認められる（112条の2）。この場合に，公平の見地から，追納期間経過後特許権回復登録までの間に輸入し，生産し，取得した物および特許発明の直接実施行為と特許に係る物の生産供用物および方法の使用に用いる物の生産，譲渡等，もしくは輸入・譲渡等の申出，またそれら特許に係る物や方法の生産物の譲渡等または輸出のための所持には特許権が及ばないとされている（112条の3）。なお，短期間の保護であるため，善意は要求されず，法定実施権は認められない。

再審により回復した特許権の制限（175条）

特許無効審決または特許権存続期間延長登録無効審決が確定したあと，第三者がその特許

発明を善意で実施し，その後再審により特許権が回復し，または存続期間が延長されたこととなった場合には，公平の見地から，再審請求

登録前に輸入し，生産し，取得した物および特許発明の直接実施行為
と特許に係る物や生産方法により生産した物の譲渡等または輸出のた
めに所持した行為には特許権が及ばないこととされている（175条）。
この善意の実施者には通常実施権が認められる（176条）。

③ 法定実施権による特許権の制限

職務発明に対する通常
実施権（35条1項）

従業者等の発明のうち職務発明の要件を充た
すものについて，従業者等またはその承継人
が特許権を取得した場合に，使用者等に通常実施権が認められること
は前述した（第4章2⑤を参照）。この実施権は，特許発明の業としての
実施を認容させる権利であり，無償である。また，実施の事業ととも
にする場合，特許権者の承諾を得た場合および相続その他の一般承継
の場合に限り，移転することができる（94条1項）。

期間経過後の審査請
求による善意実施者の
法定実施権（48条の3
第8項）

正当な理由により出願日から3年以内に審査
請求をすることができなかったときには，経
済産業省令で定める期間内に，審査請求する
ことができる（48条の3第5項。理由のなくなった日から原則として2カ月以
内。特施規31条の2第6項参照）。ただし，特許が成立しないことを信頼
して，その間に善意で発明の実施の事業またはその準備をした者につ
き，特許権が成立した場合には法定の通常実施権が与えられる（48条
の3第8項）。平成26（2014）年改正によって創設されたものである（第
4章6①参照）。

先使用権（79条）

先使用権とは，特許出願に係る発明の内容を
知らないで自らその発明をなし，またはその
者から知得して，特許出願の際，現に日本国内においてその発明の実
施の事業またはその準備をしている者が，その発明および事業の目的
の範囲内において，特許権の発生後も引き続きその発明を業として実
施することのできる無償の通常実施権である。この先使用権は，特許

権侵害における抗弁権である（大阪地判昭41.6.29下民集17巻5＝6号586頁〔おしゃぶり事件〕）。

先使用権が認められる根拠については，先願主義と先発明主義との調和説，国家経済説，公平説および国家経済説と公平説の折衷説がある。判例は，公平説を採用している（最判昭61.10.3民集40巻6号1068頁〔ウォーキングビーム炉事件〕など）。先使用権の要件に事業・事業の準備が加えられていることを理由とする折衷説も有力であるが，それは1つの要件であり公平説が妥当である。

先使用権の第1の要件は，特許出願に係る発明を不正に知得したものでないことである。旧法では「善意」が要件とされたが，現行法は特許発明と別系列の発明の実施に限定する趣旨のようである。しかし，判例は，特許出願に係る発明と同一系列の発明の実施にも先使用権を認めている（最判昭44.10.17民集23巻10号1777頁〔地球儀型ラジオ事件〕）。冒認特許権に対しては，冒認された真の発明者の実施行為には先使用権が認められるべきである。逆に，別系列であっても，盗用して実施する者に先使用権が認められるべきではない。

第2の要件は，特許出願の際における実施もしくは実施の準備の存在である。この時的基準は，パリ条約の優先権主張出願においては，優先権主張の基礎となった最初の出願日，すなわち優先権主張日（パリ条約4条B）である。商標法上の先使用権と異なり出願時から特許権発生時点までの継続的な実施は要求されない（商標32条1項参照）。

第3の要件は，国内における実施または事業の準備の存在である。先使用権は，外国における実施等によっては成立せず，その実施品の輸入には特許権の効力が及ぶこととなる。

第4の要件は，その発明の実施の事業または事業の準備がなされていることである。法定の実施行為（2条3項1号～3号）の存在が求められ，発明完成の事実があっただけでは足りない。ただし，実施の事業は，先使用権の主張者自身が実施する場合に限らず，もっぱら自己の

ために他人を自己の機関として製造させ，引き渡させて販売する場合も含まれる（前掲〔地球儀型ラジオ事件〕）。また，海外に生産拠点を置く経営が進む今日，輸入のみに基づく先使用権も認められるべきものと思われる。事業の準備の存否についても，総合的判断を要するが，研究，試作，設計図製作が可能となった段階や，資金調達の段階程度では足りず，その事業のための機械などの購入や，工場の建設などの事実の存在が求められる。判例は，未だ事業の実施の段階には至らない場合でも，即時実施の意図を有しており，かつその即時実施の意図が客観的に認識される態様と程度において表明されている場合に事業の準備の存在を認めており，注文生産が常態であるような場合には，最終設計図が製作可能な段階で事業の準備を認めている（前掲〔ウォーキングビーム炉事件〕）。また，生理活性タンパク質の製造法に関する特許発明と同一の方法を使用してバイオ薬の主成分となる生理活性タンパク質 EPO 等を製造する方法の発明を完成した被告が，それらを臨床試験のために用いるための治験薬の成分として精製する設備を建築して，EPO 等を製造し，厚生大臣に対して治験薬を用いて臨床試験を行う旨の治験計画届書を提出するなどしていた事実を認定して，薬事法（現医薬品医療機器等法）14 条 1 項の製造承認を受けて医薬品として販売する意図を有し，かつ，その意図が客観的に認識され得る態様，程度において表明されており，発明の実施の事業の準備があるとした事例（東京地判平 18.3.22 判時 1987 号 85 頁〔生理活性タンパク質製造法事件〕）がある。ただし，判例は，被告が原告の特許出願日までに製造し，治験を実施していたサンプル薬につき「先使用権を有するといえるためには，サンプル薬に具現された技術的思想が本件発明 2 と同じ内容の発明でなければならない。……サンプル薬に具現された技術的思想は，いずれも本件発明 2 と同じ内容の発明であるということはできない。したがって，控訴人〔被告〕は，発明の実施である事業の準備をしている者には当たらない」としたものがある（知財高判平 30.4.4 裁判所 HP

〔ピタバスタチン事件〕）。

　先使用権の範囲は，実施・実施の準備をしている発明および事業目的の範囲において認められる。発明の範囲とは，出願の際におけるものであるが，発明思想が同一であれば，実施形式の変更は許容される（前掲〔ウォーキングビーム炉事件〕）。事業の目的の範囲については，同一の事業である限り設備の拡張や機械の修理などは可能である。なお，先使用権たり得べき地位は，出願公開に基づく補償金請求権の行使に対しても主張することができる。

特許権移転登録前の実施による通常実施権（79条の2）

　平成23（2011）年の特許法改正により，真の権利者に冒認出願と共同出願違反を理由とする特許権移転請求権（74条）が新設されたことに伴う新たな有償の通常実施権である。

　特許権が真の権利者に移転された場合において，当該特許権の譲受人や，当該特許権についての専用実施権，または当該特許権もしくは専用実施権についての通常実施権を有していた者であって，当該特許権の登録がされる前に，当該特許が冒認等に該当することを知らないで，その発明の実施またはその実施の準備をしているものは，その実施または準備をしている発明および事業の範囲内において，その特許権について通常実施権を有することとなった。

　その理由は，新設された特許権移転請求権の相手方には特許権の譲受人も含まれており，また，次項の中用権により冒認等を理由として特許が無効とされた場合にも，その無効となった特許権の譲受人や実施権者に通常実施権が認められることとのバランスを考慮したものとされている（第4章2③参照）。

中用権（80条）

　中用権は，ダブルパテント（同一の発明について重複して付与された特許）のうち一方の特許が無効とされ，または，無効とされた特許発明の正当権利者に特許がなされた場合に，その無効とされた原特許権者，専用実施権者および登

録を受けた通常実施権者であって，その無効審判請求登録の前において，その無効原因を知らないで，日本国内で，その発明の実施をしている者またはその事業の準備をしている者が，その実施または準備をしている発明および事業の目的の範囲内で，業として特許発明を実施することのできる有償の通常実施権である。

　中用権は，無効とされた原特許権者が自己の特許出願発明が公然実施のものであることを知っていた場合には認められない（名古屋地判平元.10.20判時1354号141頁〔ユニオン型接手事件〕）。

意匠権消滅後の通常実施権（81条・82条）　意匠権に抵触する特許権が存在する場合において，意匠権の方が先に消滅し，なおその特許権が存続している場合に，その原意匠権者，専用実施権者および登録した通常実施権者が引き続いて特許発明を業として実施することができる通常実施権である。この権利の範囲は，原意匠権の範囲内であり，原意匠権者は無償，専用実施権者と登録をした通常実施権者は有償である。

回復特許権に対する通常実施権（176条）　いったん無効とされた特許権が，再審の結果回復した場合，または拒絶された特許出願が再審の結果特許権設定登録された場合において，再審請求登録前に，再審事由のあることを知らないで実施していた者が，回復または特許権設定後においても業として特許発明を実施することのできる通常実施権である。

存続期間延長特許権に対する通常実施権（平成6年改正法附則5条2項・3項）　平成6（1994）年改正特許法は，TRIPs協定33条に対応して，特許権の存続期間を出願から20年としたことに伴い，存続期間が延長される特許権者と改正前特許法の存続期間満了を予定して特許発明の実施の準備をしていた第三者の利益の公平を図るため，その第三者に有償の通常実施権を認めた。この「実施の準備」について，判例は，薬事法に基づく製造承認申請のための試験・製造は「業として」の実

施であり，これに当たらず特許権侵害とするもの（前掲〔グラマリール事件〕。②参照）と，実質的違法性なしとするもの（大阪地決平9.2.7判時1614号124頁〔ノルフロキサシン事件〕）に分かれる。試験・研究のための実施に対する特許権の効力制限とのバランスが問題となる。

④　裁定実施権による特許権の制限

裁定実施権には，①自己の利用発明を実施するための裁定実施権（92条），②不実施の場合の裁定実施権（83条）および③公共の利益のための裁定実施権（93条）がある。前2者は，特許庁長官の裁定により，後者は経済産業大臣の裁定により発生する通常実施権である。通常実施権を設定すべき旨の裁定によって，当事者間に通常実施権の許諾について契約が締結されたものとみなされる。その意味で，強制実施権と呼ばれる。その範囲と対価の支払義務は裁定書で定められたところによる（86条～88条）。裁定の手続については，特許法84条から91条の2に規定されている。

⑤　特許無効の抗弁

特許権の行使が制限される場合として，当該特許権が無効理由を有している場合が法定されている。特許権に無効理由が存在することが明らかな場合には，その特許権を行使することは権利の濫用として許されないとした最判平12.4.11（民集54巻4号1368頁〔キルビー特許事件〕）を受けて，平成16（2004）年の特許法改正により，無効理由を有する特許権の行使は認められないこととなった（104条の3）。これは特許権の権利行使制限の抗弁であるが，実務上は，特許無効の抗弁と称されている。

この特許無効の抗弁が法定された後は，特許権侵害訴訟における多くの被告が，この抗弁を主張するようになっており（知財高大判平17.9.30判時1904号47頁〔一太郎事件控訴審〕），冒認出願を理由とする無効の

抗弁が認められた事例もある（東京地判平30.3.2裁判所HP〔コイルインサート事件〕）。

　ただし，この抗弁を認める判断は，当事者のみを拘束するものにすぎない。また，この抗弁は，特許権に係る紛争を一つの侵害訴訟手続の中で迅速に解決することを目的とするものであるから，審理の遅延を目的とする場合には却下される（104条の3第2項，最判平20.4.25民集62巻5号1262頁〔ナイフ加工装置事件〕は再抗弁についても同様とする）。

　また，判例は，「特許権者が，事実審の口頭弁論終結時までに訂正の再抗弁を主張しなかったにもかかわらず，その後に訂正審決等が確定したことを理由に事実審の判断を争うことは，訂正の再抗弁を主張しなかったことについてやむを得ないといえるだけの特段の事情がない限り，特許権の侵害に係る紛争の解決を不当に遅延させるものとして，特許法104条の3及び104条の4の各規定の趣旨に照らして許されない」とする（最判平成29.7.10民集71巻6号861頁〔シートカッター事件上告審〕）。

　この特許無効の抗弁が法定されたことにより，特許法上，特許無効の判断が特許庁と侵害裁判所により行われる「ダブル・トラック」の状態となり，両者において異なる結論が出される状況が生じることとなった。そこで，平成23（2011）年改正法により，特許侵害訴訟の判決確定後の再審における無効審決等の確定の主張が制限されることとなった（104条の4）。

⑥　特許権の消尽

消尽とは

　消尽とは，特許権者やライセンシーにより，特許に係る物および物の生産方法により生産される物が適法に製造され，かつ適法に市場に置かれた場合には，その後その物の使用，譲渡，貸渡しなどの行為には特許権の効力が及ばないとする理論であり，知的財産権全般に適用される原則である

（「用尽」ともいう。特許権者等が特許製品を適法に生産し譲渡しても，特許権が消滅するわけではないので「用尽」のほうが正確な用語である）。ただし，平成14年特許法改正により特許発明の譲渡等の概念に含まれることとなった貸渡しやプログラム等の電気通信回線を通じた提供は，上記の適法に市場に置かれた場合には該当しない点，注意を要する。

わが国の判例・学説もこの消尽理論を認めている（大阪地判昭44.6.9無体集1巻160頁〔ブランズウィック事件〕，東京高判平7.3.23判時1524号3頁〔BBS控訴審事件〕，最判平9.7.1民集51巻6号2299頁〔BBS上告審事件〕，最判平19.11.8民集61巻8号2989頁〔キャノン・インクカートリッジ上告審事件〕など）。この原則が輸入行為にも適用されるとする考え，すなわち国際的消尽理論も判例上認められており（BBS事件控訴審および上告審。BBS上告審事件について，国際消尽理論を採用せず，「黙示の許諾論」を採用したものであるとの見解もあるが，後述のように，「黙示の許諾論」は消尽理論の根拠論の1つにすぎない），「半導体集積回路の回路配置に関する法律」12条および著作権法26条の2第2項4号において明文化されるに至っている。

| 消尽理論の根拠 |

特許権の消尽理論の根拠については，所有権移転説（大判大元.10.9民録18輯827頁〔絹團扇枠製造機械事件〕），英米法で有力な黙示の実施許諾説（implied license theory, 前掲〔BBS上告審事件〕），目的の到達による権利の消滅とする説，二重利得禁止説（前掲〔BBS控訴審事件〕）または報酬理論（Belohnungstheorie），そしてドイツに起源を有する消尽説（Erschöpfungslehre, exhaustive theory）が展開されてきた。

所有権移転説は，所有権移転後の特許製品に特許権の効力を及ぼすべきでない理由を問題としているのに答えていない。黙示の実施許諾説は，明示の実施制限を許し，特許権者の意思により特許製品の流通をコントロールすることを許すことになってしまい，論理矛盾を招くこととなる。また，消尽の有無は，権利者の意思とは関係がない（東京地判平16.12.8判時1889号110頁〔キャノン・インクカートリッジ一審事件〕）。

目的の到達による権利消滅説は，その目的の内容が不明であり，特許
権自体が消滅するわけではない。二重利得禁止説ないし報酬理論は，
同一の特許製品については1回限りの利得しか認めない理由が不明で
あり，利得の機会保障の有無により消尽効果が左右される点で説得力
がない。消尽説は，消尽という用語に不適切な面もあるが，それは取
引の安全の見地から特許製品が市場に置かれた時点で特許権者と一般
公衆の利益を調整しようとする関係の「比喩的表現」とみるべきであ
り，むしろ取引の安全説という方が正しい。

消尽理論の適用範囲

なお，方法の特許発明については，特許権の
消尽を否定する見解が多い。しかし，特許方
法にのみ使用する物の販売によって特許権が消尽すると解される。な
ぜなら，そのように解釈しなければ，そのような物の転売は常に間接
侵害を構成し（101条2号），転得者のその物の使用も常に直接侵害を
構成することとなって，取引の安全を害するからである。また，物の
発明についても特許製品の一部であって間接侵害を構成する物を特許
権者等が適法に生産し譲渡した場合や特許製品の販売の際にその一部
の所有権を留保した場合にも消尽が認められるとする近時の判決が続
いている（この点については，*Column*⑤を参照）。さらに，物の生産方法
の発明にあっても，生産物の使用，販売などが実施行為とされている
ため特許権の消尽が認められる（前掲〔キャノン・インクカートリッジ一審
事件〕）。

　特許権の消尽理論が適用される例外として，近時の判決例には，
「(ア)　当該特許製品が製品としての本来の耐用期間を経過してその効
用を終えた後に再使用又は再生利用がされた場合（以下「第1類型」
という。），又は，(イ)　当該特許製品につき第三者により特許製品中の
特許発明の本質的部分を構成する部材の全部又は一部につき加工又は
交換がされた場合（以下「第2類型」という。）には，特許権は消尽
せず，特許権者は，当該特許製品について特許権に基づく権利行使を

することが許される」とするものがある（知財高大判平18.1.31判時1922号30頁〔キャノン・インクカートリッジ控訴審事件〕，同旨東京地判平19.4.24裁判所HP〔写ルンですⅡ事件〕）。しかし，特許権の消尽理論は，特許製品の取得者による使用状況や部品の加工交換の態様により影響を受けるものではない。いわゆるリサイクル製品の製造については，間接侵害構成物を用いて製造する場合を除いて，単に新たな生産と解すれば足りることとなる。

　特許権者等が製造販売した特許製品の一部についてその所有権を留保していた場合と，間接侵害構成物を販売した場合の消尽の有無については，*Column⑤*を参照。

　特許権の消尽は，許諾実施権者の製品にも適用される（奈良地判昭50.5.26判タ329号287頁〔網戸事件〕）。許諾が擬制される裁定実施権者の製品についても同様に解される（87条2項）。さらに，法定実施権者の製品についても，反対説もあるが，取引の安全と各法定実施権制度の趣旨に基づいて，特許権の消尽が認められる。判例は，職務意匠の実施権者の製品の転売を「消耗理論により適法」としており（大阪地判昭62.1.26判タ640号217頁〔剛性物質穴あけ用ドリル意匠事件〕），先使用権者の製品についても同様に考えることができよう（千葉地判平4.12.14知裁集24巻3号894頁〔建築用板材の連結具事件〕など参照）。

　わが国の特許権者またはそのライセンシーが，外国の市場に置いた真正商品を第三者がわが国へ輸入する行為については，後述の特許権の国際的消尽が認められる（第21章2参照）。

4 特許権の活用

① ライセンス

はじめに

特許権者は，特許発明を自ら実施するほかに，他人に対する実施許諾（ライセンス）により収益をあげることができる。このライセンシーの許諾実施権は，専用実施権と通常実施権に分けられる。

専用実施権（77 条
・68 条但書）

専用実施権とは，設定行為により定めた範囲内で，業として特許発明を実施することのできる排他的独占権である。設定行為により定められる範囲には，期間的，地域的および内容的限定が考えられる。専用実施権は，設定登録により発生し（98 条 1 項 2 号），その法的性質は物権的権利であり，土地所有権に対する地上権に類似する権利であるといわれる。

専用実施権の効力は，その範囲においては特許権の効力と同様であり，第三者の特許権侵害行為に対しては，差止請求，損害賠償，不当利得返還請求および信用回復請求などが独自に認められる（100 条～106 条参照）。

専用実施権者が，対象となる特許権の有効性を争わないという，いわゆる不争義務を一般的に負うかどうかについては，反対説もあるが，これを負わないと解される。その根拠として，平成 20 年法改正前は無効審判は何人も請求できることが挙げられていたが（平成 26 年改正前 123 条 2 項），むしろ無効となるべき特許権につき実施料支払義務を免れる途を閉ざすべき合理的理由はないし（東京高判昭 60.7.30 無体集 17 巻 2 号 344 頁〔蛇口接続金具意匠事件〕），そもそも無効理由を有する特許権により発明の実施が妨げられるべきではないからである。ただし，専用実施権設定契約において不争条項がある場合には，義務違反ないし

は信義則違反となるものと解される。

専用実施権を設定した特許権者も，依然として同様の民事的救済を受けることができる。判例は，専用実施権設定後の特許権者に差止めを認めており（最判平17.6.17民集59巻5号1074頁〔生体高分子事件〕），実施料相当額の損害賠償を認めている（大阪地判平2.2.20判時1357号126頁〔海苔巻握飯製造具事件〕）。

専用実施権を設定する旨を約した特許権者には，専用実施権の効力発生要件である登録に協力する義務があり，また特許無効審判などに対する特許権の維持義務がある。しかし，専用実施権者は個別に侵害排除が可能なため，特許権者に侵害排除義務はない。専用実施権を設定した特許権の放棄や訂正審判の請求（126条）は，専用実施権者の承諾がなければできない（97条1項・127条）。

専用実施権の移転は，実施の事業とともにする場合，特許権者の承諾ある場合および一般承継の場合に可能である（77条3項）。質権の設定および再実施許諾は特許権者の承諾がなければできない（同条4項）。専用実施権およびその質権の設定，移転（一般承継を除く），変更，消滅または処分の制限は，登録が効力発生要件である（98条1項2号・3号）。一般承継の場合は，遅滞なく特許庁長官に届けなければならない（同条2項）。

専用実施権が消滅するのは，特許権の消滅（同条1項2号），設定期間の満了，契約の解除・取消し，放棄（97条2項），混同，取消し（独禁100条）などの場合である。専用実施権の放棄は，その質権者，通常実施権者の承諾を要する（特97条2項）。

通常実施権（78条）　通常実施権とは，特許発明の実施許諾契約により定めた範囲内で，業として特許発明を実施することのできる権利である。実施許諾契約により定められる範囲には，期間的，地域的および内容的限定が考えられる点は，専用実施権と同じである。

通常実施権は，実施許諾契約により発生し，その法的性質は，債権であり，不動産賃借権に類似する権利であるといわれる。判例は，通常実施権はその範囲において「単に特許権者に対し右の実施を容認すべきことを請求する権利」としている（最判昭48.4.20民集27巻3号580頁〔隧道管押抜工法事件〕，大阪地判昭59.4.26無体集16巻1号271頁〔架構材の取付金具事件〕）。学説は認容説（不作為請求権説）と実施権説に分かれている。

　通常実施権者が，特許権を侵害する第三者に対して差止請求や損害賠償請求をすることが認められるかについては，判例・学説は分かれている。非独占的通常実施権には差止請求・損害賠償請求のいずれも認められていない（前掲〔架構材の取付金具事件〕など）。しかし，判例は，独占的通常実施権に基づく損害賠償請求権は認めており（大阪地判昭59.12.20無体集16巻3号803頁〔ヘアーブラシ意匠事件〕），差止請求権については固有のものとしては認めないとするもの（前掲〔ヘアーブラシ意匠事件〕）と，特許権者に代位して行使することができるとするもの（東京地判昭40.8.31無体集1巻222頁〔二重偏心カム装置事件〕）がある。学説のうち，法的性質に関する認容説は固有の差止請求は認めないが，債権者代位権（民423条）により特許権者の差止請求権を行使することができるとしている。実施権説は，独占的通常実施権者の地位が，いまだ対抗力を備えない占有取得前の賃借人の地位と類似することから固有の差止請求権を認め，損害賠償請求権も認めている。

　通常実施権者が，いわゆる不争義務を一般的に負うかどうかについては，専用実施権において述べたのと同様に，これを負わないと解される（前掲〔蛇口接続金具意匠事件〕参照）。通常実施権許諾契約において不争条項がある場合には，専用実施権の場合と同様に，義務違反ないしは信義則違反となるものと解される。

　通常実施権を許諾した特許権者も，同様の民事的救済を受けることができる。なお，平成23（2011）年改正法により通常実施権の登録制

度が廃止され，いわゆる新権利者への当然対抗が認められた（99条）。したがって，特許権者に通常実施権の登録協力義務があるか否かについては議論の余地がなくなった。また，特許権者には特許無効審判などに対する特許権の維持義務があり，特許権の放棄は通常実施権者の承諾がなければできない（97条1項）。侵害排除義務については，認容説はこれを否定し（前掲〔架構材の取付金具事件〕），実施権説は独占的通常実施権に固有の差止請求権および損害賠償請求権を認めることから，非独占的通常実施権についてのみこれを肯定している。

　通常実施権の移転などは，専用実施権の移転などと同様である。すなわち，実施の事業とともにする場合，特許権者の承諾ある場合および一般承継の場合に可能であり（94条1項），質権の設定は特許権者の承諾がなければできない（同条2項）。通常実施権およびその質権設定は，民法364条によることとなる。

　通常実施権が消滅するのは，特許権の消滅，許諾期間の満了，契約の解除・取消し，放棄，混同などの場合である。なお，通常実施権の放棄は，その質権者の承諾がなければすることができない（97条3項）。

仮専用実施権および仮通常実施権　平成20（2008）年改正特許法においては，実務界における特許出願段階からのライセンスの必要性に対応して，特許出願後から特許権の設定登録の間における登録を伴う実施許諾制度を導入した。

　すなわち，特許を受ける権利を有する者は，当該特許を受ける権利に基づいて取得すべき特許権について，当該特許出願の願書に最初に添付した明細書，特許請求の範囲または図面に記載した事項の範囲内において，仮専用実施権を設定し，または仮通常実施権を許諾することができることとなった（34条の2第1項・34条の3第1項）。

　これらの設定または許諾に基づいて登録を受けた場合には，特許権に基づく専用実施権の登録と同様に，仮専用実施権の登録は効力発生要件である（34条の4）。仮専用実施権および仮通常実施権に係る特許

出願について特許権設定登録があったときは，当該仮専用実施権または仮通常実施権の設定または許諾により定めた範囲内において専用実施権または通常実施権が設定または許諾されたものとみなされる（34条の2第2項・34条の3第2項）。仮専用実施権に基づく仮通常実施権についても同様である（同条3項）。平成23年改正法により，仮通常実施権についても，登録制度は廃止され，新たな権利者に対する当然対抗が認められるに至った。

仮専用実施権または仮通常実施権の移転は，当該特許出願にかかる発明の実施の事業とともにする場合，特許を受ける権利を有する者の承諾がある場合および一般承継の場合に限って認められている。このため，ライセンスにおける注意事項として，出願発明実施の事業とともにする移転には，特許を受ける権利者の承諾が不要である点が指摘されている。

②　特許権の移転および担保権の設定

特許権は財産権であり，移転および質入れは，共有の場合の制約を除いて自由である。移転の効力は，相続その他の一般承継の場合を除き登録により発生する（98条1項1号）。

質権の設定，一般承継を除く移転，変更，消滅または処分の制限は，登録がその効力発生要件とされている（同項3号）。判例には，質権設定登録申請が先に受け付けられたにもかかわらず，特許庁職員の過失により，その後特許権移転登録の申請が受け付けられ特許権移転登録が先にされた場合には，もはや，その質権設定登録をすることはできず，当該質権の効力は生じない，としたものがある（最判平18.1.24判時1926号65頁〔質権設定登録過誤事件〕）。質権の設定においては，質権者は契約で別段の定めをした場合を除いて，その特許発明を実施することができない（95条）。

特許権に対する質権は，民法上の権利質（民362条1項）に当たるが，

その法的性質については，抵当権説と登録質説がある。なお，特許権は一般先取特権，譲渡担保，企業担保および財団抵当の目的となる。

Column⑦　TLO（Technology Licensing Organization: 技術移転機関）••••

　平成10（1998）年に「大学等における技術に関する研究成果の民間事業者への移転の促進に関する法律」（法律第52号。略称：「大学技術移転法」）が制定された。これは，産官学連携政策の一環として，大学などの研究成果を移転・特許化するTLOの設立を認めて，TLOによる企業へのライセンスを促進するものである。この法律と平成11（1999）年の「産業活力再生特別措置法」（平成26〔2014〕年の産業競争力強化法の施行に伴い廃止）は，1980年のアメリカ「バイ・ドール法」にならったものといわれる。しかし，「バイ・ドール法」が大学研究者の発明を大学に帰属させるものであるのに対して，「大学技術移転法」は，国立大学の研究者の職務発明が国に帰属するので，その研究者個人の自由発明をTLOへ移転させるために制定された側面がある。平成14（2002）年7月に公表された「知的財産戦略大綱」および同年11月に制定された「知的財産基本法」（平成15年3月1日施行）は，大学研究者の発明の機関帰属を勧めるに至り，とくに「機関」に特許権等が帰属しない点を克服するため平成15（2003）年に成立した「国立大学法人法」のもとでも，それが職務発明であるかどうかについては明らかにしていないので，わが国では権利帰属の問題は依然不明なまま知的財産権の移転を促進するという状況が続いている。

第6章 特許権の侵害と救済

特許権という排他的独占権が，直接的または間接的に侵害され
たときには，民事的救済と刑事上の制裁が認められる。直接侵
害における均等論，間接侵害におけるその対象論が特許法上の
最重要課題である。

1 特許権の侵害

① は じ め に

特許権の侵害とは，正当な権原のない第三者が特許発明に対する排
他的独占権を直接的または間接的に侵害することをいう。正当な権原
を有する第三者とは，実施権者など特許権の効力が及ばない行為を行
う者である。特許権の侵害態様は直接侵害と間接侵害に大別される。
直接侵害は特許発明の構成要素のすべてを充たす実施行為であり（68
条・2条3項1号～3号），間接侵害は特許発明の構成要素のすべてを充
たす実施行為者に加担し，幇助する間接的な特許発明の実施行為をい
う。間接侵害も独立した特許権の侵害態様であり，いずれにおいても
民事上の救済および刑事上の制裁が認められる。

② 直 接 侵 害

| 直接侵害とは |

特許権の直接侵害とは，正当な権原のない第
三者が，特許発明を業として実施することを
いい（68条），特許発明の技術的範囲における直接的な実施行為をいう。

特許発明を構成する要素のすべてを充たす場合における侵害である。実施行為の態様は，特許発明を物（プログラム等を含む），方法および物（プログラム等を含む）の生産方法の3つの場合に分けてそれぞれ法定されている（2条3項1号～3号。第5章2①の「特許発明の実施」の項を参照）。

特許発明の技術的範囲
（クレーム解釈）

特許権の直接侵害は，第三者の実施する技術が特許発明の技術的範囲に属する場合である。したがって，特許発明の技術的範囲を画定することは，特許権者の排他的独占権の及ぶ範囲と第三者が自由に実施することができる技術の範囲との境界を画するものであり，法的安定性の確保という意味において特許法における最重要課題というべきである。

特許発明の技術的範囲は，特許出願の願書に添付した特許請求の範囲（クレーム）の記載に基づいて定めなければならない（70条1項）。したがって，特許請求の範囲の請求項に記載されていない発明は，たとえ明細書に記載されていても技術的範囲に含まれない（東京地判昭51.7.21判タ352号313頁〔ナフチリジンの製造方法事件〕）。正当な権限のない第三者が実施する技術が，特許請求の範囲の構成要素すべてを充足する場合には，文言侵害と称されているが，直接侵害には後述の均等侵害も含まれる。

もっとも，判例には，第三者の実施品等が特許請求の範囲の文言すべてを充足する場合であっても，化学や医薬等の発明の分野においては，それが発明の詳細な説明中の作用効果を生じない場合には特許発明の技術的範囲には属しないとする，いわゆる作用効果不奏功の抗弁を認めたものが現れている（大阪地判平13.10.30判タ1102号270頁〔エアロゾル製剤事件〕，大阪高判平14.11.22裁判所HP〔エアロゾル製剤控訴審事件〕）。

これとは逆に，特許請求の範囲の構成要素の一部を第三者に実施させる場合において，その一部に「他の用途」がない場合には，すべての構成要素を実施しているものとして，特許侵害を認める判例がある（東京地判平13.9.20判時1764号112頁〔電着画像形成方法事件〕）。

なお，特許請求の範囲の記載に選択肢を用いた特許発明，いわゆる選択発明は，先行する特許発明との関係で，利用発明となり，その先行する特許権の侵害となるのかどうかについては，否定説と肯定説に分かれている。特許請求の範囲の記載が用途発明である場合，たとえば，クレームに「予防薬」と記載されている特許発明の技術的範囲は，「治療薬」には及ばないものと解釈され，文言侵害は成立せず，ただ，用途の置換可能性が認められる場合には均等侵害が成立すると解される。

　特許請求の範囲の記載が，物の具体的な構成ではなく，その物が果たす機能ないし作用効果のみを表現している，いわゆる「機能的クレーム」と称されるものである場合には，そのまま解釈すれば通常は広すぎる技術的範囲となるため，クレーム以外の明細書や図面の記載（70条2項）や，出願時の技術水準を参酌して行われる（東京地判平10.12.22判時1674号152頁〔磁気媒体リーダー事件〕）。

　また，物の発明であるにもかかわらず，その物の構成ではなく，その製造方法を記載する，いわゆる「プロダクト・バイ・プロセス・クレーム」の解釈については，かつて，①その物の構造又は特性を明らかにすることができないために採用された場合（真正プロダクト・バイ・プロセス・クレーム）には，被告の製品が，その物と同一の場合に特許権侵害となり，②その物の構造又は特性を明らかにすることができるのにも関わらず採用された場合（不真正プロダクト・バイ・プロセス・クレーム）には，その物の製造方法により製造された物に限定されると解釈する，いわゆる製法限定説を採用する判決例があった（知財高大判平24.1.27民集69巻4号822頁〔プラバスタチンナトリウム控訴審事件〕）。

　しかしながら，最判平27.6.5（民集69巻4号700頁・904頁〔プラバスタチンナトリウム上告審事件〕）は，「特許が物の発明についてされている場合には，その特許権の効力は，当該物と構造，特性等が同一である物であれば，その製造方法にかかわらず及ぶ」として，いわゆる物同一性説を採用するに至っている。

| クレームの解釈資料 | クレームの解釈資料としては，明細書の発明
の詳細な説明や図面の記載が参酌されるべき

である（70条2項。最判昭50.5.27判時781号69頁〔オール上告審事件〕，最判
平10.4.28裁判所HP〔燻し瓦製造法上告審事件〕，知財高判平21.1.27裁判所HP
〔直接錠剤化用調合物控訴審事件〕）。したがって，その技術的意義が一義的
に明確に理解することができないなどの特段の事情がある場合にだけ，
明細書の記載を参酌することが許されるということはできない（反
対：最判平3.3.8民集45巻3号123頁〔リパーゼ事件〕）。特許請求の範囲に
記載されている用語は，特に定義されていない限りは，その用語の普
通の意味で使用されているものと解釈され，かつ明細書および特許請
求の範囲全体を通じて統一の意味で使用されているものとして解釈さ
れることとなる（特施規24条の4，様式第29の2備考9参照）。なお，要約
書の記載は参酌してはならない（70条3項）。

　その他の解釈資料としては，出願時の技術水準（ないしは公知技術）
や公開された客観的な出願経過も参酌される。出願時の技術水準を参
酌する理由は，そもそも特許発明がその出願当時の技術水準に基づい
て特許要件を充たすものについて排他的独占権が認められているから
である。しかしながら，特許発明が全部公知である場合については，
技術的範囲を限定して解釈する見解と技術的範囲の解釈によらないで
侵害を否定する見解に分かれる。限定解釈説は，さらに特許請求の範
囲の用語の字義どおりに解釈するもの（松山地判昭49.2.25無体集6巻1
号46頁〔金属製棚事件〕）と，実施例に限定するもの（大阪高判昭51.2.10
無体集8巻1号85頁〔金属編籠控訴審事件〕，大阪地判平2.7.19判時1390号113
頁〔薄形玉貸機大阪事件〕）に分かれる。侵害否定説には，判例上，権利
濫用説（名古屋地判平3.7.31判時1423号116頁〔薄形玉貸機名古屋事件〕）と
自由技術の抗弁説（大阪地判昭45.4.17無体集2巻1号151頁〔金属編籠一審
事件〕）がある。またこの場合には，特許当然無効論が主張されること
もあるが，判例は，特許無効理由の存在が明らかであるときは差止

め・損害賠償の請求は権利の濫用に当たると解釈するに至った（最判平12.4.11民集54巻4号1368頁〔キルビー特許事件〕）。

平成16（2004）年の改正法は，この「キルビー特許事件」を受けて，特許権侵害訴訟において，当該特許が特許無効審判により無効にされるべきものと認められるときは，特許権者や専用実施権者は，相手方に対して権利を行使することができないこととした（104条の3第1項。知財高大判平17.9.30判時1904号47頁〔一太郎事件〕）。

技術的範囲の解釈にあたって出願経過を参酌する理由は，特許権者が特許権取得手続において表明した事項と矛盾する主張を許すべきではなく，いわゆる包袋禁反言の原則が適用されるべき場合があり得るからである。特許請求の範囲に「切餅の上面ではなく側面に切り込みを設けた餅」と記載されている場合に，出願過程において，拒絶理由解消の為に，切餅の側面のみに切り込みが設けられている旨の意見を述べたが，その意見を撤回したことも参酌されて，上面と側面に切り込みを設けた被告の餅は特許発明の技術的範囲に属するとした裁判例がある（知財高判平23.9.7判時2144号121頁〔サトウの切り餅控訴審事件〕）がある。

さらに，特許請求の範囲の記載をその字義どおり解釈すると，特許権の実質的保護が実現されないような場合には，その解釈方法として均等論，不完全利用論がある。

なお，特許発明の技術的範囲については特許庁に判定を求めることができるが（71条），判定は，当事者の権利については何ら確定的な拘束を及ぼすものではなく，鑑定的なものにすぎない（最判昭43.4.18民集22巻4号936頁〔加熱膨潤装置上告審事件〕）。

均等論　均等論とは，第三者が実施する発明が，特許請求の範囲に記載されている特許発明の構成要件の一部を他の物に置き換えたものであるにもかかわらず，特許発明と作用効果を同じくしており（置換可能性），かつその置換が侵害の

時点で当業者にとって容易であるときには（置換容易性），第三者の実施する発明と特許発明は技術思想において同一性があるとして特許権侵害を肯定するものである（大阪地判昭44.4.2無体集4巻1号354頁〔ファスナー事件〕）。

　均等論は，アメリカやドイツにおいて発展したものであり，わが国では，判例・学説ともにその採否自体と適用要件につき長い間見解が分かれてきた。しかし，最判平10.2.24（民集52巻1号113頁〔ボールスプライン上告審事件〕）はこの理論を正面から認めるに至った。

　均等論は，これを特許法が採用する原則であるとする原則的均等論と，例外であるとする例外的均等論に分かれる。原則的均等論に立つ大阪高判平8.3.29（知裁集28巻1号77頁〔t-PA控訴審事件〕）は，「特許請求の範囲の文言を字義解釈そのままに充足するものでなくても，その技術を，特許発明と均等のものと認めるべきであることは，特許発明の技術的範囲の認定の手法として，特許法も予定しているものというべきである」とする。これに対して，ボールスプライン事件最高裁判決は，その原審（東京高判平6.2.3判時1499号110頁）と同様に例外的均等論を採用している。

　この最高裁判決は，「無限摺動用ボールスプライン軸受」の特許権に基づく損害賠償事件において，わが国で初めて最高裁が均等論を正面から認め，その要件と根拠を明確にしたものである。本件における特許発明はA～Eの5つの構成要件からなるものであったが，被告製品はこのうちA（外筒）とB（保持器）が異なるものであった。最高裁は，均等論の適用要件として，前述のファスナー事件と異なり次の5つを挙げている。それは，①被告製品等において置換されている部分が特許発明の本質的部分ではないこと，②右の部分が置換された被告製品も特許発明の目的を達することができ，同一の作用効果を奏するものであること（置換可能性），③右の置換が，被告製品等の製造等の時点において当業者にとって容易に想到できるものであること（容易

想到性ないし置換容易性），④被告製品等が，特許出願時における公知技術と同一または当業者が容易に推考できたものではないこと（公知技術および自由技術の抗弁の不成立），⑤被告製品等が特許出願手続において特許請求の範囲から意識的に除外されているなどの特段の事情もないこと（出願経過参酌）である。そして，本件における均等論の具体的な適用については，その要件の一つである自由技術の抗弁の存否についてさらに審理を尽くさせる必要があるとして，原判決を破棄し差し戻した。

ボールスプライン事件最高裁判決によれば，均等論が認められるべき理由は，以下のとおりである。つまり，特許権者が特許出願の際に将来のあらゆる侵害態様を予想して明細書の特許請求の範囲を記載することは極めて困難であるが，これに対して，第三者が特許請求の範囲に記載された構成の一部を他の物質等に置き換えることによって，特許権者による差止め等の権利行使を容易に免れることができるとすれば，社会一般の発明への意欲を減殺することとなり，発明の保護，奨励を通じて産業の発達に寄与するという特許法の目的に反するばかりでなく，社会正義に反し，衡平の理念にもとる結果となる。第三者は，特許権が，特許発明から容易に想到することのできる技術に及ぶことを予期すべきものである。

ボールスプライン事件最高裁判決は，均等論の本格的な議論の素地を提供したというべきであるが，今後検討されるべき論点は次のとおりである。つまり，①この判決によれば均等論の要件に非本質的部分の置換という要件が加重されたために，いわゆるパイオニアインベンションについては均等論適用の余地を少なくし，そもそもクレームを本質的要素と非本質的要素に区別した均等論は米英独等の諸国にはなく比較法的にも問題があり（イギリス貴族院は，1982年のカトニック判決でこれを放棄している），この非本質的要素の要件により多数の請求棄却事例が生じている現実があること（第1要件充足を理由とした請求認容事例と

しては，知財高判平 21.6.29 判時 2077 号 123 頁〔中空ゴルフクラブ控訴審事件中間判決〕がある），②均等論の要件である「置換可能性」と「作用効果の同一性」の異同，③「置換容易性」ないし「容易想到性」と「自明性」ないし「創作容易性」との異同，またその判断基準時についてこの判決のような侵害時説と従来の判例のような出願時説（最判昭 62.5.29 工業所有権関係判決速報 145 号 3968 頁〔樹皮はぎ機事件〕）の当否，④公知技術ないし自由技術の抗弁の不成立と出願経過参酌を均等論の要件とすることの当否，したがって原告の主張・立証責任事由としてよいかどうか，またそもそも均等論を認めるべき理由を判決のようにいうことの当否などがある。

もっとも①の点については，知財高大判平 28.3.25（判時 2306 号 87 頁〔マキサカルシトール控訴審事件〕）は，均等論の第 1 要件である相違部分が非本質的部分であることという要件について，「第 1 要件の判断，すなわち対象製品等との相違部分が非本質的部分であるかどうかを判断する際には，特許請求の範囲に記載された各構成要件を本質的部分と非本質的部分に分けた上で，本質的部分に当たる構成要件については一切均等を認めないと解するのではなく，……特許発明の本質的部分を対象製品等が共通に備えているかどうかを判断し，これを備えていると認められる場合には，相違部分は本質的部分ではないと判断すべきであ」ると述べ，そのように判断しても第 1 要件の充足を否定する理由とはならないと判示するに至っている。

⑤の出願経過参酌については，判例は，「出願人が，特許出願時に，特許請求の範囲に記載された構成中の対象製品等と異なる部分につき，対象製品等に係る構成を容易に想到することができたにもかかわらず，これを特許請求の範囲に記載しなかった場合において，客観的，外形的にみて，対象製品等に係る構成が特許請求の範囲に記載された構成を代替すると認識しながらあえて特許請求の範囲に記載しなかった旨を表示していたといえるときには，対象製品等が特許発明の特許出願

手続において特許請求の範囲から意識的に除外されたものに当たるなどの特段の事情が存するというべきである」と述べている（最判平29.3.24民集71巻3号359頁〔マキサカルシトール事件上告審〕）。

	不完全利用論

不完全利用論は，特許請求の範囲における構成要件のうちの重要性の低い要件を省略して，特許発明よりも作用効果を低下させて第三者が実施する場合に，なお特許発明の利用形態であり，侵害と評価するものである。この法理論はドイツで発展した不完全実施論（unvollkommene Benutzung）であり，改悪実施論とも称される（もっとも，ドイツの不完全実施論には，前述したわが国の「作用効果不奏効の抗弁」が成立する場合が含まれている点，注意すべきである）。たとえば，下級審の判決例では，ブロック玩具の考案の構成要素であって，円柱形の突起部分をかん合して支持する底面の中間片2個を省略した被告のブロック玩具は，もっぱら権利侵害の責任を免れるために，ことさら構成要件からそのうち比較的重要性の少ない事項を省略した技術であり，不完全利用に当たり，実用新案権を侵害するとされている（大阪地判昭43.5.17下民集19巻5＝6号303頁〔ブロック玩具事件〕）。

この不完全利用論については，学説には，均等論の適用される一例として位置づけて，均等論同様に認めるべきであるとする見解もあり，近時の判決例には，「相手方が製造等をする製品が特許発明の構成要件中の一部を欠く場合，……当該一部が特許発明の本質的部分ではなく，かつ均等の他の要件を充足するときは，均等侵害が成立し得る」とするものがある（知財高判平24.10.11裁判所HP〔ソフトビニル人形控訴審事件〕）。他方，下級審の判決例には，特許請求の範囲には必須構成要件のみ記載されるべきである旨の規定があったことや，補正や訂正審判との関係から，この理論自体を認めるべきではないと明言するものがあり（東京地判昭58.5.25無体集15巻2号396頁〔ドアヒンジ事件〕），この判決を支持する学説もある。

③ 間接侵害

間接侵害の意義

特許権の間接侵害とは，特許権の直接侵害に該当する行為に加担しまたは幇助する行為をいい，直接侵害からは独立した特許権の侵害態様である。したがって，多くの文献において間接侵害を直接侵害の予備的ないし準備行為と説明されるのは正確とはいえない（商標権の間接侵害は，他人に使用させるために登録商標と同一または類似の商標「ホスピタン」を表示したレッテルを販売したり，販売目的で所持する行為であって，自ら使用するために所持する予備的行為とは異なるとした最判昭28・9・3刑集7巻9号1800頁〔ホスピタン事件〕が正しい）。また，直接侵害が生じている場合には，もちろん間接侵害は生じるのであって，その場合は直接侵害の幇助に過ぎないということも正確でない。特許権の間接侵害には，正当な権原のない第三者が，①特許発明に係る物の生産や方法の実施にのみ用いる専用品を，業として生産，譲渡等もしくは輸入または譲渡等の申出をする行為（専用品による間接侵害）と，②特許発明に係る物の生産や方法の使用に用いる物であって，特許発明による課題の解決に不可欠なものを，それが特許発明の実施に用いられるものであることを知りながら業として生産，譲渡等もしくは輸入または譲渡等の申出をする行為（非専用品による間接侵害）の2つの類型がある（101条1号・2号・4号・5号）。①の類型は，現行法（昭和34年法）が従来から規定していたものであるが，②の類型は，平成14（2002）年改正特許法がプログラム自体の直接的保護を定めたのに伴って定められたものである。後述のように，専用品による間接侵害と非専用品による間接侵害という2つの類型を設けるに至った平成14年改正法は，解釈・適用上混乱が生じる可能性がある。

　特許法が間接侵害を定めた理由は，特許発明の間接的な利用，すなわち直接侵害に該当する行為に加担・幇助する行為を禁止して，特許権の実質的な保護を実現するためである。この間接侵害の法理は，ア

メリカで特許権侵害の教唆・幇助を禁止するための理論として発展した（直接侵害の存在を要件とする）寄与侵害（contributory infringement）と，ドイツで特許権侵害とならない者（家庭内や試験・研究としての実施者など）への不当な供給をも禁止するために発展した（主観的要件のある）間接侵害（Mittelbare Patentverletzung）をモデルとして，現行法で初めて導入され，平成14年改正特許法により，さらに上記アメリカやドイツの（主観的要件のある）モデルに近いものに拡充されたものである。したがって，わが国の特許権の間接侵害も，アメリカやドイツにおけると同様に，直接侵害の予備的行為や準備行為ではなく，あくまでも第三者が行う直接侵害行為または直接侵害該当行為に加担または幇助する行為である。

　間接侵害に対する救済と制裁については，前述したように，独立して直接侵害の場合と同様に論じられる。

　なお，平成18（2006）年改正特許法により，物の発明におけるその物および物の生産方法の発明におけるその生産物の業としての譲渡等または輸出のための所持行為が侵害とみなされることとなったが（101条3号・6号），これらは，すでに侵害行為により生産された物の所持行為であって，間接侵害行為ではない。

専用品による 間接侵害の要件

専用品による間接侵害の第1の要件は，客体的要件として，物の特許発明にあっては，その物を生産するためにのみ使用する物，方法の特許発明にあっては，その方法の実施にのみ使用する物でなければならない。ここで，平成14年改正特許法により「物」には「プログラム等」が含まれることとなり，「物の生産」にはプログラムの作成，複製等が含まれることになった点に注意すべきである。また，従来同様，「にのみ使用する物」の意味が重要となる。判例・学説は経済的，商業的かつ実用的観点から「他の用途がない」か否かで判断するものとしている。たとえば，特許発明が「合成樹脂系弾性材による柱状の圧着材を中間に備え

た釘の打ち込みによって，装飾化粧板の貼着全面への完全接着を行うようにしたことを特徴とする，装飾化粧板の壁面接着施工法」である場合には，そのような「合成樹脂系弾性材による柱状の圧着材を中間に備えた釘」が「他の用途」を有しない専用品とされる（大阪地判昭54.2.16無体集11巻1号48頁〔装飾化粧板事件〕）。しかし，その物の製造された目的，性質，取引状況などを総合的に判断するべきである。その意味では，主観的要件を除き，次で述べる非専用品に係る間接侵害を新たに設ける必要は少なかったものと思われる。また，被告が販売する分包紙（被告製品）について，「原告製使用済み芯管と一体化して，本件特許の構成要件を充足する状態で使用することが予定されており，他の用途が実質的に存在せず，一体化製品の生産にのみ用いられるものと認められる」とした事例がある（大阪地判平30.12.18裁判所HP〔薬剤分包用ロールペーパ事件〕）。

　なお，特許発明がプログラムである場合には，その部品ともいうべきモジュールが専用品となり得ることとなる。

　第2の要件としては，「にのみ使用する物」の生産，譲渡等もしくは輸入または譲渡等の申出をする行為がなければならない。アメリカやドイツにおける立法と異なって，「生産」の段階から間接侵害が成立するものとしている。ここに「使用」行為が含まれないのは，かかる物の使用は直接侵害を構成するのでこの間接侵害とする意味がないからであり，「輸出」行為が含まれないのは，属地主義により外国における直接実施が直接侵害を構成しないからだとされている。この譲渡等には，プログラム等の電気通信回線を通じた提供が含まれる。

　第3の要件として，専用品による間接侵害には，直接侵害の存在が必要か否かが問題となる。特許法101条の文理上は明確ではないが，直接実施がなされているか，またはその蓋然性ある場合でなければならないと解される。従来の学説は，いわゆる独立説と従属説により説明してきたが，いずれの見解によっても解決される問題ではない。法

は，客体的要件と行為態様しか定めていないが，独立説のうち，直接実施のない場合にまで間接侵害を認める説は採用できない。また，直接侵害がなければ間接侵害は成立しないとする従属説によれば，私的実施等を行う者への部品などの供給を禁止し得なくなる。判例には，エンドユーザーにおける部品の交換が直接侵害に当たる場合に間接侵害が成立するとして従属説を採用したもの（大阪地判平元.4.24無体集21巻1号279頁〔製砂機ハンマー事件〕）と，家庭内の実施者への譲渡も間接侵害が成立するが，外国における実施者への譲渡は間接侵害は成立しないとしたもの（大阪地判平12.10.24判タ1081号241頁〔製パン器事件〕）がある。この専用品に係る間接侵害の成立には，実施者の主観的要件は不要である。

| 非専用品に係る 間接侵害の要件 | 平成14年改正特許法が新設した非専用品に係る間接侵害は，専用品に係る間接侵害とは |

異なり，主観的要件が加えられている。この間接侵害は，現行法制定のための答申の規定とほぼ同様のものであり，主観的要件を除いて，専用品に係る従来の間接侵害の中に，解釈上含ませることのできたものである（他の用途の存在を認めながら対象製品が全てクレームを充足する方法に使用されている場合に間接侵害を認めた事例として静岡地浜松支判昭58.5.16判例集未登載〔過共晶鋳鉄事件〕がある）。

　非専用品に係る間接侵害の第1の要件は，客体的要件として，専用品に限らず，物の特許発明にあっては，その物の生産に用いる物，方法の特許発明にあっては，その方法の使用に用いる物であって，その発明による課題の解決に不可欠なものでなければならない。ここで，発明による課題の解決に不可欠なものとは，請求項に記載された発明の構成要素（発明特定事項）とは異なる概念であるが，発明の構成要素以外の，物の生産や方法の使用に用いられる道具，原料などまで含むものであるとされている。たとえば，特許発明が消しゴムで消せるボールペンである場合には，そのインクに用いる特殊な顔料は「発明に

よる課題の解決に不可欠なもの」に該当し，従来から存在するボールペンの軸やキャップは，当該ボールペンの生産自体には不可欠であっても「発明による課題の解決に不可欠なもの」には当たらないとされている。しかしながら，間接侵害が直接侵害または直接侵害該当行為への加担ないし幇助を独立して侵害とするものであることからすれば，そのような特許権の不当な拡張となる解釈は疑問である。特許発明の構成要素以外のものについては，直接侵害の幇助として取り扱えば足りることである。この点，医薬Ａと医薬Ｂを組み合わせてなる医薬の特許侵害訴訟において医薬Ａのみを製造販している被告の間接侵害が問われた事例において，「発明の構成要素であっても，その発明が解決しようとする課題とは無関係に従来から必要とされていたものは，これに当たらない」とした事例がある（東京地判平25.2.28 裁判所HP〔ピオグリタゾン東京事件〕）。しかし，これでは間接侵害に該当するものがないという結果を生じることとなる。また，平成14年改正特許法で物にはプログラム等が含まれることとなったから，プログラムをインストールすると特許発明のクレームを充足することとなる当該プログラム（たとえばワープロソフトの「一太郎」）の販売はもちろん（知財高大判平17.9.30判時1904号47頁〔一太郎事件〕），プログラム等の作成や複製等に用いられるプログラム等の作成，複製や販売等もこれに含まれる。ただし，この間接侵害を構成する物としては，日本国内において広く一般に流通しているもの，たとえば，ねじ，釘，電球，トランジスターのような，いわゆる汎用品が除外されている。この点は，アメリカやドイツの間接侵害が，このような汎用品を用いて直接侵害を誘引した場合を含ませているのと異なっており，特許権の保護強化の観点からは検討を要しよう。

第2の要件として，非専用品に係る物の生産，譲渡等もしくは輸入または譲渡等の申出をする行為がなければならない。

第3の要件としての，直接侵害の存在が必要か否かについては，専

用品にかかる間接侵害と同様である。

　この非専用品に係る物についても，属地主義により外国における使用行為が直接侵害を構成しないとの理由でその輸出行為は間接侵害を構成しないものと解されている。

　第4の要件は，主観的要件として，その発明が特許発明であることおよびその物がその発明の実施に用いられることを知っていることである。これは，善意の部品等の供給者に間接侵害責任が生じないように配慮したものとされている。これには，それらの事実を過失により知らなかった場合は含まれない。なぜなら，他の用途のある部品等を製造販売している者に，その供給先における使用方法まで注意義務を負わせることは酷であり，かつ取引の安全を著しく害するおそれがあるからである。しかし，この間接侵害も，直接侵害の存在を必要とはしていないし，特許権の保護を強化するという観点からは，特許発明の実施に向けられた部品等の生産・譲渡等を禁止する旨を客観的要件としての第2の要件に含ませれば足りたものである。

複数人による特許発明の実施は間接侵害か？

特許発明の構成要素の一部を複数の者がそれぞれ実施し，その複数の者の行為全体で特許発明の技術的範囲を充足する場合がある。とくに，インターネットを利用したビジネスモデル特許については，その複数の者のうちの誰に侵害責任があるとして差止請求や損害賠償請求をすることができるかどうかが内外で課題となっている。この問題を解決しない限り，ビジネスモデル特許を取得する意味はない。この場合には，特許請求の範囲に，他人に特許発明の一部を実施させる旨の記載とする解決方法も提案されているが限界がある。

　結論からいえば，その複数の者の誰かが間接侵害のいずれかの要件を充たす場合には，その者に侵害責任を問うことができると解される。そもそも間接侵害の法理が，ドイツにおいて特許権の効力が及ばない私的実施者や試験研究を行う者を含む他人に特許発明の直接的実施を

させる行為を特許発明の間接的実施行為（Die mittelbare Benutzung）と構成することにより生み出されたことに鑑みれば，複数の者に対して全体として特許発明の実施をさせている者の間接侵害責任が認められると構成することが可能なはずだからである。アメリカにおいては，私的実施者にも特許権の効力が及ぶこととされているから，常に教唆・幇助を含む共同不法行為と構成することができるから，ドイツの間接侵害のような法理は必要がなかったにすぎない。

　また，学説は，複数の者の行為が特許発明のすべての構成要素を充足する場合には共同直接侵害として認めるかどうかにつき見解が分かれているが，客観的な共同が認められる限り認めるべきであるし，教唆または幇助を行っている場合にも侵害責任を問うことができると解される。

　判決例には，特許発明である方法の「一部の工程を他に請負わせ，これに自ら他の工程を加えて全工程を実施する場合，または，数人が工程の分担を定め結局共同して全工程を実施する場合には，前者は注文者が自ら全工程を実施するのと異ならず後者は数人が工程の全部を共同して実施するのと異ならないのであるから，いずれも特許権の侵害行為を構成するといえるであろう」と述べるものがある（大阪地判昭36.5.4下民集12巻5号937頁〔スチロビーズ事件〕）。また，被告は特許方法の一部のみを実施しているにすぎないが，被告製品の購入者が特許方法の一部を実施することが当然のこととして予定されている場合には，被告は購入者を道具として特許方法の全工程を実施していると同視して被告の特許権侵害を認めた事例がある（東京地判平13.9.20判時1764号112頁〔電着画像形成方法事件〕）。さらに，「眼鏡レンズの供給システム」の特許発明で，発注者と加工者という2つの主体を前提としている場合に，当該システムを支配管理している者に対して差止請求と損害賠償請求を認めた事例がある（東京地判平19.12.14裁判所HP〔眼鏡レンズの供給システム事件〕）。判例においては，著作権法におけるわが国のカラ

オケ法理やアメリカの代位責任，そしてドイツの事業者の侵害責任と同様のアプローチが試みられている。

④ 生産方法の推定

特許法は，物を生産する方法の特許権の侵害発見が困難であることに鑑みて，その物が特許出願前に日本国内において公然知られた物でないときは，その物と同一の物はその生産方法により生産したものと推定するものとしている（104条）。公然知られた物とは，実存することは要せず当業者において知られていれば足りるものとされている。また，「公然と知られていない」というためには，その物が現実に存在していないというだけでは足りず，少なくとも当該技術分野における当業者においてその物を製造する手がかりが得られる程度の知識も存しないということが必要である（大阪地判平12.10.19判時1809号143頁〔燃料供給用ポンプ製造方法事件〕）。判断基準時は，パリ条約に基づく優先権主張にあっては第1国出願日であり，被告がこの推定を覆すためには自己の実施方法の開示だけでは十分ではなく，自己の実施方法が特許発明の技術的範囲に属しないことの主張立証責任を負う（東京地判昭47.7.21無体集4巻2号433頁〔テトラサイクリン事件〕）。

2 民事的救済

特許権侵害を
発見したら　特許権侵害を発見した場合には，まず第1にその侵害行為を停止するように求める警告を行う。警告は，口頭によるものもあるが，通常は内容証明郵便が利用される。これには，特許権を表示し，直ちに侵害を停止しない場合には仮処分や本訴に及ぶ意思を表明するのが一般である。この場合に注意すべきことは不正競争防止法上の虚偽の事実の告知や流布（第11章

2⑨参照）のほか，刑法上の業務妨害（刑233条）にならないようにすることである。

┌─────────────────────┐
│ 特許侵害訴訟等の管轄 │
└─────────────────────┘

(1) **特許侵害訴訟等の第一審の管轄**　従来，特許権等の侵害訴訟は，被告の普通裁判籍の所在地を管轄する裁判所（民訴4条），不法行為地を管轄する裁判所（民訴5条9号），合意による管轄裁判所（民訴11条）などに提起することが可能であったが，平成15（2003）年の民事訴訟法改正により，知的財産権のうち技術的要素の強い「特許権，実用新案権，回路配置利用権又はプログラムの著作物についての著作者の権利に関する訴え」（以下，「特許権等に関する訴え」という）の管轄は，技術的要素の強い知的財産権の審理に経験豊富な東京地方裁判所または大阪地方裁判所の専属管轄とされた（民訴6条1項）。また，この「特許権等に関する訴え」については，訴額140万円以下の事件で簡易裁判所が管轄権を有する場合であっても，東京地裁または大阪地裁にも管轄が認められる（同条2項）。

なお，意匠権，商標権，著作者の権利（プログラムの著作物についてのものを除く），出版権，著作隣接権もしくは育成者権に関する訴えまたは不正競争による営業上の利益の侵害に係る訴え（以下「意匠権等に関する訴え」という）については，従来と同様に，被告の普通裁判籍の所在地を管轄する裁判所（民訴4条）などに管轄が認められるほか，東京地裁または大阪地裁の管轄も認められている（民訴6条の2）。

(2) **知財高裁の管轄**　平成16（2004）年，特許侵害訴訟等の控訴審段階における法の解釈適用について統一性を持たせ，事件を迅速に処理するため，「知的財産高等裁判所設置法」が制定された。この法律に基づいて，平成17（2005）年4月1日，東京高裁の特別の支部として知的財産高等裁判所（知財高裁）が設置されている（知財高裁1条）。

知財高裁は，東京高裁の管轄に属する「特許権等に関する訴え」および「意匠権等に関する訴え」の控訴事件で，その審理に専門的な知

見を要するものを取り扱う（知財高裁2条1号）。平成15年の民事訴訟法改正により「特許権等に関する訴え」の第一審の管轄は東京地裁または大阪地裁に専属し（上述），控訴事件の管轄は大阪地裁が第一審であった事件についても東京高裁に専属することとされた（民訴6条3項）。したがって知財高裁は，「特許権等に関する訴え」のほぼすべての控訴事件を取り扱うこととなる。「意匠権等に関する訴え」については，知財高裁は，東京高裁の管轄区域内に所在する地方裁判所が第一審として終局判決をしたものについての控訴事件を取り扱うこととなる。

　知財高裁は，上記のほか，東京高裁の管轄に専属する事件である審決取消訴訟（特178条1項など）も取り扱う（知財高裁2条2号）。また，東京高裁の管轄に属する事件で，主要な争点の審理につき知的財産に関する専門的な知見を要する事件（同条3号），上記の訴訟事件であるものと口頭弁論を併合して審理されるべき訴訟事件（同条4号）も知財高裁の管轄に含まれている。知財高裁の管轄には刑事事件は含まれていない。

差止請求権　　排他的独占権である特許権が侵害されたときには，物権的請求権と同様の差止請求権が認められる（100条）。ただし，物権的請求権には返還請求権が含まれるが，物理的空間に存在しない無体物たる発明に対する特許権にはこれがなく，代わりに，侵害排除の実効性を確保するために，侵害組成物の廃棄，侵害に供した物の除却その他侵害の予防に必要な行為の請求権が認められる点が異なる。差止請求権は，損害賠償請求権とは異なり故意・過失を要件とせず，現在および将来における侵害まで阻止し得るものであるが，本訴のほか仮処分によることが多い（民保23条）。

　この差止請求権は，特許法上特許権者と専用実施権者に認められ，通常実施権者については前述したとおり（第5章4 ❶参照）争いがある。特許権の侵害をする者に対しては，侵害の停止請求権，侵害するおそ

れのある者に対しては，侵害予防請求権が認められる（100条1項）。
ここで，侵害するおそれとは，侵害発生の可能性が極めて大きいこと
（蓋然性）であり，客観的であることを要する。ただし，判例は，過去
に侵害があり，現在では中止されている場合であっても，侵害物品の
量産可能な技術と設備を有し，侵害の有無を争うような場合には，侵
害のおそれありとしている（大阪地判昭50.1.24判タ323号270頁〔プラス
チックフィルム耳片切断搬送装置事件〕）。また，判例は，「特許権を侵害す
る者等とは，自ら特許発明の実施（同法2条3項）若しくは同法101
条所定の行為をした者又はそのおそれがある者を意味し，特許権侵害
の教唆，幇助をした者は，これに含まれないと解する」としている
（知財高判平27.10.8裁判所HP〔洗浄剤事件控訴審〕）。

　さらには，これらの請求と同時に前述の侵害組成物廃棄，侵害に供
した物の除却，その他侵害の予防に必要な行為を請求することができ
る（100条2項）。侵害組成物とは，侵害行為に不可欠な物をいい，物
を生産する方法の特許発明にあっては，侵害行為により生じた物が含
まれる（同項括弧書）。侵害により作成された物も，著作権法（112条2
項）におけると同様に廃棄請求権の対象とされるべきである。侵害に
供した物とは，著作権法におけると同様にもっぱら侵害行為に供され
た設備，機械，器具などと解すべきであり，また請求にあたっては，
具体的にその対象を特定しなければならない（大阪地判昭45.11.30無体
集2巻2号612頁〔合成樹脂カバー事件〕）。この侵害組成物については，侵
害者に自己の行為態様を明らかにすべき義務を負わせている（104条の
2）。その他侵害の予防に必要な行為とは，担保の提供などである。

　なお，令和元（2019）年特許法改正により，特許権侵害訴訟の原告
において証拠を入手することが困難な場合，裁判所が選任した査証人
（技術専門家等）が被告（被疑侵害者）の工場等に立ち入って調査し，そ
の結果を査証報告書として裁判所に提出する査証制度が導入された
（105条の2〜105条の2の10）。

なお，差止めの仮処分においても，本案訴訟と同様に秘密保持命令（105条の4）の申立てをすることが許される（最決平21.1.27民集63巻1号271頁〔秘密保持命令事件〕）。

| 損害賠償請求権 | 特許権の侵害が，故意・過失によって行われた場合には，不法行為を構成し，損害賠償請求権が発生する。損害賠償請求権の発生要件は，①責任能力，②故意・過失，③権利侵害（違法性），④損害の発生，⑤権利侵害と損害の発生の間の相当因果関係である（民709条）。

しかし，知的財産権の侵害に共通している特質に鑑みて，特許法は，これらの不法行為の各要件についていくつかの補充的規定を定めて，特許権侵害に基づく損害賠償請求につき実質的救済を可能にしようとしている。すなわち，過失の立証の困難性を救うために，特許権侵害が業としての実施に限られており，かつ特許公報などが発行されていることから，侵害者には過失があったものと推定する規定を置いている（103条）。特許権者における損害額の算定も同様に困難であることから，従来から侵害者の得た利益の額を特許権者の損害額と推定すること（旧102条1項）と実施料相当額請求権（同条2項）を認めてきた。

したがって，第三者の侵害に対する損害賠償請求の方法としては，民法709条に基づく逸失利益，侵害者の得た利益（旧102条1項），実施料相当額（同条2項）の請求があり得た。

しかしながら，侵害者利益は，判例上粗利益ではなく純利益であるとされるために（大阪高判昭57.9.16無体集14巻3号571頁〔鋸用背金意匠事件〕），特許権者が侵害者の純利益を立証する必要がある。また，従来の判例では，特許権者が特許発明を実施していないときには損害額の推定は働かないものとされてきたから（東京地判昭37.9.22判タ136号116頁〔二連銃玩具事件〕），実際上損害賠償請求はライセンス契約に基づく実施料相当額しか得られず，研究開発投資の十分な回収ができない状況にあった。このため，平成10（1998）年特許法改正により，逸失利

益の賠償請求において，侵害者の販売商品の数量に特許権者の単位数量あたり利益額を乗じたものを損害額と定め（102条1項），実施料相当額の規定から「通常」の文字を削除した（同条3項）。

　また，令和元（2019）年の特許法改正により，侵害者が侵害組成物を譲渡した場合には，従来，特許権者の生産能力等を超えるとして賠償が否定されていた部分について，侵害者にライセンスしたとみなして，損害賠償を請求できることとなり（102条1項1号・2号），さらに，ライセンス料相当額の損害賠償額の算定（同条3項）においては，裁判所は特許権侵害があったことを前提として交渉をした場合に決まるであろう額を考慮することができることとなった（同条4項）。

　もっとも近時の判例は，特許権者が当該特許発明を実施していることは，特許法102条2項の損害推定規定の適用の要件とはいえないとするに至っており（知財高大判平25.2.1判時2179号36頁〔ごみ貯蔵機器控訴事件〕），侵害者が侵害の行為により受けた利益とは，「侵害者の侵害品の売上高から，侵害者において侵害品を製造販売することによりその製造販売に直接関連して追加的に必要となった経費を控除した限界利益の額であり，その主張立証責任は特許権者側にあるものと解すべきである。……控除すべき経費は，……例えば，侵害品についての原材料費，仕入費用，運送費等がこれに当たる。これに対し，例えば，管理部門の人件費や交通・通信費等は，通常，侵害品の製造販売に直接関連して追加的に必要となった経費には当たらない」とする（知財高判令元6.7裁判所HP〔炭酸パック化粧料事件控訴審〕）。

　さらに，平成11（1999）年特許法改正により，損害の計算鑑定人制度を設けて会計専門の書類の解読に役立てるとともに，当事者の協力義務を定め（105条の2の11），かつ裁判官に相当な損害額の認定を認めて実質的規模の損害賠償の実現を図っている（105条の3）。

　書類の提出命令（105条）は，裁判所における損害額計算のためのものであり，民訴法の文書提出義務規定（民訴220条〜223条）を補充して

いる。正当な理由なく提出を拒んだ場合には，相手方の主張が真実と認められ（民訴224条1項），使用を妨げる目的で当該文書を毀損などして，使用不能にした場合にも同様とされる（同条2項）。裁判所は，この書類提出命令を，当事者のみならず書類の所持者に対しても出すことができる（105条2項・3項）。

また，平成30（2018）年特許法改正により，裁判所が「正当な理由」の有無を判断するに際して，裁判所のみが書類等を見る手続（インカメラ手続）が拡大され，書類等が侵害の立証等に必要であるか否かを判断する際にも利用することができることとされた。

不当利得返還請求権　特許権の侵害も，不当利得返還請求権を生じさせる。不当利得返還請求権の要件は，①法律上の原因がないこと，②他人の財産または労務により利益を受けていること，③他人に損失を与えていること，④その受益行為と損失の間に相当因果関係のあることである（民703条・704条）。

特許権の侵害者は，正当な権原なく，他人の特許発明により利益を受けていることとなり，これにより損失を受けた特許権者は，相当因果関係にたつ範囲で利得の返還を請求することができる。その額は，あくまでも損失の範囲に限定され，侵害者が善意のときは現に存する利益の範囲で，悪意のときはそれに利息を付して返還請求が認められる。

この不当利得返還請求権は，故意・過失を要件とせず，消滅時効が権利を行使することができることを知ったときから5年，権利を行使することができる時から10年であり（民166条1項1号・2号），不法行為による損害賠償請求権が3年の短期消滅時効（民724条）で消滅した後の救済に役立つものとなっている。

信用回復請求権　原状回復請求権の一つである。特許法上は，損害賠償に代え，またはこれとともに特許権者や専用実施権者の業務上の信用を回復するのに必要な措置の請求が

認められている（106条）。具体的には，新聞や雑誌等にいわゆる謝罪広告などを掲載するように請求することが認められている。現実には代替執行による強制履行が多い。

3 刑事上の制裁

　特許権の直接侵害に対する罪については，10年以下の懲役もしくは1000万円以下の罰金またはその併科とされ（196条），特許権の間接侵害を含む擬制侵害に対する罪については，5年以下の懲役もしくは500万円以下の罰金またはその併科とされる（196条の2）。もとより，この犯罪の成立には特許権の侵害において故意を必要とし，その他刑法総論の規定によることになる。特許権侵害における故意ないし犯意とは，自己の実施行為が他人の特許権を侵害することを認識しかつ認容している心理状態である。特許権の侵害は，営業犯ないし職業犯たる性質を有するものとされ，数個の侵害行為は，通常，包括一罪とされる。間接侵害が独立して侵害罪を構成するかどうかについては，従来争われていたが，平成18（2006）年改正法で明確になった。なお，間接侵害が成立する場合には，同時に直接侵害の幇助犯や教唆犯に当たる場合もあり得よう。

　従来，特許権侵害罪は，商標権侵害罪と異なり親告罪とされていたが，知的財産権保護強化（プロパテント）政策により平成10（1998）年特許法改正で非親告罪とされるに至った。

　また，従業者が業務の遂行上特許権を侵害したときには，いわゆる両罰規定により業務主体処罰が行われるが（201条），業務主体が法人の場合の罰金刑は，3億円以下である。

4 侵害訴訟に対する対抗手段

　特許権者から特許権侵害の警告を受け，または侵害訴訟が提起され
たときは，特許発明の技術的範囲を調査し，それが不明なときは特許
庁の判定を求めることができる。侵害していないと判断した場合には，
その旨回答し，権利者の執拗な警告や訴えの提起に対応するため，差
止請求権不存在確認の訴えを提起することができる。また侵害である
との虚偽の事実の告知または流布による信用毀損として不正競争防止
法2条1項21号に基づく差止請求や損害賠償請求の訴えを提起する
ことができる（不競3条・4条）。あるいは，先使用権などの法定実施権
を有する者はその確認請求の訴えをすることができる。さらに，その
特許権について先行技術等の調査により無効事由があることが判明し
たときには，無効審判（特123条）を提起することによって侵害訴訟に
対抗することも無効の抗弁（特104条の3）を主張することもできる。

　なお，特許無効審判については，第4章9④を参照されたい。

　もっとも，特許の対世的な有効性判断は，いわゆる権限分配論に基
づき，特許庁の専権事項であるとされており，無効原因ある特許権も
この審判によって無効とされるまでは，有効に存在するものとして取
り扱われる。

　訴訟以外の解決方法には，日弁連と弁理士会が設立した日本知的財
産仲裁センターを利用する途もある。

第7章 バイオテクノロジーの保護
——特許法と種苗法

> 1980年代，アメリカの連邦最高裁が石油を食べる微生物の特許性を認め，生物自体やDNA組換え技術が特許されて以来，バイオテクノロジーは，種々の新しい微生物や動植物の育成を可能にした。クローン羊ドリーの技術も世界中で特許出願されており，クローン人間でさえ特許法と無縁ではなくなっている。

1 バイオテクノロジーの法的保護

バイオテクノロジー
とは

バイオテクノロジーは，生物を利用する技術と生物を作り出す技術である。これには，いわゆる伝統的バイオテクノロジーとニューバイオテクノロジーがある。伝統的バイオテクノロジーには，微生物を利用して醤油，酒，味噌，チーズ，パンのような発酵製品を製造する技術や，動物や植物の雌雄を掛け合わせて動物や植物の品種を改良する技術などがある。ニューバイオテクノロジーは，1970年代に細胞やDNA（遺伝子）のレベルでの解明が進んで発展した技術であり，DNA組換え技術，細胞融合技術，核移植技術，固定化酵素を利用したバイオリアクター，バイオセンサー，微生物利用環境保護技術およびポストゲノム・テクノロジーと呼ばれるヒトゲノム（全遺伝情報）応用技術やたんぱく質の機能・構造解析技術，そして胚性・体性幹細胞等を利用した再生医療技術などの先端技術である。

このうち，とくにDNA組換え技術は，ある生物の中から有用な物質をつかさどるDNAをハサミの役割を果たす制限酵素によって切り

取り，その DNA をプラスミドなどのベクター（運び屋）に組み込み，増殖能力の大きい大腸菌などの微生物（宿主）に組み込み目的の DNA を大量に生産する技術であり，この技術を利用して改良生物を生産することが可能になる。この技術については，1980 年にスタンフォード大学教授の基本特許が成立している。また，細胞融合技術は，融合促進剤などを利用して動物や植物の細胞を融合し，新たな性質の生物を生産する技術であり，核移植技術は受精卵の核を破壊して，異なる生物の細胞から取り出した核を挿入する技術である。さらに，DNA 組換え技術と核移植技術を組み合わせるスーパーマウスなどの生産技術もある。

これらのニューバイオテクノロジーにおいては，分子レベルでの DNA の塩基配列の解明と個々の DNA の働き（機能）の解明が行われる。たとえば，ヒトゲノム研究におけるように，人間の細胞中に存在する約 30 億個の DNA 情報，とくに，SNP（一塩基変異多型＝スニップ）が解析されることによって，病気の的確な治療法（テーラーメイド医療）が開発され，治療効果が高く正確な新薬（テーラーメイド医薬）の製造が可能になる。いわゆるクローン技術は，拒絶反応のない神経細胞や心筋等の製造による臓器移植を可能にする。特に，2012（平成 24）年にノーベル生理学・医学賞を受賞した京都大学の山中伸弥教授が，2008（平成 20）年に特許権を取得した iPS 幹細胞の製造方法（「誘導多能性幹細胞の製造方法」：特許第 4183742 号）は，胚性肝細胞における生命倫理と拒絶反応の面の欠点をすべて解消する基本特許であり，その応用技術の発展は著しい（*Column*⑧参照）。動植物の DNA 解析は，家畜や野菜の生産性を飛躍的に向上させる。バイオテクノロジーの応用分野は，このような医薬産業，医療，農業にとどまらず，産業の全般に及んでいる。

| バイオテクノロジーと知的創作 | バイオテクノロジーは，知的創作として動物と植物の区別なく特許法上の発明としての保 |

護が必要であることが国際的にも承認されている（TRIPs 27 条参照）。このうち，とくに微生物の特許出願については，寄託を国際的に承認する 1980 年のブダペスト条約に対応した国内手続を定めている（特施規 27 条の 2 参照）。植物の新品種については，1991 年の「植物の新品種の保護に関する国際条約」（UPOV 条約）改正に対応した種苗法（平成 10 年法 83 号）により特別の保護が可能である。この場合，特許法と種苗法による二重保護が認められ，出願と権利相互の間の調整が行われるに至っているが，両者には，その保護対象，権利取得方法，権利の効力・制限・存続期間・侵害のそれぞれにおいて異なるものがある。

2 特許法による保護

① バイオテクノロジーの発明性

バイオテクノロジーは，その成果物である生物自体，生物の部分（たとえば，動植物の細胞・組織，単離または合成したプラスミド，DNA など），およびこれらを利用して生産される有用物質，農薬，生体細胞を用いたバイオセンサーなどが，特許法上の物の発明として保護され得る。また，生物等の創製方法（生物改良方法，DNA 組換え方法など）や生物等の増殖方法（微生物培養方法，細胞培養による植物増殖方法など）が方法の発明として保護され得る。今日，動物・植物が生物体であることを理由に発明性を否定する見解は，外国においてもわが国においてもないものと思われる（たとえば，アメリカ連邦最高裁判決 Diamond v. Chakrabarty (1980) が認めた「石油を食べるバクテリア」や 1988 年特許のハーバード大学のガン実験用マウスなど）。

バイオテクノロジーの成果物の特許法による保護の問題点は，その特許要件としての発明性である。とくに「自然法則の利用性」，「創作性」および「反復可能性」に関してである。前 2 者の要件は，発明と

発見を区別する。天然から単離した微生物，DNA，細胞などのほか，DNA 組換え技術による新たな DNA がこの要件を備えることは明らかである。また，特定の分離した DNA に利用可能性があれば発明性を否定する理由はない。また，従来の植物の育成方法としての選抜育種法，雑種交配育種法，一代雑種育種法，突然変異育種法などにおいては，反復可能性が問題とされた。しかし，判例は「植物の新品種を育種し増殖する方法」の反復可能性について，「科学的にその植物を再現することが当業者において可能であれば足り，その確率が高いことを要しない」としており（最判平 12.2.29 民集 54 巻 2 号 709 頁〔黄桃育種増殖法事件〕），ニューバイオテクノロジーの登場により，この問題はさらにクリアされることとなった。

② バイオテクノロジーの特許性

バイオテクノロジーのうち，人体から分離された DNA や細胞を構成要素とする発明は，産業上の利用可能性が認められる。問題となるのは，DNA の塩基配列やたんぱく質の構造，および遺伝子治療や細胞利用技術を含む再生医療技術である。とくに，DNA 断片については，その塩基配列の解明にとどまり，その機能の解明がなされていないものは，産業上の利用可能性の要件を充たさないものとされているのみならず発明の詳細な説明の実施可能要件違反とされる（特 29 条 1 項柱書・36 条 4 項 1 号，（旧）特許・実用新案審査基準第 VII 部第 2 章 生物関連発明 6.事例集「6.2 実施可能要件が満たされない場合」〔平成 13 年〕参照）。DNA 断片であっても，特定の病気の診断薬としての使用可能性などが開示されたものは，産業上利用可能性の要件を充たすものとして特許されることとなる。しかし，たとえばタンパク質を作る ESTs（Expressed Sequence Tags）などが，具体的にどのような機能を有するものであるかは実証・解明されておらず，産業上利用可能な用途が示されていない場合には（USP5817479「Human Kinase Homologs」など参照），わが国で

は創作性や進歩性の要件を充たすかどうかも疑問である。DNA 断片の特許性に関しては，日米欧の三極特許庁において比較研究が行われ，機能が不明な DNA 断片には特許性がないことが確認されている（1999 年 7 月報告書参照）。

新規性の判断は，遺伝子構成の異同によりなされるべきであろうが，現行特許法の新規性の概念でとらえられ得るかどうかが疑問視されている。ただし，DNA や細胞など自然界にすでに存在しているものであるからといって，直ちに新規性を否定することはできない。

たんぱく質については，その立体構造の解明は発明性自体に疑問があるが，その精製・結晶については特許性を否定できない。胚性幹細胞や体性幹細胞，特に iPS 幹細胞を利用した再生医療技術については医療の産業性，生命倫理との関係，医療行為の特許侵害性などが問題となる。判例は，遺伝子治療は，この産業上利用可能性を欠くものとしているが（東京高判平 14. 4. 11 判時 1828 号 99 頁〔外科手術表示方法事件〕参照），アメリカでは有用性を充たすものとして特許されている。

なお，EU の「バイオテクノロジー発明の法的保護に関する指令」（1998 年）は，ヒトのクローニング方法，生殖細胞の遺伝的同一性の改変方法および受精卵の使用を公序良俗違反として特許を認めていない。

③ バイオテクノロジー特許の権利範囲

バイオテクノロジーに関する特許権の効力が動物や植物の増殖に及ぶのかどうかが問題となる。それはバイオテクノロジーの成果物である生物に自家増殖力があるからである。特許法の発明の実施概念によればこれを肯定するのは困難であり，いったん譲渡されたものに対する特許権の消尽理論の適用可能性も問題となる（21 条 2 項〜4 項，第 5 章 3 ⑥参照）。

今日，バイオテクノロジーに関する特許発明の技術的範囲ないし侵害判断の困難性が指摘されている。わが国におけるバイオテクノロジ

一特許侵害事件で初めて均等論の適用が認められた事例として，t-PA 事件がある。この事件は Genentech の血栓治療剤である t-PA （組換えヒト組織プラスミノーゲン活性化因子）の特許発明のアミノ酸配列と1個だけ異なるアミノ酸配列の被告製品に関するもので，第一審では文言上の侵害が認められなかったが，第二審判決で均等論により侵害が認められた（大阪高判平 8.3.29 知裁集 28 巻 1 号 77 頁〔t-PA 控訴審事件〕，第一審は大阪地判平 6.10.27 知裁集 26 巻 3 号 1200 頁〔t-PA 一審事件〕）。

3 種苗法による保護

　植物新品種の特許法による保護には，発明性の要件，特許要件のうちの進歩性，出願明細書の記載要領，書面審査，特許権の効力，消尽理論の適用可能性，特許取消しの必要性等の面で問題がある。

　植物新品種の経済的な価値が認識されるようになり，昭和 36 (1961) 年に UPOV 条約が成立した。わが国は，この UPOV 条約加盟のため，昭和 53 (1978) 年に，従来の農産種法（昭和 22 年法 115 号）を全面改正して種苗法（昭和 53 年法 89 号：旧法）を制定し，昭和 57 (1982) 年に UPOV 条約に加盟した。その後，昭和 60 (1985) 年ペンタヨモギの特許が成立するなど特許法による新植物の保護がなされるに至り，その重複保護の必要性が主張され，これを認める内容の UPOV 条約の改正が平成 3 (1991) 年に実現するに伴い，わが国も平成 10 (1998) 年に改正 UPOV 条約加盟のため種苗法を全面改正して（平成 10 年法 83 号），育成者権（breeder's right）という新たな概念を創設した。改正 UPOV 条約は，平成 11 (1999) 年にわが国において発効している。

　その後，平成 15 (2003) 年には，とくに違法な収穫物の輸入等を抑止するために，収穫物段階の育成者権侵害を罰則の対象とし，法人の

罰金の上限を1億円に引き上げるなどの種苗法改正を行い，平成17 (2005) 年には，育成者権の効力を加工品に拡張し，その存続期間を延長し，平成19 (2007) 年改正法では，特許権等他の知的財産権侵害罪にあわせて，侵害罪は10年以下の懲役もしくは1000万円以下の罰金またはその併科に，法人の罰金刑も3億円以下に引き上げられた (67条・73条1項1号)。

　現行種苗法は，「新品種の保護のための品種登録に関する制度，指定種苗の表示に関する規制等について定めることにより，品種の育成の振興と種苗の流通の適正化を図り，もって農林水産業の発展に寄与することを目的とする」と定めている (1条)。これは，現実に存在する植物体の集合そのものを法による保護の対象とするものである (知財高判平27.6.24裁判所HP〔なめこ事件控訴審〕)。

4 種苗法の保護対象

種苗法の保護対象

種苗法の保護対象は，農林水産植物の品種である。農林水産植物とは，農産物，林産物および水産物の生産のために栽培される種子植物，しだ類，せんたい類，多細胞の藻類およびきのこ類である (2条1項，種施令1条参照)。旧法においては，政令で指定した特定植物に限られていたが，現行法においては保護対象が拡大されて，平成10 (1998) 年改正種苗法以降は栽培される植物は広く保護の対象とすることとなった (2条1項・5条1項2号)。きのこは植物ではなく菌類であるが，限定的に保護されることとなっている。

品　種

品種とは，重要な形質に係る特性の全部または一部によって他の植物体の集合と区別することができ，かつ，その特性の全部を保持しつつ繁殖させることがで

きる一の植物体の集合をいう（2条2項）。重要な形質とは，登録出願品種の在来品種との明確区別性の判断基準となる形質であり（平成20年農林水産省告示534号「種苗法第2条第7項の規定に基づく重要な形質」参照），農林水産大臣が，農業資材審議会の意見を聴いて，農林水産植物の区分ごとに定める（同条7項）。たとえば，「稲」の重要な形質は，「草型，かんの形状，葉の形状，穂の形状，もみの形状，のぎの形状，玄米の形，玄米の大きさ，玄米の色，玄米の粒重及び玄米の品質」や，水稲または陸稲の別，うるちまたはもちの別，玄米の成分などである。

他の植物体の集合との区別性
他の植物体の集合との区別性の判断基準は，この重要な形質の相違によるべきであって，遺伝子構造の相違によるべきではないものとされている。この点に関しては「えのきたけ事件」（東京高判平9.2.27知裁集29巻1号159頁）は，「植物体間の品種としての同一性が認められるか否かを判断するに当たっては，種苗法1条の2第4項（旧法――引用者注）にいう，一又は二以上の重要な形質に係る特性によって他の植物体と明確に区別されることという区別性の要件を判断する必要がある」と述べている。

5 育成者権の発生要件

① 主体的要件

育成者権に関する権利能力が認められるのは，自然人と法人である。外国人は，わが国に住所・居所，法人にあっては営業所を有する者が権利を享有できるほか，1972年，1978年および1991年改正UPOV条約締約国等の国民および準締約国等の国民については平等主義により（10条1号，UPOV条約4条），1972年および1978年改正UPOV条約同盟国の国民および準同盟国の国民については，その同盟国が当該出願品種を保護している場合（10条2号），それ以外の国の国民は相互主

義に基づいて権利を享有することができる（同条3号）。

育成者権を取得できるのは新品種の育成者またはその承継人である。育成者には品種登録を受ける権利が認められており（3条1項・17条1項1号・49条1項1号・14条），特許法における特許を受ける権利と同様のものである。職務育成品種については特許法における職務発明（第4章2⑤参照）と同様の取扱いがなされる（8条，特35条参照）。品種育成者が特定できないような圃場育成品種に関しては，使用者等に権利帰属を認めるべきであるとの主張がある。

② 客体的要件

品種登録の要件は，①区別性（3条1項1号），②均一性（同項2号），③安定性（同項3号），④品種名称の付与（4条1項），⑤未譲渡性（同条2項）の5つである。

区別性とは，公然知られた他の品種と特性の全部または一部により明確に区別されることをいう。均一性とは，同一の繁殖の段階に属する植物体のすべてが特性の全部において十分に類似していることである。ここで，出願品種の特性については，出願時の提出書類に記載された内容と，現地調査等によって確認された内容との間に齟齬があるからといって，品種登録が直ちに違法となるものではなく，出願品種と現に調査している品種との同一性の有無の判断に影響を及ぼすものであるか否かを検討した上で，同一性を欠くと判断される場合に初めて品種登録が違法とされる（知財高判平18.12.25判時1993号117頁〔芸北の晩秋りんどう事件〕）。区別性と均一性の要件は旧法におけると同様である。安定性とは，繰り返し繁殖をさせた後においても，特性の全部が変化しないことをいう。名称は，一の出願品種につき一の名称が付けられていなければならず（4条1項1号），登録商標と同一・類似するもの（同項2号）や出所混同のおそれがあるものは登録することができない（同項3号・4号）。未譲渡性とは，出願日から1年（外国では4年

または6年）さかのぼった日以前に業として譲渡していなかったことをいう。これには，育成者の意に反して譲渡された場合や試験・研究のために譲渡された場合は含まれない。

③ 手続的要件

原　則

育成者権の取得に関する原則として，審査主義（5条1項・2項），登録主義（19条1項），育成者主義および先願主義（9条）が採用されている。審査にあたっては，実地審査が採用されている。育成者主義は，出願者主義に対する概念で，特許法における発明者主義に対応する。

出願手続

品種登録の出願は，願書・説明書・出願品種の植物体の写真を農林水産大臣に提出して行う（5条）。なお，UPOV条約加盟国においては，出願日から1年間優先権の主張が認められる（11条）。

仮保護と出願公表

旧法では，出願から登録までの間における保護がなかったが，現行法は，出願受理の後，遅滞なく出願公表され（13条），その後公表に基づく補償金請求権が特許法におけると同様に認められる（14条）。出願公表および品種登録は官報により公示される（18条）。

品種登録名称の変更

品種登録の出願に係る品種名称が，登録商標と同一・類似のもの等であるとき（4条1項）は，その品種名称の変更が認められる（16条）。

④ 育成者権の意義・性質・効力・存続期間

育成者権の意義・性質

育成者権は，登録により発生し（19条1項），登録品種およびこれと特性により明確に区別されない品種を業として利用する排他的独占権である（20条1項本文）。さらに，登録品種に係る従属品種と交雑品種が品種登録された場合に

は，これらの品種の育成者が当該品種について有することとなる権利と同一の種類の排他的独占権も認められる（同条2項柱書）。

効　力

育成者権の効力は，登録品種および登録品種と特性により明確に区別されない品種の利用行為に及ぶ（20条1項・2条5項1号～3号）。　効力が及ぶ品種については，ある植物体が特定の登録品種に属するか否かの判断は，一または二以上の重要な形質に係る特性によって他の植物体と明確に区別されることという区別性の要件を判断する必要があるとした旧法下の判決例がある（前掲〔えのきたけ事件〕。本章4参照）。

　また，登録品種と特性により明確に区別されない品種について，判例は，「登録品種と特性に差はあるものの，品種登録の要件としての区別性が認められる程度の明確な差がないものをいう。……育成者権の効力が及ぶ品種であるか否かを判定するためには，最終的には，植物体自体を比較して，侵害が疑われる品種が，登録品種とその特性により明確に区別されないものであるかどうかを検討する（現物主義）必要がある」としている（知財高判平27.6.24裁判所HP〔なめこ控訴審事件〕）。

　その判断においては，DNA鑑定が用いられ，さらには比較栽培試験が行われている（大阪地判平30.6.21判時2407号61頁〔トットリフジタ1号事件〕参照）。

　品種の利用行為には，①その品種の種苗を生産し，調整し，譲渡の申出をし，譲渡し，輸出し，輸入し，またはこれらの行為をする目的をもって保管する行為，②その品種の種苗を用いることにより得られる収穫物を生産し，譲渡もしくは貸渡しの申出をし，譲渡し，貸し渡し，輸出し，輸入し，またはこれらの行為をする目的をもって保管する行為が含まれる。生産とは個体数を増加させることをいい，調整とは採取した種子を洗浄し，乾燥し，薬剤処理をし，コーティングなどを行うことである。

　また，平成17（2005）年種苗法改正により，③その品種の加工品を

生産し，譲渡もしくは貸渡しの申出をし，譲渡し，貸し渡し，輸出し，輸入し，またはこれらの行為をする目的をもって保管する行為が追加された。ここで「加工品」とは，種苗を用いることにより得られる収穫物から直接に生産される加工品であって政令で定めるものをいう（2条4項。たとえば，小豆については「あん」，いぐさについては「ござ」，稲については「米飯」）。

| 存続期間 |

育成者権の存続期間は，品種登録日から原則25年間であるが，永年性の樹木とぶどうは品種登録日から30年間とされている（19条）。なお，育成者権には，特性保持義務と称されるものがあり，登録品種の特性の均一性，安定性が失われた場合の品種登録取消により消滅することがある（49条1項2号）。

⑤ 育成者権の効力の制限

育成者権は，特許権と同様の排他的独占権という強力な権利であることから，公共の利益，特許権との調整，農家等の保護，種苗の取引の安全という観点から次のような場合に権利の効力が制限される。

①新品種の育成その他の試験または研究のための品種の利用（21条1項1号）。特許法における試験・研究のための実施と同趣旨で認められるものであり，収量調査や栽培適性調査などが認められる。

②登録品種の育成方法についての特許権者，その専用実施権者・通常実施権者が当該特許方法に係る方法により登録品種の種苗を生産，調整等する行為とその収穫物・加工品の生産，譲渡，貸渡し，輸出，輸入等の行為（同項2号・4号・5号）。これは，特許権との調整であり，特許権に優位性を認めたものである。

③登録品種の育成方法の特許権消滅後の原特許権者等の種苗生産等の行為とその収穫物の生産，譲渡，貸渡し，輸出，輸入等の行為（同項3号・4号）。これも，特許権との調整である。

④農業者の自家増殖行為（21条2項）。農家と農業生産法人が最初に育成者権者等から譲渡された登録品種等の種苗を用いて収穫物を得，その収穫物を自己の農業経営においてさらに種苗として用いる場合，そのさらに用いた種苗と，これを用いて得た収穫物には及ばない。これは，農業経営における慣行を，育成者の正当な利益を害しない限度で自家増殖を認めるものである。したがって，まいたけの栽培・販売を業とする株式会社であっても農業生産法人とはいえない者の自家増殖はこれには当たらず（東京地判平21.2.27裁判所HP〔まいたけBO-101事件〕），育成者権者等から最初に種苗の譲渡を受けた者が育成者権者の許諾を受けないで増殖した種苗を農家または農業生産法人が譲渡を受けて自家増殖をした場合もこれには当たらず，また特約がある場合，農林水産省令で定める枝・球根等の栄養体の株分け，挿し木，接ぎ木等による栄養繁殖は，メリクロン増殖（成長点培養）を含み育成者権が及ぶこととなる（同条3項）。

⑤育成者権者等により登録品種等の種苗または収穫物が譲渡された後における，その種苗・収穫物の利用行為（21条4項）。育成者権の消尽の場合である。ただし，新たな種苗の生産，譲渡された種苗等をUPOV条約非加盟国等に輸出するときは許諾が必要である。

⑥職務育成品種に関し通常利用権を有する使用者の利用行為（8条3項）。

⑦先育成者の利用行為（27条）。

⑧育成者権不利用および公共の利益に基づいてなされる農林水産大臣の裁定による利用許諾（28条，UPOV条約17条）に基づく利用行為。

⑨収穫物に対する権利行使の制限（2条5項2号）。

種苗法は，「その品種の種苗を用いることにより得られる収穫物」（同項2号）や「その品種の加工品」（同項3号）については，育成者権者等が種苗の生産者等の行為（加工品の利用にあっては，収穫物の生産者等の行為を含む。）について「権利を行使する適当な機会がなかった場合」

に限りその育成者権を及ぼすことができるとして，権利の段階的行使の原則を定めている（同項2号かっこ書，同項3号かっこ書）。

　この場合における「権利を行使する適当な機会」とは，育成者権者等が，第三者によって登録品種の種苗や収穫物が利用（無断増殖等）されている事実を知っており，かつ，当該第三者に対し，許諾契約を締結することなどによって育成者権を行使することが法的に可能であることをいうものと解される。被控訴人は，少なくとも本件回答書を得た平成24年6月4日以降にSSITを通じて国内で販売（譲渡）されるしいたけの菌床については，種苗の段階で（SSITに対して）権利を行使する適当な機会がなかったとはいえないから，……同日以降に国内で販売（譲渡）されたしいたけの菌床によって得られた収穫物であるしいたけの販売については，法2条5項2号により権利行使できない」とした事例がある（知財高判平31.3.6裁判所HP〔シイタケ事件〕）。

　なお，種苗法には，特許法104条の3のような実質的な特許無効の抗弁というべき権利行使制限の抗弁の規定はないが，判例は，登録要件を充足しない育成者権の行使は権利濫用に当たり許されないとしている（知財高判平18.12.21判時1961号150頁〔エリンギホクト2号控訴審事件〕）。

6 育成者権の侵害と民事救済・刑事制裁

　育成者権の侵害とは，権原のない第三者が登録品種を業として利用することである。

　侵害に対しては，民事上の救済としての差止請求権（33条）と損害賠償請求権が認められるが（34条，民709条），特許法等と同様に，侵害品の販売数量に育成者権者の単位数量あたり利益額を乗じたものが損害額とされ（34条1項），損害額の推定（同条2項），最低賠償額（同条

3項), 損害額の裁量減額 (同条4項), 過失推定 (35条), 書類提出命令 (37条) の定めがある (旧法下における差止仮処分事件として, 甲府地決平5.12.27判タ854号278頁〔椎茸種菌事件〕がある)。不当利得返還請求権 (民703条) が認められることは他の知的財産権におけると同様であり, 信用回復請求権 (44条) も認められている。

他方, 刑事上の制裁として, 育成者権侵害罪は, 10年以下の懲役または1000万円以下の罰金刑とされ (67条), 業務主体である法人には3億円以下の罰金が科せられる (73条1項1号)。

判決例には, 被疑侵害品種が登録品種そのものとまではいえない場合であっても, 登録品種である「トットリフジタ1号」と特性により明確に区別されない品種に当たるとして, 育成者権侵害罪を構成するとしたものがある (鳥取地判平30.1.24判例未登載〔トットリフジタ1号 (刑事) 事件〕)。

Column⑧ 山中伸弥教授のiPS細胞の特許 ••••••••••••••••••••••••••••

2012年度のノーベル生理学・医学賞を受賞した京都大学の山中伸弥教授のiPS細胞は, 再生医療はもとより, 創薬の分野に及ぶ広い科学技術の発展に寄与するものであり, その応用技術の開発に対して, 日本政府は巨額の研究資金を用意した。

今日, その応用技術の開発競争は熾烈を極めているが, その基本特許を特許庁の「特許情報プラットフォーム」のサイト (https://www.j-platpat.inpit.go.jp) で検索した結果により紹介することとする。

本件特許の書誌事項のうち主要なものは, 以下の通りである。

【登録番号】特許第4183742号
【登録日】平成20年9月12日 (2008.9.12)
【発行日】平成20年11月19日 (2008.11.19)
【発明の名称】誘導多能性幹細胞の製造方法
【請求項の数】1　　【全頁数】44
【出願番号】特願2008-131577 (P2008-131577)
【出願日】平成20年5月20日 (2008.5.20)
【原出願日】平成18年12月6日 (2006.12.6)
【審査請求日】平成20年5月20日 (2008.5.20)
【優先権主張番号】特願2005-359537 (P2005-359537)
【優先日】平成17年12月13日 (2005.12.13)
【特許権者】【氏名又は名称】国立大学法人京都大学

【発明者】【氏名】山中 伸弥

【要約】

【課題】胚やES細胞を利用せずに分化細胞の初期化を誘導し，ES細胞と同様な多能性や増殖能を有する誘導多能性幹細胞を簡便かつ再現性よく製造する方法を提供する。

【解決手段】体細胞から誘導多能性幹細胞を製造する方法であって，下記の4種の遺伝子：Oct3/4，Klf4，c-Myc，及びSox2を体細胞に導入する工程を含む方法。

【特許請求の範囲】

【請求項1】

体細胞から誘導多能性幹細胞を製造する方法であって，下記の4種の遺伝子：Oct3/4，Klf4，c-Myc，及びSox2を体細胞に導入する工程を含む方法。図は以下の通りである。

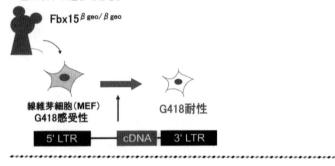

第 8 章

実 用 新 案

> わが国では，実用新案制度廃止論が根強く主張されることがあるが，世界的には，むしろ採用する国が増加する傾向にある。実用新案法は，特許法とともにテクノロジー保護法として，小刻みな研究開発の成果保護のために大きな役割を果たしている。

1 実用新案の保護法

実用新案制度の存在意義 ｜ わが国実用新案法の母法であるドイツ実用新案法（Gebrauchsmustergesetz）は，自国内の産業構造の変化や技術の発展に対応してその保護対象に変更を加え，迅速かつ安価な権利による小発明の保護を図ってきている。このドイツ法を範とした EU 実用新案法は，その保護対象を方法を含むすべての小発明としており，現在，世界的にも実用新案制度の採用国が増加しつつある。

わが国の実用新案制度の利用者は減少の一途である。その理由として，産業構造や技術の発展に柔軟に対応した保護対象の変更や修正がなされていないことが指摘されている。現行法は，現代社会における短ライフサイクル商品に対応するために，平成 5（1993）年の法改正により無審査主義を採用した。

実用新案法の保護対象である物品の形態は，同時に特許法の物の発明，意匠法の物品の形態，商標法の立体商標そして不正競争防止法の商品形態（不競 2 条 1 項 1 号・3 号）としても保護される可能性を有して

新実用新案の総括統計（「特許行政年次報告書 2019 年版」より）

	出願件数	登録件数	技術評価書請求件数
2009年	9,507	9,019	677
2010年	8,679	8,571	633
2011年	7,984	7,595	491
2012年	8,112	8,054	519
2013年	7,622	7,363	437
2014年	7,095	7,017	401
2015年	6,860	6,695	422
2016年	6,480	6,297	341
2017年	6,106	6,024	295
2018年	5,388	5,303	293

旧実用新案の総括統計（「特許行政年次報告書 2019 年版」より）

	出願件数	審査請求件数	ファーストアクション件数	登録査定件数	登録件数
2009年	0	0	0	0	0
2010年	0	0	0	1	1
2011年	0	0	0	0	0
2012年	0	0	0	0	0
2013年	0	0	0	0	0
2014年	0	0	0	0	0
2015年	0	0	0	0	0
2016年	0	0	0	0	0
2017年	0	0	0	0	0
2018年	0	0	0	0	0

※　ファーストアクション件数とは，審査官による審査結果の最初の通知（主に登録査定または拒絶理由通知書）が出願人等へ発送された件数。

いる。このうち，不正競争防止法における商品形態のデッドコピー禁止制度（同項3号）は，短ライフサイクル商品の形態保護の制度であり，現行実用新案法の無審査主義への移行も同じ目的のものである。わが国では，実用新案制度存廃論が展開されてきたが，むしろこの制度が特許制度の補完的な機能を果たし続けることができるかどうかが今日

的課題となっている。

　平成 16 (2004) 年には実用新案権の存続期間を，ドイツ等にならって，従来出願から 6 年であったものを 10 年に延長するなどの改正が行われた (15 条)。

2　保護対象と登録要件

考案の要件

　わが国の実用新案法は，その保護対象を「物品の形状，構造又は組合せ」としたが (1 条)，考案の定義を「自然法則を利用した技術的思想の創作をいう」と規定したために (2 条 1 項)，法文上は特許法における発明と同質のものとなり，発明との差異は単に高度性が要求されないだけとなった (特 2 条 1 項参照)。

　このために，現行法においては物品の形態と考案との一体不可分性は稀薄となっている。登録要件における新規性，進歩性，産業上利用可能性などは，物品の形態には要求されず，考案自体に要求される。たとえば，鉄製のハサミを合金製のハサミに代えたものは，物品の形態に変化がなく，素材の選択・応用という考案が存在するにすぎないが，現行法は，これを保護対象とすることとしている。現行法が，本来実用新案というものが物品の形態の中に体現された考案であることを見落としていると指摘されるゆえんである。

　ただし，保護対象としての考案はなお物品の形態に限定されているから，発明とは異なり，方法の考案や化学物質および組成物自体は保護対象に含まれない。

　ここで，物品とは取引の対象となって運搬可能な有体物をいう。高速道路の立体交差などの不動産や杖の先端部や瓶の口などの物品の一部もこれに含まれる場合がある。物品の形状とは，立体であるか平面

であるかを問わず物品の外観的形態である。また，物品の構造とは機械的構成であり，物品の組合せとは物品の個性を維持した構成部分の結合により単一の形態を形成したものである。

このように，考案には物品の形態性が求められ，三次元的空間に存在するものに限定される。したがって，理論上は，いわゆる平面的雛型のうち索引カードやパンチカードのような不真正平面的雛型はこの要件を備える。これに対して，検眼表，カタログ，計算尺のような真正平面的雛型はこの要件を備えないし，もともとこれらは文字，図形などの一定配列であって自然法則を利用した技術的思想の創作ともいえない。ただし，特許庁の実務ではこのような真正平面的雛型の実用新案登録を認めている。また，この形態性要件には一定性が求められるが，素材自体も他の物と有機的に結合した場合には一定性の要件を備えることとなる。

この考案の形態性の要件は，平成5 (1993) 年改正の無審査主義への移行後も，基礎的要件としてなお審査されることとされている (6条の2)。

実用新案登録要件

実用新案登録要件のうち，積極的要件としては，考案の要件を備えるものであって，産業上利用性，新規性，進歩性のあること (3条) および拡大された先願範囲 (準公知) に該当しないことであり (3条の2)，消極的要件 (不登録事由) としては，公序良俗または公衆の衛生を害するおそれのないことである (4条)。このうち進歩性について「きわめて容易」に考案できるものでないこととされている点を除いて特許要件と同様であり，新規性喪失事由についても特許法が準用される (11条1項)。平成5 (1993) 年改正法で採用された無審査主義により，これらの登録要件は，考案の形態性要件と不登録事由を除いて審査されることなく登録され (14条2項)，登録後争いが生じた場合に無効審判において判断されることとなった (37条)。

実用新案権取得手続

実用新案権は，無審査主義および先願主義のもとで，登録により発生する（14条1項）。ただし，この先願主義については，無審査主義のため同日に2以上の実用新案登録出願があったときは，いずれも登録を受けることができず（7条2項），また，放棄，取下げ，却下の場合は先願の地位を認められない（同条4項）。

実用新案登録出願は，実用新案権付与の申立書である願書に明細書，実用新案登録請求の範囲，図面および要約書を添付して特許庁長官に提出して行う（5条）。特許出願の場合と異なり，物品の形態を問題とするため図面が必須添付書類である。これらの書類の記載要領は，特許出願におけると同様である。出願の際，第1年から第3年までの各年分の登録料を一時に納入しなければならない（32条）。実用新案登録の出願後は，登録が無効にされた場合を除き何人も実用新案技術評価の請求が可能となる（12条）。実用新案登録出願には，特許法と異なり，出願公開制度はない。

実用新案登録出願は無審査主義により実体審査は行われないが，方式審査（2条の2第4項2号）および基礎的要件の審査を経て，出願が放棄，取下げ，却下された場合を除き登録される（14条2項）。基礎的要件には，出願に係る考案の形態性要件，不登録事由（公序良俗），実用新案登録請求の範囲の記載要領（5条5項・6項），一考案一出願の原則（6条），明細書・図面の記載要領等（6条の2）がある。方式と基礎的要件を備えない出願に対しては，特許庁長官は補正を命じることができ（2条の2・6条の2），指定期間内に補正されない場合にはその出願を却下することができる（2条の3）。

明細書，図面および要約書の補正は，出願日から経済産業省令で定める期間（1ヵ月）内においてのみ認められる（2条の2第1項但書，実施規1条）。出願当初の明細書，図面に記載されていない新規事項の追加補正が認められず（2条の2第2項），無効理由となる点（37条1項1号）

は，特許法におけると同様である。

なお，実用新案権設定登録後の訂正は，従来からの請求項の削除を目的とするもののほか，平成16 (2004) 年実用新案法改正により，一定期間，1回に限って実用新案登録請求の範囲の減縮，誤記の訂正および明瞭でない記載の釈明を目的とするものまで認められることとなった (14条の2)。

出願分割も出願対象の単一性を確保するために認められ (11条，特44条)，出願変更も特許出願および意匠登録出願と実用新案登録出願の間で認められる (10条，特46条，意13条)。また，特許出願への変更は，従来実用新案登録出願後3年以内に限って認められていたが，実用新案登録出願を奨励するために，上記の平成16年改正により，実用新案登録後において実用新案登録に基づく特許出願が認められることとなり，実用新案から特許に乗り換えることができるようになった (特46条の2)。これについて詳しくは，第4章 4 ⑦参照。

3 実用新案権の効力と侵害

実用新案権の効力と制限) 実用新案権は，設定登録により発生し (14条1項)，その存続期間は出願日から10年で満了する (15条)。実用新案権は，登録実用新案を業として実施する排他的独占権であり (16条)，この積極的効力の内容は物の特許発明の特許権の場合と同様である (2条3項)。ただ，実用新案権の客体は物品の形状，構造または組合せに係る考案であるから，特許権の権利範囲とは異なり，登録実用新案の技術的範囲の画定にあたり，製造方法や使用方法の記載を考慮に入れることは許されない (最判昭56.6.30民集35巻4号848頁〔長押事件〕)。ただし，詳細な説明はもちろん，クレーム中の実施方法や製造方法の記載を物品の形状の特定のために考慮

することは許される（大阪地判昭44.11.21無体集1巻378頁〔慶祝用砂糖事件〕，松山地決平6.9.21判時1551号125頁〔茶パック事件〕）。

その他実用新案権の効力制限，権利侵害，救済および制裁も特許権におけるとほぼ同様である。無効理由を有する実用新案権の行使は制限され（30条，特104条の3），侵害訴訟の終局判決確定後における無効審決や訂正審決確定の主張も制限される（30条，特104条の4）。ただし，実用新案権が無審査で発生していることから，いわゆる善意実施の場合の中用権は認められない。また，何人も，当該実用新案権の有効性について特許庁の一応の判断を要求する実用新案技術評価制度が導入されている。

実用新案技術評価制度は，実用新案権者に対しては適切な権利行使をさせるためのものであり，第三者に対しては客観的な判断資料を提供して，無用の紛争を防止するためのものである。

実用新案技術評価は，実用新案登録出願に係る考案または登録実用新案について，特許庁長官に対する請求により，審査官に実用新案技術評価書を作成させることによって行われる（12条1項・4項）。

技術評価の対象は，登録要件のすべてではなく，刊行物記載・インターネット公知（3条1項3号），それらに基づく進歩性（同条2項），先願の範囲の拡大（3条の2）および先後願（7条）である（12条1項）。

したがって，実用新案権者は，この技術評価を得ても，他の登録要件，すなわち産業上利用性，公知，公用およびこれらに基づく進歩性については，有効性の判断を得ていないため，権利行使にあたっては，さらに注意義務を尽くしておく必要がある。技術的範囲について判定を求める方法があるのは特許法におけると同様である（26条，特71条）。

実用新案権者は，権利を行使する場合には，相手方に対して実用新案技術評価書を提示して警告を行わなければならない（29条の2）。しかし，その後実用新案登録が無効にされたときは，権利行使をした者

は相手方の損害を賠償しなければならない（29条の3第1項本文）。ただし，実用新案技術評価書で有効との評価を受けていたものが無効にされたり，その他相当の注意義務を尽くしていた場合には免責される（同項但書）。

　実用新案技術評価書を提示することなく原告の相手先に原告商品が被告の実用新案権に抵触するものと認識している旨通知したことは，不正競争防止法上営業上の信用を害する虚偽の事実の告知に該当するとした判決例（大阪地判平27.3.26判時2271号113頁〔安定高座椅子事件〕）がある。

　この実用新案技術評価について取消しを求めることができるかどうかについては，実用新案権者が請求項の新規性と進歩性を欠如するものと判断されるおそれがあるとして実用新案技術評価の取消しを求めた事例において，それが行政事件訴訟法3条2項の「処分」とはいえないとして否定した判決例（東京高判平12.5.17裁判所HP〔照明装置付歯鏡事件〕）がある。

_4_　実用新案制度の問題点

　現在，わが国における実用新案制度の利用者は年とともに減少する傾向にある。これに反して，世界的には特許制度とは別に実用新案制度を設ける国が増加する傾向にある。現在，実用新案制度を有する国はドイツ，フランスなどのヨーロッパ諸国や中国，韓国などのアジア諸国，メキシコ，チリ，ブラジルなど南アメリカ諸国を中心に約130カ国といわれている。注目されるのは，EUのヨーロッパ実用新案法創設に向けた動きであり，1997年には指令（Brussels, 12.12.1997 COM (97) 691 final）が公表されている。このEU実用新案法では，その保護対象を方法を含むすべての小発明としている。これは，1986年の形

態的要件の削除に続き，1990年には「物品」を削除して方法を除く小発明を保護対象とするに至っているドイツ実用新案法よりさらに広い範囲の保護対象である。

　わが国実用新案法の母法であるドイツ実用新案法は，医薬品や化学物質の登録を許容したり（同法2条3項），新規性の要件中公知につき国内主義を採用し（同法3条1項），また同一の発明考案について特許権と実用新案権の併存を認めるなど（同法5条1項），自国内の産業構造や技術の発展に柔軟に対応させてきた。一方，わが国実用新案法は，現行法において発明と同質化させたとはいえ保護対象の十分な見直し等をしていない。現行法は，世界の傾向に比して，特許制度の補完的制度としての実用新案制度の機能および存在意義を評価するものとはなっていないように思われる。技術の進歩を促進させる政策的立法としての性格を有する特許法と実用新案法は，高度の発明の保護だけではなく小発明をも保護することにより技術の発展を促進するものであるという認識が必要である。

第9章　意　匠

インダストリアル・デザインは，自己の製品と他人の製品を差別化するための有力な手段である。その法的な保護は，意匠法のほか，著作権法，不正競争防止法のみならず，実用新案法，商標法による重複保護の可能性がある。

1　意匠の保護法

意匠とは

商品のデザインである意匠が知的財産権として保護されることの重要性は，現代社会においてますます高まっている。

　意匠は，意匠法により登録制度の下で意匠権という排他的独占権として保護される。意匠法は，「意匠の保護及び利用を図ることにより，意匠の創作を奨励し，もつて産業の発達に寄与することを目的とする」（1条）と定めている。知的創作として排他的独占権により保護される点で特許権，実用新案権および著作権と同様であるが，商標等と同様に標識としての機能を果たす側面も有している。

　意匠の国際的保護は，パリ条約上，意匠権によるか著作権によるかを問わず「意匠は，すべての同盟国において保護される」とされ（パリ条約5条の5），WIPO条約およびTRIPs協定上知的所有権により保護されるものと定められている（WIPO2条，TRIPs2部4節）。

　現代社会における商品のデザイン開発の状況と短ライフサイクル商品のデザイン保護の必要性から，意匠法による意匠の早期保護および

保護強化が要請されている。TRIPs協定も短ライフサイクル商品の典型である繊維ないしファッションのデザインの保護について保護の機会が不当に害されないよう要請するとともに，その意匠法による保護（パテント・アプローチ）と著作権法による保護（コピーライト・アプローチ）のいずれの方式による保護も許容している（TRIPs 25条2項）。

わが国の意匠法は昭和35（1960）年施行以来，長い間根本的見直しをされることがなかったが，現代社会におけるデザインの重要性に対応した法制度構築のために，平成10（1998）年と平成18（2006）年の法改正により，創造的デザインの保護強化，国際化時代への対応，ユーザーフレンドリーな制度への改革等を行い，さらに令和元（2019）年の法改正により，近年の新技術の発展に伴って，画像については，物品との関連性による制約が実態と合わなくなっていることに鑑みて，物品に記録・表示されていない画像や，建築物の外観と内装のデザインが新たに意匠法の保護対象とされるに至っている。

また，ハーグ協定ジュネーブ・アクト（平成27〔2015〕年5月13日発効）への加盟を実現した平成26（2014）年の改正により，複数国に意匠を一括出願するための規定（60条の3〜60条の5）と日本国を指定締約国とする国際出願の手続規定（60条の6〜60条の23など）が整備された。

意匠と著作権法等　意匠は，わが国の著作権法による保護も可能である。著作権による保護は，ベルヌ条約の無方式主義により創作時からの早期かつ世界的な保護が可能であり（ベルヌ条約5条(2)），違法な複製物のわが国への輸入差止めも可能である（著113条1項1号）。著作権法の保護対象である美術の著作物には一品製作の美術工芸品が含まれると定められているが（著2条2項），平成27年4月14日の知財高裁判決（判時2267号91頁〔TRIPP TRAPP 控訴審事件〕）により，実用に供されまたは産業上の利用を目的とする表現物であって「美術工芸品」に該当しない応用美術も著作物の要件を充

たすものについては，美術の著作物として保護されるとされるに至っている。ただし，著作権は相対的排他権であるために後発の独自意匠の創作には権利が及ばない。

　意匠は，不正競争防止法により商品等表示（不競2条1項1号・2号）または商品形態（同項3号）としての保護も可能である。とくに，平成5（1993）年の不正競争防止法改正による商品形態の模倣禁止は，手続が不要であり，新規性等を問題とすることなく，商品の販売時点からその創作性と顧客吸引力があわせて保護されることとなった。ただし，保護される商品形態の範囲は実質的同一のもので販売から3年以内のものに限られる（不競19条1項5号）。

2　保護対象と登録要件

①　意匠の要件

　意匠法により保護される意匠は，従来は，「物品（物品の部分を含む。……）の形状，模様若しくは色彩又はこれらの結合であつて，視覚を通じて美感を起こさせるものをいう」とされていた（令和元〔2019〕年改正前2条1項）。意匠は，物品の外観的形態であった。

　意匠は，物品と不可分とされてきた。わが国最初の意匠法とされる「意匠条例」（明治21（1888）年）から旧旧意匠法（明治42（1909）年）までの意匠は，「物品ニ応用スヘキ形状，模様」等とされていたが，旧意匠法（大正10（1921）年）が「物品ニ関シ形状，模様」等として以来，意匠が物品を離れては存在しないものとされ，物品が異なれば異なる意匠であるとされるに至り，現行意匠法（昭和34（1959）年）もこれを継承してきた。

　しかしながら，前述のように，令和元（2019）年の法改正により，意匠の定義に「画像」を加えて，物品に記録・表示されているかどう

かにかかわらず，画像そのものを保護することとなり，さらに，意匠の定義に「建築物」を加えて，従来有体物たる動産を意味するとされ，土地に定着したものは物品と認めていなかった店舗デザイン等の建築物やその内装も保護することとなった。

物　品

物品とは，生産され独立して取引の対象となる運搬可能な有体物をいう。したがって，生産されない自然物は含まれない。また，独立して取引の対象となる自動車のタイヤやレコードプレイヤーのターンテーブルなどの物品の部品は物品とされたが（東京高判昭 53.7.26 無体集 10 巻 2 号 369 頁〔ターンテーブル意匠事件〕），カップの把手，スプーンの柄，瓶の口などの物品の部分は独立して取引の対象とはならないために物品性を否定されてきた。しかし，このような物品の部分の創造的なデザイン保護の必要性から，平成 10（1998）年改正法により，いわゆる部分意匠を保護することとなり（2 条 1 項括弧書）さらに平成 18（2006）年改正法により，この部分意匠としての画面デザインの保護が拡充された（同条 2 項）。運搬可能ではない不動産は物品に含まれないものとされ，定着前の量産され運搬される組立家屋，門扉，バンガロー，電話ボックス等は物品性を有するものとされてきた。さらに，有体物でなければならないから，定形性ないし一定性を有しない液体，気体，流動体，半流動体などの固体でないもののほか，粉状物や粒状物も物品とは認められない。なお，現行意匠法は同時に使用される二以上の物品により構成される意匠も「組物の意匠」（システムデザイン）として一意匠と擬制して意匠権を認めている。

形状・模様・色彩

形状とは物品の空間的輪郭であり，必須の構成要素である。模様とは物品の表面の装飾，すなわち線図，色分け，ぼかしであり，色彩とは単一色からなる着色であって，2 色以上からなる着色は模様となる。文字のデザインは，読み取ることが可能な限り模様とはいえないとされているが（東京高

判昭 55.3.25 無体集 12 巻 1 号 108 頁〔CUP NOODLE 事件〕),根拠不充分である。意匠としての模様と色彩は,単独では存在せず形状と結合するのが通常である。また,これらから構成される物品の外観的形態には,一定性が求められるが,素材等も容器等と結合すれば一定性ありとされる。また,機械体操人形,びっくり箱などの物品の機能に基づいて一定規則的に変化する動的意匠も一定性ありとして保護される(6条4項)。物品自体の外観的形態とはいえないもの,たとえば,ハンカチを結んで作成した花や独自の包み方を施した包芸形態などは,意匠を構成しない。

令和元(2019)年の改正法により保護されることとなった建築物には,建築物の部分を含むものとされ,また建築物の内装が全体として統一的な美感を起こさせるものも保護されることとなった(8条の2参照)。

視覚を通じて美感を起こさせるものとは,肉眼で識別され審美性が求められることである。肉眼で識別される意匠には,拡大鏡を用いたり,拡大写真等により拡大して観察することが通常である場合も含まれる(知財高判平 18.3.31 判時 1929 号 84 頁〔コネクタ接続端子事件〕)。また,単に技術的効果のみを目的とした物品の形態はそもそも意匠を構成しない。

画面デザイン　平成 18(2006)年の改正法により,画面デザインも,意匠法上意匠を構成する「物品の部分の形状,模様若しくは色彩又はこれらの結合」に含まれるものとされるに至った(2条2項)。保護の対象となる画面デザインとは,「物品の操作(当該物品がその機能を発揮できる状態にするために行われるものに限る。)の用に供される画像であつて,当該物品又はこれと一体として用いられる物品に表示されるもの」をいい,あくまでも物品の一部分として,全体意匠の一部を構成する要素,または部分意匠として保護されてきた。

画面デザインが保護されるためには，(1)物品の機能を発揮できる状態にするために行われる操作の用に供される画像でなければならない。したがって，物品の機能を働かせることが可能となっている状態にする画像でなければならない。たとえば，ゲーム機上でゲームソフトにより表示される画像は，すでにゲーム機の機能を発揮させている状態における画像であるため保護されない。パソコン上のビジネスソフトにより表示される画像やインターネット検索の結果表示される画像も同様である。また，操作を必要としない画像，たとえば映画の一場面などは保護されない。

従来，判例は，「物品の操作の用に供される画像」について，「家電機器や情報機器に用いられてきた操作ボタン等の物理的な部品に代わって，画面上に表示された図形等を利用して物品の操作を行うことができるものを指すというべきであるから，特段の事情がない限り，物品の操作に使用される図形等が選択又は指定可能に表示されるものをいうものと解される」と述べて，出願された画像は，「自動車の停車状態を示す縮小画像図の画像の変化を表示することにより，運転者に対してアクセルペダル等の物理的な部品による操作を促すものにすぎず，運転者は，本願部分の画像に表示された図形等を選択又は指定することにより，物品（映像装置付き自動車）の操作をするものではない」として出願を拒絶している（知財高判平 29.5.30 裁判所 HP〔映像装置付き自動車意匠事件〕）。

さらに画面デザインが保護されるためには，(2)当該物品またはこれと一体として用いられる物品に表示される画像でなければならないとされてきたが，令和元 (2019) 年の改正法により，物品に記録・表示されているか否かにかかわらず，表示画像や操作画像そのものが保護されることとなった。したがって，当該機器の表示部に表示される画像だけでなく，テレビ画面上に表示された DVD 機器の操作画像のように，当該機器の使用の際に同時に用いられる他の物品の表示部に表

示される画像も保護されることとなる。ただし，壁紙などの装飾的な画像，映画・ゲームなどのコンテンツ画像など，画像が関連する機器等の機能に関係のない画像については，機器等の付加価値を直接高めるものではなく，保護の必要性が低いと考えられており，改正後においても保護されないこととなっている。

　なお，組物の意匠（8条）における当該組物を構成する各物品の一部に該当するにすぎない部分意匠としての画像については，組物の意匠登録を認めていない部分意匠と同様に組物の意匠としては登録を受けることができない。

②　意匠の登録要件

　意匠が排他的独占権により保護を受けるための主体的要件については，特許法および実用新案法におけると同様である。客体的要件には，積極的要件と消極的要件がある。

　意匠の積極的登録要件は，工業上利用性，新規性および創作性である（3条）。工業上利用性とは，工業的生産過程における量産の可能性をいう。特許要件である産業上利用性が学術的・実験的にのみ可能なものを除くのと同様であるが，工業に限定されており，また著作権により保護される応用美術のうち一品製作の美術工芸品が除かれることとなる。

新 規 性

　新規性とは，法定の新規性喪失事由に該当しないこと，すなわち，①意匠登録出願前に国内または外国において公然知られた意匠でないこと（3条1項1号），②国内または外国において頒布された刊行物に記載された意匠またはインターネット上に開示されて公衆に利用可能となった意匠でないこと（同項2号），③①と②の意匠に類似する意匠でないこと（同項3号）である。TRIPs 協定も，意匠の保護要件を，「独自に創作された新規性又は独創性のある意匠」としている（TRIPs 25条）。公然知られた意

匠の意義については，判例は刊行物記載の規定を別に設けた意義がなくなることを避ける理由から，公然知られたことを要すると解釈しているが（東京地判昭 48.9.17 無体集 5 巻 2 号 280 頁〔スプレーガン事件〕），守秘義務を負う者以外の者に知られ得る状態にあることと解される。したがって，刊行物記載以外の方法により知られ得る状態になった場合も公知となる。特許や実用新案登録要件における公用が欠けているのは，意匠が物品の外観であるため公用即公知となるからである。公衆に利用可能となった意匠には，インターネットにおいてリンクが貼られたり，サーチエンジンに登録され，アドレス（URL）が公衆への伝達手段に掲載され，かつ公衆に対するアクセス制限がないものが含まれる。意匠法における新規性喪失の例外は，特許法や実用新案法におけると同様に，意匠登録を受ける権利を有する者の意に反する場合のほかに，この権利者の行為に起因する場合にも，6 カ月以内に出願すればなお新規性が存するものとされる（4 条）。

| 創 作 性 | 創作性とは，従来，国内の周知のモチーフに基づいて当業者（デザイナー）が創作すること |

が容易ではないという意味とされ，特許要件や実用新案登録要件における進歩性とはその基準が世界公知ではない点で異なっていた。しかし，平成 10（1998）年改正法において，デザインの国際競争力を高め，オリジナリティの高い意匠の創作を促進するために，この創作性の基準も世界公知に引き上げられた（3 条 2 項）。

新規性喪失事由としての公知意匠との類似性（同条 1 項 3 号）と創作性（同条 2 項）の関係については，両者を同義の概念とする見解と異義の概念とする見解に分かれている。同義概念説は，3 条 1 項 3 号は同一・類似物品の間における創作性を要求し，3 条 2 項は異なる物品の間における創作性を要求する規定であり転用意匠の登録を防止する規定であるとするものであり，ともに意匠の創作性（オリジナリティ）を要求する規定であるとする（東京高判昭 45.1.29 無体集 2 巻 1 号 16 頁〔可撓

伸縮ホース一審事件〕，東京高判昭 48.5.31 無体集 5 巻 1 号 184 頁〔帽子事件〕）。
これに対して，異義概念説では，3 条 1 項 3 号は同一・類似物品間に
おける一般需要者からみた美感ないし意匠的効果の類否を問題とする
が，3 条 2 項は物品の同一・類似を問題としないで周知のモチーフを
基準として当業者からみた意匠の創作性を問題とする規定であるとす
る（最判昭 49.3.19 民集 28 巻 2 号 308 頁〔可撓伸縮ホース上告審事件〕，同旨；知
財高判平 18.9.20 裁判所 HP〔ルーバー事件〕）。平成 10（1998）年改正法にお
いては類似性と創作性の判断基準はともに世界公知意匠とされたが，
同じ問題はなお残ることとなる。ただ，同一・類似物品であるか否か
を問わず公知の意匠および刊行物記載の意匠やモチーフに基づいて当
業者が容易に創作できた意匠，公知の著作物に基づき容易に創作され
た意匠，公知意匠に基づく置換意匠，寄せ集め意匠，転用意匠などは
創作性なしとされることとなる。

> **先願意匠の一部との
> 同一・類似**

先願意匠の一部と同一・類似の意匠が後願と
して出願される場合には，後願は登録を受け
ることができない（3 条の 2）。ただし平成 18（2006）年改正法において
は，先願の出願人と同一の者による出願については，先願意匠の出願
の日の翌日からその公報の発行日前までになされた場合には意匠登録
を受けられることとなった（同条但書）。

> **意匠登録の消極的要件**

意匠登録の消極的要件としては，公序良俗を
害するおそれある意匠，自他物品混同のおそ
れある意匠，物品の機能を確保するために不可欠な形状のみからなる
意匠（5 条 1 号～3 号）がある。

公序良俗を害する意匠とは，正義感情や国民感情に反するもの，わ
いせつに当たるものなどをいうが，他人の著作物が含まれるかは問題
であり，立法的解決が必要である（26 条参照）。また，特許法や実用新
案法におけると異なり，公衆の衛生を害する意匠が含まれていないの
は立法の不備とされる。自他物品混同のおそれある意匠とは，他人の

周知著名な商標やサービスマーク，キャラクター，商品形態などを表わしたものであり（審決平7.10.26（平成5年審判9511号）〔ジェニー人形意匠登録無効審判事件〕参照），意匠が商標と同様の出所識別機能を果たすことがあることを前提とした不正競争防止法的な規定である。

3 意匠権取得手続

原 則

意匠権発生に関する原則としては，特許法と同様に権利主義，審査主義（16条），先願主義（9条）および創作者主義が採用されている。また，意匠権は意匠登録によって発生するが（20条），意匠の創作と同時に意匠登録を受ける権利が認められる（3条）。意匠権の主体的要件である権利能力および権利者適格，とくに職務意匠に関する取扱いや手続能力も特許法や実用新案法と同様である。意匠登録出願手続に関して一意匠一出願の原則が採られており，経済産業省令で定めるところにより意匠ごとにしなければならない（7条）。この場合，一物品には単一物，合成物が含まれるが，集合物は原則としてこれに含まれず，例外的に組物の意匠（システムデザイン）について一出願により意匠登録を受けることができる（8条）。平成10（1998）年改正法では，この組物の意匠（システムデザイン）による保護対象が拡大され登録要件が緩和された。意匠登録の審査手続には，意匠の早期保護の必要性から，特許法のような出願公開制度，審査請求制度はなく，権利請求の範囲の記載がないことから訂正審判制度はない。パリ条約による優先期間は6カ月である（パリ条約4条C）。

出願書類

意匠登録を受けようとする者は，願書に図面を添付して特許庁長官に提出しなければならない（6条1項）。願書には意匠に係る物品等を記載し，図面に代えて

写真，ひな形または見本を提出することもできる（同条2項）。意匠権の効力の及ぶ登録意匠の範囲は，この願書の記載と図面に基づいて定められることとなる（24条）。なお，平成10 (1998) 年改正法により，願書および図面の記載要件が多様化かつ簡素化された。すなわち，願書には意匠を特定するための説明の記載を容認し，図面は従来の正投象図法によるものに加えて立体図法（等角投影図法など）による記載やコンピュータを用いて作成した画像を出力したものを容認することとした。

　なお，図面における参考図は，「意匠登録を受けようとする意匠」を示すものではなく，したがって，参考図に示された意匠を分割出願の対象とすることはできないものとされている（知財高判平18.8.24判時2002号137頁〔ピアノ補助ペダル事件〕）。

| 国際意匠登録出願 |

平成26 (2014) 年に意匠の国際登録に関するハーグ協定ジュネーブ・アクトへの加入が認められたことに伴い，わが国の特許庁長官を経て，またはWIPO国際事務局に直接，複数の国に意匠を一括出願することが可能となった（60条の3）。

　他方，わが国に保護を求める国際出願については，協定に基づいて国際登録と国際公表がなされたものは，その国際登録の日にわが国における意匠登録出願とみなされ（60条の6第1項），複数の意匠を含む国際登録出願については，意匠ごとにされた意匠登録出願とみなされる（同条2項）。国際公表されることが前提であるために，秘密意匠制度（14条）は適用されない（60条の9）。国際意匠登録出願された意匠の設定登録の前に，その意匠が国際公表されることによる模倣被害を防止するために，国際意匠登録出願に係る意匠を記載した書面による警告をしたとき，または国際意匠登録出願に係る意匠であることを知りながら当該意匠を実施した者に対しては，特許法における同様の補償金請求権が認められる（60条の12）。

国際意匠登録出願は，その基礎とした国際登録が消滅したときは，取り下げられたものとみなされ（60条の14第1項），国際登録を基礎とした意匠権も消滅したものとみなされる（同条2項）。

4 意匠権の効力と侵害

意匠権者は，「業として登録意匠及びこれに類似する意匠の実施をする権利を専有する」（23条）。意匠権は，登録意匠に類似する意匠までその積極的効力が認められている点で特許権や実用新案権と異なっている。「業として」とは私的実施を含まないとの意味であり，「実施」とは意匠に係る物品の製造，使用，譲渡，貸渡し，輸出，もしくは輸入または譲渡もしくは貸渡しの申出をする行為のほか，意匠に係る建築物の建築，使用，譲渡もしくは貸渡しまたは譲渡もしくは貸渡しの申出をする行為であり，さらには意匠に係る画像の作成，使用または電気通信回線を通じた提供もしくはその申出，意匠に係る画像を記録した記録媒体または内蔵する機器の譲渡，貸渡し，輸出もしくは輸入または譲渡もしくは貸渡しの申出をする行為である（2条2項）。「権利を専有する」とは特許権や実用新案権と同様の排他的独占権を有するとの意味である。その財産権としての性質も同様である。TRIPs協定も，意匠権者は，無許諾の第三者が意匠の複製または実質的に複製である意匠を用いたかまたは含んでいる製品を商業上の目的で製造し，販売しまたは輸入することを防止する権利を有すると定めている（TRIPs 26条1項）。

　登録意匠の範囲は，願書の記載および添付された図面または写真，ひな形，見本等により現わされた意匠に基づいて定められ（24条1項），この登録意匠および類似意匠の範囲については，判定を求めることもできる（25条）。前述のように，訂正審判の制度は存在しない。

意匠権の効力と制限

意匠権の効力の制限は，法定制限事由としての試験・研究，通過国際交通機関，出願時国内に存在した物（36条），再審により回復した意匠権の制限（55条），利用・抵触の場合（26条），許諾実施権（27条・28条）および法定実施権（15条3項・29条・29条の2・30条・31条・56条），裁定実施権（33条）の場合，そして意匠権が消尽する場合などほぼ特許権におけると同様である。意匠の保護期間は，令和元（2019）年改正意匠法においては，登録出願から25年となった（21条）。

意匠権の侵害) 意匠権の侵害にも，特許権におけると同様に直接侵害と間接侵害がある。直接侵害は，意匠権の積極的効力の範囲内における第三者の行為であり（23条），間接侵害は，直接侵害該当行為を行う者に対して第三者が加担，幇助する行為であって，直接侵害とは独立して侵害責任を負うものである。いずれの侵害形態においても，特許権侵害の場合と同様の民事的救済および刑事制裁が認められる。

今後，3Dプリンターによる登録意匠の複製やインターネット上における直接侵害と間接侵害の問題が多発することが必至である。

直接侵害) 直接侵害は，登録意匠と同一・類似の範囲における第三者の実施行為により成立するが，ここでは，意匠の類似性が問題となる。意匠の類似性は，侵害の場合のほか，新規性（3条1項1号〜3号）や先後願関係（9条）においても判断されるべき事項である。意匠は物品と不可分であり，物品にも同一・類似のものがあるために，意匠が類似するというのは，(1) 同一物品の類似形状・模様・色彩またはこれらの結合，(2) 類似物品の同一形状・模様・色彩またはこれらの結合，(3) 類似物品の類似形状・模様・色彩またはこれらの結合の場合をいう。

侵害判断の対象となるものについては，取引対象物品の意匠に限られるとする判決例もあったが（東京高判平15.6.30裁判所HP〔減速機事件〕など），利用関係がある場合には，これに限られないとされている。

意匠の類否判断については，いわゆる創作説（大阪地判昭58.10.28判タ514号303頁〔通風器事件〕）と混同説（名古屋高金沢支判平3.7.10判時1408号113頁〔メッシュフェンス事件〕）に分かれるが，判例は意匠に係る物品の同一・類似を判断したうえで，意匠の類否判断は「意匠の基本的構成態様及び具体的構成態様に基づいて見る者に特に目につきやすい部分ないし見る者の注意を強く引く部分がどこであるかを，意匠の要部のみならず，全体を観察して認定したうえで行われるべきものである」としており（前掲〔メッシュフェンス事件〕），創作説と混同説に大きな相違はなくなっているように思われる。

意匠の類似判断については，その明確化のため，判例（最判昭49.3.19民集28巻2号308頁〔可撓伸縮ホース上告審事件〕等）に従って，平成18（2006）年改正法により，登録意匠とそれ以外の意匠の類似判断は，「需要者の視覚を通じて起こさせる美感に基づいて行うもの」とされた（24条2項）。

他人の登録意匠とは非類似の意匠であっても，その意匠を実施すると必然的に他人の登録意匠を実施する関係にある意匠を利用意匠と称する（26条参照）。利用意匠の無断実施も意匠権の侵害を構成する（大阪地判昭46.12.22無体集3巻2号414頁〔学習机事件〕）。

間接侵害　　意匠権の間接侵害とは，特許権の間接侵害（特101条1号・2号・4号・5号）と同様に，意匠権の直接侵害に該当する行為に加担しまたは幇助する行為であって，直接侵害とは独立した意匠権の侵害態様である（意38条）。

その類型も，特許権の間接侵害と同様に，①専用品等による間接侵害（38条1号・4号・7号）と，②非専用品等による間接侵害（同条2号・5号・8号）に分かれている。この間接侵害は，擬制侵害としての規定中に定められているが，その規定中には，直接侵害の準備行為というべき第三者の登録意匠に類似する物品や画像の所持と建築物を所有する行為が含まれており（同条3号・6号・9号），間接侵害とは異なるこ

とに注意すべきである。

　令和元（2019）年の意匠法改正前には，上記の①のうち，登録意匠とこれに類似する意匠に係る物品の製造にのみ用いる物の生産・譲渡等のみが意匠権の間接侵害とされていたが（旧38条1号），改正意匠法が物品を超えた画像と建築物を保護することにしたことに伴って，①と②の間接侵害の態様が以下のように拡充された。

　①専用品等に係る間接侵害——登録意匠またはこれに類似する意匠に係る物品の製造・建築物の建築・画像の作成にのみ用いる物品またはプログラム等もしくはプログラム等記録媒体等について業として行う，（イ）製造，譲渡，貸渡しもしくは輸入または譲渡もしくは貸渡しの申出をする行為と，（ロ）当該製造・建築にのみ用いるプログラム等・当該画像の作成にのみ用いる画像またはプログラム等の作成または電気通信回線を通じた提供もしくはその申出をする行為である（38条1号・4号・7号）。

　判例上，いまだ意匠権の専用品に係る間接侵害を認めたものはないが，東京地判平9.12.12（判時1641号115頁〔足場板用枠事件〕）は，登録意匠に係る物品「足場板用枠」の一部を構成する製品を製造，リースする被告の行為について，その被告製品がユーザーによって部品を取り付けられて，登録意匠と類似する意匠が実施されているにもかかわらず，その態様のほかに，単独で使用されたり，また登録意匠と類似するかどうか紛らわしいか利用関係にあると思われる態様で使用されていることを理由として，「にのみ使用する物」に当たらないとした。特許権の間接侵害に関する判例におけると同様に，「にのみ」の解釈を「他の用途」の有無だけに基づいて決する傾向があるために，とくに意匠権については間接侵害の成立する余地が限られ，法の趣旨が没却される可能性がある。意匠権の間接侵害においても「にのみ」の解釈は，被告製品が製造販売された目的，その製品の機能，性質，取引状況そしてユーザーにおける直接実施行為の存在等総合的に判断され

るべきである。その意味で，この事件は，まさに間接侵害が認められるべき事例であった。

　②非専用品等に係る間接侵害——登録意匠またはこれに類似する意匠に係る物品の製造・建築物の建築・画像の作成に用いる物品またはプログラム等もしくはプログラム等記録媒体等（これらが日本国内において広く一般に流通しているものである場合を除く）であって当該登録意匠またはこれに類似する意匠の視覚を通じた美感の創出に不可欠なものにつき，その意匠が登録意匠またはこれに類似する意匠であることおよびその物品またはプログラム等もしくはプログラム等記録媒体等がその意匠の実施に用いられることを知りながら，業として行う，（イ）当該製造・建築・画像の作成に用いる物品またはプログラム等記録媒体等の製造，譲渡，貸渡しもしくは輸入または譲渡もしくは貸渡しの申出をする行為と，（ロ）当該製造・建築に用いるプログラム等・当該画像の作成に用いる画像またはプログラム等の作成または電気通信回線を通じた提供もしくはその申出をする行為である（38条2項・5号・8号）。

意匠権侵害罪　　また，意匠権侵害罪については，直接侵害につき10年以下の懲役もしくは1000万円以下の罰金またはその併科が（69条），間接侵害につきその半分の罰則（69条の2）が，法人に対しては3億円以下の罰金が科される（74条）。

5　意匠法における特殊な制度

秘密意匠制度　　意匠は物品の審美性ある外観的形態であり，その流行的性格のために早期保護が求められるが，意匠権設定登録後その内容は一般に周知させるため意匠公報に掲載され公開されるのが原則である（20条3項）。しかし，公開後にお

ける侵害から防衛する目的で，出願時または，意匠登録の第1年分の登録料の納付と同時になされる出願人の請求により，意匠権設定登録日から3年以内に限り登録意匠を秘密にすることが認められている（14条）。なお，秘密にする期間は登録日より3年以内に限り延長，短縮が可能である（同条3項）。

なお，前述のように，国際意匠登録出願については，国際公表が前提となるため秘密意匠の制度は適用されない（60条の9）。

組物の意匠制度 組物の意匠とは，同時に使用される二以上の物品であって経済産業省令（意施規8条）で定められる物品に関する意匠で，組物全体として統一があるものをいう（8条）。組物の意匠は，二以上の物品に関する意匠であるにもかかわらず，一意匠一出願の原則の例外として，一つの出願で意匠権を取得することができる制度である。

今日，二以上の物品に関する統一的な「システムデザイン」や「セットものデザイン」は多様化しており，自由で新たな創作が次々と生み出されている。従来の組物の意匠の制度は，このようなデザイン創作の実態に対応していなかった。このため，平成10（1998）年改正法は，新たなシステムデザインなどの出現に応じて組物の意匠の保護対象を柔軟に見直すことができるようにした。すなわち，改正法は，従来の組物の要件から「慣習上組物として販売され」るという要件を削除し，「二種以上の物品」を「二以上の物品」に改めた。対象となる物品の品目は，今日のシステムデザインなどの創作実態に対応して，従来は13種類であったものが56種類に拡大されている（意施規別表第2）。この中には，従来の一組の喫煙用具セットや一組のコーヒーセットのような13種類の組物のほかに，システムキッチン，パソコンシステム，テレビとテレビ台，文房具セットなどが含まれている。また，従来，組物の意匠が登録されるためには，その構成物品ごとの意匠が登録を受けられることが要件とされていたが（旧8条2項），組物の意

匠の意匠権が各物品には及ばないことに合わせて，この要件も廃止された。

　組物に対する意匠権は，二以上の物品からなる組物に対する一つの権利である。その意匠権の効力は，組物の一部の意匠を侵害する行為に対しては及ばず，また，個々の物品ごとの意匠権の移転や消滅は認められず，無効審判も組物全体に対して行われる。

| 関連意匠制度 |

平成 10（1998）年改正法前においては，自己の登録意匠にのみ類似する意匠の登録を認める類似意匠制度が採用されていた。この類似意匠の意匠権は本意匠の意匠権と合体するものとされていたので，類似意匠の意匠権の独自の効力がほとんど認められていなかった。また，現代社会におけるデザイン開発の現状では，1つのデザイン・コンセプトから多数のデザイン・モデルが創作されることが普通であり，これらは創作としては同等の権利保護がなされるべきであると考えられるに至り，平成 10（1998）年改正法により，従来の類似意匠制度は廃止され，新たに関連意匠制度が創設された。この関連意匠制度は，デザイン・バリエーション開発におけるデザイン戦略の多様性・柔軟性へ対応するため，平成 18（2006）年改正意匠法により見直しがなされ，さらに令和元（2019）年改正法により関連意匠制度が拡充された。

　関連意匠の意匠権には，通常の意匠権と同一の効力が独自に認められる。関連意匠の登録出願は，類似する意匠が同一の出願人によって本意匠の意匠登録出願の日から 10 年を経過する日前までに，関連意匠であることを明示して行わなければならない（10 条 1 項）。しかし，基礎意匠や関連意匠の専用実施権の設定については，同一の者に同時に設定すべきこととされており（27 条 1 項但書），追加的な関連意匠出願を防止するため，本意匠に専用実施権が設定されているときには，その関連意匠の意匠登録は認められない（10 条 6 項）。また，従来は，類似の無限連鎖防止のために，関連意匠に類似する意匠の登録は認め

られないものとされてきたが，令和元 (2019) 年改正により，関連意匠にのみ類似する意匠も連鎖的に保護することとなった (10条4項)。関連意匠の意匠権は基礎意匠の意匠権と分離移転はできず (22条)，その存続期間は，基礎意匠の意匠登録出願日から 25 年である (21条2項)。

第10章　商　標

商標は商品交換市場が社会的に一般化し，しかも同一同種の商品・役務の大量取引が支配的になるに及んで重要な機能を有するものとなった。商標はまさに市場で取引される商品・役務の出所を示す「顔」である。

1 商標とは

**商品やサービスの
マーク**

　商標法は，「商標」を「人の知覚によつて認識することができるもののうち，文字，図形，記号，立体的形状若しくは色彩又はこれらの結合，音その他政令で定めるもの（以下「標章」という。）」であって，①「業として商品を生産し，証明し，又は譲渡する者がその商品について使用をするもの」か②「業として役務を提供し，又は証明する者がその役務について使用をするもの」と定義する（2条1項）。前者は商品商標と呼ばれ，たとえば携帯音楽プレーヤーの「Walkman」，タブレット端末の「iPad」といった文字，シップ薬の「ヒサミツ」という音声などの標章（マーク）をいう。後者は役務商標（サービスマーク）と呼ばれるもので，宅配便の「クロネコ」や融資業の「ACOM」などのマークがこれに当たる。

　商標は，ある事業者の商品または役務を他の事業者の商品または役務と識別する自他識別力を本質とするが，定義ではそれが含められておらず，むしろ登録要件となっている。そのために商品上の表示で

「Made in Japan」や「定価 150 円」も，定義の上では商標となりかねないという批判もあり得る。しかし商標の定義の前提として商品や役務の自他識別性を有するものが潜在的に予定されていると考えるべきである。

なお，平成 17 (2005) 年の商標法改正により導入された地域団体商標は，本来識別力のない地域名称と商品・役務の名称からなる商標（博多織，長崎カステラ，有田みかん，京友禅など）で周知性を備えたものについて事業協同組合等に登録を認め，構成員である事業者たる組合員にこれを使用する権利を付与するものである。

商品と役務　ここでいう商品とは，大量生産され，市場で取引され，代替性がありかつ流通性のある有体財産であり，有価証券や不動産は商品ではないとされている。ただ，2000 年 10 月のニース協定改訂に従いコンピュータ・プログラムなどの電子情報財も「商品」に含まれる取扱いになっている。宣伝広告のためのノベルティ（大阪地判昭 62.8.26 無体集 19 巻 2 号 268 頁〔BOSS 事件〕）や料理店・レストランで提供される飲食物（大阪地判昭 61.12.25 無体集 18 巻 3 号 599 頁〔中納言事件〕）はこれに当たらない。

他方，役務とは，反復継続して他人のために行う労務または便益の提供であり，商取引の目的となるものである。この点，商品販売に付随するラッピング，配送，アフターサービスはもちろん，商品の小売り自体も独立して対価の支払われるものではないので商標法上の役務には該当しないというのが従来の判例であった（東京高判平 13.1.31 判時 1744 号 120 頁〔ESPRIT 事件〕。同様にカタログ通信販売業におけるカタログを利用したサービスにつき東京高判平 12.8.29 判時 1737 号 124 頁〔シャディ事件〕）。しかし，平成 18 (2006) 年の改正により，小売および卸売の業務において行われる総合的なサービス活動が，商標法上の役務に含まれるとする趣旨で，商標法 2 条 1 項 2 号の役務には，小売および卸売において行われる顧客に対する便益の提供が含まれるものとするという規定

が設けられた（2条2項）。この役務を一般に小売等役務という。カタログ販売やインターネット販売についても同様の適用がある。

文字・図形・記号・立体商標

商標には，文字商標，図形商標，記号商標，立体形状からなる立体商標，色彩のみからなる商標，これらの要素の結合商標，さらには音商標がある（5条2項）。色彩は，従来，文字，図形，記号，立体的形状もしくはその結合に伴う場合において商標の一要素となり得ても，それだけでは商標としては保護されなかった。しかし，平成26（2014）年改正によって，「新しい商標」として色彩のみからなる商標や音商標も認められることになった。その他に文字，図形等や色彩またはこれらの結合につき，その要素が時間の経過とともに変化する動き商標や，見える角度によって変化する図形等や立体的に映し出される図形等からなるホログラム商標，さらには図形等とその付される位置によって構成される位置商標も認められることになった（商標施規4条の7，4条の8参照）。

商標の3つの機能

商標は，自他識別力を有することで，一定の商品・役務は同一の事業者に由来するものであることを需要者（消費者）や取引者に示す「出所表示機能」をもつ。また，商標は，その同一の事業者が一定の種類の商品・役務を販売・提供するにあたり，当該一定の種類の商品・役務であれば品質が同一であることを示す「品質保証機能」がある。さらには商標はテレビ，新聞，雑誌などのメディアによる宣伝を介して，需要者や取引者による商品・役務の購入の指標となる「宣伝広告機能」を有する。特に「宣伝広告機能」は，商標が使用され，事業者の信用が蓄積されていくと，その商標自体が需要者にアピールし購買決定の契機となる。こうして商標は商品・役務についての出所を表示し，事業者の信用が蓄積する基盤であり，また需要者等も商標を目印として事業者の商品や役務の購入を決定するので，商標法は「商標の使用をする者の業務上の信用の維持を図り，もつて産業の発達に寄与し，あわせて需要者の

利益を保護することを目的」として，商標の権利保護を図ることにしている（1条）。

2 商標権の取得

① 登録主義

商標の使用の事実がなくとも，出願の上，登録により商標権の成立を認める法制がある。

使用主義と登録主義

これを「登録主義」という。これに対して，商標は使用によりはじめて信用・グッドウィルの担い手たり得るものであるので，商標が現実に使用されている事実に着目して商標権の成立を認める法制がある。これを「使用主義」という。後者の法制度を採るものとして，歴史的にはかつてのフランス法，イギリス法，アメリカ法等がある。こうした法制のもとにおいては同様な商標が複数の主体によって使用されている事実がある場合に，流通秩序の観点から最先の使用者に対して優先的な地位を認めて排他的独占権を与えざるを得ない。これを「先使用主義」という。商標法は流通秩序との関わりにおいて商標が有する機能を保護するものである。使用主義は，その意味で合理性があるが，排他的独占権を付与する際に，だれが最も早く商標の使用を開始したのかが争いとなった場合に，その時間的前後関係を確定することは非常に困難で問題も多い。そのため使用主義を採用する諸国でも，たとえばアメリカ連邦商標法のように，登録制度を導入し，登録に先使用の通知の擬制や，一定期間後の不争効等の効力を与えて弊害を除去している。わが国の商標法は，使用する意思さえあれば出願に基づく登録により商標権の発生を認める「登録主義」を採用している。

② 審査主義

　わが国では権利の安定性および信頼性という観点から，出願のあった商標について，保護に値する実体要件を具備しているかどうかを審査し，登録の上で商標権の成立を認めている。これを「審査主義」という。

```
┌──────────────────┐
│    出　　願    ）
└──────────────────┘
```

(1)　**出願書類**　　商標登録を受けようとする者は，願書に①商標登録出願人の氏名または名称および住所または居所，②商標登録を受けようとする商標，③指定商品または指定役務とその区分を記載し，必要な書類を添付して特許庁長官に提出しなければならない（5条1項）。出願は一または二以上の商品または役務を願書において指定して，商標ごとになされなければならない（6条1項）。これを「一商標一出願主義」という。また願書において，出願する商標について指定する一または二以上の商品または役務は，政令で定める45類の区分に従って記載しなければならないが（同条2項；たとえば，「30類　紅茶」），指定商品または指定役務は同一の区分に属する必要はなく，多区分にわたって指定することができる。これを「一出願多区分制」という。

(2)　**商標等の記載**　　商標登録を受けようとする商標が，次のものであるときには，その旨を願書に記載しなければならない（5条2項）。すなわち①商標に係る文字，図形，記号，立体的形状または色彩が変化するものであって，その変化の前後にわたるその文字，図形，記号もしくは色彩またはこれらの結合からなる商標，②立体的形状（文字，図形，記号，立体的形状もしくは色彩またはこれらの結合と結合したものを含む）からなる商標（①に該当するものを除く），③色彩のみからなる商標（①に該当するものを除く），④音からなる商標，または⑤その他経済産業省令で定める商標である。⑤として位置商標がある（同項5号，商標施規4条の7）。

特許庁長官の指定する文字（標準文字）のみによって商標登録を受けようとするときも同様である（5条3項）。また，経済産業省令で定める商標とされるものとして，①動き商標，②ホログラム商標，③色彩のみからなる商標，④音商標および⑤位置商標については，経済産業省令で定めるところにより，その商標の詳細な説明を願書に記載し，または経済産業省令で定める物件を添付しなければならない（同条4項）。そして，これらの記載や添付物件は商標を特定するものでなければならない（同条5項）。立体商標を含め，これらの商標の願書における詳細な説明の記載は，例えばホログラム商標はホログラフィーその他の方法で変化の前後が特定されるような1または異なる2以上の図または写真により，音商標は文字もしくは五線譜またはそれらの組合せを用いて商標登録を受けようとする商標を特定するのに必要な事項を記載する（商標施規4条〜4条の6）。また，経済産業省令で定める添付物件としては，登録を受けようとする商標について特許庁長官が定める方式に従って記録した光ディスクとされており（商標施規4条の8第3項），例えば音商標につき，一定の楽器で演奏された音声ファイルを光ディスクに記録したものが，これに当たる。

さらに願書に記載した商標で，商標登録を受けようとする商標を記載する欄の色彩と同一の色彩の部分は，その商標の一部でないものとみなされる。しかし色彩を付すべき範囲を明らかにして，その欄の色彩と同一の色彩を付すべき旨を表示すれば，その部分は商標の構成要素としての色彩とされる（5条6項）。

団体商標（*Column*⑨参照）については，一般社団法人その他の社団（法人格を有しないものおよび会社を除く）もしくは事業協同組合その他特別の法律により設置された組合（法人格を有しないものを除く），またはこれらに相当する外国法人が，構成員に使用させる商標について団体商標の登録出願をすることができるが（7条1項），このときには出願する法人は所定の法人であることを証明する書面を提出しなければ

ならない（同条3項）。

Column⑨　団体商標 •••••••••••••••••••••••••••••••

　たとえば地域または業界の活性化を図るために，ある地域または業界に属する同業事業者が，各々の生産する商品に共通の商標を付して，その地域の特産品または業界の産品を売り出すことができれば便利である。そこで平成8（1996）年改正で，複数の事業者が構成員となった団体が商標を取得し，その団体が商標登録を受けたものにつき，団体の構成員である事業者が使用できる団体商標制度を導入した。パリ条約7条の2において保護が義務付けられており，マドリッド・プロトコルでも保護が許容されている。

　なお，平成17（2005）年の商標法改正により導入された地域団体商標も，この団体商標の枠組みを用いたものである。*Column⑩*を参照のこと。

•••

　地域団体商標（*Column⑩*参照）についても，事業協同組合その他特別の法律により設置された組合（法人格を有しないものを除き，当該特別の法律において正当な理由がないのに構成員たる正当な資格を有する者の加入を拒み，またはその加入につき現在の構成員よりも困難な条件を付してはならない旨の定めのあるものに限る），商工会，商工会議所もしくは特定非営利活動促進法2条2項の特定非営利活動法人またはこれらに相当する外国の法人（「組合等」という）が出願でき，出願人は組合等であることを証明する書面と，出願に係る商標が商品・役務と密接な関連性を有する地域の名称を含むことを証明する書面を提出しなければならない（7条の2）。商工会，商工会議所，特定非営利活動法人（NPO法人）や外国の組合等の出願資格は，平成26（2014）年改正により拡大された。

Column⑩　地域団体商標と地理的表示（<u>G</u>eographical <u>I</u>ndication）の保護 ••••

　産品の確立した品質，特性や社会的評価が，それを生産する地方や地域に帰せられる場合において，その産品の地域名称を「地理的表示（GI）」という。商標法による「地域団体商標」の保護は，この地理的表示に商標権という権利を与えることによって保護するものである。世界貿易機関を設立するマラケシュ協定附属書1Cによるワインや蒸留酒の地理的表示の保護に

GIマーク

ならい地域の名産品を保護するものである。地域団体商標は地域名と商品・役務の名称からなる商標であって，事業協同組合その他の特別の法律により設立された組合，商工会，商工会議所，一定NPO法人またはこれに相当する外国法人等

が，その構成員に使用させる商標で，周知性および地域名と商品・役務との密接関連性等を有するものについて商標登録を認めるものである。これには①地域の名称および商品・役務の普通名称からなる商標（例：〇〇みかん），②地域の名称および商品・役務について慣用されている名称からなる商標（例：〇〇織，〇〇牛）および③①または②に商品の産地または役務の提供の場所を表示する際に付される文字として慣用されている文字が加わった商標（例：本場〇〇焼）の3種のものがある（7条の2第1項）。

　この商標法上の地域団体商標の保護とは別に，農林水産物の地理的表示を保護するために平成26（2014）年には「特定農林水産物等の名称の保護に関する法律」（法84号）が制定されている。「特定農林水産物等名称保護法」あるいは「地理的表示法」と称せられるものである。この法律は，農林水産物，飲食料品，農林水産物を原料または材料として製造，加工した一定のもの（「特定農林水産物等」という）について，その確立した特性等がその生産地に帰せられる場合において，その生産地の生産行程管理業務を行う生産者団体が農林水産大臣に対して当該生産地の特定農林水産品等の地理的表示の登録申請を行って登録を受けることにより，当該生産者団体またはその構成員である生産業者が，当該特定農林水産物等またはその包装に登録された地理的表示と農林水産省令で定める登録標章（いわゆる「GIマーク」）を付し，付したものを譲渡し，引き渡し，譲渡もしくは引渡しのために展示し，輸出し，または輸入等することができ，他方，その他の何人も当該特定農林水産物等またはその包装に登録された地理的表示またはそれに類似する表示およびGIマークを付し，また，農林水産物等の輸入業者が登録地理的表示またはそれに類似する表示やGIマークの付された輸入にかかる農林水産物等を譲り渡し，譲渡しの委託をし，または譲渡しのための陳列をすることも禁じられることによって（3条・4条），当該特定農林水産物等についての地理的表示を保護するものである。商標法のように権利を与えるものではなく，農林水産物や飲食料品等に限られているために，地域団体商標で保護され得る工業製品は含まれず，さらに民事的救済手段はないが，農林水産大臣は違反者に対して地理的表示またはそれに類似する表示およびGIマークの除去や抹消その他必要な措置を命じることができ（5条），違反者には刑罰の適用もあり得る（39条・40条）。現在登録されている例として「神戸ビーフ」や「夕張メロン」等がある。地域振興のために，この制度が商標法の地域団体商標とともに活用されることが期待される。

出願日の認定

　　　　　　　　出願がなされると，特許庁長官は，商標登録に係る願書を提出した日を商標登録出願の日と認定しなければならない（5条の2第1項）。もっとも，特許庁長官は出願について方式審査を行うので，瑕疵があれば期間を指定して補正

を命じ，出願人が補正して瑕疵が治癒されればよいが，そうでなければ出願を却下する（77条2項による特17条3項の準用）。また，瑕疵が補正することができないものについては，出願人にその理由を通知し，相当の期間を定めて弁明書を提出する機会を与えて出願を却下する（77条2項による特18条の2の準用）。ただし，後者の場合でも，特許庁長官は，商標登録出願が次の4つに該当する場合は特許庁長官は出願を却下せずに，出願人に補完すべき旨を命じなければならない（5条の2第1項・2項）。すなわち，①商標登録を受けようとする旨の表示が明確でないと認められるとき，②商標登録出願人の氏名もしくは名称の記載がなく，またはその記載が商標登録出願人を特定できる程度に明確でないと認められるとき，③願書に商標登録を受けようとする商標の記載がないとき，および④指定商品または指定役務の記載がないときである。そして，この補完命令に応じて出願人が手続補完書を提出して補完すれば，手続補完書が提出された日が商標登録出願の日として認定される（同条4項）。いずれにしても出願により，「商標登録出願により生じた権利」が発生し，この権利の承継および承継の効果については，特許出願後の特許を受ける権利の承継および承継の効果に準じて取り扱われる（13条2項による特33条および特34条4項〜7項の準用。商標登録出願により生じた権利についても特33条が準用される）。

先願主義

同一または類似する商品または役務について使用する同一または類似の商標について異なった日に二以上の商標登録出願があったときには最先の出願人のみが商標登録を受けることができる（8条1項）。これを先願主義という。もっとも特許法等とは異なり商標法の先願主義は出願人が異なる場合にのみ適用があり，同一出願人による複数の出願についてはいずれも登録される。ただし，同一出願人であっても同一の指定商品または役務について使用する同一の商標に係る二以上の出願については後願は登録されないと考えられる。

次に同一または類似の商品または役務について使用する同一または類似の商標に係る二以上の出願が同日になされたときには同日出願とされて先願主義が働かず，出願人の協議で定めた一の出願人のみが商標登録を受けることができる（同条2項）。特許庁長官は，この場合，相当の期間を指定して協議をし，その結果を届け出るべき旨を出願人に命じなければならず（同条4項），協議が成立せずまたは指定期間内に届出のない場合には，特許庁長官が行う公正な方法によるくじにより定めた一の出願人のみが商標登録を受けることができる（同条5項）。もっとも同一の商標について2つの同日出願がなされた場合に，当事者の協議や特許庁長官によるくじがなされることなく，双方とも重複登録されたときでも，8条2項および同条5項違反の無効理由にはならないとする判例がある（知財高判平19.4.26判タ1238号282頁〔がんばれ受験生事件〕）。なお，出願の放棄，取下げおよび却下や，商標登録出願についての拒絶すべき旨の査定または審決の確定によって，先願の地位は，出願そのものが最初からなかったものとみなされて喪失する（同条3項）。

出願の特例

(1) **博覧会出品**　政府等が開設する博覧会であって特許庁長官の定める基準に適合するもの等に出品した商品または出展した役務について使用した商標については，出品または出展した者がその日から6カ月以内にその商品・役務を指定商品・指定役務として商標登録出願した場合には，出願は，その出品または出展の時にしたものとみなされる（9条1項）。このとき，その旨を記載した書面を商標登録出願と同時に特許庁長官に提出し，かつ，出願日から30日以内に出願に係る商標および商品・役務が出品・出展に係るものであることの証明書を提出しなければならない（同条2項）。ただ，証明書を提出する者が30日の期間内に提出することができないときは，その期間が経過した後であっても，経済産業省令で定める期間内に限り（2カ月；商標施規6条の2第2項），経済産

業省令で定めるところにより（一定様式による期間延長請求書を提出する；商標施規6条の2第3項），その証明書を特許庁長官に提出することができる（9条3項）。また，証明書を提出する者がその責めに帰することができない理由により，この経済産業省令で定める期間内にも提出することができないときは，その理由がなくなった日から14日（在外者にあっては，2カ月）以内で，その期間の経過後6カ月以内に証明書を特許庁長官に提出することができる（同条4項）。

(2) **優先権の主張を伴う出願**　パリ条約（第22章3①参照）4条C(1)によれば，商標については第1国出願から6カ月以内であれば，第2国で優先権の主張をして出願することで，第1国の出願日が優先日として認められる。これを受けて商標法は，特許法43条の規定を読替え準用する（13条）。ただ，パリ条約は商品商標を念頭においているために，わが国の商標法は役務商標にも適用を拡大している（9条の2）。ただ，特許法と異なって商標登録出願と同時に優先権主張書面を特許庁長官に提出しなければならない（13条による特43条1項の読替え準用）。また，優先権書類の期間内の提出および当該書類を期間内に提出しなかった場合や，さらに正当な理由により提出できなかった場合には，特許法上のパリ条約上の優先権の主張を伴う特許出願の場合と同様の効果および救済規定の準用がある（13条による特43条2項～4項および特7項～9項の読替え準用）。

　さらに，商標法は①日本国民またはパリ条約同盟国の国民が，WTO加盟国または商標法条約（TLT。第22章3④参照）締約国でした出願，②WTO加盟国の国民または商標法条約締約国の国民が，パリ条約同盟国，WTO加盟国または商標法条約締約国でした出願に基づきわが国でなされる出願の際にパリ条約の例による優先権の主張を認めている（9条の3）。加えて，相互主義の観点から，パリ条約同盟国，WTO加盟国，商標法条約締約国のいずれにも該当しない国でも，日本国民に対し，日本国と同一の条件により優先権の主張を認める国

であって，特許庁長官の指定するもの（特定国）との関係では，パリ条約の例による優先権の主張が認められる（13条による特43条の3第2項の読替え準用）。これらについても，優先権主張書面および優先権書類の提出については，特許法上のパリ条約の例による優先権の主張を伴う特許出願の場合と同様の効果および救済規定の準用がある（13条による特43条の3第3項の読替え準用参照）。

(3) **出願の分割・変更**　商標登録出願が審査，審判もしくは再審に係属している場合，または拒絶審決に対する訴訟が係属している場合であって，76条2項の手数料（別表4号，3万円）が納付されている場合には，二以上の指定商品または指定役務を含む出願の一部を一または二以上の新たな商標登録出願に分割することができる。この場合，新たな出願はもとの出願の時にしたものとみなされる（10条）。また，出願についての査定または審決の確定前に，団体商標の登録出願を通常の商標登録出願または地域団体商標の商標登録出願に変更でき（11条1項），地域団体商標の商標登録出願は通常の商標登録出願または団体商標登録出願に変更することができる（同条2項）。もちろん通常の商標登録出願を団体商標の商標登録出願または地域団体商標の商標登録出願に変更することも可能である（同条3項）。この場合，もとの商標登録出願は取り下げたものとみなされる（同条5項）。さらに防護標章登録出願（本章11参照）を商標登録出願に変更すること，または商標登録出願を防護標章登録出願に変更することも可能である（12条・65条）。この場合も，もとの防護標章登録出願または商標登録出願は取り下げたものとみなされる（12条3項および65条3項による11条5項の準用）。

| 出願公開 |

出願に係る商標は，商標登録がなされれば排他的独占権として，他人が同一または類似の指定商品または指定役務につき，登録商標またはそれに類似する商標を使用することを排除する効力を持つ（25条・37条1号）。そのため出

願された商標についてはなるべく早期に公開し，商標の使用をなす第三者が現れないように一般に回避の契機を与えなければならない。そこで商標登録出願があったときには，特許庁長官は，願書に記載された商標等を商標公報に掲載して出願公開をしなければならない（12条の2）。

金銭的請求権

出願人は，商標登録出願をした後に，出願に係る内容を記載した書面を提示して警告したときは，その警告後商標権の設定登録前に，当該出願に係る指定商品または指定役務について当該出願に係る商標を使用した者に対し，その使用により生じた業務上の損失額に相当する金銭の支払を請求することができる（13条の2第1項）。警告は特許出願の場合のように出願公開後になされる必要はなく，商標登録出願後になすことができる。もっとも出願日前に先使用者が存在する場合に先使用権が抗弁として提出されれば，この先使用者に対しては金銭的請求権は行使できないと考えられる。また金銭的請求権は，商標権の設定登録があった後でなければ行使することができない（同条2項）。もっとも商標権の行使を妨げるものではない（同条3項）。

3 登録要件・実体審査

① 積極的要件

自他識別力要件

商標は，自己の業務（団体商標または地域団体商標にあっては自己またはその構成員の業務）に係る商品・役務について使用するものであるが，登録主義を採るわが国の商標法においては現実に使用している場合だけではなく，使用する意思さえあれば出願の上，登録を受けることができる（3条1項柱書。TRIPs 15条3項）。また商標は，その本質として自他識別力を有するこ

とが前提である。もっとも商標法は，商標につき自他識別力を捨象して定義し（2条1項），これをむしろ登録のための要件とし，しかも明示的には自他識別力のない場合を以下のごとく挙げて規定している（3条1項1号～6号）。これらの判断基準時は査定または審決時である。

①その商品・役務の普通名称を普通に用いられる方法で表示する標章のみからなる商標（1号）。たとえばチョコレートにつき「チョコレート」や，運送業につき「宅配便」など。

②その商品・役務について慣用されている商標（2号）。慣用商標といわれ，清酒に「正宗」，興行場の座席手配に「プレイガイド」など。

③その商品の産地，販売地，品質，原材料，効能，用途，形状（包装の形状を含む），生産もしくは使用の方法もしくは時期その他の特徴，数量もしくは価格，またはその役務の提供の場所，質，提供の用に供する物，効能，用途，態様，提供の方法もしくは時期その他の特徴，数量もしくは価格を普通に用いられる方法で表示する標章のみからなる商標（3号）。記述的商標といわれるもので，かに缶に「かに」の絵，シャツに「Men's wear」，運輸業につき「翌日配達」，ライターに「100円」など商品・役務の属性について記述するのみで自他識別力がなく，何人も使用する必要があるために独占適性が認められないものである。最近の判例においては，ミネラルウォーターを含む指定商品につき「超ミネラル」（知財高判平24.2.15裁判所HP〔超ミネラル事件〕），壺型の容器に入れられたプリンに使用する場合には，「壺プリン」（知財高判平24.11.29判例集未登載〔壺プリン事件〕），レコード等につき「LADY GAGA」（知財高判平25.12.17裁判所HP〔LADY GAGA事件〕）がある。

④ありふれた氏または名称を普通に用いられる方法で表示する標章のみからなる商標（4号）。50音別電話帳等でかなりの数を見る伊藤，斉藤，鈴木などの氏（その仮名やローマ字表記も含む）や，ありふれた商号，屋号，雅号，法人名，団体名およびこれらの略称など。

⑤極めて簡単で，かつ，ありふれた標章のみからなる商標（5号）。一直線，波線，輪郭として普通に用いられる△，□，○，◇などの図形，ローマ字1字もしくは2字，ローマ字1字にその音の仮名文字を併記したもの，数字や1桁または2桁からなる数字の音を仮名で表記したものなど。最近の判例として，黒塗り長方形の中に「AJ」の欧文字の白抜きにした構成からなるもの（知財高判平20.3.27裁判所HP〔AJ事件〕）や「AO」（知財高判平24.10.25裁判所HP〔AO事件〕）が本号に該当するとされている。

⑥以上のほか，需要者が何人（なんびと）かの業務に係る商品・役務であることを認識することができない商標（6号）。単なるスローガンや，喫茶店につき「蘭」など。最近の判例としては，宝飾品につき「BOUTIQUE 9」（知財高判平22.1.27判時2083号142頁〔BOUTIQUE 9事件〕），化粧品や衛生用品等につき右手にスプレーを持ち，首筋から背中にかけてスプレーを噴霧して，薬剤を使用している人物の様子を表した図形からなる商標（知財高判平25.1.10判時2189号115頁〔スプレー商標事件〕）や「ECOLIFE」（知財高判平25.11.14裁判所HP〔ECOLIFE事件〕）が本号に当たるとし，反対に「RAGGAZZA」は，イタリア語で少女は意味する「RAGAZZA」と相違し，何ら特定の意味を有しない造語であるとして本号には当たらないとした（知財高判平25.9.30裁判所HP〔RAGGAZZA事件〕）。

もっとも，以上の③から⑤に該当する場合でも，使用の結果，自他識別力を有するに至った商標は商標登録を受けることができる（3条2項）。たとえば自動車のHONDAやGMなどがそうである。

判例としては，レゴのブロックおもちゃの図形商標について3条1項3号に該当するが，使用により自他識別力が認められるとした例（東京高判平13.2.28判時1752号129頁〔レゴブロック図形商標事件〕），さらにはサントリーのウィスキーにつき「角瓶」なる商標がやはり3号に当たるが，使用による自他識別力が認められるとしたもの（東京高判平

14. 1. 30 判時 1782 号 109 頁〔サントリー角瓶事件〕）や，あずきを加味した菓子「あずきバー」につき 3 号に該当するが，使用の結果としての自他識別力の獲得を認めたものがある（知財高判平 25. 1. 24 判時 2177 号 114 頁〔あずきバー事件〕）。逆に，宝焼酎の「純」につき，使用の結果，自他識別力を有するに至ったと主張して出願されたが，「宝焼酎純」などとして一体として使用されてきており，「純」だけでは自他識別力を有するには至っていないとされた例がある（東京高判平 4. 12. 24 判時 1471 号 143 頁〔宝焼酎純事件〕）。また，上記サントリー角瓶事件においても，角瓶の立体的形状のみについては自他識別力の獲得が否定されており，まんじゅう「ひよ子」の立体的形状につき，一度自他識別力が認められて登録された後，全国的な周知性を獲得しておらず，使用による自他識別力の獲得が認められないとして登録無効理由があるとされた事例もある（知財高判平 18. 11. 29 判時 1950 号 3 頁〔ひよ子事件〕）。

立体的形状

実際，従来，立体商標については広告人形等の登録が認められた例がわずかであり，特許庁の取扱いとしては商品またはその容器の形状については商品の美感または機能のために選択されるため，それらとは全く関係のない特異な特徴ではないものは，商品の基本的な機能，美感を発揮されるための範囲内の形状で，普通に用いられる方法で表示するものにすぎないとされて，多くのものについて自他識別力を欠くとされた。また，使用による識別力の獲得についても，商品形状は文字商標とともに使用されることが多く，その立体的形状のみでは需要者において何人の業務に係る商品であることが認識できるようになったものとは認めがたいと判断される事例が大多数であった。

　そうした中，近時，懐中電灯マグライトの形態（知財高判平 19. 6. 27 判時 1984 号 3 頁〔懐中電灯マグライト事件〕）続いてコカコーラのボトルの形状（知財高判平 20. 5. 29 判時 2006 号 36 頁〔コカコーラ・ボトル商標事件〕），ヤクルト容器の形状（知財高判平 22. 11. 16 判時 2113 号 135 頁〔ヤクルト容

事件〕。以前の反対の趣旨の判例として東京高判平 13.7.17 判時 1769 号 98 頁〔ヤクルト容器事件〕参照），さらにはジャン・ポール・ゴルチエがデザインした女性の胴体をかたどった香水瓶の形状（知財高判平 23.4.21 判時 2114 号 9 頁〔ジャン・ポール・ゴルチエ香水瓶第 1 事件〕）やハンス・J・ウェグナーが 1950 年にデザインした椅子の形状（知財高判平 23.6.29 判時 2122 号 33 頁〔Y チェア事件〕）について使用による自他識別力の獲得を肯定した判例が出た。さらには 4 種の魚介類の形をあしらった板状チョコレートの形状について知財高判平 20.6.30（判時 2056 号 133 頁〔板状チョコレート事件〕）は新規で特徴があり，識別力があるとした。もっとも，ジャン・ポール・ゴルチエがデザインした男性の胴体をかたどった香水瓶の形状（知財高判平 23.4.21 判時 2114 号 26 頁〔ジャン・ポール・ゴルチエ香水瓶第 2 事件〕）や三宅一生の提案に係る水滴状の香水瓶の形状について，形状がシンプルで，類似または酷似の香水瓶が存在することに照らし，使用の結果としての自他識別力を獲得を否定した判例もある（知財高判平 23.4.21 判時 2114 号 19 頁〔三宅一生香水瓶事件〕）。平成 26（2014）年改正により色彩のみからなる商標や音商標が認められるに至っているが，たとえば単色や短いメロディーからなるものについて，自他識別力の有無や，使用による自他識別力の獲得が問題となることが，今後多くなると予測される。

Column⑰ 立体的形状等の商標 ◆━◆━◆━◆━◆━◆━◆━◆━◆━◆━◆━◆

　実用品として商品やその容器の立体的形状については，理論的には 3 条 1 項 3 号および商品やその容器の特徴のみからなる商標を不登録事由としている 4 条 1 項 18 号と 3 条 2 項との関係をどのように捉えるべきか，加えて不正競争防止法上の商品形態の商品等表示としての取扱いとの関係が問題になり得る。また，商品・容器の立体的形状について，そのものとして，また，使用の結果として自他識別力を獲得したとして商標登録を認めて商標権を付与するとしても，やがてはその種類の普通の商品・容器の立体的形状となり，自他識別力を喪失することも考えられる。このときに 26 条の権利制限規定で対処するだけではなく，そもそもこのような普通形状化の場合には，後発的な無効理由として商標登録を無効とすることも検討されてよい。

地域団体商標 平成 17（2005）年の商標法改正により導入された地域団体商標は，地域の名称と商品・役務の名称からなるものであり，本来識別力を有しないが，地域産業の活性化等の政策的観点から，使用により周知性（隣接都道府県に及ぶ程度のもの）を有するに至ったものについて組合等がその構成員に使用させる場合に商標登録を認めるものである。したがって，地域団体商標が自他識別力を有しない場合で，地域団体商標が上記①の商品・役務の普通名称を普通に用いられる方法で表示する標章からなるときや，②の商品・役務の慣用商標に該当するときには登録を受けることはできないが，他方，上記③〜⑥に該当しても，地域団体商標の固有の登録要件を満たせば登録には支障のないものとなっている（7条の2）。なお，地域団体商標の有すべき周知性については，構成員でない第三者による自由な使用を制限してまでも保護に値する信用の蓄積があるか，または，第三者による便乗使用のおそれがある程度に信用の蓄積されている商標である必要があるとして，「喜多方ラーメン」という商標につき周知性を欠くとした審決を維持した判例がある（知財高判平22.11.15判時2111号109頁〔喜多方ラーメン事件〕）。

さらに平成26（2014）年改正により外国における地域の特産品を地域団体商標として出願することも明文の規定をもって認められるようになった。

Column⑫ コーヒー豆産地名の商標登録

無効審判の事例ではあるが，エチオピア産コーヒー，コーヒー豆に関し，本件商標である YIRGACHEFFE（イルガッチェフェ）および SIDAMO（シダモ）は，そのコーヒーまたはコーヒー豆の産地名であるが，取引者・需要者は，コーヒーまたはコーヒー豆の銘柄または種類，すなわち，エチオピア産（またはエチオピアのシダモ地方イルガッチェフェ地産）の高品質のコーヒー豆またはそれによって製造されたコーヒーを指すものと認識すると認められ，自他識別力を有するものであるとし，商標権者であるエジプト政府による品質管理の下で輸出されたコーヒー豆または製造されたコーヒーについて用いられている限り，その独占使用を認めることを公益上適当としないということはできないとした知財高判平22.3.29の同日4つの判決がある（裁判所HP〔YIRGACHEFFE事件〕および

〔SIDAMO 事件〕)。これらの判例は産地名であれ，ブランドとして自他識別力が認められれば，外国のものであれ，また，出願人として適格性が認められれば，通常の商標登録が可能であることを示している。

② 消極的要件

不登録事由

商標が自他識別力を有するとしても，公益的観点，その他一定の私益保護の観点から商標登録が認められない不登録事由が4条1項1号〜19号に規定されている。これには1号〜7号，9号，16号および18号の公益保護からの規定と，8号，10号〜15号，17号，19号の私益保護からの規定がある。

①国旗，パリ条約同盟国等の紋章・記章等と同一・類似の商標（1号〜6号）——これらは国，公共団体または国際機関等の尊厳，威信，権威の尊重と保護を目的とし，私人による独占を認めることになじまないからである。1号の勲章，褒章または外国の国旗は，現に存在するものに限る。勲章には文化勲章等，褒章には紫綬褒章等が該当する。2号のパリ条約同盟国，WTO加盟国および商標条約締約国の紋章その他の記章等はパリ条約6条の3において国の紋章等の登録を拒絶しまたは無効とすることを受けた規定であり，WTO加盟国および商標法条約締約国にも拡大したものである。3号の国際連合その他国際機関の標章で経済産業省令で定めるものとしては，国連の旗やUNESCO等が当たる。もっとも①自己の業務に係る商品・役務を表示するものとして需要者に広く認識されている商標または類似の商標であって，その商品・役務に使用する商標，または②国際機関の略称を表示する標章と同一・類似の商標で，その国際機関との関係の誤認が生じない商品・役務に使用する商標は登録され得る（3号イ，ロ）。

4号の赤十字等の標章および名称は，赤十字標章その他赤新月また

は赤のライオンおよび太陽の標章等の特殊標章のことをいい，法律で使用が禁止されているものであり，かつ，緊急時の混乱を助長するもので商標登録をすることが不適切であるからである。5号の日本国またはパリ条約同盟国，WTO加盟国もしくは商標法条約締約の政府または公共団体の認証・証明用の印章・記号で経済産業省令で定めるものとしては，外国のものでは貴金属製品についてのスイスの監督用印章，チーズおよびバターについてのオランダの監督用印章等がある。6号の公益団体または公共事業で営利を目的としないものの標章であって著名なものとしては，大学等の学校法人，IOC，JETRO，YMCA等が前者に該当し，また，後者に該当するものとしてNHK，OLYMPIC等や，公共団体の営む水道事業，市営地下鉄，市バス等がある。ただし，当該団体または事業者本人が出願する場合には登録は可能である（同2項）。これは一向に差し支えないばかりか，他人が無断で使用する場合には排除することを認めるのが適切であるからである。一私人が技芸，スポーツまたは知識の教授等につき，審決時に現に存在していた政党団体「東京維新の会」の商標登録出願をしたところ，公益団体で営利を目的としないものの標章に当たるとした判例がある（知財高判平26.9.11裁判所HP〔東京維新の会事件〕。同旨判決として知財高判平26.9.17裁判所HP〔日本維新の会事件〕）。なお，5号，6号は出所混同防止の趣旨もある。

　②公序良俗を害するおそれのある商標（7号）——商標の構成自体が矯激，猥褻な文字図形からなるものや，そうでなくとも指定商品・指定役務について使用することが社会の公共の利益に反しまたは社会の道徳的観念に反するものをいう。また，法律でその使用が禁止されているものや，特定の国または国民を侮辱したり一般の国際信義に反するものもこれに当たる。後者の例として古くは「征露丸」がある。最近では，「シャンパンタワー」の文字を横書きしてなり，指定役務を「飲食物の提供」等とする商標につき，フランスのシャンパーニュ

地方における酒類製造業者の利益のみならず，法律により「CHAMPAGNE」の名声等を保護してきたフランス国民の国民感情を害し，わが国とフランスの友好関係にも影響を及ぼしかねないものであり，国際信義に反するとした判例がある（知財高判平24.12.19判時2182号123頁〔シャンパンタワー事件〕）。差別的もしくは他人に不快な印象を与えるような文字または図形も公序良俗に反するとされる。

　その他，出願経緯に社会的相当性を欠くものがあり，登録を認めることが商標法の予定する秩序に反する場合も7号に該当する（東京高判平11.11.29判時1710号141頁〔母衣旗事件〕）。小説の主人公の名前である「ターザン」の商標につき顧客吸引力を有すること，その商業的価値の維持管理に努めている著作権管理団体が存在するところ，それと何ら関わりのない者の得た登録商標につき，独占を許すことは相当ではないこと，また，指定商品との関係で顧客吸引力がなくとも，国際的信義に反するとして7号に該当するとした判例がある（知財高判平24.6.27判時2159号109頁〔ターザン事件〕）。同様な事案として，「Anne of Green Gables」（赤毛のアン）の文字からなる商標についての知財高判平18.9.20（裁判所HP〔Anne of Green Gables商標事件〕）。また，「極真会館」という空手を指導教授する団体の出所を示す標章につき，創設者の死亡後，一派の団体で極真会館とは継続性および同一性がない団体の代表者となった者が，極真会館の代表者であった時期に事前に内部の承認を得ることなく商標登録出願の上，登録を得た商標について，出願経緯に照らし，商標法の予定する秩序に反するとして，7号に該当するとされた判例がある（知財高判平18.12.26裁判所HP〔極真会館商標事件〕）。

　もっとも，7号を私的領域に拡大解釈することは，商標登録の適格性に関する安定性および予測可能性を著しく損なうことから特段の事情のあるほかは許されず，8号，10号，15号，19号への該当性の有無と密接不可分の事情については，もっぱら当該条項の該当性によっ

て判断すべきだとする判例がある（知財高判平20.6.26判時2038号97頁〔CONMAR商標事件〕）。確かに個別条項の適用で済むところ，一般条項を持ち出すことは，長期的には個別条項の内実を不透明とする危険性があり，一面，もっともな判決である。しかし，私的利害が問題となる商標登録出願であっても，それが出願経緯に照らして，商標法の予定する秩序に反するとみられる場合には，私的領域とともに，同時に，それを超える商標法上の公序が問題となり得るのであって，それが認定できる個別事案においては，硬直的な解釈をすることなく，登録の拒絶理由として他の個別理由とともに挙げられているときは，7号をも併せて拒絶理由としてよいように考えられるし，また，7号が無効審判や侵害訴訟の無効理由として主張され，それを証明できるときには無効理由としても差し支えないように考えられる。

　故人の著名性にただ乗りするためにその氏名の商標登録を出願したり，または著名な著作物にただ乗りするために，そのタイトルや著作権侵害をしたキャラクターの図柄を出願することも7号に当たるであろう。むしろ無効理由として主張されることに意義があろう。

　③他人の肖像または氏名・名称や著名な雅号・芸名・筆名，またはこれらの著名な略称を含む商標（8号）——肖像権および氏名権等の人格権保護の観点からであり，ここでいう他人とは出願人またはその相続人以外の者を指し，法人を含む。たとえば他の会社の商号と同一の「末廣精工株式会社」という商標も，その承諾のない限りは，これに該当する（知財高判平21.5.26判時2047号154頁〔末廣精工株式会社商標事件〕。ただし，登録を拒絶されるからといって，直ちに使用できないわけではなく，他の会社が同一商号について商標登録を先に受けていても，商標権者以外の者でも，26条1項1号の自己の名称を普通に用いられる方法で使用する場合には，商標権の制限のもとで使用は可能である）。他方，自然人の場合には生存者を指し，特に氏名についてはフルネームをいい，氏または名のいずれか一方のときは本号の適用はない。また，ここで著名な略称に当たるか否

かは，指定商品・指定役務の需要者のみを基準として判断するのではなく，本人を指し示すものとして一般に受け入れられているか否かによる（最判平17.7.22判時1908号164頁〔国際自由学園事件〕）。さらに，他人の氏名・名称や略称等を「含む」商標に該当するかどうかを判断するに当たっては，単に物理的に「含む」状態をもって足りるとするのではなく，その部分が他人の略称等として客観的に把握され，当該他人を想起・連想させるものであることを要すると解すべきであるとされている（知財高判平21.10.20裁判所HP〔INTELLASSET商標事件〕。本件では「INTELLASSET」の商標に，著名な「INTEL」の名称を独立して認識することは困難というべきであるとした）。死者の肖像または氏名等は7号に該当し得る（東京高判平14.7.31判時1802号139頁〔ダリ事件〕）。

また，他人の承諾を得ているその氏名は明文により不登録事由から除外されているが，後日，承諾が正当に撤回されたり，また，承諾の契約等が正当に解除等されて解消した場合においては，その他人の氏名等の商標登録を維持することは，当該他人の人格権を侵害し，公序良俗に反するものとして後発的無効理由を有すると解すべきものと考えられる（46条1項6号参照）。

④政府開設の博覧会または外国で政府等もしくはその許可を受けた博覧会で特許庁長官が指定するもの標章と同一・類似の商標（9号）──博覧会の賞の権威を維持するとともに，品質の混同防止の趣旨があるが，その賞を受けた者が商標の一部としてその標章をその物品に使用することは問題ないので，例外としている。しかし，他方，賞そのものの登録を認めると賞を受けた者が何人かいる場合には，登録を受けた者以外は使用を排除され，同一または類似の商標を使用できなくなるので登録は認められない。

⑤他人の商品または役務との出所混同を惹起する商標（10号～15号。なお，13号は現在では削除されている）──出所混同防止の観点からの不登録事由である。まず，10号は登録を受けていないが周知商標に係

る商品・役務と同一・類似の指定商品・指定役務について同一・類似の出願商標につき不登録事由とする。周知商標を使用する者の既存の使用状態を尊重する先使用主義的な趣旨もある。ただ，すでに設立者も死亡し，かつ，すでに解散して存在しない会社の有していた商標ではあるが，現在においても周知著名で顧客吸引力のあるモズライトというエレキギターの商標につき，その事業を承継したと広告宣伝しているが，実際は無関係の第三者である商標権者の登録商標につき，出願または登録査定時において，元来の設立者または同人が設立した会社の製造するエレキギターの出所を表示するものと同一または類似するとして，10号に該当するとした判決がある（知財高判平20.8.28判時2032号128頁〔モズライト商標侵害訴訟事件〕。ただし，これは侵害訴訟で10号が無効理由として主張された事案である。これに対して，無効審決に対する審決取消訴訟判決については，知財高判平21.8.27判時2063号128頁〔モズライト商標無効審決取消訴訟事件〕）。しかし，10号を私益を保護する不登録事由であるとすると，すでに保護の利益を受けるべき主体の存在しなくなった商標について，このように取り扱うことが妥当かは検討の余地がある。すなわち，10号は出所の誤認混同を回避するとする規定であるが，主体の消滅した周知商標の顧客吸引力が残存しているからといって同一または類似の商標の登録を拒絶したり，あるいはそれが登録された場合に無効としたとしても，結局は，複数の主体が，その商標を事実上使用することを排除するすべはなく，そのために当該周知商標が表示する元来の主体との誤認混同は不可避に生じてしまう。そうであるならば，むしろ，このような場合には原則である先願主義に戻り，先願出願人に登録を認めてよいのではないかとも考えられる（同日の数多くのインディアン・モトサイクル商標に関わる知財高裁判決の１つである知財高判平21.2.25判時2037号96頁〔インディアン・モトサイクル商標事件〕参照）。

　次に11号は，先願商標に係るものと.同一・類似の指定商品・指定役務について同一・類似の後願商標を不登録事由としたものである。

これは後願商標は先願主義との関係で登録を受けることはできないのが原則だが，先願商標でも登録されない限り先願の地位を失い，後願の順位が繰り上がるので，他人の先願商標の登録ある場合に限り，同一または類似の指定商品・指定役務についての同一または類似の後願商標について不登録事由としたものである。

なお，10号や11号などの出願商標と引用商標との類否につき混同のおそれの存否を判断することにおいて取引の実情が考慮されるべきものであるが，当該商標が現に，当該指定商品・指定役務に使用されている特殊的，限定的な実情に限定して理解されるべきではなく，当該指定商品についてのより一般的，恒常的な実情，たとえば，取引方法，流通経路，需要者層，商標の使用状況等を総合した取引の実情を含めて理解されるべきとされているが，判例にはばらつきがある。しかし，侵害訴訟においては，侵害時の具体的な取引の実情を考慮すべきものとされているところ（最判平9.3.11民集51巻3号1055頁〔小僧寿し事件〕），登録時においても商標が使用されている限りにおいては，商標の信用を保護するという商標法の趣旨からは，10号や11号において，侵害時と同様に登録時において，使用商標の具体的な取引の実情が明らかである限りにおいては，これを考慮する必要性はあり，判例が区々であるのも，そのような点から理解できるように考える（知財高判平19.11.28判例集未登載〔Shoop商標事件〕参照）。

12号は他人の登録防護標章と同一の商標で，その防護標章登録に係る指定商品・指定役務について使用するもの，14号は種苗法により品種登録を受けた品種の名称と同一・類似の商標で，その品種の種苗またはこれに類似する商品・役務について使用するものを不登録事由としている。

15号は，10号～14号までに該当する場合以外で，他人の業務に係る商品・役務と混同を生じるおそれのある商標につき，指定商品・指定役務との関係を問題にすることなく商標登録を認めない一般規定で

ある。この場合，「混同を生ずるおそれ」とは，知財高判平23.3.3
（判時2116号118頁〔みずほ商標事件〕）によれば，当該商標をその指定役
務に使用したときに，当該指定役務が他人の役務に係るものであると
誤信されるおそれがある「狭義の混同」のみならず，当該指定役務が
上記他人との間にいわゆる親子会社や系列会社等の緊密な営業上の関
係または同一の表示による商品化事業を営むグループに属する関係に
ある営業主の業務に係る役務であると誤信される，「広義の混同」を
生ずるおそれがある場合の商標を含む。そして「混同を生ずるおそ
れ」の有無は，当該商標と他人の表示との類似性の程度，他人の表示
の周知著名性および独創性の程度や，当該商標の指定役務と他人の業
務に係る役務との間の性質，用途または目的における関連性の程度な
らびに役務の取引者および需要者の共通性その他取引の実情などに照
らし，当該商標の指定役務の取引者および需要者において普通に払わ
れる注意力を基準として総合的に判断されるべきであるとされる。

Column⑬ パロディ商標 ••

　　商標登録無効審判の審決取消訴訟に係るものであるが，「パロディ商標」に関
わる近時の興味深い事案として，「フランク三浦」（「浦」の漢字の右上の「丶」を
消去）の文字を手書き風に横書きしてなる本件商標に対して高級時計のブランド
である引用商標「フランク・ミューラー（FRANCK MULLER）」との類似性が
問題になったが，知財高判平28.4.12（判時2315号100頁〔フランク三浦事
件〕）は，一方の高級時計と他方の低価格時計の指向性の違いを認定した上で，
本件商標と引用商標とは称呼においては類似するものの，外観において明確に区
別し得，観念においても大きく異なる上に，称呼による識別性が外観および観念
による識別性を上回るともいえないから，本件商標と引用商標とが同一または類
似の商品に使用されたとしても，双方の商品が一定の緊密な営業上の関係もしく
は同一の表示による商品化事業を営むグループに属する関係にある営業主の業務
に係る商品であると誤信されるおそれがあるとはいえず，商品の出所につき誤認
混同を生じるおそれがないとして15号には該当しないとし，本件商標について
の審判による登録無効審決を取り消す旨判示をした。

　　同様に，シーサーの図形および「SHI─SA」の文字等からなる商標について，
「PUMA」ブランドの商標権者が商標登録異議申立てをした事案において，裁判
所は「SHI─SA」の商標権者の経営する沖縄総合貿易が主として沖縄県内の店
舗およびインターネットの通信販売で本件商標を付したTシャツ等を販売する

に止まっており，販売規模が比較的小規模である点などに鑑みると，本件商標登録には15号にいう「混同を生ずるおそれ」があるとはいえないなどとし，11号や19号のいずれにも当たらないとして登録取消決定を取り消した判例もある（知財高判平22.7.12判タ1387号311頁〔SHI—SA事件〕）。

　これに対して，図形および「KUMA」からなる本件商標と，「PUMA」ブランドの引用商標との類似性が問題になった事案において，取引者，需要者は，顕著に表された独特な欧文字4字と熊のシルエット風図形との組合せ部分に着目し，周知著名となっている引用商標を連想，想起して，当該商品が被告または被告と経済的，組織的に何らかの関係を有する者の業務に係る商品であるかのように，その出所について混同を生ずるおそれがあるから，本件商標は15号に該当し，また，本件商標は，引用商標に化体した信用，名声および顧客吸引力に便乗して不当な利益を得る等の目的をもって引用商標の特徴を模倣して出願し登録を受けたもので，商標法1条の商標法の目的に反し，公正な取引秩序を乱し，商道徳に反するものというべきであるから，公序良俗を害するおそれのある商標として7号に該当するとして登録無効審決を支持した判例がある（知財高判平25.6.27裁判所HP〔KUMA事件〕）。

　パロディ商標は，パロディであるだけに本家商標に依拠し，その特徴をある程度は取り入れたものとなり，本家商標を彷彿させるものとならざるを得ないが，パロディ自体は社会的に認められた表現行為であるので，パロディ商標だからといって，それだけを理由に商標法の目的に反し，公正な取引秩序を乱し，商道徳に反するものというべきであるから，公序良俗を害するおそれのある商標と判断されるべきではない。むしろパロディ商標とはいえ，本家商標との類似性による商品等の混同のおそれが問題にされるべきであろう。

⑥品質等誤認を惹起する商標（16号）——16号は商品の品質・役務の品質や質の誤認を生じるおそれがある商標を不登録事由とするものであるが，「品質」や「質」とは，産地，販売地，材料，種類，性能や効能，用途等の商品・役務の特性をいう。それが現実に存在すると否とにかかわらず，その有する品質等として需要者に誤認される可能性のある場合をいう。ただし，劣悪は問わない。指定商品・指定役務に該当する商品・役務がJISやJASの指定を受け，特許や実用新案等を取得しているかどうかに関わりなく，これらの文字・記号等を含む商標も本号に該当し得る。特許の文字を含む商標の場合を例にとれば，指定商品・指定役務に該当する商品・役務中に特許を取得していない商品・役務が含まれる可能性もあるし，特許を取得している商

品・役務があっても，商標権の存続期間中に特許が消滅する可能性も
あるからである。

　⑦日本国のぶどう酒・蒸留酒の産地のうち特許庁長官が指定するも
の，またはWTO加盟国のぶどう酒・蒸留酒の産地を表示する標章
のうち当該加盟国において当該産地以外の地域を産地とするぶどう
酒・蒸留酒について使用することが禁止されているものを有する商標
(17号)——TRIPs協定23条のぶどう酒および蒸留酒についての地理
的表示の保護規定を取り入れたものであり，たとえばシャンパン，ス
コッチ，薩摩焼酎等が該当する。

　⑧商品もしくはその包装または役務の当然に備える特徴のみからな
る商標(18号)——ここでいう「特徴」は，立体的形状，色彩，また
は音（役務にあっては，役務の提供の用に供する物の立体的形状，色彩または音）
とされている（商標施令1条）。たとえば，商品あるいは役務の提供に
供する物の機能からして，それが当然に備える立体的形状やその発す
る音が該当する。このようなものを商標権によって保護し，商標権者
にのみ独占的に使用することを認めると，その商品の生産販売や役務
の提供の独占を認めることになり，自由な競争が制限されて不適当と
考えられるので不登録事由としたものである。

　⑨他人の業務に係る商品・役務に係る国内または外国における需要
者の間に広く認識されている商標と同一・類似の商標で，不正の目的
（不正の利益を得る目的，他人に損害を与える目的その他の不正の目的をいう）を
もって使用する商標(19号)——国内または国際的に広く認識されて
いる商標を保護する趣旨の規定である。外国商標の場合には国際的信
義に反するとして，7号に該当し得る場合もある。国内商標に関わる
判例として，東長寺がはじめた墓地・納骨堂等を提供・管理する「縁
の会」と称する需要者に広く知られた事業で，外部業者に委託したと
ころ，委託契約終了後に当該業者が「縁の会」の商標登録出願をし，
登録を得たため，異議申立ての審理の結果，本号に該当するとして登

録取消しとなった審決を支持した知財高判平 28.12.8 (裁判所 HP〔縁の会事件〕) がある。

<table>
<tr><td>判断基準時</td><td>査定または審決時であるが，8 号，10 号，15 号，17 号または 19 号は出願時に該当しなけ</td></tr>
</table>

れば，不登録事由とされない (4 条 3 項)。

③ 実体審査

<table>
<tr><td>審　査</td><td>商標登録出願があったものは，すべて出願公開の上，実体審査がされる。この点，特許法</td></tr>
</table>

が出願審査請求を必要とするのとは異なる。特許庁長官は，審査官に商標登録出願を審査させなければならない (14 条)。特許法と同様に審査の的確性と確実性を確保するために一般からの情報提供制度が導入されている (商標施規 19 条)。

<table>
<tr><td>補　正</td><td>出願人は商標登録出願の手続が審査，審判または再審で特許庁に係属している間，より確</td></tr>
</table>

実な権利を取得したりまたは拒絶理由を回避したりするため，手続補正書を提出して補正をすることができるが (68 条の 40)，願書に記載した指定商品・指定役務または商標の補正は要旨を変更するものであってはならない。指定商品・指定役務を，非類似商品・非類似役務に変更したり，他の類似する商品・役務に変更したりすること，商標の文字，図形，記号を変更，追加，削除し，または色彩を変更することは要旨変更に当たる。要旨変更の補正は審査官が決定をもって却下する (16 条の 2)。これに対して，補正却下決定の謄本の送達のあった日から原則 3 カ月以内に補正後の商標等について新たな出願をすることができる。この出願があったときは手続補正書が提出された日に出願があったものとみなされ，もとの出願は取り下げたものとみなされる (17 条の 2 による意 17 条の 3 の準用)。もっとも，補正の却下決定に対しては，決定の謄本の送達のあった日から 3 カ月以内に補正の却下決定に

対する審判を請求することもできる（45条）。却下すべき要旨変更の補正が商標登録後に発見されたときには，その商標登録出願は補正について手続補正書を提出した時になされたものとみなされる（9条の4）。

拒絶理由通知

審査官は，審査において拒絶理由を発見したときは，商標登録出願を拒絶すべき旨の査定をするが，出願人に拒絶理由に対して適切な対処の機会を与えるために，まず出願人に対し拒絶理由を通知し，相当の期間を指定して意見書を提出する機会を与えなければならない（15条の2）。拒絶理由とされるものは以下のものである（15条）。

①(ア)出願に係る商標につき3条1項柱書に照らし，出願人の自己の業務に係る商品・役務について使用する商標とは認められず，または3条1項各号に該当して自他識別力を有しないとき，(イ)4条1項の不登録事由に該当するとき，(ウ)地域団体商標の商標登録出願が7条の2第1項に規定する登録要件を満たさないとき，(エ)8条2項もしくは5項により同日出願で登録できないとき——8条1項により最先の出願でない場合で，他人の先願商標が登録されているときは4条1項11号の不登録事由に該当し(イ)に含まれる——，(オ)商標権者等が不正使用等したために商標登録取消しが確定した後5年経過しないうちに，商標権者等であった者が，その登録商標に係る指定商品・指定役務またはこれに類似する商品・役務について，その登録商標またはこれに類似する商標の登録を出願したとき（51条2項〔52条の2第2項で準用される場合を含む〕，53条2項），(カ)77条3項で準用する特許法25条の規定により外国人が権利享有資格を満たさないとき（15条1号）。

②出願に係る商標が条約の規定により登録できないとき（同条2号）。

③出願が経済産業省令で定める商標としての動き商標，ホログラム商標，色彩のみからなる商標，音商標および位置商標のいずれかに係る場合において，5条5項に違反して願書の詳細な説明の記載や添付

物件が商標を特定するものではないときや，6条1項または2項に違反し，一商標一出願に違反するとき，または指定商品・指定役務が政令で定める区分ごとに区分されていないとき（15条3号）。

なお，審査官は，商標登録出願に係る商標につき，他人の先願商標が存在するが，未だ未登録で4条1項11号に該当しない場合でも，先願の他人の商標が登録されることにより4条1項11号の拒絶理由に該当することとなる旨を出願人に通知し，相当の期間を指定して意見書を提出する機会を与えることができる（15条の3）。出願人に早期に先願未登録商標の存在を知らせ，補正や別の商標を選択して新たに出願する等の対処をなす機会を与え，事業展開上の不都合を軽減するよう図る趣旨である。

拒絶査定に対する不服審判　拒絶理由の通知を受けた出願人は意見書を提出し，また，補正や出願の分割を行う等して，拒絶理由を解消するように対処することができる。しかし，それでも拒絶理由が解消されないときには拒絶査定がなされる。拒絶査定に対して不服のある出願人は，拒絶査定の謄本の送達のあった日から3カ月以内に拒絶査定不服審判を請求することができる（44条1項）。審判の審理については，特許法の規定が準用され（56条1項），審判の結果，拒絶査定を維持するべきと判断する場合は，審判請求は成立せずとの審決がなされる。これに不服があるときにはさらに知的財産高等裁判所に審決取消訴訟を提起することができる（63条）。他方，審判請求を理由があるとする場合は，商標登録をすべき旨の審決をすることができるが，拒絶査定を取り消して，さらに審査に付すべき旨の審決をすることもできる（56条による特160条1項の準用）。後者の場合，審決の判断は，その事件における審査官を拘束する（56条による特160条2項の準用）。なお，審決は審判事件ごとに確定する（55条の3本文）。

4 商標登録と登録異議申立て

商標登録

審査官は商標登録出願の日と認定された日から1年6カ月以内に拒絶理由を発見しないとき，または拒絶理由を発見したが解消されたときは商標登録すべき旨の査定をしなければならない（16条，商標施令3条1項）。拒絶査定に対する審判で，拒絶理由はないとされて商標登録すべき旨の審決がなされることもある。商標登録をすべき旨の査定または審決の謄本は出願人に送達され（17条による特52条の準用および56条による特157条3項の準用），これを受けて出願人が指定商品・役務の区分ごとに28,200円の登録料を30日以内に納付すると（40条1項・41条1項），商標権の設定登録がなされて商標権が発生し，一定の事項が商標公報に掲載されて公示される（18条）。なお，5年ごとの分割納付という制度が41条の2で規定されており，また登録料の納付と同時に商標登録出願に係る区分の数を減ずる補正が特別に68条の40第2項で認められている。また，商標法に関するシンガポール条約（STLT）に倣い平成27（2015）年改正により，登録料の納付につき期限経過後の納付の救済規定（41条3項・4項），分割納付につき，前期分割登録納付料の期限後の納付および後期分割登録料の期限後の追納を認める救済規定（41条の2第3項〜5項），さらには後期分割登録料の期限後の追納による商標権の遡及的回復の規定（41条の3）と，その間の商標権の制限規定が設けられている（41条の4）。

登録異議申立て

審査官だけではなく，一般公衆によるチェックによって審査の確実を期する手だてとして，商標登録が掲載された商標掲載公報が発行された日から2カ月以内に限り，だれでも登録異議申立てをすることができる。二以上の指定商

品・指定役務に係る商標登録については指定商品・指定役務ごとに登録異議申立てをすることができる（43条の2）。

　登録異議申立理由としては，①商標登録が3条，4条1項，7条の2第1項，8条1項，2項もしくは5項，51条2項（52条の2第2項で準用する場合を含む），53条2項，または77条3項で準用する特許法25条の規定に違反しているとき（43条の2第1号），②商標登録が条約違反のとき（同条2号）および③商標登録が経済産業省令で定める商標としての動き商標，ホログラム商標，色彩のみからなる商標，音商標および位置商標のいずれかに係る場合において，5条5項の規定に違反して願書の詳細な説明の記載や添付物件が商標を特定するものではない商標登録出願に対してされたとき（43条の2第3号）である。

　登録異議申立てについての審理は職権審理により，申立てのない理由についても審理できるが，申立ての理由とされていない指定商品・指定役務については審理できない（43条の9）。審判長は，取消決定をしようとするときは，商標権者および参加人がいれば参加人に対し取消理由を通知し，相当の期間を指定して意見書を提出する機会を与えなければならない（43条の12）。

　審判官は，登録異議の申立てに係る商標登録が，登録異議申立理由の一に該当すると認めるときには取消決定をしなければならない（43条の3第2項）。一部の指定商品・指定役務について登録異議申立理由があると判断するときには，その限度で一部取消をすることができると考えられる。取消決定に対して，不服のある商標権者は，特許庁長官を被告として，決定の謄本の送達があった日から30日以内に決定取消訴訟を知的財産高等裁判所に提起することができ（63条1項，同条2項による特178条2項から6項までの準用），さらに不服があれば最高裁判所まで上告して争うこともできる。取消決定が確定したときは，その商標権は初めから存在しなかったものとみなされる（43条の3第3項）。逆に，審判官が登録異議申立てに係る商標登録が登録異議申立理由の

一に該当すると認めないときには商標登録の維持決定をしなければならず（同条4項），これに対しては不服を申し立てることはできない（同条5項）。登録異議申立てについての決定は，登録異議申立事件ごとに確定するが，指定商品・指定役務ごとに申し立てられた登録異議申立てについては，指定商品・指定役務ごとに確定する（43条の14）。

5　無効審判

無効理由

万全を期したつもりの審査でも無効理由が事後に発見されることがある。そこで，このような場合は商標権の効力を否定するために無効審判を請求できる。登録異議申立てができる期間中でも請求できるが，審判の請求には利害関係を有する者のみが請求することができる（46条2項）。無効審判はとりわけ侵害訴訟の被告の対抗手段として利用される。

　無効理由は，次の7つである。①商標登録が3条，4条1項，7条の2第1項，8条1項，2項もしくは5項，51条2項（52条の2第2項で準用する場合を含む），53条2項，または77条3項で準用する特許法25条の規定に違反しているとき（46条1項1号）。②商標登録が条約違反のとき（同項2号）。③商標登録が経済産業省令で定める商標としての動き商標，ホログラム商標，色彩のみからなる商標，音商標および位置商標のいずれかに係る場合において，5条5項の規定に違反して願書の詳細な説明の記載や添付物件が商標を特定するものではない商標登録出願に対してされたとき（46条1項3号）。④商標登録が商標登録出願により生じた権利を承継しない者の商標登録出願に対してされたとき（同項4号）。⑤商標登録がなされた後に，商標権者が77条3項で準用する特許法25条の規定により商標権の享有資格を有しなくなったとき，または商標登録が条約違反になったとき（46条1項5号）。

⑥商標登録がされた後に，4条1項1号から3号，5号，7号または16号に掲げる商標に該当するものとなっているとき（46条1項6号）。

⑥地域団体商標の商標登録後に，その商標権者が組合等に該当しなくなったとき，またはその登録商標につき周知性を喪失するに至ったり，もしくは地域団体商標が7条の2第1項各号に該当しなくなったとき（46条1項7号）。無効審判は商標登録に係る指定商品・指定役務が二以上のときは，指定商品・指定役務ごとに請求でき（同項柱書後段），また，審判は商標権消滅後でも請求できる（同条3項）。後発的に登録商標が普通名称，慣用・記述的商標となった場合，26条の商標権制限規定はあるものの，本来，万人が自由に使用できるべきものについてそのまま登録を認めることは公共の利益に反し，4条1項7号の公序良俗を害するものとなったものとして，後発的無効理由を有すると解すべきと考える。

除斥期間　　3条，4条1項8号もしくは11号から14号違反の商標登録，8条1項，2項もしくは5項違反の商標登録，不正競争の目的による場合を除き4条1項10号または17号違反の商標登録，不正の目的による場合を除き4条1項15号違反の商標登録，または46条1項4号違反の商標登録については，商標権の設定登録から5年経過した後は，無効審判を請求できない（47条1項）。

　地域団体商標については，7条の2第1項違反の登録でも5年間の除斥期間はないが（47条1項），周知性を欠くことを理由とする無効審判は，商標登録から5年を経過し，かつ，その審判請求時に周知性を有するに至っている場合には請求することができない（同条2項）。

手続と審決　　無効審判は，請求人が商標権者を相手方として申し立て，審理の手続は特許の無効審判の場合とほぼ同様である。審理の結果，無効理由があると判断されるときには，商標登録無効の審決がなされる。商標法では，無効審判にお

いて権利者による訂正の請求は認められていないが，一部の指定商品・指定役務について無効理由があると判断されるときには，職権によりその限度で一部無効の審決をなすことができるとされている。無効理由が存在しないと判断されるときには請求は成り立たないとする審決が下される。不服については先述の異議申立てによる商標登録の取消決定に対するものと同様である。

| 確定審決の効果 |

商標登録を無効にすべき旨の審決が確定したときには，商標権は最初から存在しなかったものとみなされる。ただし，先述の無効理由の⑤から⑦までについては，それに該当するに至った時，その時を確定できないときは，審判請求の登録の日から商標権は存在しなかったものとみなされる（46条の2）。また，無効審判は指定商品・指定役務ごとに請求することができるが（46条1項），審決は，その請求された指定商品・指定役務ごとに確定する（55条の3但書）。

6 商標権の効力

| 商標権の内容 |

商標権は，商標の登録，すなわち商標権の設定登録によって発生し，商標権者が指定商品・指定役務について登録商標を使用する権利を専有することを内容とする。商標法上，登録商標につき，商標権者が権利として専有するその商標を「使用」するとは次の行為をいう（25条・2条3項1号〜10号）。

①商品または商品の包装に商標を付する行為（1号）。

②商品または商品の包装に商標を付したものを譲渡し，引き渡し，譲渡もしくは引渡しのために展示し，輸出し，輸入し，または電気通信回線を通じて提供する行為（2号）。特に条文上明示されていないが，

「商品」にはコンピュータ・プログラムなどの電子情報財が含まれるので，インターネット等を通じ，商標を付したプログラム等を提供することが最後の行為に該当する。

③役務の提供にあたりその提供を受ける者の利用に供する物（譲渡し，または貸し渡す物も含む）に商標を付する行為（3号）——たとえば，珈琲店がコーヒーを客に出すときに，カップに商標を付することがこれに当たる。また，小売等役務との関係では，店舗内での販売場所の案内板，ショッピングカートや買い物かご，陳列棚やショーケース，店員の制服・制帽や名札，試着室，その取扱商品，包装紙や買い物袋に商標を付することがこれに当たる。

④役務の提供にあたりその提供を受ける者の利用に供する物に商標を付した物を用いて役務を提供する行為（4号）——珈琲店がカップに商標を付したもので客にコーヒーを提供することがこれに当たる。

⑤役務の提供の用に供する物（役務の提供にあたりその提供を受ける者の利用に供する物を含む）に商標を付したものを役務の提供のために展示する行為（5号）——珈琲店がコーヒー豆挽器やカップに商標を付したものを展示することがこれに当たる。また，小売等役務との関係では，商品見本に商標を付して展示すること，会計用のレジスターに商標を付して会計カウンターに設置することなどがこれに該当する。

⑥役務の提供にあたりその提供を受ける者の当該役務の提供に係る物に商標を付する行為（6号）——自動車修理サービス業において客から自動車修理の依頼を受け，修理した自動車に商標を付することがこれに当たる。

⑦電磁的方法（電子的方法，磁気的方法その他の人の知覚によっては認識できない方法をいう）により行う映像面を介した役務の提供にあたり，その映像面に商標を表示して役務を提供する行為（7号）——インターネットや携帯電話端末の映像面を介したオンラインゲームサービスの提供の際に商標を表示することがこれに当たる。テレビ放送により提

供される，たとえば株価情報サービスの際に商標を表示することも含まれるので，ネットワークだけではなく放送も含むものとして「電磁的方法」の用語が使用されている。

⑧商品・役務に関する広告，価格表または取引書類に商標を付して展示し，もしくは頒布し，またはこれらを内容とする情報に商標を付して電磁的方法により提供する行為（8号）――宣伝用のチラシなどに商品や役務の商標を付して配布することがこれに当たる。インターネット上のバナー広告，オンライン取引や双方向デジタル放送における契約フォームに商標を使用することも含まれる。また，小売等役務との関係では，商標を付した看板を小売店の店舗屋上に設置すること，商標を付して電車の吊り広告，新聞広告や折り込みチラシに使うこと，店舗内で商標を付した商品カタログ・価格表を展示すること，ウェブサイト上で取扱商品の広告を表示する際に商標を表示することなどがこれに該当する。役務の広告に当たるウェブサイトのメタタグへ商標を記述したことが商標の使用に該当するとした判例がある（大阪地判平17.12.8 判時 1934 号 109 頁〔クルマの 110 番事件〕）。

ただ，小売等役務を指定役務とする商標権の及ぶ範囲については際限なく拡大する懸念もあるが，この点，「特定小売等役務」――たとえば「衣料品の販売」――については，合理的な取引通念に照らし，特定された取引商品に係る小売等の業務との間で，目的と手段の関係のある役務態様に限定され，また，「総合小売等役務」――たとえば「衣料品，飲食料品及び生活用品に係る各種商品」――については，合理的な取引通念に照らし，それらを一括して取り扱う小売等の業務との間で，目的と手段の関係のある役務態様に限定されるとする判例がある（知財高判平 23.9.14 判時 2128 号 136 頁〔Blue Note 事件〕）。なお，商標を小売等役務について使用した場合に，商品についての使用とは一切みなされないとまではいうことができないとされている（知財高判平21.11.26 判時 2086 号 109 頁〔elles et elles 不使用取消事件〕）。また，同様に小売役

務等についての使用が，同時に商品商標の使用となり得る判例として知財高判平21.12.17裁判所HP〔オートハローズ商標不使用取消事件〕参照）。

　⑨音の商標にあっては，①〜⑧に掲げるもののほか，商品の譲渡もしくは引渡しまたは役務の提供のために商標たる音を発すること（9号）——商品や役務の販売・提供に当たって，音商標を声で呼び上げたり，音として流すことがこれに該当する。

　⑩　①〜⑨までに掲げるもののほか，政令で定める行為（10号）。

　以上を商標権の「使用権」または「専用権」の範囲ということがある。商標権者のみが指定商品・指定役務について登録商標を使用する権利を専有するからであるが，他人の使用を禁止・排除できることも当然である。

　なお，商品またはその他の物に商標を「付する」ということには，①「文字，図形，記号若しくは立体的形状若しくはこれらの結合又はこれらと色彩との結合の商標」については，商品またはその包装または役務の提供に用いる物を商標の形状とし，または商品もしくは役務に関する広告を商標の形状とすることも含まれる（2条4項1号）。たとえば，これらの要素からなる立体商標の形状を商品やその包装そのものの形状としたり，それを当該商品や役務の広告として用いることがこれに該当する。

　また，同様に②「音商標」については，商品，役務の提供に用いる物または商品もしくは役務の広告に記録媒体が用いられている場合において，当該記録媒体に音の商標を記録することも含まれる。また，商品，役務の提供に用いる物または商品もしくは役務の広告自体が記録媒体である場合において，当該記録媒体に商標たる音を記録することも含まれる（同項2号）。商品に記録媒体が含まれていて音の商標を発する場合に，その音を記録媒体に記録することや，商品たるプログラムが記録媒体であるディスクに収められていて，そこに商標たる音を記録することも，商品に商標を「付する」とする趣旨である。

また，団体商標または地域団体商標にあっては，団体商標の商標権者である法人または地域団体商標の商標権者である組合等の定めるところにより，構成員が指定商品・指定役務について団体商標または地域団体商標に係る登録商標を使用する権利を有するとされている（31条の2第1項）。

侵害とみなす行為

　　　　　　　　　　　商標法は，商標を使用する専用権の範囲に入る行為ではないが，その範囲に他人が入り込む蓋然性の高い行為を捉えて侵害とみなし，その行為を禁止する権利を認めて，商標の保護強化を図っている。

　これには指定商品・指定役務について登録商標に類似する商標を使用すること，または指定商品・指定役務に類似する商品・役務について登録商標もしくはこれに類似する商標を使用することが該当する（37条1号）。これは商標権の効力を登録商標と類似の商標や，登録商標に係る指定商品・指定役務と類似のものにも拡大して，他人の使用を禁止できるとしているところから，商標権の「禁止権」の範囲といわれる。商標権者は他人に禁止することで，事実上自ら使用できる範囲となるが，他の商標権者の禁止権と重複することもあり，重複範囲で使用すれば相互に侵害となる（「けりあい現象」）。

　その他，商標権の専用権および禁止権の範囲の前段階に該当するいくつかの行為も商標権の侵害とみなされる（同条2号〜8号）。

7　商標および商品・役務の類似

　商標登録出願の際の不登録事由でもみられたことであるが，商標権の使用権および禁止権の範囲との関係においても，登録商標と類似の商標や，登録商標に係る指定商品・指定役務と類似の商品・役務についての行為まで商標権の効力が及ぶので，商標および商品・役務の類

似が問題になる。

　この場合，登録商標の範囲または指定商品・指定役務の範囲は願書の記載に基づいて定めなければならない（27条1項および2項）。また，経済産業省令で定める商標につき，その登録商標の範囲を定めるにあたっては，願書に記載した商標の詳細な説明および提出物件を考慮して，願書に記載した商標の記載の意義を解釈するものとされている（同条3項・5条4項）。

| 商標の類似 |

　商標の類似とは，一般的にいえば，商標が使用される商品・役務の需要者層および取引の実情を考慮し，同一または類似の商品・役務に使用されれば，需要者の通常有する注意力を基準として，その商品・役務の出所について混同のおそれを生じさせる場合をいう。類似の態様としては3つあり，①外観類似で，「ライオン」と「テイオン」，「CANON」と「CANNON」のように2つの対比される商標の文字，図形，記号等の外観を視覚的に観察したときに類似している場合，②観念類似で，「キング」と「王」，「マダム」と「奥様」のように2つの商標の持っている意味が類似している場合，③称呼類似で，「栴壇（センダン）」と「尖端（センタン）」，「パンビー」と「バンビ」のように2つの商標の聴覚的な称呼音が類似している場合である。

　この商標の類似についての判例の一般的な基準は平成26（2014）年改正により，特に色彩のみからなる商標や音商標も加わったことによっても基本的な変更はないものと思われる。そもそも，外観といっても立体商標については需要者が通常目にする所定の位置からが問題になろうし，新たに導入された商標でも，色彩のみからなる商標については対比する2つの商標についての外観というよりは色感が，また，音商標については外観は問題にはなり得ず，意味のある言葉の音であれば観念や称呼は問題となり得るが，メロディーやその他の自然音であれば称呼というよりはむしろ聴感が考慮されることになろう。

商標がこれらの態様において類似しているか
どうかの観察方法としては，時と場所を同じ

観察方法

くして直接対比する「対比観察」はもちろんであるが，時と場所を異
にして2つの商標を観察して判断する「離隔観察」がより重視されな
ければならない。なぜならば，需要者は，商品・役務の購入の際に，
普通，時と場所を異にして商標に接し，それを目印にして購入の決定
をするからである。また商標の構成要素中の需要者の注意を引きやす
い部分に着目して，そのような要部を抽出して比較判断する「要部観
察」を行うとともに，商標を構成する要素の全体的印象をもとにした
「全体観察」も必要である。複数の構成部分を組み合わせた結合商標
と解されるものについて，商標の構成部分の一部を抽出し，この部分
だけを他人の商標と比較して商標そのものの類否を判断することは，
その部分が取引者，需要者に対し商品または役務の出所識別標識とし
て強く支配的な印象を与えるものと認められる場合や，それ以外の部
分から出所識別標識としての称呼，観念が生じないと認められる場合
などを除き，許されないというのが判例である（最判昭38.12.5民集17
巻12号1621頁〔リラ宝塚事件〕，最判平5.9.10民集47巻7号5009頁〔SEIKO
EYE事件〕，最判平20.9.8判時2021号92頁〔つつみのおひなっこや事件〕）。

　そして判例によれば，商標の類否は，同一または類似の商品・役務
に使用された商標の外観，観念，称呼等によって取引者，需要者に与
える印象，記憶，連想等を総合して全体的に考察すべきであり，かつ，
取引の実情を明らかにし得る限り，その具体的な取引状況に基づいて
判断すべきものであるとされ，商標の外観，観念または称呼の類似は，
その商標を使用した商品・役務の混同のおそれを推測させる一応の基
準に過ぎず，したがって，これら3点のうち類似する点があるとして
も，他の点において著しく相違するか，または取引の実情等によって，
何ら出所を誤認混同するおそれが認められないものについては，これ
を類似商標とすることはできないというべきであるとされている（最

判平 9.3.11 民集 51 巻 3 号 1055 頁〔小僧寿し事件〕。また，最判昭 43.2.27 民集 22 巻 2 号 399 頁〔氷山印事件〕参照）。この小僧寿し事件の最高裁判決は，特に取引の実情を考慮し，持ち帰りおにぎりを販売していた商標権者の登録商標「小僧」に対して，「小僧寿し」は，需要者に一体として「コゾウズシ」または「コゾウスシ」の称呼を生じ，企業グループとしての小僧寿しチェーンまたはその製造販売に係る商品を観念させるので類似しないとした。

商品・役務の類似　2 つの商品・役務に共通点が見受けられるために，同一または類似の商標を付した場合に，取引の実情に鑑み，その出所について需要者に混同のおそれを生じさせるかどうかを基準に判断する。商品間では，生産部門，販売部門，原材料および品質，用途，需要者の範囲が一致するかどうか，また完成品と部品の関係にあるかどうかが判断要因となろう。役務間では，提供の手段，目的または場所，提供に関連する物品，需要者の範囲が一致するかどうか，業種が同じかどうか，当該役務業および事業者を規制している業法等が同じかどうか，同一事業者が提供するものであるかどうかが判断要因となろう。また，商品と役務間でも類似はあり得（2 条 5 項参照），商品の製造・販売と役務の提供が同一事業者によって行われているのが一般的であるかどうか，商品と役務の用途，商品の販売場所と役務の提供場所，需要者の範囲が一致するかどうかなどが判断要因となろう。商品と役務間の類似の例として，自動車という商品と自動車修理という役務，コーヒー豆という商品とコーヒーを主とする飲食物の提供という役務等が考えられるだろうが，総合的な判断が必要となる。

8 商標権の制限

　商標権を取得しても商標の使用が制限されることがある。明示的な法律の規定によることもあるし，また理論的制限もある。後者でも行使の具体的状況に照らし，権利濫用ということで権利行使を制限する場合もある。

法律規定による制限

(1) 他人の特許権等による制限　商標権者，専用使用権者または通常使用権者は，登録商標の使用が，その使用の態様により，その商標登録出願の日前の出願に係る他人の特許権，実用新案権もしくは意匠権，またはその商標登録出願の日前に生じた他人の著作権と抵触する場合には，指定商品・指定役務のうち抵触する部分についてその態様により登録商標を使用することができない（29条）。商標権の使用権としての制限である。

(2) 商標権の及ばない範囲　(a) 一般　商標が識別力を欠いていたり（3条1項2号・3号）または不登録事由に該当する（4条1項8号・18号）のに過誤登録された場合，あるいは登録自体問題はなくとも商標権の禁止権の形式的範囲に入る第三者の商標が本来自由に使用されるべきものと考えられる場合または商標登録後にそうした事態が生じた場合に，このような第三者の商標の使用に商標権の効力を及ぼすことは不都合である。そこで商標権の効力は，次に掲げる商標またはそれを一部とする商標には及ばないとした（26条1項1号～6号）。地域団体商標についても同様にこれらの規定が適用されることとなる。

　①自己の肖像，または自己の氏名・名称や著名な雅号・芸名・筆名もしくはこれらの著名な略称を普通に用いられる方法で表示する商標（ただし商標権設定登録後，不正競争の目的で用いた場合は除く）（1号）——個人の肖像権や氏名権を保護する趣旨のもと，自己の同一性を示す表示

を普通に表示する商標であるからである。

②指定商品・指定役務もしくはその類似商品・類似役務の普通名称，産地，販売地，品質，原材料，効能，用途，形状，生産もしくは使用の方法もしくは時期その他の特徴，数利用もしくは価格や，提供の場所，質，提供に供する物，効能，用途，態様，提供の方法もしくは時期その他の特徴，数量もしくは価格を普通に用いられる方法で表示する商標（2号・3号）——商品・役務の普通名称または記述的名称を普通に表示する商標は識別力がないためである。

③指定商品・指定役務，またはその類似商品・役務についての慣用商標（4号）——一定の業界で慣用される商標も識別力がないためである。

④商品等が当然に備える特徴のうち政令で定めるもののみからなる商標（5号）——4条1項18号の不登録事由に対応する。しかし過誤登録の場合ばかりではなく，むしろ5号の商標と類似するが商標が登録された場合に，第三者が，当該登録商標の禁止権の形式的範囲に入り，まさに5号に該当する商標を使用したときに商標権が及ばないとすることに意味がある。

⑤ ①〜④のほか，何人かの業務に係る商品または役務であることを需要者が認識することができる態様により使用されていない商標（6号）——商標そのものにつき需要者が何人かの業務に係る商品または役務であることを認識できない場合には無効理由があるといえるので（3条1項6号），それを主張すればよいが，本号は後述するように従来は商標権の制限理論であった「商標的使用の理論」，すなわち第三者による自他識別出所表示としての態様における商標の使用でなければ商標権侵害とはいえないとされていたものを，平成26（2014）年改正により明文化したものである（具体例については，後述「理論による制限」参照）。

(b) 特定農林水産物等名称保護法との調整のための商標権の制限

地域の農林水産物等の地理的表示を保護するために平成 26（2014）年に特定農林水産物等の名称の保護に関する法律，いわゆる特定農林水産物等名称保護法が制定されたが，そこに定める地理的表示の使用等と商標権の効力を調整するために，次に掲げる行為で，不正競争の目的でされない場合に限り，商標権は及ばないとした（26 条 3 項）。

①特定農林水産物等名称保護法 3 条 1 項（同法 30 条において農林水産大臣の指定する外国の特定農林水産物等に読み替えて適用する場合も含む）の規定により商品または商品の包装に地理的表示を付する行為（1 号）。

②同規定により商品または商品の包装に地理的表示を付したものを譲渡し，引き渡し，譲渡もしくは引渡しのために展示し，輸出し，または輸入する行為（2 号）。

③同規定により商品に関する送り状に地理的表示を付して展示する行為（3 号）。

(3) 先使用権　　他人の商標登録出願前から日本国内で，不正競争の目的なく，出願に係る指定商品・指定役務またはこれらに類似する商品・役務についてその商標またはこれに類似する商標を使用していた結果，その商標登録出願の際，現にその商標が自己の業務に係る商品・役務を表示するものとして需要者に広く認識されているときは，その者は，継続してその商品・役務についてその商標を使用する場合は，その商品・役務についてその商標を使用する権利を有する。業務承継者も同様である（32 条）。

わが国の商標法は商標が使用されずとも登録により商標権の成立を認めるが，商標登録出願前に，事実上，周知商標の使用者が存在する場合に，その使用の継続状態を保護するという趣旨で，この制限が設けられている。「広く認識されている」といえるためには一地方的なものであってもいい。他方，出願の際の周知商標の存在は不登録事由であるので（4 条 1 項 10 号），過誤登録された商標権の制限という一面もある。輸入代理店による「BATTUE」商標の使用を通じて輸入元

である外国会社の先使用権の成立が認められ，かつ，代理店の使用が先使用の範囲内であるとされた興味深い事案がある（東京地判平3.12.16知裁集23巻3号794頁〔BATTUE一審事件〕およびこれを支持した東京高判平5.3.31知裁集25巻1号156頁〔BATTUE控訴審事件〕）。

(4)　その他の制限　①既存の商標使用の事実または使用の継続状態を保護するものとして，無効審判の請求の登録前に，無効にされるべき商標を商標権者等が使用していたことによる商標の周知化と使用継続につき，有効に存続・成立すべき併存商標の商標権との関係で使用権を認める規定（33条），②商標登録出願の日前またはこれと同日の出願に係る特許権等が登録商標に係る商標権と抵触する場合において，特許権等の存続期間満了後に，原特許権者等に使用権を認める規定が見られる（33条の2・33条の3）。また③再審により回復した商標権につき，再審請求の登録前に行われた第三者による善意の商標の使用もしくはみなし侵害に該当する行為に商標権の効力が及ばないとし（59条），④再審請求の登録前の善意の商標の使用による商標の周知化と使用継続については使用権が認められる（60条）。さらに，⑤商標登録の更新登録申請がされず商標権が消滅したとみなされたが，責めに帰すことのできない事情を理由に申請が許されて商標権が遡及的に回復した場合，その間になされた商標の使用やみなし侵害に該当する行為には商標権の効力は及ばない（22条）。登録料の分割納付において，後期分割登録料等の追納による商標権の遡及的回復とその間の商標の使用やみなし侵害についても同様である（41条の4）。

なお，地域団体商標（7条の2）については，その商標登録前から不正競争の目的なく商標を使用していた者について，周知性を要件とせず，その商標の使用を継続することができることとされている（32条の2）。通常の商標について認められる先使用権よりも要件を緩和し，商標権者である組合等に属さない事業者による商標の正当な使用について一定の保護を与えたものである。

理論による制限

(1) **商標的使用**　　商標は，出所表示として使用されることがその本来の使用であり，その意味で商標権者以外の第三者が登録商標を出所表示として使用していない限りは商標権の侵害にはならないとされている。これを「商標的使用の理論」というが，前述のように平成 26（2014）年改正により 26 条 1 項 6 号において商標権の効力の制限として明文化された。しかし，具体例として，従来の理論による判例を以下に挙げる。

　たとえば「巨峰」という商標につき，指定商品を包装容器とする商標権を有する者が，ぶどうの巨峰を入れる紙製の容器を製作し，その内容を表すために紙製容器に巨峰の絵と文字を印刷した者に対して，商標権侵害を理由に製造差止の仮処分を求めたのに対し，容器の内容を表すために絵と文字が使われているのであって，出所を表すために商標が使用されているのではないとして商標権の侵害を否定し，仮処分申請を却下した福岡地判昭 46.9.17（無体集 3 巻 2 号 317 頁〔巨峰事件〕）がある。これに類する事件として，被告がカルタにテレビアニメの絵画とともに「テレビまんが」なる表示をして販売したのに対し，おもちゃにつき「テレビマンガ」の商標権を有する原告が商標権侵害を主張したが，カルタの表示は自他商品の識別標識としての機能を果たす態様で使用されていないとして侵害を否定した東京地判昭 55.7.11（無体集 12 巻 2 号 304 頁〔テレビまんが事件〕）がある（その他，商標的使用が認められず非侵害とした判例として，井上陽水の CD タイトルとして「UNDER THE SUN」の使用につき東京地判平 7.2.22 知裁集 27 巻 1 号 109 頁〔UNDER THE SUN 事件〕や，ゲームソフトの題号として「三国志」の使用につき東京高決平 6.8.23 知裁集 26 巻 2 号 1076 頁〔「三国志」仮処分事件〕や T シャツ等に付した Ⓐ（ピースマーク）と類似する標章につき東京地判平 22.9.30 判時 2109 号 129 頁〔ピースマーク事件〕がある）。

　近時では登録商標「PITAVA」に対して，被告錠剤に「ピタバ」と付されているとしても，それは取引者，需要者において「ピタバス

タチンカルシウム」または「ピタバスタチン」の略称として，その有効成分の説明的表示として認識するとして商標的使用には当たらないとする東京地判平26.8.28（裁判所HP〔ピタバ一審事件〕）が見られる（また，この判決をほぼ支持する控訴審判決として知財高判平27.10.22裁判所HP〔ピタバ控訴審事件〕参照）。

(2) **商標機能論**　　一度，商標権者によって拡布された商品についての商標権は以後の商品の再譲渡や再販売に際しての広告等における使用には及ばないとする消尽理論がある。理由づけは特許権の消尽理論と同様に種々に分かれる。ただわが国では，商標権者が商標商品を拡布した場合には，商標としての①出所表示機能および②品質保証機能が害されない限り，実質的違法性がないとする商標機能論が有力であり，これが真正商品の並行輸入を許容する理論にもなっている（大阪地判昭45.2.27無体集2巻1号71頁〔パーカー事件〕）。

この点，ライセンシーが海外での製造地制限条項に違反し，他国で製造した商品をライセンスされた販売地域で販売した衣料品につき，並行輸入販売業者が輸入販売することが並行輸入として適法であるかどうかが争われた興味ある事案がある。下級審では判断が分かれたところであるが，最判判平15.2.27（民集57巻2号125頁〔フレッド・ペリー大阪上告審事件〕）は，商標権者以外の者が，我が国における商標権の指定商品と同一の商品につき，その登録商標と同一の商標を付されたものを輸入する行為は，①当該商標が外国における商標権者または使用許諾を受けた者により適法に付されたものであり，②当該外国における商標権者と我が国の商標権者とが同一人であるかまたは法律・経済的に同一人と同視し得るような関係があることにより，当該商標が我が国の登録商標と同一の出所を表示するものであって，③我が国の商標権者が直接的にまたは間接的に当該商品の品質管理を行い得る立場にあることから，当該商品と我が国の商標権者が登録商標を付した商品とが当該登録商標の保証する品質において実質的に差異がないと

評価される場合には，いわゆる真正商品の並行輸入として商標権侵害としての実質的違法性を欠くとし，本件においてはライセンス契約上の製造地制限条項に違反する商品であるから商標権者には，③の要件の品質管理可能性の要件を充足しないと判示し，並行輸入販売業者の行為を商標権の侵害とした。しかし，品質管理可能性は，ライセンス契約が存在する場合には当事者間の内部関係の問題であって，ライセンス契約の存在自体により商標権者が商品について品質管理を行い得る立場を保障するものであるので品質管理可能性が害されているとはいえず，製造地制限条項違反のみで商標権者とライセンシーとのライセンス契約が解除されていない限りは，商標の出所表示機能は害されておらず，かつ，内外の商標商品の品質に実質的な差異がない場合には品質保証機能も害されないといえるので商標権の侵害にはならないと解すべきと考える。結局，ライセンス契約の条項違反が商標権侵害となり得るのは，登録商標の指定商品等に属するものであっても，ライセンシーが合意された種類や品質とは異なった商品等に商標を付して販売した場合等に限られるように思われる。

　また，最近の並行輸入を非侵害とする判例として，被告がわが国に輸入したティーバッグにつき，被告商品は，①原告から本件第三者および被告からの受注会社を経て被告が輸入し，外観および内容に変更を加えることなく販売したものであり，②原告商標と被告商品に付された標章は同一であること，③原告商標の商標権者は原告であることを併せ考えれば，被告商品の包装袋の商標は原告が付したもので，わが国の原告登録商標と同一の出所を表示することが認められ，また，①によれば被告商品の品質管理を原告が直接的に行い得ることが認められるので，被告による被告商品の輸入は，真正商品の並行輸入として実質的違法性を欠くとした東京地判平 28. 11. 24〈裁判所 HP〔TWG ティーバッグ並行輸入事件〕）がある（日本の輸入代理店がペルシアの輸出元を表示する登録商標を有する場合に，並行輸入業者による同一出所のペルシア絨毯の輸入

販売に対する商標権行使を否定した大阪高判平 29.9.21 裁判所 HP〔ZOLLAN-VARI 事件〕参照)。なお，商標権者の品質管理可能性を離れて，購入した商品を小分け詰め替えした上で商標を付して販売することは侵害となり得る（大阪地判平 6.2.24 判時 1522 号 139 頁〔園芸用肥料小分け詰替事件〕)。

(3) 権利濫用による制限　　原告が海外の本来の商標保有者の輸入代理店として，本来の商標保有者の商標を自ら登録し，契約関係の終了後，残った登録商標により，新たな輸入代理店となった被告に対して商標権を行使した事案につき，権利濫用に当たるとして請求を棄却した神戸地判昭 57.12.21（無体集 14 巻 3 号 813 頁〔ドロテ・ビス事件〕）がある。また，本来のポパイの商品化事業グループ以外の者が，ポパイの絵柄とポパイの文字について商標登録を受けて，その者が商品化事業グループのライセンシーに対して商標権を行使した事案で，最判平 2.7.20（民集 44 巻 5 号 876 頁〔ポパイ商標事件〕）も，権利濫用として商標権の行使を制限した。商標権を不正競争で訴えられたときの抗弁として主張されることもある，それが無効理由（4 条 1 項 15 号）を有する場合に，その行使は権利濫用に当たるとして排斥した東京地判平 10.1.30（判時 1648 号 130 頁〔セゾン事件〕）もみられる。

　商標権が無効理由を有するときには，商標法 39 条により準用される特許法 104 条の 3 により無効理由を主張して権利行使制限の抗弁が許されるが（東京地判平 17.6.21 判時 1913 号 146 頁〔IP FIRM 事件〕)，他に需要者に広く知られた周知商標が存在するにもかかわらず商標法 4 条 1 項 10 号に違反して登録され，無効理由を有する登録商標につき，同法 47 条 1 項の規定する無効審判を請求する 5 年の除斥期間を経過した後に，商標権侵害として訴えられた者が権利行使制限の抗弁や権利濫用を主張することが許されるが争われた事案で，最判平 29.2.28（民集 71 巻 2 号 221 頁〔Eemax 商標事件〕）は，無効の抗弁は排斥したものの，商標権侵害訴訟の相手方は自己の業務に係る商品等を表示するものとして認識されている商標との関係で，登録商標が商標法 4 条 1 項

10号に該当することを理由として5年の除斥期間を経過した後おいても商標権行使が権利濫用に該当することを主張することができるとした。無効の抗弁は無効審判を請求できる者であれば誰でも可能であるが，除斥期間経過後は，当該周知表示の保有者が訴えられた場合に，当該保有者に限り権利濫用を主張することを認めるものであり，妥当と思われる。また，わが国の商標法は，使用していない商標でも，出願に基づく登録により権利保護する「登録主義」を採用しているが，登録を受けた商標権者が登録商標を使用もせず，かつ，信用の化体もない間に，第三者が同一または類似する標章を使用し，かつ，周知性を獲得するにまで至ったときには，商標権者が当該第三者に商標権を行使することは，不使用取消審判（本章12参照）の要件である国内での3年間の登録商標の不使用期間が経過していなくとも許されるべきではないと考える。逆にいえば，この場合は第三者に「不使用の抗弁」が認められるべきである。

9 商標権の分割，移転および使用権

商標権の分割

商標権に係る指定商品・指定役務が二以上あるときには，指定商品・指定役務ごとに分割することができる（24条1項）。商標法条約（TLT。第22章3④参照）7条(2)は，他人への移転の有無にかかわらず本人による登録の分割を認めているので，平成8（1996）年商標法改正により他人への移転を伴わない商標権の分割を認めることにした。この規定の意義としては，登録異議申立または無効審判請求事件で，申立てや請求のあった指定商品・指定役務と，そうでない指定商品・指定役務とに分割することで，権利の有効性に争いのない商標権を安心して行使できるという点が挙げられる。

また商標権の消滅後，商標権の過去の侵害に基づく損害賠償を請求したところ，46条2項により無効審判が請求されたような場合に請求に関わりのない部分を分割して権利者が早期な権利行使の実現を図ることができるように，無効審判請求事件が審判，再審または訴訟に係属している場合に限り，商標権消滅後の分割も認められている（24条2項）。

___商標権の移転___ 商標権に係る指定商品・指定役務が二以上あるときには，指定商品・指定役務ごとに分割して移転できる（24条の2第1項）。この規定によって，二以上の指定商品・指定役務について同一人が出願の上で取得した商標権を，各々指定商品・指定役務ごとに別個の商標権として分割し移転することもできる。また同一または類似の商品・役務に使用する相互に類似する商標についても，同一人が各々別個に出願し登録を受けて商標権を取得した上で移転できる。

ただ，こうして商標権が移転された結果，同一の商品・役務に使用する二以上の相互に類似する登録商標または相互に類似する商品・役務に使用する同一または類似の登録商標に係る商標権が異なった商標権者に属することとなった場合で，その一の商標権者，通常使用権者または専用使用権者の指定商品・指定役務についての登録商標の使用により，他の登録商標に係る商標権者または専用使用権者の業務上の利益が害されるおそれのあるときには，後者は先の一の商標権者，通常使用権者または専用使用権者に対して混同を防ぐのに適当な表示を付すべきことを請求（混同防止表示請求）できる（24条の4）。

団体商標に係る商標権は，移転されれば通常の商標権へ変更されたものとみなされる。団体商標に係る商標権を団体商標に係る商標権として移転するには，その旨および所定の法人であることを示す書面を，移転の登録の申請と同時に特許庁長官に提出しなければならない（24条の3）。

地域団体商標（7条の2）の商標権については，自由な譲渡を認めたのではその制度趣旨が没却されてしまうため，一般承継（合併等）による移転を別として譲渡は認められていない（24条の2第4項）。

（1）**メリット**　商標に商標権者の営業努力が蓄積され信用が化体されていると，商標権者以外の第三者が商標を使用することで，商標権者の信用を適法に利用して自己の商品の売り上げを増やすことができる。商標権者自身もその使用の対価をライセンス料として取得することによって，いずれの当事者もより広範な事業活動の展開が可能となる。こうした目的のために，いわゆる商標ライセンス契約によって商標権者が登録商標についての使用権を第三者に付与することがビジネスにおける商標の活用として盛んに行われている。この場合に商標に蓄積された信用が損なわれないように，商標権者は使用権者の商品や役務について厳しい品質管理を要求することが常である。フランチャイズチェーン等は，典型的に，こうした商標ライセンス契約を不可分に含むものとして展開されている。

> **使用権**

（2）**通常使用権**　通常使用権は商標権者の許諾によって第三者に付与される権利である（31条1項）。通常使用権は，ライセンス契約等の設定行為で定められた範囲内において指定商品・指定役務について登録商標を使用することができる債権的権利であり（同条2項），登録が対抗要件である（同条3項・4項）。この場合，商標権者としてはライセンス契約で特別の禁止がなければ他に同一内容の通常使用権を許諾したり，自己使用することもできる。反対に，禁止条項を含む独占的通常使用権を合意する契約も見られる。

（3）**専用使用権**　これに対して専用使用権は，商標権者の設定によって第三者に付与される権利である（30条1項）。登録が効力発生要件である（同条4項による特98条1項2号の準用）。専用使用権は，ライセンス契約等の設定行為で定められた範囲内において指定商品・指定役務

について登録商標を使用する権利を専有する物権的権利であり（同条2項），その範囲で商標権も制限を受け（25条但書），商標権者も重複して他に同一内容の専用使用権を設定することはもちろん，通常使用権を許諾することも，自己使用することもできなくなる。これに対して専用使用権者は侵害に対する停止や予防請求においては商標権者と同等に対処できる強力な地位を保持できる。

地域団体商標（7条の2）の商標権については，通常使用権とは異なり，譲渡の場合と同じ理由により，専用使用権の設定は認められない（30条1項但書）。

10 更新登録

| 更新とは | 商標権は，商標権という権利自体に財産的意味があるのではなく，商標権を通じて不正競争を規制し，事業者の信用が蓄積される基盤を提供するものである。商標権設定登録により発生し（18条1項），存続期間は10年であるが（19条1項），商標権者が商標を使用して信用が蓄積されている限り10年で権利を消滅させる理由はなく，継続して権利の保有を認めることが適切である。そこで更新登録申請を認めている（同条2項）。

| 申請手続 | 更新登録申請は，指定商品・役務の区分ごとに38,800円の登録料を納付して，商標権の存続期間満了前6カ月から満了の日までの間にしなければならないが（20条2項・40条2項），期間経過後であっても，経済産業省令で定める期間内（6カ月；商標施規10条2項）に，登録料のほか同額の割増登録料を納付して申請することができる（20条3項・43条1項）。

この期間内に申請がなされると商標権の存続期間が更新された旨の登録がなされ（23条1項・2項），その満了時に更新されるものとされ

て（19条3項），以後さらに10年存続することになる。当初の商標権の存続期間満了後6カ月までの期間に申請がないと，商標権は存続期間満了の時にさかのぼって消滅したものとみなされる（20条4項）。もっとも更新登録申請が所定の期間内に申請されずに消滅したものとみなされた商標権の原商標権者が，当該期間内に申請ができなかったことについて正当な理由があるときは，経済産業省令で定める期間内（正当な理由がなくなった日から2カ月で，かつ，20条3項により更新登録申請ができる期間経過後6カ月；商標施規10条3項）に限り，登録料のほか同額の割増登録料を納付して申請をすることができる（21条1項・43条1項）。この規定による更新登録申請があったときは，存続期間は，その満了の時にさかのぼって更新されたものとみなされる（21条2項）。ただし，更新登録申請をすることができる期間の経過後で商標権の更新登録がされる前における①当該指定商品または指定役務についての当該登録商標の使用および②37条の規定により商標権の侵害とみなされる行為には及ばない（22条）。

11 防護標章登録制度

著名な商標の強化

商標権は登録商標を，指定商品・指定役務について使用する権利であるが，他人の使用を禁止できるのはせいぜい類似の商品・役務が限度である。しかし登録商標が使用され，それが商標権者の業務に係る指定商品・指定役務を表示するものとして需要者に広く認識され，著名になってくると，他人が登録商標と同一の商標を非類似の商品・役務に使用した場合でも混同のおそれが生ずる。

そこで，こうした他人の使用に対して防備できるように，商標権者が，登録商標につき，他人が使用すれば混同のおそれが生じ得る非類

似の商品・役務を指定商品・指定役務として出願し登録を受けることで，広く商標権の禁止権の範囲を拡大し，登録商標の保護強化を図る制度が，防護標章登録制度である（64条）。たとえば，SONY が音楽プレーヤーについて登録を得ている Walkman という商標が著名となっていて，第三者が商標権の専用権および禁止権の範囲外であるウォーキングシューズに Walkman という商標を使用すると出所の混同が生ずる考えるときに，専用権を取得しなくとも禁止権の範囲の拡大を図ろうとするときには，この制度を利用すればよい。防護標章登録に係る権利の存続期間は 10 年であり（65条の2第1項），更新登録出願が可能である（同条2項）。

権利の内容

防護標章登録に係る権利は，本来の商標権の禁止権を拡大するものなので，他人が登録防護標章を指定商品・指定役務について使用することは，商標権または専用使用権を侵害するものとみなされ（67条1号），その他，商標権の侵害とみなされる 37条2号〜7号に係る行為と同様な登録防護標章の使用に係る行為が，商標権または専用使用権の侵害とみなされる（67条2号〜7号）。

なお，防護標章に係る権利は，商標権に付随するものなので，商標権の分割・消滅とともに消滅し，商標権が移転すればそれに伴って移転する（66条1項〜3項）。

12 商標登録の取消し

なぜ取り消されるのか

商標権は，商標権を通じて不正競争を規制し，事業者の信用が蓄積される基盤を提供するものである。しかし，商標が使用されないままでは保護の実体が形成されないにもかかわらず，一般の商標選択の余地を狭めてしまうことに

なる。また，不正競争を規制すべき商標権であるのに，商標が不正に使用されるような場合は取消しというサンクションのもとに適正に使用されることが確保できる。そこで商標登録取消制度が設けられている。

　　　　　　　　　　　　　　　継続して3年以上日本国内において商標権者，
　　　　不使用取消し　　　　専用使用権者または通常使用権者のいずれも
が，指定商品・指定役務について登録商標を使用しないときには，何_{なん}
人_{びと}も，その指定商品・指定役務についての登録商標の取消しの審判を請求できる（50条1項）。

　不使用取消審判の請求があった場合には，審判請求人でなく被請求人である商標権者が審判請求登録前3年以内に日本国内において登録商標の使用があったことを証明しない限り，取消しを免れない。このとき登録商標と社会通念上同一と認められる商標を識別表示として指定商品・指定役務につき2条3項に該当する使用があったことを証明する必要がある。この点，50条所定の「使用」は，当該商標がその指定商品または指定役務について2条3項各号に該当する何らかの態様で使用されていれば足り，「出所表示機能を果たす態様に限定されるものではない」とする判例（知財高判平27.11.26判時2296号116頁〔アイライト第1事件〕，知財高判平28.9.14裁判所HP〔LE MANS事件〕や知財高判平28.11.2裁判所HP〔アイライト第2事件〕）がある。しかし，出所表示機能を果たす態様でないならば商標的使用とはいえないのであり，第三者の当該登録商標と同一の標章の使用であっても商標権侵害とはならないところ，商標権者による不使用取消しを免れる「使用」については，そのような商標的な「使用でない」ものを「使用」と解することは矛盾するようで，違和感を覚えざるを得ない。むしろ自他識別力があるとして登録された商標について2条3項各号に該当する使用があれば，特段の事情のない限り，出所表示機能を果たす態様での使用と捉えることができるので，一般論として不使用取消しを免れるための

登録商標の使用は商標的使用であることを要し，出所表示機能を果たす態様に限定されないと解すべきではない。

　登録商標が不使用でも正当な理由があることを証明したときはこの限りでない（50条2項）。審判請求前3カ月から審判請求登録日までに日本国内において登録商標が使用された場合であって，その使用が審判の請求がなされることを知った後であることを審判請求人が証明したときには，登録商標の使用には該当しないものとされる。登録取消しを免れるための駆け込み使用を認めない趣旨である。ただし，その使用について正当な理由があることを商標権者が証明したときはこの限りでない（同条3項）。なお，使用の事実については，商標権者が審決取消訴訟においても，事実審の口頭弁論終結時までに，その事実を主張し証拠を提出して証明することができるとされている（最判平3.4.23民集45巻4号538頁〔シェトア事件〕）。

　商標登録取消しの審決が確定したときには，審判請求の登録の日から商標権は消滅したものとみなされる（54条2項）。

*Column*⑭　「駆け込み使用」と「審判の請求がされることを知った後」●●●●
　不使用取消審判において，審判請求前3カ月から審判請求登録日までに日本国内において登録商標が使用された場合であっても，商標権者等による使用が審判の請求がなされることを知った後であることを審判請求人が証明したときには，登録商標の使用には該当しないものとされている。これは不使用取消しを回避するために，期限ギリギリの駆け込み使用を排除する趣旨である。
　この点，知財高判平25.11.28（判時2225号134頁〔極商標事件〕）は，「審判の請求がされることを知った」とは被請求人が一般的，抽象的な可能性を認識していたのみでは足りないとし，たとえば当該審判請求を行うことを交渉相手方から書面等で通知される等の具体的な事実により，当該相手方が審判請求する意思を有することを知っていたか，あるいは交渉の経緯その他諸々の状況から客観的にみて相手方が審判請求する蓋然性が高く，かつ，被請求人がこれを認識している場合などをいうと判示し，本件はこれに該当しないとした。

───────────
不正使用取消し等
───────────

(1)　**不正使用**　商標権者が，故意に禁止権の範囲に入る商標の使用をして，商品の品質も

しくは役務の質の誤認または他人の業務に係る商品・役務と混同させる行為をしたときには，何人も，その登録商標の取消しの審判を請求できる（51条1項）。また，通常使用権者または専用使用権者が専用権または禁止権の範囲に当たる商標の使用により同様の結果を招来したときも，商標権者がその事実を知らなかった場合において，相当の注意をしていたときを除き，同様である（53条1項）。なお，商標間の類否が問題になる場合に取引の実情が考慮されるが，この取引の実情は出願審査や無効審判の場合には，商標の指定商品についてのより一般的，恒常的な実情が問題となるが，登録商標の不正使用取消しは使用行為に対する制裁を課すものであるので，使用商標の具体的表示態様が問題になる（知財高判平21.2.24判時2043号127頁〔ELLEGARDEN事件〕）。

(2) **混同惹起**　　商標権が移転された結果，同一の商品・役務について使用する類似の登録商標，または類似の商品・役務について使用する同一もしくは類似の登録商標に係る商標権が異なった商標権者に属することになった結果，その一の商標権者が不正競争の目的で指定商品・指定役務に係る登録商標を使用し，他の登録商標に係る商標権者，専用使用権者または通常使用権者の業務に係る商品・役務と混同を生じさせたときは，何人も，その登録商標の取消しの審判を請求できる（52条の2第1項）。

　ただし，(1)および(2)のいずれの場合も，こうした商標の使用の事実がなくなった日から5年経過したときは審判はもはや請求できない（52条・52条の2第2項・53条3項）。他方，登録商標取消しの審決が確定した日から5年経過後でなければ，不正使用等した商標権者，または専用使用権者もしくは通常使用権者であった者は，指定商品・指定役務またはこれに類似する商品・役務について，登録商標またはこれに類似する商標についての商標登録を受けることができない（51条2項・52条の2第2項・53条2項）。これは拒絶理由であるとともに，登録異議申立および無効理由でもある（15条1号・43条の2第1号・46条1項1号）。

(3) **代理人不正登録**　登録商標が，パリ条約同盟国，WTO加盟国もしくは商標法条約締約国における商標に関する権利（商標権に相当する権利に限る）を有する者の当該権利に係る商標またはこれに類似する商標であって，当該権利に係る商品・役務または類似の商品・役務を指定商品・指定役務とするものであり，かつ，その商標登録出願が，正当な理由がないのに，商標に関する権利を有する者の承諾を得ないで，その代理人・代表者または当該商標登録出願の日前1年以内に代理人・代表者であった者によってされたものであるときは，その商標に関する権利を有する者は，当該商標登録の取消しの審判を請求することができる（53条の2）。

　パリ条約6条の7(2)の規定を受け，代理人等による不正競争に国際的な視点から対処するものである。また，近年の国際動向からWTO加盟国および商標法条約締約国にも拡大している。なお，商標権の設定登録の日から5年経過後は請求できない（53条の3）。

| 取消しの効果 |

商標登録を取り消すべき旨の審決が確定したときは，不使用取消しの場合を除き，審決確定後，商標権が消滅する（54条1項）。なお，審決は審判事件ごとに確定する（55条の3）。

13 権利侵害に対する救済

| 民事的救済 |

他の工業所有権法と同様，権利侵害に対して商標権者および専用使用権者に侵害停止，侵害予防請求権，およびこれに付帯的な請求として侵害組成物や侵害供与物の廃棄除却請求権，その他予防に必要な行為請求権が認められる（36条）。また損害賠償額につき特別規定がある（38条）。なお，TPP関係整備法による改正後の商標法による，最低限度の損害額として使

用料相当額のほか（同条3項），侵害が指定商品・指定役務に係る登録商標の使用に係る場合には，当該商標権の取得および維持に通常必要とされる費用に相当する額を損害額として請求することができる（同条5項）。侵害者の具体的態様の明示義務，侵害行為の立証および損害額の計算のための書類提出命令，損害計算の鑑定，立証が困難な場合の相当な損害額の認定，信用回復措置および侵害者の過失の推定も，特許法の規定が準用される。これらに加えて，裁判審理手続における営業秘密の保護に関係する規定についても特許法の準用がある（39条参照）。

　なお，地域団体商標（7条の2）の商標権侵害者に対しては，組合の構成員が直接自己の名で差止めや損害賠償の請求をすることはできない。また，平成23（2011）年改正により，商標権もしくは専用使用権の侵害または金銭的請求権（13条の2）による終局判決が確定した後に，登録無効審決または登録取消決定が確定した場合でも，再審の訴えにおいてはその事由を主張できない（38条の2）。

Column⑮　Chupa Chups 事件 ••••••••••••••••••••••••••••••••••

　近時の興味深い判例として，インターネットショッピングモールである楽天市場で，「Chupa Chups」の商標権を侵害する業者が存在することを原告商標権者が被告楽天に警告した上で，その後，楽天に対して侵害業者と同等に商標権を侵害する商品を「譲渡」しているといい得るとして差止めおよび損害賠償を請求する訴訟を提起したところ，原告の主張を排斥した事案として東京地判平22.8.31（判時2127号87頁〔Chupa Chups 一審事件〕）がある。これに対して控訴審判決である知財高判平24.2.14判決（判時2161号86頁〔Chupa Chups 控訴審事件〕）は，サイト運営者が出店を管理し，出店料等を受け取っている場合に，権利侵害を知りながら合理的期間内に措置を取らずに放置するときには侵害主体として差止めおよび損害賠償請求を負い得るとしたが，侵害警告から8日以内に商品を削除していたことから違法性はないとして，結論としては一審判決を支持した。著作権法の分野では，カラオケ法理が最近強く批判される中，インターネット業者が，その管理・支配する保有サーバーへの動画の違法アップロードにつき，侵害を認識しながら侵害防止措置を講ずることなく，これを容認し蔵置することは，侵害者の行為を利用して自らも侵害行為を行ったものと評価し得るとする同趣旨の判決がある（知財高判平22.9.8判時2115号102頁〔TVブレ

イク控訴審事件〕）。これとほぼ同一の法律構成を採る控訴審判決は注目に値する。

| 刑　事　罰 | 商標権または専用使用権侵害は刑事罰の対象 |

商標権または専用使用権侵害は刑事罰の対象でもあり，刑は10年以下の懲役もしくは1000万円以下の罰金，またはこれらの併科である（78条）。37条または67条により商標権または専用使用権の侵害とみなされる行為についての刑は，5年以下の懲役もしくは500万円以下の罰金，またはこれらの併科となっている（78条の2）。さらにこれらについては両罰規定もある。

14 マドリッド・プロトコルによる国際登録

| 国際的な商標の保護 | |

商標は原則として各国別の出願等の手続を経て商標権を取得すべきものである。しかしわが国も加盟しているマドリッド・プロトコル（第22章3④参照）によれば，出願人が締約国の商標登録または商標登録出願を基礎に，国際事務局に対して商標の国際登録の出願をして国際登録を受け，国際事務局からの国際登録の通報に対して領域指定した国々の関係官庁から一定期間内に拒絶の通報がなされない限りは，商標は国際登録を受けた日から，それらの国々における国内商標と同一の保護を受け，国際登録の名義人はパリ条約4条Dに定める手続に従うことなく優先権を有することもできる（マドプロ4条(2)）。これには①日本から国際登録出願する場合と，②日本以外の締約国から日本を領域指定して国際登録出願がなされる場合がある。②の場合については国内手続への移行が問題になる。

① 国際登録出願の手続

出　　願

日本国民または日本国内に住所もしくは居所
を有する外国人もしくは営業所を有する法人
は，①特許庁に係属している自己の商標登録出願等（商標登録出願または防護標章登録出願）または②自己の商標登録等（商標登録または防護標章登録）を基礎に，願書および必要な書面を提出して国際登録出願をすることができる（68条の2第1項・2項）。この際に保護を受けたい国々を領域指定する。

国際登録

特許庁長官は，願書の記載事項と基礎とされた商標登録出願等または商標登録等の記載事項が一致する場合にはその旨および受理日を願書に記載して，願書を国際事務局に送付する（68条の3）。送付を受けた国際事務局は方式審査をして国際登録簿に国際登録をするが，日本の特許庁の受理日から2カ月以内に国際事務局が受理したときに日本の特許庁の受理日が国際登録の日となり，2カ月後に受理したときには，国際事務局の受理日が国際登録の日となる（マドプロ3条(4)）。そして，国際事務局は領域指定された関係官庁に国際登録を遅滞なく通報し，12カ月または18カ月以内に関係官庁から拒絶の通報がないときには，国際登録の日から，それらの国々における国内登録商標と同一の保護が与えられる（マドプロ4条）。

事後指定と更新申請

国際登録の名義人は国際登録後に保護を受けたい国を事後的に領域指定（事後指定）することが認められる（68条の4，マドプロ3条の3(2)）。また，国際登録の存続期間は10年で（マドプロ6条(1)），更新申請が可能である（68条の5，マドプロ7条）。

② 国際商標登録出願

日本国を指定する
領域指定

わが国以外の締約国でなされた国際登録出願により，日本国を指定する領域指定は，マドリッド・プロトコル3条(4)の規定による国際登録の日にわが国においてなされた商標登録出願とみなされ，また事後になされた日本国を指定する領域指定（事後指定）は，国際登録簿に記録された日にわが国においてなされた商標登録出願とみなされる（68条の9第1項）。これを国際商標登録出願という。以後，通常の商標登録出願にならって，国内での出願公開，審査，査定，審判，審決や登録がなされる。設定登録は個別手数料の納付があったことを国際登録簿に記録した旨の通報が国際事務局からあったときになされる（68条の19）。拒絶理由があれば，国際事務局による領域指定の通報の日から1年6カ月以内に国際事務局に通知される（商標施令3条2項）。なお国際商標登録出願による登録商標が，その登録前に国内でなされた登録商標（国内登録に基づく登録商標という）と同一であり，指定商品・指定役務も重複し，かつ商標権者も同一である場合には，国際商標登録出願は重複している範囲で，国内登録に基づく登録商標の商標登録出願日にされていたものとみなされる（68条の10）。

存続期間と更新

国際登録に基づく商標権の存続期間は，国際登録の日（商標権の設定登録の前に国際登録の存続期間の更新がされているときは直近の更新の日）から10年をもって終了するが更新が可能である（マドプロ7条）。その他，国際登録の取消しや締約国による議定書廃棄の場合に，国際登録されていた商標につき一定期間内にわが国で商標登録出願をすれば，もともとの国際登録日が出願日とみなされ，審査・登録の上で保護を受けることができ，登録料や拒絶理由については特則がある（68条の32〜68条の34）。

第 11 章

不正競争防止法

> 現存の地平における市場での公正な競争を確保することは，新
> たな創造を生み出し，需要者の利益を保護する基盤を提供する。
> この市場は事業者とともに，消費者をも不可欠のプレイヤーと
> して機能しているとの視点が今後重要である。

1 不正競争防止法の体系的位置づけ

自由競争と公正な競争　　　自由競争を基調とする資本主義的な経済市場
において，自由競争を否定する資本の集中お
よび独占は，独占禁止法ないし反トラスト法により排除され，市場に
おける自由競争が外枠において確保されることが必要である。他方，
他の事業者の企業努力その他の成果にただ乗りし，あるいは他の事業
者を貶めて，競争上優位に立とうとするような不正な競争を禁圧しす
ることが，公正な競争秩序を確立・確保し，ひいては経済主体の企業
努力や成果が尊重されることで創造的な社会基盤が確保されて技術革
新が促され，さらには商品・役務の適正な価格・品質が確保されるこ
とによって消費者をはじめとする需要者の利益につながるものとして
重要である。

　市場における競争は，事業者独自の努力による「成果」により競争
すること，すなわち「成果主義」に基づく「成果競争」であるべきで
あるというのが公正な競争の理念であり，これを歪曲する市場での行
為が不正な競争といえる。すなわち広く，①他の事業者の成果を冒用

し，または成果発揮を阻害する行為，②各事業者が自らの成果につき需要者が的確に判断できるように真実で的確な情報を提供すべきなのに，それに違反して虚偽または誤認を招くような情報を提供する真実主義違反行為，③需要者が事業者から提供された情報に基づき成果の提供を受けるかどうかを自由意思により決定することを阻害する行為，さらには④事業者間に成果発揮において対等な競争条件が法令等により定められているところ，それに違反する行為等が，これに該当し得る。もちろん，これらすべてが単独の法律で対処される必要はなく，なかには，独禁法や消費者契約法その他消費者保護等に関連する法規により規制されてしかるべき領域もあるが，いずれにしろ，これらの禁圧を図り，公正な競争秩序を実現することが，先に述べたような趣旨から重要である。

公正な競争と知的財産法

こうした視点からみると，特許法等の知的財産法は，個々の知的成果を保護することにより成果競争を実現し，これを妨げる市場行為を成果競争を歪曲するものとして禁止することにあることから，個別の知的財産法による知的財産の保護は，より一般的な不正競争の禁圧による公正な競争秩序の実現と共通の基盤がある。むしろ，より一般的な不正な競争を許さないとする社会の規範的意識の確立があってこそ，その社会において個々の知的財産法による知的財産の保護は意味があり，より実効性を持つものといえる。こうした点において，知的財産を保護する国際条約であるパリ条約では，明治44 (1911) 年のワシントン改正条約により，10条の2の規定が設けられ，そこに「(1)各同盟国は，同盟国の国民を不正競争から有効に保護する」および「(2)工業上又は商業上の公正な慣習に反するすべての競争行為は，不正競争行為を構成する」とされるに至った意義を見出すべきであり，その意味で，不正競争の禁圧による公正な競争秩序の確立は，個々の知的財産の保護のための基礎であり，決してその補完ではないという認識が重要である。わが

国では，平成14（2002）年制定の「知的財産基本法」に基づく知的財産政策において，個々の知的財産の保護強化がうたわれても，上記のような視点に基づいた基本的な政策もなく，根本的な欠落があるように思われる。

不正競業法の中の不正
競争防止法　このパリ条約の規定を受けて，わが国では不正競争防止法が昭和9（1934）年に制定されているが（法14号，昭和10年1月1日施行），当時は，ロンドン改正会議の参加資格を得るために法整備がなされたという経緯もあり，わが国においては，長年，不正競争の禁圧と，それによる公正な競争秩序の実現に対して，決してその本来の意義が認識されていたとはいえない状況であった。わが国の現行の不正競争防止法は，平成5（1993）年に全面改正（法47号，平成6年5月1日施行）されたものであり，さらに，その後の改正を経て，正面からはおよそ10の行為を限定列挙して不正競争行為を定義している（2条）。この不正競争防止法は，市場における中核的な不正競争といえるものを規定していることから「狭義の不正競業法」といえ，ある意味では民法の不法行為法の特別法と位置づけることができ，むしろ，民法の不法行為法を一般法として位置づけることも可能である。また，知的財産を保護する個別の工業所有権法や著作権法も，上述のように経済主体の知的成果を保護することによって公正な競争秩序を実現するものとしてやはり「広義の不正競業法」に属するものといえる。商号保護や競業禁止を規定する商法・会社法の規定や，民法の関連法である消費者契約法もこれに属するものといえる。反対に公益的な観点から，公正な競争および取引秩序という観点に着目して設けられている独禁法（『私的独占の禁止及び公正取引の確保に関する法律』）上の不当な取引制限および不公正な取引方法の規制や，その付属法である景表法（『不当景品類及び不当表示防止法』）による景品および表示規制，さらには特定の業種における不公正な競争防止という取締的観点から制定されている各種業法も，公正な競争確保に

果たしている役割から，これらも「広義の不正競業法」に属するとみることができる。ただ，自由競争を基調とする経済システムにおいて，私人たる経済主体のイニシャティブにおいて公正な競争および取引秩序が確保・実現されるべきであるという基本的立脚点は忘れられてはならない。

検討課題 ただ，わが国の現行の不正競争防止法には次のような検討課題があるように考える。すなわち，第一点として，①わが国では伝統的に「公正な競争秩序」についての意識は低いものであったように考えられるが，それが適切かどうかを検討する必要がある。第二点として，②わが国の不正競争防止法は「公正な競争秩序」の実現主体を「営業上の利益」を有する者としているが（3条・4条参照），需要者，特に消費者をも市場の構成員として，「公正な競争秩序」の実現に積極的に関わるべき主体として位置づける必要はないかどうかを検討すべきである。さらには，③わが国の不正競争防止法は不正競争行為を「限定列挙」としているが，それで十分かどうか，むしろ補充的に「一般条項」を設けることにより，市場の構成員が自ら主体的に，ときには個別の立法を待つまでもなく，裁判所に訴えを提起して，訴訟による裁判所の判決の積み重ねにより，新たに禁圧すべき不正競争類型の確立を図ることが，「公正な競争秩序」についての社会一般の規範意識のより一層の確立のためにも適切と考えられる。

2 　個別不正競争類型（2条1項）

① 　商品・営業主体混同惹起行為（1号）

内容と趣旨 他人の業務に係る商品または営業の表示（商品等表示）として需要者の間に広く認識され

ているもの（周知表示）と同一もしくは類似の商品等表示を使用し，またはその商品等表示を使用した商品を譲渡し，引き渡し，譲渡もしくは引渡しのために展示し，輸出し，輸入し，もしくは電気通信回線を通じて提供（以下「譲渡等」とする）して，他人の商品または営業と混同を生じさせる行為である（2条1項1号）。

　他人の周知表示につき，その他人が企業努力によって当該表示に蓄積させた企業の信用，名声およびこれに基づく顧客吸引力，他企業に対する優越的地位を，取引者・需要者に混同を生じさせる同一または類似の表示の使用により不当に侵害する行為を不正競争行為として規制しようとするものである。

周 知 性

　ここで商品等表示とは出所につき識別力のある表示をいう。商標法においては使用していなくても使用の意思のある商標について登録により商標権の発生が認められるのに対して，ここでは周知性を有する表示が要件とされている。これは，商標法上の登録に代わる保護要件として，実際使用されて信用が化体されている表示につき，同一または類似の表示を排除することを認めるに足りるだけ広く需要者に知られていることを要求したものである。周知かどうかは，その表示がありふれたものか，それとも造語など特徴的なものかどうか，商品や営業の態様，使用期間，広告宣伝の程度等を考慮して個別的・具体的に判断される。ただし周知は一地方的なものでよいが，同一または類似する表示を使用する者の営業地域を包含しなければならない。原告の「勝烈庵」という営業表示は横浜市を中心とする周辺地域において周知性を有するとして，鎌倉市大船所在の被告「勝れつ庵」については，距離的に接近していることと生活圏としての一体性から周知性の及ぶ範囲とし差止めを認容する一方，静岡県富士市所在の被告については，周知性の及ぶ範囲にはないとして，「かつれつあん」の表示の差止請求を棄却した判例がある（横浜地判昭58.12.9無体集15巻3号802頁〔勝烈庵事件〕また，大阪地

判昭 58.2.25 判タ 499 号 184 頁〔紙なべ事件〕参照。)。

| 商品等表示 |

　　　　　　　　　　　　商品の出所を表示しまたは営業の主体を表示する識別力のあるものであれば，法文に挙がっている人の業務に係る氏名，商号，商標，標章，商品の容器もしくは包装その他いかなるものでも商品等表示たり得る。本来的に識別力のないものでも，長期の使用や多大な宣伝広告によって識別力を獲得することもある。たとえば判例上，着物の高級帯の模様（東京地判平 9.3.31 判時 1607 号 94 頁〔龍村帯・テーブルクロス事件〕）やジーンズの後部ポケット部分に施された 2 つのアーチを形成するステッチ（刺繍）（東京地判平 12.6.28 判時 1713 号 115 頁〔LEVI'S ジーンズ一審事件〕およびこれを支持する東京高判平 13.12.26 判時 1788 号 103 頁〔LEVI'S ジーンズ控訴審事件〕）が商品等表示として認められた。もっとも，キャップが緑色で，ボディが白色の薬剤カプセルと，それを収納する銀色地の PTP シートの色構成につき商品等表示性が否定され（東京地判平 18.2.10 裁判所 HP〔カプセル色彩事件〕），正露丸につき，ラッパの図柄を度外視した包装態様のみでは出所表示機能を有しないとして商品等表示性が否定された事例がある（大阪高判平 19.10.11 判時 1986 号 132 頁〔正露丸事件〕）。

　商品形態についても独自な特徴を有し，かつ，その形態が長期間継続的かつ独占的に使用され，または短期間でも強力な宣伝等が伴って使用されることによって商品等表示に該当し得ることは通説においても肯定されている。判例上，商品形態が商品等表示と認められたものとして，古くは眼鏡枠（東京地判昭 48.3.9 無体集 5 巻 1 号 42 頁〔ナイロール眼鏡枠事件〕）や投げ釣り用天秤（東京地判昭 53.10.30 無体集 10 巻 2 号 509 頁〔投げ釣り用天秤事件〕）が，また，ローズ形のチョコレート菓子（東京地判平 7.2.27 知裁集 27 巻 1 号 137 頁〔バレンタインチョコレート事件〕），幼児用乗用玩具であるシャベルカー（東京地判平 9.2.21 判時 1617 号 120 頁〔キッズシャベル事件〕），パソコンの形態（東京地決平 11.9.20 判時 1696 号 76 頁〔iMac 事件〕）が，さらには三宅一生らの所属するデザイン会社の製作

にかかる婦人服のシリーズ商品の形態（東京地判平 11.6.29 判時 1693 号
139 頁〔婦人服シリーズ事件〕）や，珍しいものではタイプフェイスの書体
（東京高決平 5.12.24 判時 1505 号 136 頁〔モリサワタイプフェイス事件〕）がある
（反対の事案として東京地判平 12.1.17 判時 1708 号 146 頁〔ポップ文字事件〕）。
また近時では，トートバックの形状につき周知な商品等表示として認
めた東京地判令元.6.18（裁判所 HP〔イッセイミヤケトートバッグ事件〕）が
ある。

　他方，米国楽器メーカーのエレクトリックギターの形態について，
長期にわたる多数の類似形態の商品が出回ることにより，いったん獲
得された出所表示性が消滅してしまったとする判例（東京高判平
12.2.24 判時 1719 号 122 頁〔ギブソン・エレクトリックギター事件〕）や，商品
として周知になったとしても形態については商品等表示性が認められ
ないとする判例（東京高判平 12.2.17 判時 1718 号 120 頁〔空調ユニットシステ
ム事件〕）がある。

　技術的機能に由来する必然的な商品形態については，技術を保護す
る特許法および実用新案法等との兼ね合いから本号の商品等表示とし
ての表示性を否定する技術形態排除論が有力に主張され，それを採る
判例もある。技術的機能に由来する商品形態は，実際上，それを超え
て表示として識別力を有するに至るにはかなりの困難を伴うともいえ
よう。なお，原告のベビー・子供服売場における商品陳列デザインに
ついて，原告独自の営業方法ないしノウハウの一端が具体化したもの
で，その保護は，その実質において，原告の営業方法ないしアイデア
そのものを原告に独占させる結果を生じさせることになりかねず，不
正競争防止法の立法目的に照らして相当でないとして保護を否定した
判例がある（大阪地判平 22.12.16 判時 2118 号 120 頁〔西松屋商品陳列デザイン
事件〕）。また近時の東京地決平 28.12.19（裁判所 HP〔コーヒーチェーン類
似店舗使用差止仮処分事件〕）は，大手コーヒーチェーンが自らの店舗の
外観や内装につき，他の同種店舗と異なる顕著な特徴を持ち，消費者

にも特徴が広く認識されているとし，相手方店舗の多くの特徴が類似していると認定して誤認のおそれがあることを理由に使用差止めを認めたほか，相手方店舗の写真や絵を印刷物やウェブサイトに掲載してはならないとした。もっとも提供される食べ物と食器の組合せの差止めは認めなかったが，今後，「商品等表示」をどこまで含めて捉えるか注目に値しよう。

本号の商品等表示の帰属主体は誰かが争点となった事案において，東京地判平26.1.20（裁判所HP〔フキ事件〕）は，当該商品の性質，流通形態，当該商品等表示の内容や態様，当該商品の宣伝広告の規模や内容等を考慮した上で，当該商品等の出所，品質等について信用を蓄積してきた主体は誰であるかという観点と，当該商品の取引者・需要者において，当該表示が何人のものとして認識されているかという観点を併せて検討するのが相当であるとしている。

商品・営業

商品とは市場において独立した取引の対象となる有体物または無体物をいう。判例上，無体物である印刷用書体につき商品であることが認められた事例がある（前掲〔モリサワタイプフェイス事件〕）。また，営業とは単に営利を目的として行われる事業に限らず，事業者間の公正な競争を確保するという目的からして，広く経済収支上の計算の上に立って行われる事業一般を含む。営利性は問われず，したがって非営利事業であっても営業に該当する。この点，判例も病院経営（東京地判昭37.11.28下民集13巻11号2395頁〔京橋中央病院事件〕）や拳法普及活動（大阪地判昭55.3.18無体集12巻1号65頁〔少林寺拳法事件〕）は営業に該当することを認めている。これに対して宗教法人による宗教儀礼の執行や教義の普及伝導活動については，不正競争防止法の対象とする競争秩序の維持を観念することはできないものであるから，取引社会における事業活動と評価することはできず営業には該当しないとする判例がある（最判平18.1.20民集60巻1号137頁〔天理教豊文教会事件〕）。

| 同一または類似の表示 |
| の使用による混同 |

同一または類似の表示かどうかは商標法の場合と同様に表示の要部に着目して観察するとともに（要部観察），全体的印象において判断する（全体的観察）。判例は，取引の実情のもとにおいて，取引者または需要者が両表示の外観，称呼または観念に基づく印象，記憶，連想等から両者を全体的に類似するものと受け取るおそれがあるか否かを基準に判断するのが相当であるとしている（最判昭 58. 10. 7 民集 37 巻 8 号 1082 頁〔日本ウーマン・パワー株式会社事件〕）。また類似判断は，実務上，混同のおそれがあるかどうかの判断と相関においてなされると考えられる。

「混同」は，実際混同が生じる必要はなく混同の具体的なおそれがあればよい。混同とは，競争関係のある者であることを前提として商品の出所または営業の主体の同一性について取引者・需要者に誤認が生じることのみならず（狭義の混同），商品等表示を冒用する者と冒用された者との間に競争関係にはないが，何らかの経済上または組織上，親会社・子会社の関係，系列関係や提携関係があるとの誤認が生じる場合をも含むと考えられている（広義の混同）。たとえば，広義の混同に関しては，「三菱建設株式会社」の商号と三菱マーク類似のサービスマークの使用が，世人に対していわゆる三菱系諸会社の一員であるかの誤信をさせるとして混同のおそれが認められた事例がある（大阪高判昭 39. 1. 30 下民集 15 巻 1 号 105 頁〔三菱建設株式会社事件〕）。同様に，神戸市内に所在する「ホテル　ゴーフル　リッツ」（HOTEL GAUFRES RITZ）は，高級ホテルである「リッツ」（RITZ）とライセンス契約等営業上の緊密な関係があるかのような誤信を生じさせるおそれがあるとした神戸地判平 8. 11. 25（判時 1603 号 115 頁〔ホテル　ゴーフル　リッツ事件〕）や，「スナックシャネル」および「スナックシャレル」の表示は，シャネル・グループに属する企業と関係があるとの誤信を生ずるとした最判平 10. 9. 10（判時 1655 号 160 頁〔スナックシャネル事件〕）がある。

混同は商品間あるいは営業間のみならず商品と営業間においても生

じ得るし，それらが非類似の場合でも生じ得る。その意味で商標権よりも射程範囲が広い。他人の商品等表示と同一または類似の表示を意匠的に使用する場合でも出所識別表示としての機能が否定されるわけではない（大阪地判昭55.7.15無体集12巻2号321頁〔プロフットボール・シンボルマーク一審事件〕）。

適用除外　　他人の周知表示との関係で，使用する商品等表示が，商品もしくは営業の普通名称（ぶどうを原料または材料とする物の原産地の名称で普通名称となったものを除く），あるいは同一もしくは類似の商品または営業について慣用される商品等表示であるときに，これを普通に用いられる方法で使用すること（19条1項1号），自己の氏名を不正の目的（不正の利益を得る目的，他人に損害を加える目的その他の不正の目的をいう。以下同じ）なく使用すること（同項2号），さらには他人の商品等表示が周知になる前から同一または類似の商品等表示を使用する者（先使用者）またはその業務を承継した者が，不正の目的なく使用すること（同項3号）は，不正競争行為に当たらない。ただし，自己の氏名の使用（2号）または先使用（3号）が認められる場合でも，営業上の利益を侵害されまたは侵害されるおそれのある者は，自己の商品または営業との混同を防ぐための適当な表示を付すべきことを，自己氏名使用者，先使用者またはその業務承継人に対して請求できる（19条2項）。

救済　　営業上の利益を侵害されまたは侵害されるおそれのある者は侵害停止・予防の差止請求と，これに付帯的な請求として侵害組成物や侵害供与物の廃棄除却その他の侵害停止・予防に必要な行為の請求が可能である（3条）。また，故意または過失によって現に営業上の利益を侵害された者には損害賠償請求が認められる（4条）。さらに故意または過失による侵害に対しては営業上の信用回復措置を請求することもできる（14条）。

　営業上の利益を侵害された者が損害賠償を請求する場合に，①侵害

者が侵害組成物を譲渡したときには，その譲渡数量に，被侵害者が侵害の行為がなければ販売することができた物の単位数量当たりの利益の額を乗じた額を，被侵害者の当該物に係る販売その他の行為を行う能力に応じた額を超えない限度において，被侵害者が受けた損害の額とすることができる（5条1項）。ただし，譲渡数量の全部または一部に相当する数量を被侵害者が販売することができないとする事情があるときは，当該事情に相当する数量に応じた額を控除する。②侵害者の得た利益を損害の額と推定する規定があるとともに（同条2項），③当該侵害に係る商品等表示の使用に対し受けるべき金銭の額に相当する額の金銭を，損害額として賠償を請求することができる（同条3項1号）。侵害行為や損害額の立証の容易化等のための具体的態様の明示義務（6条），書類提出についてのインカメラ手続（7条），損害計算のための鑑定（8条），相当な損害額の認定（9条），秘密保持命令とその取消しの制度（10条・11条），訴訟記録の閲覧等の請求の通知等（12条）および当事者尋問等の公開停止（13条）の規定も特許法等と同様に整備されている。

② 著名表示冒用行為（2号）

内容と趣旨

自己の商品または営業の表示（商品等表示）として他人の著名な商品等表示と同一もしくは類似のものを使用し，またはその商品等表示を使用した商品を譲渡等する行為である（2条1項2号）。著名表示は事業者の長年の企業努力によって著名となったブランドで，一定の商品または営業との結びつきを示す強力な表示力を有し，多大な顧客吸引力および信用を化体し良質なイメージを有するものである。それを第三者が自己の商品等表示として使用することは，その顧客吸引力に「ただ乗り」し（フリーライド），著名表示の有していた表示力を「希釈化」し（ダイリュージョン），また，使用される商品または営業の粗悪性によっては著名表示

の名声・イメージを「汚染」することになる (ポリューション)。そこで混同を要件とすることなく，直接，冒用行為から著名表示を保護することにした。平成5 (1993) 年全面改正の際に新設された類型である。

──────────
　　著名性
──────────

周知表示の場合は混同があれば，知っている人の割合を考える必要はないが，この場合は著名性の故の保護であるので，著名表示といえるためには，通常の経済活動において相当の注意を払うことによりその表示の使用を避けることができる程度にその表示が知られていることが必要である。そのために，関係する層の取引者または需要者において全国的表示といえるものでなければならないと考えられる。

──────────
　　冒　　用
──────────

自己の商品等表示として他人の著名な商品等表示を使用することである。従来から著名表示のただ乗りの場合には，裁判上，混同を比較的容易に認定することで対処されてきた。たとえば，アメリカのプロフットボールリーグのシンボルマークをビニール製組立ロッカーに使用した事案 (最判昭59.5.29民集38巻7号920頁〔プロフットボール・シンボルマーク上告審事件〕)，著名なスコッチウィスキーのラベルを鏡に使用した事件 (大阪地判昭57.2.26無体集14巻1号58頁〔輸入ウィスキー著名標章事件〕)，原告のカメラ表示および営業表示として著名な「ヤシカ」の表示を化粧品に使用した事件 (東京地判昭41.8.30下民集17巻7＝8号729頁〔ヤシカ事件〕) がある。問題は，ノーパン喫茶 (東京地判昭59.1.13判時1101号109頁〔ノーパン喫茶ニナ・リッチ事件〕)，ポルノ店 (東京地判昭59.1.18判時1101号110頁〔ポルノランドディズニー事件〕)，さらにはラブホテル (神戸地判昭62.3.25無体集19巻1号72頁〔ホテルシャネル事件〕) の事案など，混同を認定し難いときで，表示の汚染および希釈化があると考えられるようなときには，従来，裁判所は擬制的に広義の混同を認定することで保護を図ってきたところがある。また，逆に原告であるディーゼルエンジンのメーカ

ーの著名表示「ヤンマー」を，被告が「ヤンマーラーメン」というインスタントラーメンの表示として使用した事案で，「伊藤の」あるいは「イトーの」と付記しているから混同のおそれがないとして保護を否定した判例があるが（神戸地判昭43.2.8無体集4巻1号77頁，大阪高判昭47.2.29無体集4巻1号66頁〔ヤンマーラーメン事件〕），こうした場合に対しても本規定により無理なく対処できるようになり，近年，適用を受ける事案も多い。

適用除外と救済

適用除外については ① の場合と同じであり（19条1項1号・2号・4号），救済についても同様である。ただし，著名表示の保有者には，周知表示の場合のように先使用者に対する混同防止表示請求権（同条2項2号参照）は明文上認められていないが，著名表示は第三者のいかなる使用によっても希釈化が生じるおそれが高いものだけに，解釈上，19条2項を類推適用して希釈化防止表示請求権ともいうべきものが認められてしかるべきであろう。

③ 商品形態模倣行為（3号）

内容と趣旨

他人の商品の形態を模倣した商品を譲渡し，貸し渡し，譲渡もしくは貸渡しのために展示し，輸出しもしくは輸入する行為である（2条1項3号）。商品のライフサイクルの短期化，流通機構の発達，複製・複写技術の発展に鑑み，他人が資本・労力を投下して市場に出した商品を開発投資をかけないでそのまま模倣した商品を市場に投入することを，他人の成果にただ乗りする不正競争行為とし，これを規制することによって独自の商品を開発し市場に出した先行者の市場における先行利益を保護し，その商品開発に投入した投資回収を可能にするものである。

商品形態

商品形態とは「需要者が通常の用法に従った使用に際して知覚によって認識することがで

きる商品の外部及び内部の形状並びにその形状に結合した模様，色彩，光沢及び質感」をいう（2条4項）。商品の容器や包装についても，商品自体と結合して一体となり，商品自体容易に切り離せない態様で結びついている場合には商品形態に含まれ得るし（大阪地決平8.3.29知裁集28巻1号140頁〔ホーキンスサンダル保全異議申立事件〕），さらに商品の組合せについても商品形態としても保護されることがある（大阪地判平10.9.10知裁集30巻3号501頁〔タオルセット事件〕）。

　技術的機能に由来する必然的な商品形態について判例には，基本的形態が商品の機能および効用を奏するのに不可避的な形態であるから同種の商品が有する通常の形態とした上で，細部の具体的形態が異なるとしてピアス孔保護具の形態の保護を否定したものがある（東京地判平9.3.7判時1613号134頁〔ピアス孔保護具事件〕）。また，製品本体に当初から組み込まれている部品の純正部品につき，特定の製品を本体として使用する性質上本体における取付部位や係合する他の部品との関係から，その形状が一義的に決まるか，同一または極めて類似することが避けられないものであり，創意工夫の余地がないので，純正部品の形態は商品の通常有する形態に当たり，保護の対象とならないとするものもみられる（東京地判平11.2.25判時1682号124頁〔エアーソフトガン・カスタムパーツ一審事件〕。もっとも，控訴審判決である東京高判平14.1.31判時1815号123頁は交換部品は通常有する形態とはいえないとしている）。なお，従来から商品形態については，二次的に商品の出所表示としての識別力を持つに至った場合には1号の不正競争行為による保護もされてきた。

模倣商品の譲渡等　模倣とは「他人の商品の形態に依拠して，これと実質的に同一の形態の商品を作り出すこと」をいう（2条5項）。判例は，模倣というためには，客観的には，他人の商品と作り出された商品を対比して観察した場合に，形態が同一か実質的に同一といえるほどに酷似していることを要し，主観的に

は，当該他人の商品形態を知り，これと形態が同一であるか実質的に同一といえるほどに酷似した形態の商品と客観的に評価される形態の商品を作り出すことを認識していることを要するとされる（東京高判平10.2.26知裁集30巻1号65頁〔ドラゴン・ソード・キーホルダー事件〕）。この主観的な認識なしに独自創作した商品形態は同一または実質的同一であっても模倣とはいえない。また，商品の模倣そのものは試験・研究のためになされることもあり得るので，法はこれを直接には不正競争行為とせず，模倣した商品を譲渡等する行為を不正競争行為とする。

　商品形態の模倣とされたものとしては，「たまごっち」（東京地判平10.2.25判タ973号238頁〔たまごっち事件〕），腕時計（東京地判平11.6.29判時1692号129頁〔シチズン時計事件〕）や小熊のタオルセット（大阪地判平10.9.10知裁集30巻3号501頁〔タオルセット事件〕），さらには小型ショルダーバッグ（東京地判平13.1.30判時1742号132頁〔小型ショルダーバッグ一審事件〕。この一審判決を支持し，バッグの内部構造に係る形態も商品形態とする東京高判平13.9.26判時1770号136頁〔小型ショルダーバック控訴審事件〕）の判例がある。否定例としては，龍を浮彫りにしたキーホルダー（前掲〔ドラゴン・ソード・キーホルダー事件〕），ミニチュアリュック（東京地判平9.6.27判時1610号112頁〔ミニチュアリュック事件〕），活水器（東京地判平12.12.26判時1742号128頁〔蝶型活水器事件〕）の判例がある。

| 適用除外 |

(1)　日本国内において最初に販売された日から起算して3年を経過した商品の形態は模倣から保護されない（19条1項5号イ）。短いライフサイクルの商品について，模倣によるただ乗りからの保護を図り，先行者の投資回収の期間を確保する場合でも，短期に限定することが適切であると考えられたからである。「最初に販売された日」の対象となる「他人の商品」とは，保護を求める商品形態を具備した最初の商品を意味し，このような商品形態を具備しつつ若干の変更を加えた後続商品は含まれないとされる（東京高判平12.2.17判時1718号120頁〔空調ユニットシステム事件〕）。

(2)　他人の商品の形態を模倣した商品を譲り受けた者が，譲り受けた時に模倣商品であることを知らず，かつ，知らないことに重大な過失がない場合には，その商品を譲渡等する行為は不正競争行為にならない（19条1項5号ロ）。譲受人が善意・無重過失の場合に，取引の安全を考慮した規定である。

| 救　済 |

救済として，差止請求権（3条），損害賠償請求権（4条），信用回復措置請求権（14条）が与えられることについてはすでに説明した類型と同様である。差止請求訴訟や損害請求訴訟についての特則を定めた諸規定（5条～13条）も同様に適用される。

本号の趣旨は先行者の投資回収の利益を保護することにあるので，単なる輸入業者あるいはライセンシーとして製造許諾を受けたに過ぎない者は商品形態を開発・商品化した者とはいえないから請求権者たり得ないとするのが判例である（東京地判平11.1.28判時1677号127頁〔キャディバッグ事件〕）。また原被告それぞれが，その商品の商品化に費用や労力を分担した場合，相互の商品は他人の商品とはいえないので両者間では相互に保護を受けない（東京地判平12.7.12判時1718号127頁〔シミュレーションミニゲーム機事件〕）。さらに他社の著名な商品形態の模倣をしたことで自ら費用，労力を投下したといえない者は，同様に著名な商品形態の模倣者に損害賠償請求することは許されないとされている（東京地判平13.8.31判時1760号138頁〔エルメス・バッグ模倣事件〕）。ただし独占的販売権者は請求権の主体となり得ることを認めた近時の判例がある（大阪地判平16.9.13判時1899号142頁〔ヌーブラ事件〕）。独占的販売権者は独占の維持に利害を有するため，これを請求権者と認めることで公正な競争秩序の維持を図ることができ，不正競争防止法の趣旨にも合致するので正当であろう。

④ 営業秘密の不正取得・使用・開示行為（4号〜10号）

内容と趣旨 秘密として管理されている事業活動に有用な情報（営業秘密）を，その保有者にとって競争上価値のある無体の営業財産として法的に承認し，その不正な取得，使用または開示行為につき，営業財産を不当に侵奪・利用し，その競争的価値を減殺する不正競争行為として位置づけたものである。平成2（1990）年改正により設けられ，平成5（1993）年の全面改正にあたっては，規定を整理の上，旧法をほぼそのまま取り入れた。

営業秘密 営業秘密とは，「秘密として管理されている生産方法，販売方法その他の事業活動に有用な技術上又は営業上の情報であって，公然と知られていないもの」と定義されている（2条6項）。営業秘密たるためには，まず「秘密管理性」が必要であるが，そのためには客観的に情報に対するアクセスが制限され，またアクセスした者に当該情報が営業秘密であることが認識できるような状況がなければならない。判例上，秘密に管理されていないとして営業秘密としての保護を否定した例としては，銀行券印刷機の売買に伴い提供された技術情報（東京地判平12.4.26判時1716号118頁〔日銀銀行券印刷機事件〕），医療用機械器具輸入業者の治験データ，輸入申請書や顧客名簿（東京地判平12.9.28判時1764号104頁〔医療用機械器具データ事件〕），車両運行管理業務等を目的とする会社の契約内容一覧表（東京地判平12.12.7判時1771号111頁〔車両運行管理業務データ事件〕）等がある。

　また，事業活動に利用し得る技術上または営業上の情報として「有用性」がなければならない。これに該当する情報は，たとえば製品の設計図，製法，顧客リスト，販売マニュアル，仕入先リスト等である。有用性は客観的に情報の性質に照らして判断されるべきものである。過去の失敗データ等いわゆるネガティブインフォメーションも，研究

開発投資を回避・節約できるなど有用性が認められる。企業のスキャンダル情報や公害情報等は有用性に欠けるので営業秘密たり得ない。結局，有用性があるとするには，市場競争において競争手段として用いることができ，それ故に営業上保護に値する財産的価値を有していなければならないと解される。近時の判例では，発熱セメントに係る情報につき，特許公報に掲載された公知技術に対して，当業者の通常の創意工夫の範囲内において適宜に選択される設計事項に当たる情報は有用性を欠き，公知または有用性を欠く情報を単に寄せ集めたのに過ぎないもので全体として有用性を有しないとして保護を否定したものがある（大阪地判平 20. 11. 4 判時 2041 号 132 頁〔発熱セメント事件〕）。

さらに営業秘密たるためには，公然と知られていない「非公知性」が必要とされるが，これは当該情報が営業秘密保有者の管理下以外では一般的に入手できないことをいい，営業秘密保有者以外に知っている者がいても，その多少にかかわらず営業秘密保有者との関係で守秘義務が課せられていれば，未だ公然とは知られていないといえる。逆に市販製品からコストをかけずに分析により容易に取得できる情報は非公知性の要件を欠く（知財高判平 23. 7. 21 判時 2132 号 118 頁〔光通風雨戸事件〕）。

| 営業秘密保有者 | 営業秘密保有者とは，営業秘密たる情報を事実上管理している事業者をいう（2 条 1 項 7 |

号）。たとえばライセンス契約によって営業秘密の開示を受け，それを営業秘密として管理するライセンシーも営業秘密保有者といえる。したがって同一の営業秘密について複数の保有者が考えられる。その相対的・対人的な法律関係において究極的に営業秘密を明かすか否かを決定する権限を有する者を本源的保有者ということがある。使用者に雇われた従業者の職務発明などについては，いずれを営業秘密の本源的保有者とすべきか問題となるが，職務発明といえども使用者により雇用契約上の指揮監督権限のもとに営業秘密として指示され，それ

が使用者の営業秘密として事実上管理されている限りにおいては，使用者が営業秘密の本源的保有者とされるべきである。もっとも，従業者が特許を受ける権利を有しており，使用者がその承継を受けない場合には，使用者としては従業者に相当の利益を与える必要はないが（特35条4項），従業者が特許出願の上，特許権を取得することを禁じたり，または妨げてはならない義務を負うと解される。したがって，使用者が，従業者の職務発明につき営業秘密として保有し利用したい場合において，従業者による特許出願と，それに続く発明公開を避けたいと考えるときには，従業者から特許を受ける権利につき取得するしかない。また，同様に，使用者が職務発明について従業者から特許を受ける権利を承継することなく，それを営業秘密として保有するために，従業者に特許を受ける権利の放棄をさせたり，または従業者と放棄を合意することは，相当の利益に見合う代償措置がない限りは，そのような放棄または放棄の合意は，公序良俗に反し無効であると解すべきである（この点，従業者等が対価請求権を有効に放棄することを認めるように読める東京高判平13.5.22判時1753号23頁〔オリンパス光学職務発明控訴審事件〕は疑問である）。

| 不正取得・使用・開示 | まず，①窃取，詐欺，強迫その他不正手段によって営業秘密を取得する行為（営業秘密不正 |

取得行為），もしくは使用し，または開示する行為（2条1項4号）がこれに当たる。さらには，②営業秘密保有者から営業秘密を示された場合において，不正の競業その他の不正の利益を得たり，または（営業秘密）保有者に損害を加える目的で営業秘密を使用し，開示する行為（2条1項7号）も該当し得る。営業秘密であるプログラムのソースコードの記述とは異なる抽象化された情報そのものの使用は営業秘密の使用とはいえないとした判例がある（大阪地判平25.7.16判時2264号94頁〔Cains事件〕）。

しかし，一度，営業秘密につき①または②の行為があっても，有体

物の場合と異なり，それだけでは直ちに保有者による営業秘密の管理利用は排除されず，その利益はなお保護される必要がある。そこで，①の営業秘密不正取得行為が介在したこと，または②の行為その他秘密を守るべき法律上の義務違反による営業秘密の営業秘密不正開示行為であること，もしくは営業秘密不正開示行為が介在したことについて，取得時に知ってまたは重過失により知らずに営業秘密を取得し，使用し，開示する行為（2条1項5号および8号），あるいは取得後にこれらの事情について知ってまたは重過失により知らずに，取得した営業秘密を使用し，開示する行為（同項6号および9号）は，直接の営業秘密不正取得行為または営業秘密不正開示行為と同等の違法性があると評価され，不正競争行為に当たる。ただし取引によって営業秘密を取得した者が，その取得時に善意・無重過失である場合には，取得後に悪意・重過失になっても，取引の安全を考慮して，営業秘密の取得者がその取引により取得した権原の範囲内で営業秘密を使用し，開示することは許される（19条1項6号）。最近では，原告のDVDのコピーガード技術について，実施覚書解除後に被告が使用した事件について7号該当性が（東京地判平25.2.13裁判所HP〔コピーガード事件〕），また，原告の営業秘密であるポリカーボネート樹脂製造装置の設計図を被告らが原告の従業員に働きかけて取得し，中国企業へ提供したことにつき8号該当性が認められた判例がある（知財高判平23.9.27裁判所HP〔ポリカーボネート樹脂製造装置設計図事件〕）。

さらに，平成27（2015）年改正により，上記いずれの営業秘密不正取得・不正開示行為による営業秘密で，技術上の情報であるものを使用する行為（「不正使用行為」という）により生じた物を，第三者が譲渡し，引き渡し，譲渡もしくは引渡しのために展示し，輸出し，輸入し，または電気通信回線を通じて提供する行為も，営業秘密保有者が押さえることができるように不正競争行為類型として追加された（2条1項10号）。営業秘密侵害品の流通規制を図るものである。ただし，当該

物を譲り受けた者が，譲受時に，当該物が不正使用行為により生じた物であることを知らず，かつ，知らないことにつき重大な過失がない場合は除外される。善意・無重過失者を保護し，取引の安全を図るためである。また，後述のように15条1項の規定により差止請求権が消滅時効にかかった後に，第三者が上記の行為をなすことは不正競争行為とはならない（19条1項7号）。

救　済　差止請求権（3条），損害賠償請求権（4条），信用回復措置請求権（14条）が与えられることは既述の類型と同じである。ただし，営業秘密を使用する行為については，それが継続し，営業上の利益を侵害されまたは侵害されるおそれのある営業秘密保有者が，その事実および侵害者を知った時から3年行使しない場合には，侵害の差止請求権は時効により消滅する。行為の開始の時から20年経過したときも同様である（15条）。また，この消滅時効後は，営業秘密の使用により生じた損害の賠償についても責任は発生しなくなる（4条但書）。差止請求や損害賠償請求についての特則を定めた諸規定（5条～13条）も適用になるが，そのうちの侵害製品の販売数量に基づいて損害額を算定する規定（5条1項）は，技術上の秘密に関するものに限って適用される。

　なお，技術上の秘密として①「生産方法」や②「その他政令で定める情報」として「情報の評価又は分析の方法」（不競施令1条）について，4号，5号または8号の規定する営業秘密不正取得等があった場合に営業秘密の使用についての推定規定がある。すなわち，①不正取得等をした第三者が当該生産方法の使用により生産することができる物を生産し，または，②政令に定める「情報の評価又は分析の方法」（例：血液を化学的に分析し，特定疾患の罹患リスクを評価する方法）について，不正取得等をした第三者が政令で定める「その他技術上の秘密を使用したことが明らかな行為」として当該「技術上の秘密を使用して役務の提供」（同施令2条。例：「血液分析による特定疾患リスクの評価結果を提供す

るサービス」）をしたときは，当該第三者は，それぞれ①にあっては上記各号に規定する営業秘密を使用してその物を生産し，また，②にあっては上記各号に規定する営業秘密を使用したものと推定される（5条の2）。平成27（2015）年改正により，営業秘密の保護強化のために営業秘密保有者による立証責任の軽減のために設けられた推定規定である。生産方法以外の「その他政令で定める情報」は平成30（2018）年施行令改正により定められたものである。

　営業秘密を裁判により訴訟上保護を求める場合，原則として公開の法廷における裁判手続の中で，その秘密性をいかに担保すべきかという課題がある。この点については，平成15（2003）年および平成16（2004）年改正で導入されたインカメラ手続（7条2項・3項），秘密保持命令とその取消しの制度（10条・11条），訴訟記録の閲覧等の請求の通知等（12条）および当事者尋問等の公開停止（13条）といった制度が有効に機能することが期待される。

<hr>
退職従業員と営業秘密

雇用の流動化の中で，退職従業員の雇用中に知り得た営業秘密の保護が問題となる。この場合，退職従業員による営業秘密の使用禁止や守秘義務を合意する契約があれば問題はない。ただ，使用者の固有の営業秘密ではなく従業員の一般の技能知識についての利用を制限するものであってはならない。契約違反に対しては損害賠償はもちろん，契約上の債務の履行強制も可能となろう。他方，特別な契約がない場合も，雇用中に特定の情報が営業秘密として従業員に示されていれば，従業員が退職後に不正の競業その他の不正の利益を得たり，または保有者に損害を加える目的で，営業秘密を使用し，開示することは不正競争防止法上の差止の対象となり得る（2条1項7号）し，同様の義務が雇用契約終了後の余後効として信義則上認められると考えられる。なお，営業秘密の保護との関係で退職従業員について競業避止契約が締結されることがあるが，退職従業員の営業の自由および職業選択の自由との兼ね合いか

ら期間および内容等において合理的なものでなければならないであろう。

なお，平成17 (2005) 年改正では退職者による営業秘密の不正使用・開示につき，国外犯を含めた処罰規定を導入するに至り，また，平成21 (2009) 年改正においてもやや要件を緩和した上で引き継がれ，さらに平成27 (2015) 年改正により法定刑の引上げおよび処罰規定の拡充が図られている。

⑤ 限定提供データの保護 (11号～16号)

内容および趣旨

IoTやAIの普及に伴い，ビッグデータを始めとする「データ」の利用が事業活動にとって重要になることが予測される。しかし，①特許法や著作権法で保護されず，また，②他者との共有を前提とするため不正競争防止法の「営業秘密」に該当しない場合，その不正な流通を抑えることはできないことが問題となっていた。そこでデータ活用ができる環境を整備するために，事業者が事業活動により相当量のデータを蓄積し，管理し，財産的価値を有し，特定の者に提供する情報に「限定提供データ」として，その不正取得，使用，開示を事業者の営業財産を不当に侵奪・利用し，その競争的価値を減殺する行為として不正競争行為としたものである。

限定提供データ

法律上の定義としては，業として特定の者に提供する情報として電磁的方法 (電子的方法, 磁気的方法, その他人の知覚することのできない方法をいう) により，相当量蓄積され，および管理されている技術上または営業上の情報 (秘密に管理されているものは除く) である (2条7項)。すなわち，電磁的に記録され，業として提供する「相当量」蓄積されたデータで，①「技術的管理」があり，②「限定的な外部提供性」があり，かつ，③「有用性」があるものでなければならないとされている。「技術的管理性」

とは，データ取得者が，データ提供者との契約で想定される者以外の第三者による使用・提供を制限する旨の管理意思を明確に認識でき，特定の者に限定して提供するための適切な電磁的アクセス制御手段（IDやパスワード管理，データ暗号化やスクランブル化等）により管理されていことをいい，「限定的な外部提供性」とは，データ提供者が，外部の者からの求めに応じて，特定の者に対し選択的に提供することを予定しているデータであることをいう。また，「有用性」とは，スキャンダルデータのように違法または公序良俗に反するものは除外し，データが蓄積・管理されていることから事業上の経済的・財産的価値を有することをいう。また，営業秘密は除外される。

「相当量」の有無は，データが電磁的方法により蓄積されることで生み出される付加価値，利活用の可能性，取引価格，収集・解析にあたって投じられた労力・時間・費用等が勘案される。そしていわゆるビッグデータ以外のデータも，例えば携帯電話の位置情報を全国エリアで蓄積している事業者が，特定エリア単位で抽出し販売している場合で，その特定エリア分のデータで取引価値を有するもの，自動車の走行履歴に基づくデータベースについて電磁的方法により蓄積されることによって価値が生じている部分のデータ，大量に蓄積している過去の気象データから，労力・時間・費用等を投じて台風に関するデータを抽出・解析することで，特定地域の台風に関する傾向をまとめたデータや，その分析・解析に労力・時間・費用等を投じて作成した，特定のプログラムを実行させるために必要なデータの集合物等がこれに当たるとされている。

内　容

以下の行為が不正競争行為としてされている。すなわち，①窃取，詐欺，強迫その他の不正な手段で限定提供データを取得し（限定提供データ不正取得行為），その取得した限定提供データを使用し，または開示すること（11号），②限定提供データ不正取得行為が介在したことを知って限定提供データ

を取得し，その取得した限定提供データを使用し，または開示すること（秘密を保持し特定の者に示すことを含む）（12号），③取得後に限定提供データ不正取得行為が介在したことを知ってその取得した限定提供データを開示すること（13号），④限定提供データの保有事業者（限定提供データ保有者）からその限定提供データを示された場合に，不正な利益を受ける目的で，または限定提供データ保有者に損害を加える目的で，限定提供データを使用し（その限定提供データに係る管理に係る任務に違反して行うものに限る），または開示すること（14号），⑤限定提供データについて限定提供データ不正開示行為（④に規定するのと同一の目的での開示行為）であること，もしくは限定提供データ不正開示行為が介在したことを知って限定提供データを取得し，またはその限定提供データを使用し，もしくは開示すること（15号），⑥取得後に限定提供データ不正開示行為があったことまたは限定提供データ不正開示行為が介在したことを知って取得した限定提供データを開示すること（16号）。

救　済　営業秘密の場合と同様に，差止請求権（3条），損害賠償請求権（4条），信用回復措置請求権（14条）が与えられる。

例　外　取引により取得した限定提供データは，取得時善意であるときは，取引によって取得した権原内において限定提供データを開示することはできる（19条1項8号イ）。取引の安全を保護する趣旨である。また，その相当量蓄積されている情報が無償で提供されているのと同一の限定提供データを取得し，使用し，開示することは適用を除外される（同号ロ）。

時　効　限定提供データを使用する行為につき，その行為が継続する場合において，営業上の利益を侵害され，または侵害されるおそれのある保有者がその事実および行為者を知った時から3年間，行為のときから20年を経過すると差

止請求権を行使しないと行使できなくなる（15条2項による同1項の準用）。また，差止請求権が消滅した後に，限定提供データを使用する行為によって生じた損害賠償請求についても同様である（4条但書）。

⑥ デジタル・コンテンツの技術的制限手段の無効化行為（17号・18号）

内容と趣旨　　デジタル・コンテンツのようなデータは複製などがされやすいために，コンテンツおよびデータ提供事業者は複製や無断視聴等を防止するための技術的制限を施していることがあるが，その管理外でこうした制限を無効にする手段を他人に提供する行為を不正競争行為としたものである。デジタル情報化時代におけるデジタル・コンテンツや，特にAIやIoTの時代におけるイノベーション創出に関し，データの競争的価値を増している状況において，そうした事業者の存立基盤を確保するために設けられた規定である。

技術的制限手段の無効化行為　　まず，①営業上用いられている技術的制限手段（下記②に該当する他人が特定の者以外の者に対して用いる技術的制限手段を除く）により，制限されている(ア)影像もしくは音の視聴，(イ)プログラムの実行もしくは情報（電磁的に記録され，電子計算機による処理の用に供せられるものに限る）の処理，または(ウ)影像，音，プログラムその他の情報の記録を，当該技術的制限手段の効果を妨げることができる機能を有する(a)装置（当該装置を組み込んだ機器および当該装置の部品一式であって容易に組み立てられるものを含む），(b)プログラム（当該プログラムが他のプログラムと組み合わされたものを含む）もしくは指令符号（電子計算機に対する指令であって，当該指令によって一の結果を得ることができるものをいう）を記録した記録媒体や記憶した機器を(α)譲渡等し，もしくは(β)当該プログラムまたは指令符号を電気通信回線を通じて提供すること，または(γ)影像の視聴等を当該技術的制限手段の効果を妨げ

ることにより可能とする役務を提供すること（17号）。

次に、②他人が特定の者以外の者に㋐影像もしくは音の視聴，㋑プログラムの実行もしくは情報の処理または㋒影像，音，プログラムその他の情報の記録をさせないために営業上用いている技術的制限手段により制限されている，これら㋐，㋑，または㋒（以下「影像の視聴等」という）を，当該技術的制限手段の効果を妨げることができる機能を有する(a)装置（当該装置を組み込んだ機器および当該装置の部品一式であって容易に組み立てられるものを含む），(b)プログラム（当該プログラムが他のプログラムと組み合わされたものを含む）もしくは指令符号を記録した記録媒体もしくは記憶した機器を当該特定の者以外に(α)譲渡等し，もしくは(β)当該機能を有するプログラムまたは指令符号を電気通信回線を通じて提供すること，または(γ)影像の視聴等を当該技術的制限手段の効果を妨げることにより可能とする役務を提供すること（18号）。

ただし，上記①および②において，(a)の装置または(b)のプログラムが当該機能以外の機能を併せ有する場合にあっては，影像の視聴等を当該技術的制限手段の効果を妨げることを可能とする用途に供するためのものに限る。上記①については，コンテンツ提供事業者の用いる技術的制限手段は営業上のものでなければならないが，制限の相手方は特定の者に限定されない。これに該当するものとして，従来からの典型的な例としてビデオゲーム機が真正のCD-ROMのみを感知してプレーできるという制限やプログラムのコピー防止措置を無効化する装置やプログラムの譲渡・提供等がこれに該当した（判例としては，携帯用ゲーム機「ニンテンドーDS」用の真正のDSカードに付された信号を検知すれば視聴等可能となっている制限を無効化する通称「マジコン」といわれる装置の輸入販売について，18号に該当するとする東京地判平21.2.27裁判所HP〔DSマジコン1事件〕がある。同旨の判例として知財高判平26.6.12裁判所HP〔DSマジコン2事件〕を参照）。また，上記②に該当するものとして，典型的にはデジタル衛星放送信号がスクランブルされていて，特定の契約者のみ

がそれを解除して視聴できるところを、これを無効化し、視聴や録画ができる装置等を放送事業者以外の他人が契約者以外の者に譲渡・提供する行為がこれに該当した。

しかし、平成30（2018）年改正によって、上記①および②を通じて、従来からあった影像やプログラムに加えて、今後、データの活用が重要性が予測される中で、(ア)電磁的に記録された「情報」が技術的制限手段による保護の対象に追加され、さらに(イ)技術的制限手段の効果を妨げる行為として「指令符号」の譲渡・提供についても追加された。これは例えばプログラムや電磁的に記録されたデータを含むデジタル・コンテンツの視聴、実行または記録を制限するプロダクトキー、認証コードやシリアルナンバー等を譲渡・提供することが該当する。さらには(ウ)技術的制限手段を無効化する役務の提供、いわゆるプロテクト破り代行サービスについても不正競争行為とされた。なお、いずれも個人ユーザーによる無効化行為自体は適用の対象外と解される（ただし、著作権法上、技術的保護手段の回避により可能となり、または結果に支障が生じなくなった複製を、その事実を知りながら著作物等について行うことは、もはや私的使用のためといえども許容されず著作権等の侵害となる（著30条1項2号・102条1項）。また、著作物等の視聴を制限する技術的利用制限手段の回避を行うことも、著作権等の侵害とみなされる（著113条3項））。

――――――――――
適用除外
――――――――――

技術的制限手段の試験または研究のために用いられる17号または18号の装置やプログラムを譲渡等し、または当該プログラムを電気通信回線を通じて提供する行為は不正競争行為にはならない（19条1項9号）。無効化の技術に対抗し得る制限技術をテストするために、無効化のための装置等の提供を受ける必要があるからである。

――――――――――
救　　済
――――――――――

差止請求権（3条）、損害賠償請求権（4条）および信用回復措置請求権（14条）が認められる。差止請求や損害賠償請求についての特則を定めた諸規定（5条〜13

条）も適用になるが，そのうちの侵害製品の販売数量に基づいて損害額を算定する規定（5条1項）とライセンス料相当額を損害額として請求することを認める規定（同条3項）の適用はない。なお，刑罰規定は平成11（1999）年著作権法改正により設けられた（著120条の2第1号参照）。

⑦　ドメイン名不正取得等行為（19号）

> **内容と趣旨**

不正の利益を得る目的で，または他人に損害を加える目的で，他人の特定商品等表示と同一もしくは類似のドメイン名を使用する権利を取得し，もしくは保有し，またはそのドメイン名を使用する行為である（2条1項19号）。

ドメイン名不正取得・使用はかねてから国際的に問題になっており，これに対してわが国では「日本知的財産仲裁センター」において裁判外紛争処理がなされてきた実績がある。もっとも，訴訟を提起する例もみられるようになり不正競争防止法2条1項1号，2号を根拠に使用差止を認容した，富山地判平12.12.6（判時1734号3頁〔JACCSドメイン名使用差止事件〕）や東京地判平13.4.24（判時1755号43頁〔J-PHONEドメイン名使用差止事件〕）がある。

しかし，ドメイン名を登録者が登録しただけの場合や，商品等表示として使用しない場合には捉えきれない限界があったので，平成13（2001）年改正によりドメイン名の不正取得・保有・使用行為を新たな不正競争行為類型として追加するに至ったのが本号である。

> **ドメイン名の不正取得等**

ドメイン名とは，「インターネットにおいて，個々の電子計算機を識別するために割り当てられる番号，記号又は文字の組合せに対応する文字，番号，記号その他の符号又はこれらの結合をいう」と定義されている（2条10項）。ドメイン名の不正取得等の対象となる他人の特定商品等表示は，「人の業務に係る氏名，商号，商標，標章その他の商品又は役務を表示する

もの」をいい（同条1項19号括弧書），2条1項1号および2号における商品等表示の概念よりは狭いが，国際的な整合性を図ったものである。特定商品等表示は周知・著名であることを要しない。

　「ドメイン名を使用する権利を取得し」とは，ドメイン名登録機関にドメイン名の登録を受けて使用する権利を自己のものとして取得したり，ドメイン名の登録を受けた第三者から権利の移転を受けまたは使用許諾を受けることをいい，「保有し」とは，ドメイン名を使用する権利を継続して有することを指し，また「使用する」とは，ドメイン名をウェブサイト開設等の目的で用いることをいう。使用に関しては，要件さえ充足すれば19号と1号または2号との適用は排他的ではなく，重複的適用もあり得る。

Column⑯　「不正の利益を得る目的」とは ●●●●●●●●●●●●●●●●●●●●●●●●

　　判例上，本号でいう「不正の利益を得る目的で」とは公序良俗に反する態様で，自己の利益を不当に図る目的がある場合と解するべきで，単に，ドメイン名の取得，使用等の過程で些細な違反があった場合等を含まないものというべきであり，また，「他人に損害を加える目的」とは他人に対して財産上の損害，信用の失墜等の有形無形の損害を加える目的のある場合，たとえば，自己の保有するドメイン名を不当に高額な値段で転売する目的，他人の顧客吸引力を不正に利用して事業を行う目的，または当該ドメイン名のウェブサイトに中傷記事やわいせつな情報等を掲載して当該ドメイン名と関連性を推測される企業に損害を加える目的を有する場合などが想定されるとされている（東京地判平 14. 7. 15 判時 1796 号 145 頁〔mp3.co.jp 事件〕）。

●●

> 救　　済

①・②とほぼ同様である。ただ，侵害製品の販売数量に基づく損害額算定規定（5条1項）の適用はない。また，他の不正競争行為類型のような適用除外の規定は特にない。

⑧　原産地・品質等誤認惹起表示（20号）

> 内容と趣旨

商品・役務もしくはその広告・取引に用いる書類・通信に，その商品の原産地，品質，内

容，製造方法，用途もしくは数量もしくは役務の質，内容，用途もしくは数量について誤認させるような表示をし，またはその表示をした商品を譲渡等し，もしくは役務を提供する行為である（2条1項20号）。商品・役務の原産地や品質などについて誤認を惹起する表示，たとえば日本製なのにフランス製のワインと誤認させるような表示をすることは，市場における需要者たる消費者等が商品・役務を購入するに際しての適正な判断を阻害することの上に成り立つ事業活動として，競業者との関係において不正競争としたものである。もっとも，こうした不正競争行為については需要者たる消費者が最も利害を有し得るのに，法文の要件からは「営業上の利益」を侵害される営業者としての競業者にしか訴権が認められないという欠点が指摘できる。

判例上も，酒税法上ビールでない発泡酒を「ライナービヤー」との表示で販売した業者に対し，品質の誤認を生じさせるとしてビール会社大手4社が提訴した事件（最判昭40.6.4判時414号29頁〔ライナービヤー事件〕）のほか，ビルの排煙ダクト用の材料等を販売する宣伝広告用のパンフレット等に建設省認定の不燃番号を表示した行為が品質を誤認させるものとした判例（大阪地判平7.2.28判時1530号96頁〔ビル排煙ダクト用材料誤認表示事件〕）や，外国国旗を表示したシールを包装袋に貼ったヘアピンの販売について外国で製造されたものと誤認される可能性が高いとした判例（大阪地判平8.9.26知裁集28巻3号429頁〔外国国旗表示ヘアピン事件〕）がみられる。近時においては，故マイケル・ジャクソンの氏名・肖像についての独占的権利ないし使用許諾権を取得していないのにマイケルの氏名・肖像を使用した商品化の許諾についてウェブサイト等に表示することは，役務の質または内容について誤認させる表示に当たり，また，被告商品を販売することは「MICHAEL JACKSON」の商標権を侵害するとした判例がある（東京地判平27.8.31裁判所HP〔マイケル・ジャクソン氏名・肖像商品化事業第2事件〕。同旨の先行判例として，東京地判平23.10.11裁判所HP〔マイケル・ジャクソン氏名・肖像商品

化事業第1事件〕や被告の欠席裁判であるが東京地判平28.10.12裁判所HP〔マイケル・ジャクソン氏名・肖像商品化事業第3事件〕がある）。

　現状では，本号に当たる一定の場合については，景表法5条のもとで消費者庁により不当表示が排除されることも期待される。

| 適用除外と救済 |

使用する表示が普通名称（ぶどうを原料または材料とする物の原産地の名称で普通名称となったもの）あるいは同一もしくは類似の商品もしくは営業について慣用されるものであるとき，これを普通に用いられる方法で使用することは，不正競争行為にはならない（19条1項1号）。救済については，⑥と同様である。

⑨　競業者の営業誹謗行為（21号）

| 内容と趣旨 |

競争関係にある他人の営業上の信用を害する虚偽の事実を告知し，または流布する行為である（2条1項21号）。競争関係にある他人の営業上の信用を貶めて，自ら競争上優位に立とうとする行為を不正競争行為としたものである。特許権者が，競業者により特許権侵害が行われていると判断して，その取引先に侵害警告をすることがしばしばみられるが，実際には特許権侵害がない場合で，特許権者が事実的，法律的根拠を欠くことを知りながら，または通常必要とされている事実調査または法律的検討をすれば事実的，法律的根拠を欠くことを容易に知り得たときに，あえてそのような警告をすることは本号に該当し違法となる。しかし，そうでないときには特許権者による特許権等の正当な権利行使の一環としてなされている限り，正当行為として違法性を阻却するが，外形的に権利行使の一環として侵害警告がなされているときでも，その実質がむしろ競業者の取引先に対する信用を毀損し，当該取引先のとの取引ない市場での競争において優位に立つことを目的としてなされたときには，当該告知の内容が結果的には虚偽であれば本号に該当し，そ

うであるか否かは諸般の事情を総合して判断するのが相当とされている（東京高判平 14.8.29 判時 1807 号 128 頁〔バイエル事件〕）。

　客観的な事実に基づかない競業者の製品との比較広告も虚偽の事実の流布による営業誹謗といえよう。たとえば，ローソクの製造販売業者である被告が，商品説明会で，原告のローソクを比較対象として事実と異なる特性を挙げて火災事故につながるおそれがあること等を説明したことが本号に該当するとされた判例があり（東京地判平 19.5.25 判時 1989 号 113 頁〔ローソク商品説明会事件〕），また，被告が被告運営のウェブページで，被告商品のティーバッグ 1 包のウーロン茶重合ポリフェノール含有量に比して，原告商品の濃度が相当薄いことを示すような比較広告につき，客観的事実に反した虚偽の事実であり，本号の適用を認めた判例がある（東京地判平 20.12.26 判時 2032 号 11 頁〔サントリー黒烏龍茶事件〕）。近時では，自ら運営管理する口コミサイトでランキング 1 位としたことが，本号に該当するとした大阪地判平 31.4.11（裁判所 HP〔口コミサイト虚偽記載事件〕）がある。

　また，近時の判例として，ブルーレイディスク製品に関する特許のパテントプールを管理・運営する被告が，申込者に対して非差別的で合理的な実施料によるライセンスをする旨の FRAND 宣言をしているときに，FRAND 条件によるライセンスを受ける意思のある原告や原告の取引先である小売店に対し，被告が原告のブルーレイディスク製品の販売は特許権侵害を構成し，特許権者は差止請求権を有する旨の通知書を送付し告知した事案につき，東京地判平 27.2.18（判時 2257 号 87 頁〔FRAND 宣言違反営業誹謗事件〕）は，被告が原告や原告製品を購入した小売店に差止請求権を行使することは権利の濫用として許されず，被告の通知書送付は原告に対する営業誹謗行為に該当するとして，原告による告知・流布行為の差止請求を認容した。しかし，他方，被告は本件告知が虚偽の事実の告知となることを告知の時点では知らず，過失もなかったと認められるから損害賠償請求権が成立するとはいえ

ないとしている。興味深い事案といえよう（FRAND 宣言がなされている場合の特許権侵害による差止請求と損害賠償請求については，知財高大判平 26. 5. 16 判時 2224 号 146 頁〔Apple 対 Samsung 控訴審事件〕を参照のこと）。

> **救　済**

⑥・⑧の救済と同様である。

⑩　代理人等による商標の不正使用（22 号）

> **内容と趣旨**

パリ条約同盟国，WTO 加盟国または商標法条約締約国の商標に関する権利の保有者の代理人もしくは代表者または 1 年以内に代理人もしくは代表者であった者が，正当な理由なく，権利保有者の承諾を得ないで，その権利に係る商標と同一もしくは類似の商標を，その権利に係る商品・役務と同一または類似の商品・役務に使用し，そうした商品を譲渡等し，もしくは役務を提供する行為である（2 条 1 項 22 号）。典型的には，上記条約の加盟国である外国において商標権を有するメーカーの国内輸入総代理店が，当該外国メーカーの商標を用いて，国内で類似の商品を販売する場合がこれに該当する。商標権は，本来属地的な権利であるが，商標については国際的な観点からパリ条約 6 条の 7 ⑵ の規定を受け，代理人等による不正競争に対処しようとしたものである。なお，「商標に関する権利」とは「商標権に相当する権利」の意味であり，近年の国際動向に対応して，WTO 加盟国および商標法条約締約国の商標保有者にも保護を拡大している。

> **適用除外と救済**

使用する商標が，普通名称（ぶどうを原料または材料とする物の原産地の名称で普通名称となったものを除く）あるいは慣用商標であるときに，これを普通に用いられる方法で使用すること（19 条 1 項 1 号），あるいは自己の氏名を不正の目的なく使用することは許される（同項 2 号）。救済については①・②と同様である。

3 刑罰規定

　不正競争防止法上，一定の不正競争を行った者は刑罰規定の対象となる（21条）。すなわち，まず，①9つの類型の営業秘密の侵害行為者は，10年以下の懲役もしくは2,000万円以下の罰金，またはこれらの併科に処せられる（同条1項1号～9号）。営業秘密侵害罪は，平成15（2003）年の改正による導入以来，その整備と厳罰化が図られてきており，平成27（2015）年改正によっても拡充され，日本国外で使用する目的または使用させる目的での営業秘密侵害罪および日本国外で使用した場合の営業秘密侵害罪が新設され，10年以下の懲役もしくは3,000万円以下の罰金，またはこれらの併科に処せられ（21条3項1号～3号），これらの行為のうち一定のものの未遂も罰せられることになった（同条4項）。さらに，これらの犯罪行為によって生じ，または得た財産等の没収に関する規定も設けられている（同条10項～12項。また，没収等の手続の特例に関しては32条～40条参照）。また，刑事訴訟の手続上，営業秘密の保護との関係で刑罰規定を設けた実効性を確保するため，平成23（2011）年改正により刑事訴訟手続の特例の規定が設けられた（23条～30条）。近時，営業秘密に係る刑事罰の適用を認める裁判例が増えつつあるが，退職直前の従業員による図利加害目的による営業秘密侵害罪（21条1項3号ロ）を認めた最決平30.12.3（刑集72巻6号569頁〔日産自動車事件〕）がある。

　さらに，②不正の目的または不正の利益を得る目的等で2条1項1号，2号，3号，17号，18号，20号や，20号のうち虚偽表示を行った者（21条2項1号～5号），③秘密保持命令に違反した者（同項6号），④外国国旗等の商業上の使用者（同項7号），⑤国際機関の標章の商業上の使用者（同号），⑤外国公務員に対する不正利益供与者（同号）は，

5年以下の懲役もしくは500万円以下の罰金，またはこれらの併科に処せられる。③〜⑤に該当する者については民事的責任は問われず刑罰の対象となり得るだけである。

このうち，②の秘密保持命令違反は親告罪であるが（21条5項），その他はすべて非親告罪である。かつて営業秘密侵害罪も親告罪であったが，平成27（2015）年改正により非親告罪となった。①の営業秘密侵害罪のうち一定のものやその未遂，③の秘密保持命令違反や⑤の外国公務員不正利益供与罪については国外で行った行為も処罰対象となる（21条4項・7項・8項および刑3条）。⑤については，経済協力開発機構（OECD）で採択された「国際商取引における外国公務員に対する贈賄の防止に関する条約」（平成11年条約2号）を国内法化するために平成10（1998）年の改正により，不正競争防止法に取り入れられたものである。近年ではベトナムのサイゴン東西ハイウェイ建設に関わるコンサルティング契約の受注に関わり有利な取扱いを受けることを意図して，ベトナムの関係局長に現金を供与したことにつき有罪とした判決が見られる（東京地判平21.1.29判時2046号159頁〔ベトナム・ハイウェイ贈賄事件〕）。また，これらの一定の刑罰については両罰規定も設けられている（22条）。

Part3

アートと知的財産権

ポパイの第 1 回作品（第 14 章参照）

著作者には財産権としての著作権と，著作者
人格権が認められます。著作権は財産権とし
てさまざまなビジネスを生み出しますが，著
作者の死後一定期間たつと消滅します。

第12章 アートと著作権法

著作物は思想や感情を表現するものであるから，創作者の個性に依拠し多様な形をとる。しかし「産業」と無関係のものではない。歴史上，資本に支えられたその時々の「技術」のもとで，絶えず新たな著作物が出現し，また広められてきた。

1 著作権法とは

① 制定された背景

著作物と文化・産業

著作権法は，思想または感情を創作的に表現したものであって，文芸，学術，美術または音楽の範囲に属する著作物について，その創作者である著作者に「著作者の権利」（著作者人格権および著作権）を定めることによって著作者の利益を保護する。また，実演，レコード，放送および有線放送についても，著作物の流布に固有の寄与があるものとして，それぞれ実演家，レコード製作者，放送事業者および有線放送事業者に「著作隣接権」を付与して保護している。さらに，実演家には著作者に倣って「実演家人格権」も与えられている。工業所有権法が「テクノロジー」の創作を保護するのに対して，著作権法は伝統的には文化的所産，すなわち「アート」の創作を保護するものとされ，小説，絵画，音楽等が著作物の典型とされてきた。

　ただ，著作権法は従来から文化的所産の保護を図ることにおいて，産業的所産を保護する工業所有権法との差違が強調されてきたが，著

作権法も印刷を出発点として，レコード，映画，放送などの技術進歩を取り込みつつ，書籍産業，音楽産業，映画産業，放送業など「産業」との関わりの中で発展してきたことも否定できない。また最近の情報化とともにコンピュータ・プログラムやデータベースのような保護客体を取り込み，社会の産業情報ネットワーク化を見据えた対応を迫られている中で，よりいっそう「産業」との関わりを深めている。

個人の財産と国民共通の財産

いずれにしろ著作権法は，著作物や実演，レコード，放送および有線放送等の文化的所産について，個人の財産としての側面において権利保護を図るものであるが，それらはいずれも，何らかの形で先人の業績の上に成り立つものであり，また，一般公衆を受け手として伝達される性質のものであり，これを受けて一般公衆による自らの新たなる思想または感情の伝達のための創作の基礎となり得るものである。そこで，その権利保護においては，そうした国民共通の財産として内在的制約があることを考慮し，一定の条件のもとに権利を制限して一般公衆による自由利用を許容することによって，著作物等の「公正な利用」に留意し，もって文化の発展に寄与することを目的とするものである（1条）。この点，TPP 関係整備法により著作物等の保護期間につき，現在，50 年とされているものが 20 年延長されて 70 年とされた。近年の著作権法改正は既存の権利者の権利保護を強化する傾向があるが，権利者が自らの権利にあぐらをかくことを後押しするだけでなく，他方では一般公衆による自由利用や新たな創作や創作者を生み出すこととのバランスにも配慮することは重要である。そのためには，かつて著作権制限について日本版フェア・ユース規定の導入ということで議論になった「一般条項」の導入が，再度，議論されるべきである。また，そうでなくとも，著作権法 1 条における著作物等の「公正な利用に留意しつつ，著作者等の権利の保護を図（る）」という趣旨に，すでにそのような著作権等の制限の「一般条項」を含むものとして解釈することも検討

されるべきである。

② 著作物等の国際的保護 <small>（条約については第22章4参照）</small>

著作権法の分野においては国際条約による国際的保護が早くから着手され，1886年にはベルヌ条約が成立し，わが国も1899年以来加盟している。この条約では無方式による著作権の発生と内国民待遇が謳われており，幾多の改正を経て，今日では世界の多数の国々が加盟してベルヌ同盟を形成している。その他，ベルヌ条約同盟国と方式主義を採る非同盟国との間を架橋する条約として1952年に成立した万国著作権条約がある。

また著作隣接権の分野においては1961年に実演家，レコード製作者および放送機関の保護に関するローマ条約が成立しており，わが国も昭和63（1988）年に加入書を寄託し，平成元（1989）年10月26日をもってわが国に対しても効力が生じている。その他，国際的なレコードの海賊版に対処するためにレコードの無断複製物の作成・輸入からレコード製作者を保護する1971年のレコード保護条約があり，1978年にわが国についても効力が発生している。最近ではTRIPs協定や，2002年に発効したWIPO著作権条約およびWIPO実演・レコード条約が重要である。

こうした国際的枠組みの中で，わが国において，わが国の著作権法により保護される著作物は，①日本国民 <small>（わが国の法令を設立準拠法とする法人および国内に主たる事務所を有する法人を含む）</small> の著作物，②わが国で最初に発行された著作物 <small>（最初に国外で発行されたが，30日以内に国内で発行された著作物を含む）</small> および③その他，条約によりわが国が保護をする義務を負う著作物 <small>（6条）</small>。また，わが国の著作権法により保護される実演，レコード，放送および有線放送については著作権法7条から9条の2までに規定されている。

2 著作物と著作者

1 著作物と著作者

著作物とは
著作物とは、「思想又は感情を創作的に表現したものであつて、文芸、学術、美術又は音楽の範囲に属するものをいう」（2条1項1号）とされる。

(1) **思想・感情の表現**　著作物といえるためには思想・感情を表現したものでなければならない。表現されず著作者の内心にとどまっている思想・感情は著作物ではなく、また表現されたものでも思想・感情を表現したものとはいえないレストランのメニューや駅の列車の時刻表や料金表は著作物といえない。また、一般的な、非常口やトイレの所在を示すピクトグラムといわれるものや、道路標識をはじめとする様々な標識も工夫された創作物であるが、そもそも思想または感情を表現したものとはいえず、同様に年号や古語の意味を記憶するための語呂合わせも、年号や古語の意味を音で言い表し、記憶し易いようにする工夫があるものの、それ自体、一般にはそれを考え出した者の思想または感情の表現とはいえないと考えられる（東京地判平11.1.29判時1680号119頁〔古文単語語呂合わせ書籍事件〕。ただし、創作性の問題とし、一部のものについて著作物性を認めている）。証券類なども同様である（東京地判昭40.8.31下民集16巻8号1377頁〔船荷証券事件〕）。もっとも表現の態様については問題とならず、表現が原稿用紙、楽譜等の支持物に固定されている必要はない。もちろんキャンバスに画家が絵画を描いたり、作曲家が譜面に記載して曲を作曲するように、有体物、すなわち有形的媒体に固定されて著作物が創作されることも現実には多く、この場合の有形的媒体を「原作品」という。

(2) **創作性**　著作物たるためには思想・感情の表現が創作性を有

しなければならない。一般的に表現に著作者の「個性」が看取できるものであれば，創作性を肯定できると考えられている。その高低を問わないので，著名な画家の絵も小学校の児童の絵も，そこに個性の顕現を看取し得る限りで創作性があるといえる。もっとも，創作性を「表現の選択の幅」と捉えるべきだとする有力説もある。確かに，コンピュータ・プログラムのように，いわゆる「個性」というよりは合理性の追求が問題になる機能的な作品を含めて著作物の創作性を捉える上においては示唆に富む見解である。しかし，取り敢えず，「表現の選択の幅」があるときに，そのひとつを選択するのも「個性」だと理解し，両基準は互いに相補的な関係にあるように理解すればよいように思われる。創作性の内実として「個性」を消去すると，著作権法上の人格権による保護を基礎づけられず，体系的に問題があるからである。

(3) **文芸・学術・美術・音楽の範囲**　　著作物たるためには文芸，学術，美術または音楽の範囲に属するものでなければならない。したがって技術の範囲に属する特許法上の発明は著作物といえないが，技術の所産ともいえるコンピュータ・プログラムはコンピュータに対する指令の組み合わせの表現として学術の分野に属すると考えられている（東京地判昭 57.12.6 無体集 14 巻 3 号 796 頁〔スペース・インベーダー・パートⅡ事件〕）。もっとも個別どの分野に属するかを特定することはあまり意味を持たず，全体として精神的文化的所産であればよい。また倫理性を問わないので不道徳なもの，違法な内容のものでも著作物たり得る。

著作物の例示　　著作権法は保護される著作物の例示として，おおむね次のようなものを挙げている（10 条1 項）。

(1) **小説，脚本，論文，講演その他の言語の著作物**　　思想または感情が文字その他これに類似する記号をもって表記されるものと，口頭の陳述をもって表示されるものとがある。時候の挨拶，転居通知，日常の

通信文，標語，キャッチフレーズなどは著作物とはいえないとされている。結局は，創作性の有無の問題であるが，近時，標語・キャッチフレーズにつき著作物性を肯定する事件としては，「ボク安心　ママの膝（ひざ）より　チャイルドシート」という原告の交通安全のための交通標語（スローガン）につき，筆者の個性が十分に発揮されているとして著作物性を肯定する東京地判平 13.5.30 （判時 1752 号 141 頁〔チャイルドシート標語事件〕）がみられる。もっとも，本判決は，本件被告のスローガン「ママの胸より　チャイルドシート」につき，原告のスローガンと共通点があるとしつつも実質的に同一性がないとし侵害を否定している。著作物の題号も，著作物の本質的な内容ではなく，また独立した著作物とはいえないと考えられている。もっとも著作物でなくとも著作物と一体となって著作物の同一性を指示するものであるので，同一性保持権により保護され得る（20 条 1 項）。なお，インターネット上の新聞社のウェブサイトでの「記事の見出し」について，著作物性が認められないものの，多大の労力，費用をかけた報道機関としての一連の活動が結実したものであり，相応の苦労・工夫により作成されたものであって，簡潔な表現により，ニュースの概要について一応の理解ができるようになっていること，見出しのみでも有料での取引対象とされるなど独立した価値を有するものとして扱われている実情があることを考慮し，これを営利の目的をもって，かつ，反復継続して，しかも見出しが作成されて間もないいわば情報の鮮度が高い時期に，特段の労力を要することもなくこれらをデッドコピーないし実質的にデッドコピーして流用し，他に提供する行為は社会的に許容される限度を越えたものであって，法的保護に値する利益を違法に侵害したものとして不法行為を構成するとし，差止めは否定したものの，損害賠償請求は肯定した判例がある（知財高判平 17.10.6 裁判所 HP〔読売オンライン（YOL）事件〕）。また，原告の「音楽を聞くように英語を聞き流すだけ／英語がどんどん好きになる」，「ある日突然，英語が口か

ら飛び出した！」という原告キャッチフレーズの語句の選択は，ありふれたものに著作物性が認められないとした知財高判平27.11.10（裁判所HP〔キャッチフレーズ事件〕）や，原告の英単語の記憶のための語呂合わせについて，誰が行っても必然的に同一の表現になるものではないとしても，表現上の制約により相当程度限定された選択肢の中でされた表現の域を出るものではなく，かかる意味においてありふれた表現と言わざるを得ないから，思想または感情を創作的に表現したものと認めることは困難であるとして著作物性を否定した東京地判平27.11.30（裁判所HP〔語呂合わせ事件〕）がある。

(2) **音楽の著作物**　　思想または感情が旋律によって表現される著作物である。楽曲の歌詞も言語の著作物であると同時に，それを歌唱することは演奏に当たるので，音楽の著作物としての色彩が強い。

(3) **舞踊または無言劇の著作物**　　舞踊または無言劇の振り付けが著作物たり得る。近時の判例として，フラダンスの振付けの著作物性につき，作者の個性が表れている部分が一定程度にわたる場合には、そのひとまとまりの流れの全体について舞踊の著作物性を認めるのが相当とし，振付けの無断上演等の差止請求を認めた大阪地判平30.9.20（判時2416号42頁〔フラダンス事件〕）がある。

(4) **絵画，版画，彫刻その他の美術の著作物**　　思想または感情が線，色彩，明暗をもって平面または立体的に表現されている著作物である。書，生花のようなものも含まれる。印刷用デザイン書体であるタイプフェイスについては，実用に供されることから著作物とはいえないとされている。特に最判平12.9.7（民集54巻7号2481頁〔ゴナ印刷用書体事件〕）は，印刷用書体が著作物として保護されるためには，従来の印刷用書体に比して顕著な特徴を有するといった独創性およびそれ自体が美術鑑賞の対象となり得る美的特性を備えていなければならないとし，本件印刷用書体は，従来からあるゴシック体のデザインから大きくはずれるものではないとして著作物性を否定した。なおロゴについ

ても，原則的に著作物性を否定するのが判例である（東京高判平 8.1.25 知裁集 28 巻 1 号 1 頁〔Asahi 事件〕，東京地判平 12.9.28 判時 1731 号 111 頁〔住友重機事件〕）。これに対して，書は美術の著作物として保護され得るが，毛筆で書かれ，広告用として多数の印刷なども予定されている書道文字が美術の著作物に当たるとした判例として大阪地判平 11.9.21（判時 1732 号 137 頁〔商業書道事件〕）がある。しかし被告による複製権等の侵害は否定している。また，一般に交通標識や非常口等を表すピクトグラムは，文字で該当箇所を一般的に表示するところを図表によっているだけであり，そもそも思想または感情の表現とはいえないと考えられるが，大阪の名所を現すピクトグラムについて著作物性を肯定した大阪地判平 27.9.24（判時 2348 号 62 頁〔ピクトグラム事件〕）がある。本件においては大阪の固有の名所について，その特徴をどのように捉え，いかに描くかという点で，ピクトグラムの創作者の思想および創作性としての個性が看取でき著作物といえるので正当であろう。

　さらに，漫画のキャラクターについては，キャラクター自体は著作物といえないというのが判例・通説であり，ただキャラクターの絵柄は漫画について成立する著作権によって保護されるとするのが東京地判昭 51.5.26（無体集 8 巻 1 号 219 頁〔サザエさん事件〕）以来，また最判平 9.7.17（民集 51 巻 6 号 2714 頁〔ポパイ事件〕）の判例である。しかし，キャラクターの絵柄そのものにつき著作物性を問題にする東京高判平 13.1.23（判時 1751 号 122 頁〔ケロケロケロッピ控訴審事件〕）もみられる。同判決は，原告の擬人化したカエルのキャラクターの基本的な表現自体はありふれたものとして創作性はないとしたが，細部の表現においては，カエルの図柄に形状，配置，配色によるバリエーションを与えていることによって創作性を認めることができるとした。もっとも被告の「ケロケロケロッピ」はこれと表現を異にし，被告の図柄を見た者が原告の図柄を想起することができるとはいえないとして複製権および翻案権の侵害はないと判示している。一般に漫画のキャラクター

の絵柄には漫画とは別に独自の著作物性が認められるべきであろう。

　原告入れ墨師が被告に施した観音立像の写真にならった入れ墨につき著作物性が争われた事案において，原告が下絵の作成に際して左右の向きを変え，仏像の表情等に工夫を凝らし，また，輪郭線の筋入れや描線の墨入れ，ぼかしの墨入れに際して道具や技法を凝らして入れ墨を施したものと認定し，著作物性を認めた判例がある（東京地判平23.7.29 裁判所HP〔観世音立像入れ墨一審事件〕。原審の理由付けを若干変更しつつ損害額を減額した上で支持した控訴審判決として，知財高判平24.1.31 裁判所HP〔観世音立像入れ墨控訴審事件〕がある）。

　次に応用美術とは，①実用品としての美術作品または②実用品に用いられる美術作品をいう。応用美術については，著作権法上，美術の著作物には一品製作的な壺や茶器のような美術工芸品を含むとされているが（2条2項），その他については明確ではない。ただ，古くは「赤とんぼ」と題する博多人形につき，本件人形は同一題名の童謡から受けるイメージを造形物として表現したものであって，その姿体，表情，着衣の絵柄，色彩から観察してこれに感情の創作的表現を認めることができ，美術工芸的価値としての美術性も備わっているとして著作物性を認めた長崎地判昭48.2.7（無体集5巻1号18頁〔博多人形事件〕）がある。また，仏壇を装飾する彫刻の著作物性を肯定した神戸地姫路支判昭54.7.9（無体集11巻2号371頁〔仏壇彫刻事件〕）等があり，応用美術についての判例の一般基準としては「美術鑑賞の対象たり得るものであって，専ら美的表現として純粋美術と同視し得るもの」は著作物として保護されるとする傾向が見られる。結局，この基準は実用的機能の範囲内の美的創作は，機能が伴い得るが故に機能を保護しない著作権法の埒外の工業所有権法等の領域の問題であり，したがって著作権法上の保護が問題になり得るは，観念的に実用機能から離れた表現としての側面が看取できるものではならないとするもので，その意味で著作権法の限界や他法の棲み分けを考慮したものといえる。

その中で，判例上，「美術鑑賞の対象」や「美的表現として純粋美術と同視し得るもの」というのは，事案の対象として美的要素を含むものだからであり，また，例えば「小学生の描いたお父さんの絵」もここでいう「純粋美術」として「鑑賞の対象」といえるので，何か「高度の芸術性や美的表象」等であることを要件とするものではなく，美術の著作物の該当性もことの本質ではない。同じことが建築の著作物，デザイン書体（タイプフェイス）やロゴ等についてもいえ，①重要なことは観念的に実用目的・機能から分離して著作物たり得る表現が看取できる否かである。他方，東京高判平 3. 12. 17（判時 1418 号 120 頁〔木目化粧紙事件〕）は，木目化粧紙の原画が，産業用に量産される実用品の模様であって，現に産業用に利用されているという製作目的を考慮して，純粋美術または純粋美術と同視でききるものではないとして著作物性を否定しているが，②産業用の利用目的か，美的追求の目的かという主観的な「製作目的」等は，「高度の芸術性」等とともに必要とされるべきでなく，創作性も通常の著作物と同じレベルであってよい。ただ，応用美術で著作権法上保護されるものは，意匠法による保護も問題になり得るが，制度目的が異なるので二重保護を認めても差し支えないと考えられる。

　もっとも，近時の判例として知財高判平 27. 4. 14（判時 2267 号 91 頁〔TRIPP TRAPP 事件〕）は幼児用椅子につき，「特に，実用品自体が応用美術である場合，当該表現物につき，実用的な機能に係る部分とそれ以外の部分とを分けることは，相当に困難を伴うことが多いものと解されるところ，上記両部分を区別できないものについては，常に著作物性を認めないと考えることは，実用品自体が応用美術であるものの大半について著作物性を否定することにつながる可能性があり，相当とはいえない」として著作物性を認めた。ただし被告幼児椅子につき非侵害とした。こうした発想は，ひいては著作権法が「一般法」であって，意匠法は「特別法」であるという考え方につながるが，これは

著作権法至上主義的な考え方である。私見においては両法とも対等であって賛成し難い。確かに本判決の指摘する困難があるにしても，実用的な機能を離れての著作物たり得る表現を抽出することと類似の作業は，例えば実用品たる商品の形状が機能を離れた「周知の商品等表示」と認定できるかというような場面でも多々見られるところ，困難であるからといって単純に破棄されるべきではなく，著作権法が応用美術を著作物として保護するために不可欠で，かつ，節度ある基準として維持されるべきであると考える。その後の下級審判決としては，例えば実用品である水の入ったコップ等に入れて用いるスティック状加湿器につき，原告が応用美術としての著作物性を主張したのに対して，「純粋な美術ではなくいわゆる応用美術の領域に属するもの，すなわち，実用に供され，産業上利用される製品のデザイン等は，実用的な機能を離れて見た場合に，それが美的鑑賞の対象となり得るような創作性を備えている場合を除き，著作権法上の著作物に含まれないものと解される」とし，本件ではそのようなものとは認められないとして著作物性を否定した東京地判平 28.1.14（判時 2307 号 111 頁〔スティック状加湿器一審事件〕）があり，以前の基準が踏襲されており，正当と考える（もっとも，本件の控訴審判決である知財高判平 28.11.30（判時 2338 号 96 頁〔スティック状加湿器控訴審事件〕）は，被告加湿器が原告加湿器の商品形態模倣であるとして不正競争防止法上の損害賠償請求を認容しているが，原告加湿器の著作物性については，応用美術については個性の発揮の選択の幅は狭いとし，本件原告加湿器の形状については個性の発揮を認めることはできず，著作物とは認められないとしている。ゴルフクラブのシャフトデザインの著作物性が争いになった事案において，ほぼ同旨の判決として知財高判平 28.12.21 判時 2340 号 88 頁〔シャフトデザイン事件〕がある）。また，その後の判例でもピクトグラムおよびロゴについて，アルファベット文字については文字伝達の実用的な機能を離れて鑑賞の対象となり得る美的特性を備えておらず，機能その余についてはアイデアか，ありふれた表現であるとして著作物性を

否定した東京地判令元.5.21（裁判所 HP〔デザイン委託ロゴ・ピクトグラム事件〕）や，トートバックの形状につき不正競争及び著作権侵害が争点となった事案で，東京地判令元.6.18（裁判所 HP〔イッセイミヤケトートバッグ事件〕）は，不正競争に基づく請求については認めたが，著作権に基づく請求については，実用目的で工業的に製作された製品につき，実用目的からする特徴とは別に美的鑑賞の対象となる美的特性を備えている部分を把握できる場合には，美術の著作物として保護される場合があると解されるとし，本件においてそうした美的特性は認められないとして従来の基準からする著作物性を否定しており，妥当である。

Column⑰ ファッションショーの著作物性 ••••••••••••••••••••••••••••

　Xが企画実行したファッションショーの様子を，映像化し無断で放送局がテレビ番組として放送したのに対して，ファッションショーにおける①モデルに施された化粧や髪型のスタイリング，②着用する衣服の選択および相互のコーディネイト，③装着させるアクセサリーの選択および相互のコーディネイト，④舞台上の一定の位置で決めるポーズの振付け，⑤舞台上の一定の位置で衣服を脱ぐ動作の振付け，⑥これら化粧，衣服，アクセサリー，ポーズおよび動作のコーディネイト，⑦モデルの出演順序および背景に流れる映像に関わる著作権の侵害が主張された事案がある。

　知財高判平 26.8.28 判時 2238 号 91 頁〔Forever 21 ファッションショー控訴審事件〕は，①，②，③と動作およびポーズを除く⑥の部分については，実用目的の応用美術の著作物としての保護に関する基準から，実用目的に必要な部分から分離して美術鑑賞となりうる美的特性を備えている部分を把握することができるかどうかを問題にし，これを否定した。また，④，⑤と⑥のポーズ，動作や振付けについては作成者の個性が表現として表れておらず，⑦のモデルの出演順序も思想または感情の創作的表現とはいえないとした。また，⑦の背景に流れる映像については，そもそも著作権侵害を主張するXに帰属するかは不明であるとしてXの請求を排斥している。さらに知財高裁判決は本ファッションショーが実演ともいえず，それを演出した演出家も実演家とはいえないとしている。興味ある事案といえる。

••

(5)　**建築の著作物**　　思想または感情が土地の上の工作物によって表現される著作物で，広義の意味において美術の著作物に含まれる。一般のビルや居住用建物は含まれないが，美術の範囲に属すると認められる限り，寺院，公会堂，記念塔，橋その他の建築物がこれに当たる。

芸術性ないし美術性を備え，建築芸術といい得るものに限るとする判例もあるが（大阪地判平15.10.30判時1861号110頁〔モデルハウス事件〕），美術の範囲に属するものであれば保護すべきであろう。また庭園も建築物に準じて保護が考えられる（大阪地決平25.9.6判時2222号93頁〔新梅田シティ庭園事件〕）。図面に従い建築物を完成することと（2条1項15号ロ），第三者が建築により複製する場合のみが問題になり得る（46条2号参照。本章*Column⑲*参照）。

(6) **地図または学術的な性質を有する図画，図表，模型その他の図形の著作物**
思想または感情が図の形状・模様によって平面的または立体的に表現されている著作物である。

(7) **映画の著作物**　　思想または感情が影像の連続において表現されている著作物であり，著作権法上，映画の効果に類似する視覚的または視聴覚的効果を生じさせる方法で表現され，かつ，物に固定されている著作物を含むとされている（2条3項）。モニターカメラの影像は機械的に撮られたもので，人が撮影したものではないので，著作物とはいえない。

(8) **写真の著作物**　　思想または感情を一定の影像で表現する著作物である。写真は複製の手段でもあり得るが，被写体の選択，配置，撮影のアングル，ライティング，カメラの絞り，シャッタースピード，現像・焼付の手法などによって創作性の認められる限りにおいて著作物として保護するものである。ただ，創作性が認められるか否か判断の困難な場合も少なくない。

なお，原告（控訴人）が撮影した「廃墟」を被写体とする写真と同一の被写体を被告において撮影した事案において，被告各写真をもって原告（控訴人）の各写真の翻案であると認めることはできないとした判例がある（知財高判平23.5.10判タ1372号222頁〔廃墟写真事件〕）。被写体が自然物である場合においては，その選択または撮影方向だけをもって表現における創作的な本質的特徴のあるものと認めることは困難

で，正当であろう。

(9) **プログラムの著作物**　電子計算機を機能させて一の結果を得ることができるようにこれに対する指令を組み合わせたものとして表現した著作物である。

その他辞書，詩集のように編集物で素材の選択・配列に創作性のある著作物は「編集著作物」として（12条），また，論文，数値，図形その他の情報の集合物で，それらの情報を電子計算機を用いて検索することができるように体系的に構成したものであって，情報の選択またはその体系的構成によって創作性のあるものは「データベースの著作物」として保護される（12条の2・2条1項10号の3）。

なお，事実の伝達に過ぎない雑報および時事の報道は，言語の著作物に該当しないとされ（10条2項），また，著作物でも①憲法その他の法令，②国，地方公共団体の機関，独立行政法人または地方独立行政法人の告示，訓令，通達など，③裁判所の判決，決定，命令など，④①〜③の翻訳物や編集物（データベースを除く；12条1項括弧書参照）で国，地方公共団体の機関，独立行政法人または地方独立行政法人が作成するものは著作者の権利の目的となることはできない（13条）。

著作者　著作者とは著作物を創作する者をいう（2条1項2号）。精神的活動による著作物の創作能力を持ち得るのは自然人であることから，著作者は自然人と考えられる。これを「創作者主義の原則」という。ただ，①単に素材を収集提供する者，②意見を具申し提案した者および③補助者，たとえば，口述筆記を取る者や写真家の指示に従い被写体に対する照明を調整する者等は，「著作者」といえない。

「映画の著作物」の著作者については明確化のための規定があり，映画の著作物において翻案または複製されている小説，脚本，音楽その他の著作者は映画の著作物の著作者とはならない。これらの者をクラシック・オーサーという。これに対して，制作，監督，演出，撮影，

美術等を担当して，その映画の著作物の全体的形成に創作的に寄与した者が映画の著作物の著作者とされる（16条）。これらの者をモダン・オーサーという。ただし，これらの者が法人等の業務従事者であって職務著作となる場合には，法人等が著作者となり得る（同条但書）。

なお，著作物の原作品または著作物の公衆への提供もしくは提示の際に，その氏名等として周知のものが著作者名として表示されている者は，その著作者として推定される（14条）。

| 職務著作 |

15条1項は「法人その他使用者（以下この条において「法人等」という。）の発意に基づきその法人等の業務に従事する者が職務上作成する著作物（プログラムの著作物を除く。）で，その法人等が自己の著作の名義の下に公表するものの著作者は，その作成の時における契約，勤務規則その他に別段の定めがない限り，その法人等とする」と規定する。一定の要件のもとで，従業員等の業務従事者が職務上作成した著作物について，その雇主である法人等を著作者とするものである。これは「職務著作」についての特別規定であるが，その中核的な意義として法人も著作者となり得ることが認められるので，これを「法人著作」の規定と呼ぶことがある。これは業務上作成される著作物について，権利関係の集中と単純化を図り，業務上の著作物の円滑な利用を図るとともに，実際の著作物の作成者である業務従事者が通常その報酬を得ていることによる一種の「著作者」の擬制であると考えられる。しかし他方，後述④におけるごとく創作者主義の原則との調整も必要な場面もあるように考えられる。

①「法人等の発意」とは，著作物を作成する意思が直接または間接に法人等の判断によることを意味し，法人等が積極的に著作物の作成を指示する場合のほか，従業員の業務の遂行上，著作物の作成が予定または予期されると考えられる場合にも，この要件を満たすものと考えられる。

②「法人等の業務に従事する者」の意義については，狭く雇用関係にある者に限定する説と，反対に広く法人等の指揮監督関係があれば委任，請負等による者も含まれるとする説があり，折衷説としては，雇用関係にある者はもちろん，委任・請負関係にある者も含むが，法人等の組織上または事業上の一体関係の中に組み入れられて，法人等によって割り当てられた職務を遂行する関係にある者がこれに当たるとする説がある。折衷説が妥当である。業務従事者か否かについて通説・判例は，法人等による「指揮監督」を問題にするが，それを問題とすることなく直截に折衷説の基準で業務従事者か否かを判断すればよく，会社の取締役であっても業務従事者といえると解されるし，そう解することが特許法等の職務発明の規定（特35条）と整合性が取れると考える。

　いずれにしろ，判例によれば法人等と雇用関係にある者がこれに当たることは明らかであるが，雇用関係の存否が争われた場合には，「法人等の業務に従事する者」に当たるか否かは，法人等と著作物を作成した者との関係を実質的にみたときに，法人等の指揮監督下において労務を提供するという実態にあり，法人等がその者に対して支払う金銭が労務提供の対価であると評価できるかどうかを，業務態様，指揮監督の有無，対価の額および支払方法等に関する具体的事情を総合的に考慮して，判断すべきものと解するのが相当であるとされている（最判平15.4.11判時1822号133頁〔アール・ジー・ビー・アドベンチャー事件〕）。

　次に，③「職務上作成する著作物」とは，法人等により業務従事者に，直接命令されて作成された著作物のみならず，業務従事者の職務上，作成することが予定または予期される行為によるものも含まれるとされている（知財高判平18.12.26判時2019号92頁〔宇宙開発事業団控訴審事件〕参照）。したがって，ここでいう「職務」とは，業務従事者の法人等における業務遂行上の義務であって，直接命令されることにより，

一定の著作物を作成することが内容となっているもの，または一定の著作物を作成することがその内容として予定または予期されるものをいうと解される。ただ，業務従事者が，法人等における本来の業務遂行の場で，当該著作物を作成することは必要ではない。

　④「法人等が自己の著作の名義の下に公表するもの」とは，現に法人等の名義で公表されたものはもちろん，法人等の名義で公表の予定のもの，さらには公表の予定はないが，仮に公表するとすれば法人等の名義で公表すると考えられるものも含まれるとされている。もっとも，この要件の判断基準時は，著作物の作成時であると考えられる。確かに，現にどのような名義で公表されたかが，この要件の充足においては重要な判断要因となり得るとはいえる。しかし，他方，個別具体的な状況のもとにおいて著作物の性質にも着目し，(ア)業務書類のように，あくまでも日常的な業務の過程で作成される著作物で，作成者の個性の発揮の余地が狭い類型の著作物か，それとも反対に，(イ)個性の発揮の余地が広く，社会的にもその作成者の名義を表示することが一般的と考えられ，その評価がその作成者に帰される性質を有する著作物かも重要な判断要因であると考えられる。そして典型的に(ア)の類型に該当する著作物は，その性質上，それだけで法人等の著作名義で公表するものと認められる一方で，典型的に(イ)の類型に該当する著作物は，その性質上，公表名義の如何にかかわらず実際の作成者である業務従事者が著作者であると捉えるべきものと思われる。

　プログラムについては15条2項において，「法人等の発意に基づきその法人等の業務に従事する者が職務上作成するプログラムの著作物の著作者は，その作成の時における契約，勤務規則その他に別段の定めがない限り，その法人等とする」と規定され，公表名義を問わず，原則として著作者を法人等とし，一層の権利関係の単純化が図られている。

　⑤また，以上のような①〜④の要件を充足する場合でも，作成時に

業務従事者を著作者とする「別段の定め」がある場合には，法人等が著作者となるのではなく，実際の著作物の作成者である業務従事者が著作者となる。このとき当該著作物につき法人等が自己の著作名義のものに公表するものといえ，かつ，現に法人等の著作名義で公表されたとしても，著作者は業務従事者であり，著作物の公表にあたっての著作名義と著作者とは乖離することになる。

| 共同著作 | 複数の著作者の寄与が分離して利用できない著作物の創作を共同著作といい，創作された |

著作物を共同著作物という（2条1項12号）。そして，これら複数の著作者を共同著作者という。共同著作であるためには，共同著作者の主観的な意思の共同や，著作行為の客観的共同性を必要としないと一般に解されている。したがって，たとえば恩師の法律の教科書を，その死後，弟子が補訂する場合には共同著作であり，その著作物は共同著作物であるとされている。しかし，このような場合には，弟子の補訂は二次的著作物の創作であると捉えることもでき，検討を要する。

Column⑱ 共同著作物か二次的著作物か •••••••••••••••••••••••••••••••••••

　東京地判平25.3.1判時2219号105頁〔基幹物理学教科書事件〕は，大学教授Wが原稿を執筆し生前に未完成に終わった物理学の教科書の分冊Ⅰにつき，その死後，弟子が手を加えて完成させたものにつき，亡Wの生前，亡Wと弟子とが互いに共同で創作することを合意したものでなく，また，亡Wが死後に，その遺稿を基にして第三者が本件教科書を完成させることを望んでいたとしても，その第三者が当該弟子となることを知っていたわけではない以上，亡Wとしては，当該弟子と共同して著作物を創作する意思を有していたものと認めることはできず，亡Wと弟子の「共同著作物」ではなく，弟子の「二次的著作物」であるとしている（二次的著作物については，後掲3②「⑾二次的著作物利用権（28条）」参照）。

•••

　共同著作物についての著作権は，原始的に共同著作者の共有となり，その行使および各自が著作者人格権を行使する場合には，全員の合意を必要としている（65条2項・64条1項。ただし，117条1項参照）。共同著作物に対して，一体的に利用されるが，複数の著作者の寄与が分離し

て利用できる著作物を結合著作物という。たとえば，歌詞と楽曲の関係がこれに当たる。この場合，各自が，結合著作物を構成する著作物の著作者となる。

② 著作権法の基本原理

著作者人格権と著作権

著作権法は，思想または感情の創作的な表現の創作者である著作者に，当該表現についての人格的利益および経済的利益を保護するため，それぞれ「著作者人格権」および「著作権」という排他的権利を付与する。著作物についてのこれらの利益を保護するにあたって，「著作者人格権」および「著作権」を一元的に権利構成するか，それぞれの利益に即して二元的に権利構成をするかの理論的対立があるが，わが国の著作権法は二元的構成を前提としていると考えられる。

無方式主義

著作者人格権および著作権の発生は創作と同時で，特別な関係官庁への出願，申請，審査や登録その他のいかなる方式の履行も必要としない。ベルヌ条約上の要請を取り入れたもので，これを無方式による権利発生という（17条2項）。

表現の流用を禁止

また著作権法は表現を保護し，その背後にあるアイデア自体は保護しない。これを「表現／アイデアの二分法」という。また著作権は表現の流用を禁止する権利であるので，第三者が流用することなく，たまたま偶然に同一の表現を創作しても侵害とはならない（最判昭53.9.7民集32巻6号1145頁〔ワン・レイニー・ナイト・イン・トーキョー事件〕）。これを「独自創作の原則」という。そのために著作権は相対的独占権という性質を有し，特許権のような，独自創作の実施さえも排除できる絶対的独占権とは対照をなす。著作権法が著作者の精神的内実の外在化のうち「表現」を権利保護の客体としたことにより権利の客体としての具体性と特定性

が確保され，かつ第三者が表現にアクセスし，その流用の認識がある場合に限って権利侵害とすることで第三者の法的地位の安定性が担保されるので，公示なくして創作のみによる無方式の権利発生という考えを採り得たといえる。

③ 著作物の保護範囲および発行・公表

保護範囲

　著作権法，特に著作権で保護される著作物たる表現は，たとえば小説の場合には，文字通り書かれた文面だけでなく，それを読んだストーリーの展開も表現であるとされている。このように保護される表現には一定の幅があることになる。ただ，著作権法はアイデアや事実を保護はしないので，その線引きが問題になるが，それは著作物としての保護を主張する者が，保護を求めて，訴訟上，「表現」と特定する個々のものについて，結局は，事後的に裁判所が判断を積み重ねることによって明らかにされるしかない。ただ，一般に，保護される表現としては，具体的なレベルでの表現として「外面的表現形式」といわれるものと，それから抽象化された著作物としての基本的な組立て，骨格，構図たる「内面的表現形式」といわれるものがあるとされてきた。この区別は，従来，「内面的表現形式」を維持しながら，「外面的表現形式」を変えることが「翻案」であり，それに対して「外面表現形式」をそのまま利用する場合が「複製」であるとして，「複製」および「翻案」の区別と連動していた。

　ところが近時，「複製」および「翻案」の区別は必要はないとする意見とともに，「外面的表現形式」と「内面的表現形式」を区別することは事実上困難であるとする批判が有力に唱えられている。ただ，それにしても，「複製」と「翻案」は条文上区別されているし，それに関わる法律効果が個々の条文において異なることが多々ある事実は無視できない。そうした中で，最近の判例の傾向としては，①「複

製」については古くからの基準を踏襲して,「著作物に依拠し,その内容及び形式を覚知させるに足りるもの（既存の著作物と実質的同一性のあるもの）を再製すること」としつつ（前掲〔ワン・レイニー・ナイト・イン・トーキョー事件〕）,他方,②「翻案」の基準としては,今日では,「既存の著作物に依拠し,かつ,その表現上の本質的な特徴の同一性を維持しつつ,具体的表現に修正,増減,変更を加えて,新たに思想または感情を創作的に表現することにより,これに接する者が既存の著作物の表現上の本質的な特徴を直接感得することのできる別の著作物を創作する行為をいう」とされている（最判平13.6.28民集55巻4号837頁〔江差追分事件〕）。

保護範囲の基準の検討　しかし,この現在の判例の「翻案」の基準にしても,一方では「既存の著作物の本質的特徴」と,他方では「具体的表現」とを区別するが,それぞれが何をいうのか,また,いかにして区別するのか,実のところ,明確であるとはいえない。ただ,「既存の著作物の本質的特徴」とは,従来の基準の「内面的表現形式」を指し,「具体的表現」とは,従来の基準の「外面的表現形式」を指すようにも思われる。そして,もしそうだとすれば,今日の判例の「翻案」の基準も,従来の基準の単なる言葉の上での言い換えに過ぎないし,結局は,どちらの基準にしても,さしたる差はないということになろう。

ただ,いずれにしても,①の「複製」の基準を,最近の判例における「翻案」の基準に則して言い換えると,「複製」とは「既存の著作物に依拠しつつ,かつ,その表現上の本質的な特徴の同一性を維持しつつ,(ア)具体的表現に修正,増減,変更等を加えることなく全く同一性のあるものを再製するか,または,(イ)具体的表現に修正,増減,変更等を加えるが,新たに思想または感情を創作的に表現することなく,実質的に同一性のあるものを再製すること」といえ,その結果として有体物としての「複製物」が作成される場合だといえよう。この点,

「翻案」は，無形的になされ得るのと異なる。さらに創作性の発揮の余地が相当に狭い著作物については，いずれにしても，ほぼ全体が「外面的表現形式」あるいは「具体的表現」であるとともに，それが同時に，ほぼ，その著作物の基本的骨格や組立てを形成する「内面的表現形式」あるいは「本質的特徴」であるともいえ，ほとんどそのままのコピー（いわゆるデッド・コピー）以外には侵害とならず，保護される表現の範囲——保護範囲——が狭く，およそ「翻案」という形の利用が考えられない著作物もあり得ることは念頭に置く必要があろう（たとえば，前掲〔チャイルドシート標語事件〕参照）。なお，創作された著作物が思想，感情もしくはアイデア，事実もしくは事件など，表現それ自体でない部分または表現上創作性がない部分において，既存の著作物と同一性を有するに過ぎない場合には「翻案」に当たらないとされている（前掲〔江差追分事件〕）。この場合は，もちろん「複製」にも該当しないのは当然である。最近の判例としては，原告の携帯電話機用の魚釣りゲームの水中での「魚の釣り寄せ画面」につき，三重の同心円を採用することは，従前の釣りゲームには見られなかったものであるが，弓道，射撃およびダーツ等における同心円を釣りゲームに応用したものというべきものであって，釣りゲームに同心円を採用すること自体は，アイデアの範疇に属するものであるとし，この点につき共通する被告の魚釣りゲームの画面は翻案には当たらないとした知財高判平 24.8.8（判時 2165 号 42 頁〔GREE 魚釣りゲーム事件〕）がある。

　なお，音楽の著作物についてどのような要素を考慮して保護範囲を画するかについては，第一に考慮すべきものは旋律（メロディー）であるとする一方，音楽はまた和声（和音），拍子，リズム，テンポ等他の要素によっても構成されているものと認められるから，これら要素についても必要に応じて考慮すべきであるとするのが判例である（そう判示し，東京地判平 12.2.18 判時 1709 号 92 頁〔記念樹一審事件〕は被告楽曲は原告楽曲の複製とは認めなかったが，他方，被告楽曲から原告楽曲の表現上の本質的

特徴を直接感得でき，編曲であるとした控訴審判決である東京高判平14.9.6判時1794号3頁〔記念樹控訴審事件〕参照。また，同旨の判例として，東京地判平28.5.19裁判所HP〔沖縄民謡風楽曲一審事件〕およびその控訴審判決である知財高判平28.12.8裁判所HP〔沖縄民謡風楽曲控訴審事件〕。この知財高裁判決は，楽曲を構成する諸要素のうち，まずは旋律の同一性・類似性を中心に考慮し，必要に応じてリズム，テンポ等の他の要素の同一性・類似性をも総合的に考慮して判断すべきものと判示し，原告楽曲と被告楽曲のテンポがほぼ同じであるからといって，直ちに両曲の同一性を根拠づけることはできないとし，また，被告楽曲から原告楽曲の本質的特徴を直接感得することができるとは認め難いとしている）。ただ，より端的にいえば，音楽の著作物においては旋律が表現上の本質的特徴をなし，旋律の実質的同一性が「編曲」といえるために必要で，かつ，リズム，テンポ等の他の要素の実質的同一性が「複製」といえるために必要であると捉えるべきであろう。

著作物の発行・公表 著作物は，その性質に応じ，公衆の要求を満たすことができる相当部数の複製物が，複製権（21条）を有する者，またはその許諾を得た者，もしくは出版権者やその複製許諾を得た者により作成され，適法に頒布（譲渡または貸与）された場合に発行されたものとされる（3条1項。また，同条2項・3項においては発行とみなされる場合の規定がある）。

次に著作物は，発行され，または著作権の内容を構成する上演・演奏権（22条），上映権（22条の2），公衆送信権（23条1項），口述権（24条）および展示権（25条）という関係支分権（後掲3②(2)以下参照）を有する者もしくはその許諾を得た者，もしくは出版権の設定を受けた者やその公衆送信許諾を得た者により上演，演奏，上映，公衆送信，口述もしくは展示の方法で公衆に提示された場合（建築の著作物にあっては，複製権者または被許諾者により建設された場合を含む）において公表されたものとされる（4条1項。また，同条2項～4項においては公表とみなされる場合の規定がある）。

公表された著作物と公表権

こうした著作物の公表があったとされる場合，あるいは公表があったとみなされる場合には，それは著作権法，「公表された著作物」となり，「公表された著作物」が問題になる条文の適用において意義を有することになる。ただし，「公表された著作物」で，その公衆への提供または提示が著作権の侵害とならない場合でも，著作者の著作者人格権のひとつである「公表権」(18条) を侵害する場合はあり得る。これは，特に著作権者あるいは4条で挙げられている著作権の関係支分権を有する者と，著作者が異なる場合において生じ得る。すなわち著作権との関係で4条の要件を満たす「公表された著作物」とみられるものであっても，公表について著作者の同意がないものは，著作者との関係では，依然，「未公表の著作物」であり，著作者の「公表権」は依然として働き (18条1項括弧書)，その公衆への提供または提示は「公表権」の侵害となるからである。

3 著作者の権利

□ 著作者人格権

著作者人格権は，著作者が著作物について有する人格的利益を保護するものである。一般的人格権に対して個別人格権としての位置づけを有し，譲渡はできない。著作者の死後も，著作者が存しているとしたならばその著作者人格権の侵害となるべき行為をしてはならないとされ (60条)，これを侵害する行為または侵害するおそれのある行為に対しては一定の遺族が侵害停止・予防の請求と名誉回復措置の請求ができるものとされている (116条)。60条違反は500万円以下の罰金という刑事罰の対象ともなる (120条)。ただし，行為の性質および程度，社会的事情の変動その他によりその行為が当該著作者の意を害し

ないと認められる場合には，この限りではない（60条但書）。著作者人格権には，個別に次のような権利がある。

(1) 公表権（18条）　著作者は，その著作物でまだ公表されていないものを公衆に提供し，または提示する権利を有する（当該著作物を原著作物とする二次的著作物についても同様：18条）。

公表権に関しては，①未公表の著作物の著作権を譲渡した場合，美術または写真の著作物の未公表の原作品を譲渡した場合および映画の著作物の著作権が29条の規定によって映画製作者に帰属した場合について譲受人による公表についての推定規定がある（18条2項。後述**2**および，その中の「(6)展示権（25条）」参照）。また，②行政機関の長等による情報公開や国立・地方公文書館による著作物の公衆への提供または提示については，一定の場合に著作者が同意したものとみなしたり，公表権を適用しない旨の規定を設け，公益目的との調整を図っている（同条3項・4項）。

なお，死者の著作物の公表についての人格的利益の保護に関しては，未公表の三島由紀夫の手紙を受取人が書籍において公表したことに対し，遺族が60条の規定に違反するとして116条に基づき書籍の印刷・販売の差止めおよび謝罪広告を請求した事案で，東京地判平11.10.18（判時1697号114頁〔三島由紀夫一審事件〕）は三島由紀夫の手紙の著作物性を認めた上で，遺族の請求を認容した。

(2) 氏名表示権（19条）　著作者は，その著作物の原作品に，またはその著作物の公衆への提供または提示に際し，その実名もしくは変名を著作者名として表示し，または著作者名を表示しないこととする権利を有する（当該著作物を原著作物とする二次的著作物の公衆への提供または提示に際しての原著作物の著作者名の表示についても同様：19条1項）。

もっとも，①著作物を利用する者は，著作者の別段の意思表示のない限り，すでに著作者が表示しているところに従って著作者名の表示

をすることができるものとし（19条2項），②著作物の利用の目的および態様に照らして著作者が創作者であることを主張する利益を害するおそれがないと認められるときは，公正な慣行に反しない限り，省略することができるとしている（同条3項）。また，③行政機関の長等による情報公開や国立・地方公文書館による著作物の公衆への提供または提示については，すでに著作者が氏名を表示しているところに従って表示する場合や一定の省略できる場合には氏名表示権を適用しない旨の規定を設けている（同条4項）。

(3) 同一性保持権
(20条)
　　　　　　　　　　著作者は，著作物およびその題号の同一性を保持する権利を有し，その意に反してこれらの変更，切除その他の改変を受けない権利を有する（20条）。

　この同一性保持権の制限としては，①教科用図書または学校教育番組に公表された著作物を利用する場合における用字または用語の変更その他の改変で，学校教育の目的上やむを得ないと認められるもの，また②建築の著作物について，建築物の増築，改築，修繕または模様替えによる改変には適用されず，加えて③特定の電子計算機においては利用し得ないプログラムの著作物を当該電子計算機で利用し得るようにするため，またはプログラムの著作物を当該電子計算機においてより効果的に利用し得るようにするために必要な改変や，④これらのほか，著作物の性質ならびにその利用の目的および態様に照らしてやむを得ないと認められる改変についても適用されない（20条2項1号～4号）。

　ところで同一性保持権については，20条1項により著作者の意に反して著作物の改変がなされる限りは侵害となる。判例においても，大学生の執筆論文を大学が送りがなの変更，読点の切除，中黒の読点への変更を行ったことにつき，同一性保持権の侵害が認められている（東京高判平3.12.19知裁集23巻3号823頁〔法政大学懸賞論文控訴審事件〕）。ただ，著作者の意に反するかどうかの判断基準については主観説と客

観説との対立があるが，20条1項の「意」は，著作者の明示的な意思が表明されていれば，それをも含め，その他，著作物の利用目的，態様，その状況等も考慮し，当該著作物の類型における平均的な著作者の客観的で合理的な視点から，その意に「反しない」かどうかを規範的に評価した上で確定されるべきものと考えられるので，そういう意味で，客観説が妥当であろう（そうすると，同条2項4号の「やむを得ない」ものと認められる事情も，そうした考慮すべき要因ともいえ，同規定は，ある意味では著作者の「意に反しない」特別な類型を規定したものと解釈することもできよう）。また，同一性保持権との関係では不行使特約の効力が問題となり，一般にこのような特約の効力を否定する必要はないが，他方，あらゆる改変が許されるわけではなく，それが締結された経緯に鑑み，著作者の忍従が期待できる限度においては同意があるが，そうでないものについては特約の範囲外の意に反する改変としてよいように考えられる。

　また，やむを得ない改変である場合には侵害とならないが（20条2項4号），やむを得ない改変とは，20条2項1号〜3号に掲げられる例外的場合と同様に強度の必要性が存在することを要するというのが判例である（東京地判平10.10.29知裁集30巻4号812頁〔スマップインタビュー事件〕）。また，32条の引用による自由利用が認められる場合でも，やむを得ないか否かが引用との関連において判断されるという当然の点は別として，他の場合と異なる基準を設けなければならない理由はないとするのも判例である（東京高判平12.4.25判時1724号124頁〔脱ゴーマニズム宣言控訴審事件〕）。ただ，近時の学説の有力説からは20条2項4号を著作者と著作物の利用者との調整規定とみて，これまでの判例の厳格な立場を見直そうとする動向がみられる。しかも，こうした考慮は，20条1項の「意に反する」改変か否かの問題につき，その「意」を客観説の立場から捉えるとすると，客観的に「やむを得ない」と認められるときには，著作者の「意に反しない」場合であるともいえ，

だとすれば，20条1項と2項は互いに表裏一体の関係にあるともいえよう。とりわけこうした考慮は，①著作物使用について許諾を受けた者の著作物の利用はもとより，②特に30条以下の著作権制限規定による著作物の利用，中でも47条の6によって翻案等による改変的利用が認められている場合について一層妥当するといえる。

② 著 作 権

著作権は，著作者の創作した著作物の他人による無権原の流用を禁じ，著作者の著作物についての経済的利益を保護するための権利である。財産権であるので著作者人格権とは異なり譲渡可能であり，著作権の全部譲渡がなされたときには，著作者と著作権者が分離する。

映画の著作物については，職務著作で法人等が著作者となる場合を除いて，著作者が映画製作者に対し映画の著作物の製作に参加することを約束しているときは，当該映画の著作物の著作権は映画製作者に帰属する旨の法定帰属（移転）の規定があり，同様に，もっぱら放送事業者・有線放送事業者が放送・有線放送の技術的手段として製作する映画の著作物についても，放送・有線放送での利用やその二次利用に関する限りにおいて同様の規定がある（29条2項・3項）。これは映画の著作物の著作者が多数存在しうる一方，映画につき通常投資をする映画製作者の利益を勘案し，映画の著作物の利用につき円滑化を図るために設けられた規定と考えられる。また公表権との関係で，著作者は，29条の規定により映画の著作物の著作権が映画製作者に帰属した場合，当該著作物をその著作権の行使により公衆に提供・提示することに同意したものと推定される（18条2項3号）。ここでいう「映画製作者」とは，「映画の著作物の製作に発意と責任を有する者」であり（2条1項10号），判例上，「映画製作者とは，映画の著作物を製作する意思を有し，著作物の製作に関する法律上の権利義務が帰属する主体であって，そのことの反映として同著作物の製作に関する経済的

な収入・支出の主体ともなる者」と解されている（知財高判平 18. 9. 13
判時 1956 号 148 頁〔キャロル・ラストコンサート事件〕）。

　また，映画製作者には，完成した編集済みのフィルムについての映
画の著作物の著作権が帰属するが，未編集フィルムに撮影収録された
「映像著作物」については監督が有するとする判例がある（東京高判平
5. 9. 9 判時 1477 号 27 頁〔三沢市勢映画事件〕）。未編集フィルムに撮影収録
されたものを敢えて「映像著作物」と捉える必要はなく「映画の著作
物」とみてよいが，他方，映画製作者に著作権が帰属するのは，完成
した映画の著作物としてよい。映画製作者に完成した映画の著作物そ
のままの経済的利用が保障されれば十分といえるからである。また，
監督等との参加約束により，仮に映画製作者が未編集フィルムの部分
についても著作権を取得するとしても，映画製作者がそれを利用しよ
うとしても未編集であるが故に著作者である監督等の同一性保持権を，
契約により別途処理する必要があるので，あまり意味がない。そうで
あるならば，未編集フィルムの部分については，監督等に著作権が帰
属するとした上で，映画製作者がそれを利用したいと欲するときには，
別途，監督等と著作権譲渡を合意し，その部分についての著作者の同
一性保持権や公表権を含む著作者人格権の処理をも併せて合意する契
約の締結を促すことの方が合理的であると考えられる。

　なお，29 条の適用があるのは，映画の著作物の製作について参加
約束をした映画の著作者である監督等であって，映画の原作者である
小説家，脚本家や，映画の中に複製された映画音楽の作曲家等のクラ
シック・オーサーとの関係では，映画製作者といえども個別の権利処
理が必要であることはいうまでもない。しかし，翻ってみれば映画監
督等との関係においても，映画製作者がいかに映画の著作物の製作に
ついて投資をなし，その製作された映画の著作物についての経済的利
用に利害およびリスクを有するにしても，近代的私法においては，そ
のような場合であっても，本来的には原始的な権利の帰属主体たるべ

き者との私的自治により契約等に基づく権利譲渡を含む権利処理が原則であるはずである。29条が，それを超える法的な正当性を有するかは，やはり再検討が必要であると考える。

　権利の存続期間は，原則として創作の時に始まり，著作者の死後その翌年から起算して70年が経過するまでである（51条）。

　著作権は個別の支分権から成り，その総体であるに過ぎない。客体が無体物であり，その利用につき侵害となるべき個別行為の外延を一義的に明確にして第三者の法的安定性を確保する必要があるからである。その意味で著作権は「権利の束」（bundle of rights）ともいわれ，次のような各支分権から成る。

(1) 複製権（21条）

著作物を複製する権利である。複製とは，印刷，写真，複写，録音，録画その他の方法により有形的に再製することをいい，脚本その他これに類する演劇用の著作物については，当該著作物の上演，放送または有線放送を録音しまたは録画することも複製に該当する。また，建築の著作物については，建築に関する図面に従って建築物を完成することも複製に該当する（2条1項15号ロ）。前掲最判昭53.9.7〔ワン・レイニー・ナイト・イン・トーキョー事件〕によれば，著作物の複製とは，既存の著作物に依拠し，その内容および形式を覚知させるに足りるものを再製することをいうとされている。そして，既存の著作物と同一性のある作品が作成されても，それが既存の著作物に依拠して再製されたものでないとき，すなわち既存の著作物に接する機会がなく，したがって，その存在，内容を知らなかった者は，これを知らなかったことにつき過失があると否とにかかわらず，既存の著作物に依拠した作品を再製するとはいえないので，既存の著作物と同一性のある作品を作成しても，これにより著作権侵害にはならないとする。複製といえるためには，著作物の個別の創作的部分につき，多少の修正・増減がなされていても，実質的に同一といえる程度に再製されていればよい。また，複製といえる

ためには有形的な再製がされて，その結果，複製物が作成されること
が必要である。プログラムを使用するに当たってコンピュータの内部
メモリーにプログラムを一時的に電子的に蓄積することは複製といえ
るか議論のあるところであるが，わが国では複製とはいえないと解さ
れている。

　さらに，インターネットを用いたテレビ番組転送サービスの事案に
おいて，サービス提供業者が，その管理・支配下においてテレビアン
テナで受信した放送を複製機能を有する機器に入力し，当該機器に会
員の子機からの録画の指示がなされると放送番組の録画等が自動的に
行われる場合にあっては，当該サービス提供業者が複製の主体と解す
べきであるとする最判平 23.1.20（民集 65 巻 1 号 399 頁〔ロクラク II 上告
審事件〕。これは原審知財高判平 21.1.27 民集 65 巻 1 号 632 頁〔ロクラク II 控訴審
事件〕において，利用者を主体とする私的利用行為であるとして業者の主体性を否
定したものを破棄差戻したものである。また，差戻し後の控訴審判決として，知財
高判平 24.1.31 判時 2141 号 117 頁〔ロクラク II 差戻後控訴審事件〕参照）がある。
また，小説や漫画本の個人所有者がタブレット端末などで読めるよう
に，その依頼に応じてスキャンをして電子ファイル化し，それを依頼
者に提供するいわゆる自炊代行業者の行為につき，私的使用のための
複製の規定（30 条）の適用との関係において複製主体性が争われた事
案がある。裁判所は，電子ファイル化により有形的再製が完成するま
での利用者と代行業者の関与の内容，程度等をみると，書籍を送付す
るのは利用者であるが，その後の書籍の電子ファイル化という作業に
関与しているのは専ら代行業者であって，利用者は全く関与しておら
ず，電子ファイル化における枢要な行為をなして複製を行っている主
体は自炊代行業者であるとした（東京地判平 25.9.30 判時 2212 号 86 頁〔自
炊代行事件〕。知財高判平 26.10.22 判時 2246 号 92 頁〔自炊代行控訴審事件〕も結
論を支持）。

　なお，複製権を有する者は，その文書または図画を出版することを

引き受ける者に対して，複製権に基づき準物権的な権利として電子出版を含む出版権を設定する制度が著作権法上設けられている（79条〜88条）。

Column⑲ 　建築の著作物の複製 ••

　著作権法は，建築に関する図面に従って建築物を完成することを「建築の著作物」の複製と捉えているが（2条1項15号ロ），これは建築家が作成した建築物の設計図面において，すでに観念的に無体物としての「建築の著作物」を把握することができ，その図面に従って建築物を完成することを「複製」と捉えるものである。この場合，建築家が作成した建築物の設計図面を，他人が複製することは，そのものとしては「図形の著作物」の複製であるが，観念的には，もともとの設計図面において把握され得た無体物としての「建築の著作物」の「複製」もなされていると考えられる。ただし，「建築の著作物」の複製権は，建築により複製することだけが内容となっているので（46条2号），無許諾でも「建築の著作物」の複製権の侵害とはならない（46条参照）。しかし，この複製された図面に従って建築物を完成することは「建築の著作物」の「複製」であると考えられる。

　また，土地の工作物として完成された建築物としての「建築の著作物」から，第三者が図面を作成することは，独自の「図形の著作物」の創作ではあるが，無体物としての「建築の著作物」の「複製」もされていると考えられる。もっとも，この場合も「建築の著作物」の著作権は，建築により複製することだけが内容となっているので，無許諾でも「建築の著作物」の複製権の侵害とはならない。ただ，この設計図面に従って建築物を建築すると，「建築の著作物」の複製となり，無許諾であれば建築家の複製権の侵害となり得る。ただし，この場合の建築物の建築は，当該図面の基となったすでに完成されている建築物たる「建築の著作物」の複製と捉えることもできよう。いずれにしても「建築の著作物」はいずれの方法を問わず利用でき，ただ，権利としては建築により複製することだけが内容となっているので，著作権としては「複製権」しかなく，しかも，その内容は狭く，したがって建築の著作物の翻案についても権利は働かないことになる。

••

(2)　上演権および演奏権（22条）　　著作物を公衆に直接見せまたは聞かせることを目的として（「公に」という）上演しまたは演奏する権利である。

　公衆には，不特定の者のほか，特定かつ多数の者も含まれる（2条5項）。したがって，著作権法上，公衆とは不特定または多数の者をいう（ただし，これは著作権法上，定義のない「公衆」の概念を，異説はあるものの，本来的に不特定の者とした上で，2条5項を，その「拡張規定」と解するからであ

る。しかし，結果的に同じであるが，「公衆」を本来的に不特定または多数の者と解した上で，2条5項を，その「確認規定」とみる余地も十分にある）。

　上演とは，演奏（歌唱も含む。以下同じ）以外の方法により，著作物を演ずることをいう（同条1項16号）。すなわち演奏については，著作権法の定義規定はないが，音楽の著作物を演ずることであり，歌唱を含む。これに対して上演とは，音楽の著作物以外の著作物を演ずることをいう。また上演，演奏には，著作物の上演，演奏で録音または録画されたものを再生すること（公衆送信または上映に該当するものを除く）を含み，著作物の上演，演奏を電気通信設備を用いて伝達すること（公衆送信に該当するものを除く）を含む（同条7項）。したがって，CDに収められた曲の演奏を，プレイヤーにかけて再生して聴かせることも演奏であり，また，たとえばホテルの舞台会場での歌手の生演奏を電気通信設備を用いてポイント・ツー・ポイントで会場外のスピーカーに伝達して聴衆に聴かせることも演奏に当たり，さらにこの生演奏をホテル構内の電気通信設備を用いて多数の客室に送ることも，放送や公衆送信に該当せず（後述「(4)公衆送信権および受信伝達権（23条）」参照），演奏に該当する。

　ところで最判昭 63.3.15（民集42巻3号199頁〔クラブ・キャッツアイ事件〕）においては，①カラオケスナック店が客の歌唱についての「管理・支配性」を有していること，および②客の歌唱を営業政策に取り入れ，客の来集を図り利益を増大させているカラオケスナック店への「利益の帰属性」を要件に，客の歌唱は店の歌唱と同視し得るとし，無許諾のカラオケスナック店につき演奏権の侵害を認めている。この判例は，直接的な著作物利用者の背後に存在する間接関与者を規範的に直接侵害主体として認定する「カラオケ法理」を確立したものとされている。その後，同じくカラオケボックスの客の歌唱等についても，カラオケボックスの経営者による演奏権侵害を認める判例が多数みられるようになり，さらには，近時，カラオケの場面における演奏の枠

を超えて，インターネットを用いたファイル交換サービスや海外での
テレビ番組視聴サービスについて，当該サービスを提供している業者
に「カラオケ法理」を適用する判例もみられるようになった。しかし，
こうした適用については批判もあり，法理の見直しや立法による解決
を提唱する見解も強い。

　もっとも，その後，近時においてもライブハウスの店舗経営者の演
奏権侵害主体について知財高判平28. 10. 19（裁判所HP〔ライブハウス演
奏権侵害事件〕）は，ロクラクⅡ事件最高裁判決（前述「(1)複製権（21条）」
参照）を援用しつつ，仮に著作物を直接演奏する者でなくても，ライ
ブハウスを経営するに際して，単に第三者の演奏を容易にするための
環境等を整備しているにとどまらず，その管理，支配下において，演
奏の実現における枢要な行為をしているか否かによって判断するのが
相当であるとし，被告店舗経営者らはいずれもライブを開催すること
で集客を図り，客から飲食代を徴収していることからすれば，本件店
舗における原告管理著作物の演奏を管理・支配し，演奏の実現におけ
る枢要な行為を行い，それによって利益を得ていると認められるから，
原告管理著作物の演奏主体（著作権侵害主体）に当たると認めるのが相
当であるとし，被告らの演奏権侵害を認めた。

(3) 上映権（22条の2）
著作物を公に上映する権利である。一般的に
著作物のいかんを問わず，公衆送信されるも
のを除き，著作物を映写幕その他の物に映写することをいい，映画の
著作物にあっては，それに固定されている音を再生することを含む
（2条1項17号）。

(4) 公衆送信権および受信伝達権（23条）
①公衆送信権とは，著作物について公衆送信
（自動公衆送信においては送信可能化を含む）を行
う権利である（23条1項）。公衆送信とは，公衆によって直接受信され
ることを目的として無線通信または有線電気通信（電気通信設備で，同
一人が同一構内にあるものを占有する場合は除く）の送信を行うことをいう

（2条1項7号の2）。

　この公衆送信のうち公衆によって同一の内容の送信が同時に受信されることを目的として行う無線通信の送信は放送とされ（2条1項8号），また，公衆送信のうち公衆によって同一内容の送信が同時に受信されることを目的として行う有線電気通信の送信が有線放送とされている（同項9号の2）。いわゆる従来の放送および有線放送である。さらに公衆送信には，放送または有線放送に該当するものを除き，公衆からの求めに応じ自動的に行う自動公衆送信も含まれる（同項9号の4）。いわゆるインターネットにおけるインタラクティブな送信である。そして自動公衆送信については，サーバーから送信される前の，著作物のサーバーへのアップロードや，著作物がアップロードされたサーバーをネットワークに接続することも送信可能化行為として権利化が図られている。したがって公衆送信権とは，著作物を放送・有線放送することを包含しつつ，インターネットにおいて著作物を公衆のディマンドに応じて自動的にインタラクティブに送信し，またはそのような送信が可能となるような状態に置く権利である。しかし，それに止まらず，たとえば公衆の求めに応じて著作物をマニュアルでファクスにより送信することも含まれると考えられる。なお，電気通信設備で同一人が同一構内のものを占有する場合に，これを用いて有線・無線で著作物を送信することは公衆送信に該当しないが，プログラムの著作物については有線・無線の構内LANで送信することは公衆送信に該当する（同項7号の2括弧書参照）。

　判例として，社会保険庁のLANシステム（内部部局や関係機関・事務所をネットワークで接続するLANシステムで，その設置場所が同一の構内に限定されていない電気通信設備に該当する）の新聞報道等掲示板用の記録媒体に，職員が無断でジャーナリストの雑誌記事を記録した行為は，公衆からの求めに応じ自動的に送信を行うことを可能化したもので，ジャーナリストが専有する本件著作物の公衆送信（自動公衆送信の場合における送

信可能化を含む）を行う権利を侵害するものであるとした東京地判平20.2.26（裁判所HP〔社保庁LAN事件〕）がある。他方，動画共有サイトに無断でアップロードされた原告の動画に，自身のウェブサイト上で視聴できるようにリンクを貼った被告の行為につき公衆送信権侵害またはその幇助に当たるかが問題になった事案において，大阪地判平25.6.20（判時2218号112頁〔ロケットニュース24事件〕）は，被告の行為につき動画共有サイトのサーバーから直接閲覧者に送信されることから送信主体は動画共有サイトの管理者であり，被告が自動公衆送信ないし送信可能化をしたとは認められないとして公衆送信権侵害を否定し，また，違法アップロードが内容や体裁上明らかでないとしてリンクを貼ることが直ちに違法とはいえず，被告はアップロードが無断でなされたことを認識し得た時点で直ちにリンクを削除していることから，公衆送信権侵害を違法に幇助したものでもないとした。

　なお，近時，インターネットを用いたファイル交換サービスの提供業者につき，会員による公衆送信権を侵害する違法な音楽データの交換につき，「カラオケ法理」を適用して業者も公衆送信権の侵害主体と認める判例（東京地決平14.4.11判時1780号25頁〔ファイルローグ仮処分事件〕，東京地判平15.12.17判時1845号36頁〔ファイルローグ一審終局判決事件〕。その中間判決として，東京地判平15.1.29判時1810号29頁〔ファイルローグ一審中間判決事件〕。また，控訴審判決として東京高判平17.3.31裁判所HP〔ファイルローグ控訴審事件〕）や，インターネットを用い，会員の子機に対応する親機を業者がアンテナにつなげて保管してなされるテレビ番組転送サービスにつき，業者保管の親機は入力される情報を受信者からの求めに応じ自動的に送信する機能を有する自動公衆送信装置に該当し，それが公衆の用に供せられているインターネットに接続され，当該装置に継続的に情報が入力されているときには，業者はテレビ放送の自動公衆送信についての送信可能化の主体であるとし，業者による公衆送信権侵害を認めた最判平23.1.18（民集65巻1号121頁〔まねきTV上告審

事件〕。これは業者の主体性を否定した原審知財高判平20.12.15判時2038号110頁〔まねきTV控訴審事件〕を破棄差戻したものである。また，差戻しの後の控訴審判決として，知財高判平24.1.31判時2142号96頁〔まねきTV差戻後控訴審事件〕参照）等がある。この点，「カラオケ法理」には最近強い批判があり，また，著作物等の直接利用者に対する間接関与者がどのような法理・要件のもとにおいて直接侵害主体と規範的に評価認定されるべきなのか等，検討すべき課題がある。

②次に受信伝達権とは，公衆送信されるその著作物を受信装置を用いて公に伝達する権利である（23条2項）。たとえばテレビ番組として放送されている映画の著作物をテレビ受像器で受信して公衆の視聴に供することは映画の著作物の上映ではなく受信伝達に当たる（2条1項17号括弧書参照）。

Column⑳ 送信可能化 ••

「送信可能化」とは，自動公衆送信の前提として，①ネットワークのサーバーに情報を記録・入力することおよび②情報が記録・入力されているサーバーをネットワークに接続することをいう（2条1項9号の5）。この中でも①に該当するものとしては，(a)ホームページ用のメモリーに著作物を記録する場合のように，サーバーの公衆送信用記録媒体に情報を記録することのほか，(b)サーバーにCDチェンジャーをつないだりする場合のように，情報が記録された記録媒体をサーバーに加えること，(c)メール用のメモリーをホームページのメモリーに変換する場合のように，情報が記録された記録媒体をサーバー用の記録媒体に変換すること，(d)インターネット放送のためのカメラ・マイクから情報をサーバーに送る場合などのように，記録を伴わずにサーバーに情報を入力し続けることが含まれる。

••

(5) 口述権（24条）

言語の著作物を公に口述する権利である。口述とは，朗読その他の方法により著作物を口頭で伝達すること（実演に該当するものを除く）をいう（2条1項18号）。口述には，著作物の口述で録音，または録画されたものを再生すること（公衆送信または上映に該当するものを除く）を含み，著作物の口述を電気通信設備を用いて伝達すること（公衆送信に該当するものを除く）を含む（同条7項）。

(6) 展示権（25条） 美術の著作物または未だ発行されていない写真の著作物を，これらの原作品により公に展示する権利である。写真の著作物については，未だ写真集などが発行されていない段階で，ネガからの写真プリントを原作品として展示する限りでの権利といえる。美術の著作物たる版画などについては，同じ彫木による刷り上がりのいずれもが原作品といえる。なお公表権と美術の著作物の原作品の譲渡との関係では，著作者が，美術の著作物または写真の著作物でまだ公表されていないものの原作品を譲渡した場合，これらの著作物をその原作品による展示の方法で公衆に提示することに同意したものと推定される（18条2項2号）。また，原作品についての所有権との関係では，美術の著作物もしくは写真の著作物の原作品についての所有権を得た所有者またはその同意を得た者は，美術の著作物の原作品を屋外の場所に恒常的に展示する場合を除いて，著作者の展示権が制限され，これらの著作物を原作品で公に展示することができるとして調整が図られている（45条）。

Column㉑ 展示権と上映権 •••••••••••••••••••••••••••••••••••••••

①今，画家がキャンバスに描いた創作性のある絵画Ａを，不特定・多数の閲覧に供するために展示する場合，画家が絵画Ａを描いたキャンバスは原作品であるので，これを公に展示する展示権（25条）を有し，その画家以外では，その原作品の所有権を得た者またはその同意を得た者は無許諾で展示することができるが，その他の者が公に展示すれば画家の展示権を侵害することになる。

②ところが，画家がキャンバスに描いた絵画が，画集に収録されて販売されたとする。その収録されたものは絵画Ａの複製物である。そして，この画集を購入した者が，その画家の絵画Ａの複製物を，そのまま切り抜いて不特定・多数の閲覧に供するために展示しても，画家は原作品で公に展示する権利しかないので，これは展示権の侵害とはならない。

③ところが，この画家がキャンバスに描いた絵画Ａで，当該画集に収録されたものを，ＯＨＰにかけて不特定・多数の閲覧に供するためにモニターに映し出すことは，公の上映に該当し，これについては画家の上映権（22条の2）が働くので，無許諾で行えば上映権の侵害となり得る。

②と③は，画家の絵画Ａの同じ複製物を用いて，絵画Ａを「公衆に提示」していることに変わりないが，一方は侵害とならず，他方は侵害となるという結果となる。不均衡であるようにみえるが，それだけ技術の発展を踏まえて，著作物

の上映という方法による公衆の提示につき，著作者に強いコントロールを与える
趣旨と考えられる。

━━━

| (7) 頒布権（26条） |

映画の著作物を，その複製物により頒布する
権利（26条1項）である。映画の著作者では
ないが，映画の著作物において複製されている著作物の著作者——た
とえばサウンドトラックの楽曲の作曲家や映画のシーンに写されてい
る美術作品の作者——も，映画の著作物とともに自らの著作物を，当
該映画の著作物の複製物により頒布する権利を有する（同条2項）。

「頒布」とは，「有償であるか又は無償であるかを問わず，複製物を
公衆に譲渡し，又は貸与することをいい，映画の著作物又は映画の著
作物において複製されている著作物にあつては，これらの著作物を公
衆に提示することを目的として当該映画の著作物の複製物を譲渡し，
又は貸与することを含むものとする」とされている（2条1項19号）。

ところで，映画の著作物の頒布権については，元来は劇場用映画の
各個別劇場への映画フィルムの配給制度を裏打ちする権利として立法
化されたという経緯があり，劇場用映画の場合に，頒布とは劇場用の
映画プリントを個々の劇場に上映のために譲渡または貸与して配給す
ることと考えられていた。これは，2条1項19号の後段に該当し（後
段頒布），26条の頒布権も，この範囲で認められれば配給権を十分裏
打ちできるものであった。ところが，その後の技術発展に伴い，判例
上はビデオゲームソフトの画面映像が映画の著作物と捉えられるなど，
映画の著作物の概念の拡大とともに，映画の著作物の流通形態も多様
化して映画のビデオやDVDの販売やレンタル等のように2条1項
19号前段に該当する頒布形態（前段頒布）が出現するに至った。ただ，
これらの頒布形態についても，26条の頒布権でカバーすることは文
理上は問題ないので，こうした頒布も，今日では頒布権の対象となる。
したがって，映画のビデオやDVDのレンタルも頒布権の対象である。

ただ，一方，映画のビデオや DVD が適法に販売された後の転々譲渡も，文言上は頒布権の対象となり得るが，この点，頒布権でカバーされる前段頒布のうち，複製物の公衆への譲渡に関する部分については，自由な流通の要請との調整との関係で，頒布権の消尽が問題となり得る。

　この点，平成 11（1999）年改正で新設された他の著作物一般に関する譲渡権およびその消尽の規定（26 条の 2）と立法趣旨に照らし，頒布権の内容のうち複製物の貸与に関する権利の部分を除き，譲渡に関する権利の部分については，映画の著作物の劇場への配給を前提としない場面では他の著作物に関する譲渡権と同一の条件のもとに消尽すると解すべきである。この点，ゲームソフトの画面影像を映画の著作物とした場合，その中古販売が頒布権の侵害となるかが争われた事案で，最判平 14.4.25（民集 56 巻 4 号 808 頁〔中古ゲームソフト販売大阪上告審事件〕）は，複製物の公衆への譲渡に関して頒布権はいったん複製物が適法に譲渡されたことにより消尽するとの立場を採って中古ゲームソフト販売を非侵害とした。これは中古ゲームソフトの販売に関わる事案であったが，通常の劇場用の映画のビデオや DVD についても同様に考えることができる。

　なお，東京地判平 24.7.11（判時 2175 号 98 頁〔韓国テレビ番組 DVD 事件〕）は，DVD 収録映像の著作権者が A と頒布許諾契約を締結し，A が被告と再頒布許諾契約を締結した事案で，A の債務不履行により頒布許諾が解除された場合，これら相互に別個の債権的法律関係であるから，被告は解除された契約の目的物につき新たな権利関係を取得した者とはいえず，対抗力を備えてもいないため，被告は民法 545 条 1 項但書の第三者として保護されないとし，被告が本件映像を収録した DVD を販売することは頒布権の侵害であるとした。

(8) **譲渡権（26 条の 2）**　映画の著作物および映画の著作物において複製されている著作物を除き，著作物を，その

原作品または複製物の譲渡により公衆に提供する権利である（26条の2第1項）。最初の適法な複製物の譲渡後，権利は消尽する（同条2項）。

_____
(9) **貸与権（26条の3）**
_____

著作物（映画の著作物を除く）をその複製物の貸与により公衆に提供する権利である（26条の3）。昭和50年代後半のレコードレンタル業の急速な普及に伴い昭和59（1984）年の著作権法改正により創設された権利である。レコードレンタルが典型的に貸与に該当する。楽譜を除き書籍または雑誌等の貸本業は附則4条の2により，当分の間26条の3の規定の適用から除外するとされていたが，平成16（2004）年の法改正によりこの附則は削除され，コミックスのレンタル業にも貸与権が及ぶことになった。なお，上述の譲渡権が消尽した著作物の原作品または複製物を取得したからといって，貸与権も消尽しているわけではないことは当然である。

_____
(10) **翻訳・翻案権
　　（27条）**
_____

著作物を翻訳し，編曲し，もしくは変形し，または脚色し，映画化し，その他翻案する権利である。これらの行為により創作された著作物は二次的著作物として保護されるが，原著作物の著作者の権利に影響を与えない（11条）。

「翻訳」とは言語の著作物について言語体系の異なる他の言語に変えること，「編曲」とは，たとえば音楽の著作物について転調をしたり，演歌曲をロック曲に変えること，「変形」とは，たとえば絵画を彫刻にすることや，写真を絵画に変えることをいう。「脚色」とは，たとえば小説を基に舞台劇の脚本を作成すること，「映画化」とは小説を基に映像化して映画を作成すること等をいい，「脚色，映画化」は「翻案」の例であり，「その他翻案」には，小説の舞台となっている過去の時代を現代に置き換えて書き直すことや，文章のダイジェストを作成すること等が含まれる。翻訳，編曲，変形または翻案することは，いずれにしても二次的著作物の作成に当たるので，広義においてこれらはすべて翻案と捉えてもよい。しかし，たとえば著作権制限

規定では翻訳できるが，翻案はできないとする規定があるので（43条），概念として区別する意義はある。

| ⑾ 二次的著作物
利用権（28条）

二次的著作物の原著作物の著作者は，当該二次的著作物の利用に関し，当該二次的著作物の著作者が有するのと同一の種類の権利を有する。たとえば小説をベースに映画の著作物が制作された場合には，小説家は，原著作物についての著作権の支分権として，二次的著作物たる映画の著作物の利用について，監督等が映画の著作物について有するのと同一の権利を有するという意味である。なお，映画製作とそのためのシナリオである脚本の作成について原作小説の小説家が許諾していた事案で，小説の二次的著作物である当該脚本をシナリオ年鑑に収録し，出版することにつき小説家が許諾を与えないことは権利濫用には当たらないとした判例がある（知財高判平 23.3.23 判時 2109 号 117 頁〔イッツ・オンリー・トークシナリオ年鑑収録事件〕）。

また，原作原稿をもとに漫画家が連載漫画を描いた場合に，そのキャラクターのリトグラフ原画を作成することは，原著作者との合意によらない限りは 28 条の権利を侵害するものと判示した最判平 13.10.25（判時 1767 号 115 頁〔キャンディ・キャンディ事件〕）がある。しかし，リトグラフ原画が原作原稿のストーリーを表しているか否かを問わず侵害としたことには問題が多い。28 条は原著作物の創作性のある部分が取り入れられている限りで，二次的著作物の利用について原著作者の権利を二次的著作物に及ぼした規定であると解すべきだからである。

なお，二次的著作物の著作者の著作権は，二次的著作物において新たに付与された創作的部分についてのみ生じ，原著作物と共通し，その実質を同じくする部分については生じないとされている（最判平 9.7.17 民集 51 巻 6 号 2714 頁〔ポパイ事件〕，東京高判平 13.5.30 判時 1797 号 111 頁〔キューピー事件〕）。

4 著作隣接権者の権利

① 著作物の流布に貢献のある者の保護

著作権法は，著作物についてその創作者である著作者に「著作者の権利」を付与することにより保護を図るとともに，著作物の社会への流布に固有の貢献のある実演家，レコード製作者，放送事業者および有線放送事業者に，その実演，レコード，放送および有線放送に対する「著作隣接権」を与えることによって保護を図っている。これらは財産権であり，その故に譲渡可能である。著作隣接権は著作権と同様に無方式で発生し（89条5項），その存続期間は，実演を行った時，最初に音を固定した時，放送ないしは有線放送を行った時に始まり，その翌年（レコードに関しては，その発行が行われれば発行の翌年）から起算して70年が経過するまでである（101条）。なお，レコード製作者，放送事業者および有線放送事業者には，人格権による保護がないが，実演家には人格権も認められる。

② 個別著作隣接権者の権利

実演家の権利

　実演とは，著作物を演劇的に演ずること等をいうが，その他，これに類する行為で著作物を演じないが芸能的な性質を有するものを含む（2条1項3号）。マジックなどもこれに該当しよう。実演家とは，俳優，舞踊家，演奏家，歌手その他実演を行う者および実演を指揮し，または演出をする者をいう（同項4号）。この定義により舞台劇の演出家は実演家であるが，他方，映画の著作物につきその全体的形成に対して俳優の演技を指揮して創作的寄与をなす演出家は，映画の著作者の一人であり（16条），実演家ではない。

平成14（2002）年改正によって，実演家の人格権が著作者にならって認められた。WIPO実演・レコード条約5条に則し，しかも条約で要求されている音の実演家のみならず視聴覚実演家を含めて実演家一般に与えられ，氏名表示権（90条の2）と名誉・声望を害する改変に対する同一性保持権（90条の3）の規定が設けられている。ただし，著作者人格権とほぼ同様の制限に服する。特に氏名表示権との関係では実演の利用の目的および態様に照らし実演家がその実演の実演家であることを主張する利益を害するおそれがないと認められるときまたは公正な慣行に反しないと認められるときは，省略することができる（90条の2第3項）。ただし，実演の性質ならびにその利用の目的および態様に照らしやむを得ないと認められる改変または公正な慣行に反しないと認められる改変については適用されない（90条の3第2項）。

実演家の著作隣接権

次に実演家の実演についての著作隣接権には以下のものがある。

(1) **録音・録画権** 実演を録音・録画する権利である（91条1項）。ただし，この録音・録画権は，これらの権利を有する者の許諾を得て映画の著作物に録音され，または録画された実演については，これを録音物（音をもっぱら影像とともに再生することを目的とするものを除く）に録音する場合を除き，適用されない（同条2項）。典型的には映画の複製プリントを作成する場合には，俳優やサウンドトラックの曲の演奏家等の権利は及ばないが，サウンドトラックから曲の演奏を取り出してCD化するような場合には，実演家たる演奏家の録音権が再度働く趣旨である。

(2) **放送・有線放送権** 実演を放送しまたは有線放送する権利である（92条1項）。ただし，①放送される実演を有線放送する場合，および，②(ア)録音・録画権を有する者の許諾を得て録音・録画されている実演や，(イ)91条2項の実演で，同項の録音物以外に録音・録画され

ているものを放送・有線放送する場合は，放送・有線放送権は及ばない（92条2項）。もっとも有線放送事業者が，①に当たる放送される実演を有線放送した場合は，非営利・無料の場合を除き，当該実演に係る実演家に相当な額の報酬を支払わなければならない（94条の2）。これは従来，有線放送は放送に従属するものとして，有線放送による放送の同時再送信につき実演家の権利は働かないものとしていたが，近年，有線放送も固有の利益を追求する大規模のものになりつつある現状を踏まえて，平成18（2006）年改正により設けられた規定である。

　また，実演の放送について放送権を有する者の許諾を得た放送事業者は，その実演を放送のために録音・録画することができる。ただし，契約に別段の定めのある場合および当該許諾に係る放送番組と異なる内容の放送番組のために録音・録画する場合はこの限りではないし（93条1項），①当該録音・録画物を放送の目的以外の目的に使用・提供し，または許諾に係る放送番組と異なる内容の放送番組のために使用・提供した場合や，②当該録音・録画物の提供を受けた放送事業者で，これをさらに他の放送事業者の放送のために提供した場合には，録音・録画を行ったものとみなされる（同条2項）。

　加えて，実演に係る放送権を有する者が当該実演の放送を許諾した場合には，契約に別段の定めのない限り，①当該許諾を得た放送事業者が，最初の放送だけではなく，93条1項の規定により作成した録音・録画物を用いてする放送（リピート放送），②当該許諾を得た放送事業者からその者が作成した録音・録画物の供給を受けてする放送（テープネット放送），③当該許諾を得た放送事業者から当該許諾に係る放送番組の提供を受けてする放送（マイクロウェーブ放送）が可能である。この場合，各放送において実演が放送されたときには，原放送の放送事業者は実演に係る放送権を有する者に相当な額の補償金を支払わなければならない（94条2項）。円滑な放送を確保しつつ，実演家の経済

的利益を保障する趣旨である。

(3) **送信可能化権**　実演を送信可能化（*Column*⑳参照）する権利をいう（92条の2第1項）。ただし，①録画権を有する者の許諾を得て録画されている実演，および，②91条2項の実演で，同項の録音物以外に録音・録画されているものを送信可能化することには送信可能化権は及ばない（92条の2第2項）。また，著作隣接権の目的となっている実演で放送されるものは，当該放送に係る99条の2に規定する放送事業者の送信可能化権を害しない限り，もっぱら当該放送に係る放送対象地域において受信されることを目的として送信可能化（公衆の用に供されている電気通信回線に接続している自動公衆送信装置に情報を入力することによるものに限る）を行うことができる（102条5項）。IPマルチキャスト放送を可能にするためである。このIPマルチキャスト放送は，従来の有線放送と同様のサービスを提供するものであるが，その技術的形態において視聴者の求めに応じ，最寄りの電話局内等に設置されたIP装置から番組を流すというもので，著作権法の視点からすればむしろ自動公衆送信に該当すると考えられるものである。ただし，この送信可能化を行う者は，非営利・無料の場合を除き実演に係る送信可能化権を有する者に相当な額の補償金を支払わなければならない（同条6項）。

(4) **二次使用料請求権**　放送事業者または有線放送事業者は，録音権を有する者の許諾を得て実演が録音されている商業用レコード（送信可能化されたレコードを含む）を用いた放送または有線放送を行った場合には，その実演に係る実演家に二次使用料を支払わなければならない（95条1項）。そのような放送を受信して同時・異時に有線放送を行った有線放送事業者にも，放送を受信して非営利・無料で同時に有線放送を行った場合を除き，二次使用料支払義務が発生する（同項括弧書参照）。この放送事業者または有線放送事業者の支払義務に対して，実演家は二次使用料請求権を有することになる。本来的な意味での許

諾権としての著作隣接権ではなく，債権的な権利である。

(5) **譲渡権**　実演をその録音物または録画物の譲渡により公衆に提供する権利である（95条の2第1項）。ただし，①録画権を有する者の許諾を得て録画されている実演，および，②91条2項の実演で，同項の録音物以外に録音・録画されているものについては譲渡権は働かず（95条の2第2項），また，最初の適法な譲渡後の消尽の規定が設けられている（同条3項）。

(6) **貸与権とその期間経過後の報酬請求権**　貸与権は実演が録音されている商業用レコードの貸与により当該実演を公衆に提供する権利である（95条の3第1項）。ただし，許諾権としての貸与権は商業用レコードが最初に販売された日から起算して12カ月経過後は適用されず（同条2項，著施令57条の2），実演家は期間経過商業用レコードの公衆への貸与を営業として行う貸レコード業者に対しては相当な報酬を請求する権利を有するのみとなる（95条の3第3項）。期間経過後の報酬請求権も，本来的な意味での許諾権としての著作隣接権ではない。

レコード製作者の著作隣接権　レコードとは，蓄音機用音盤，録音テープその他の物に音を固定したもの（音をもっぱら影像とともに再生することを目的とするものを除く）をいう（2条1項5号）。レコード製作者とは，音を最初に固定した原盤の製作者を指す（同項6号）。商業用レコードは市販の目的をもって製作されるその複製物であり，市販の音楽のCDなどもこれに該当する。レコード製作者のレコード（むしろレコード製作者が最初に原盤に固定した音）についての著作隣接権は次のものから成る。

(1) **複製権**　レコードを複製する権利である（96条）。原盤に固定されている音を，原盤から商業用レコードにプレスすることはもちろん，市販の商業用レコードに固定されている音をテープに録音することも複製に当たる。

(2) **送信可能化権**　レコードを送信可能化する権利をいう（96条の

2)。著作隣接権の目的となっているレコードで放送されるものは，当該放送に係る99条の2に規定する放送事業者の送信可能化権を害しない限り，もっぱら当該放送に係る放送対象地域において受信されることを目的として送信可能化（公衆の用に供されている電気通信回線に接続している自動公衆送信装置に情報を入力することによるものに限る）を行うことができる。IPマルチキャスト放送を可能にするためである。ただし，この送信可能化を行う者は，非営利・無料の場合を除き，レコードに係る送信可能化権を有する者に相当な額の補償金を支払わなければならない（102条7項）。

(3)　**二次使用料請求権**　　放送事業者または有線放送事業者は，商業用レコード（送信可能化されたレコードを含む。95条1項括弧書参照）を用いた放送または有線放送を行った場合には，そのレコードに係るレコード製作者に二次使用料を支払わなければならない（97条1項）。そのような放送または有線放送を受信して同時・異時に放送または有線放送を行った放送事業者または有線放送事業者にも，放送を受信して非営利・無料で同時に有線放送を行った場合を除き，二次使用料が発生する（同項括弧書参照）。

(4)　**譲渡権**　　レコードをその複製物の譲渡により公衆に提供する権利である（97条の2第1項）。最初の適法な譲渡後の消尽の規定も設けられている（同条2項）。

(5)　**貸与権とその期間経過後の報酬請求権**　　貸与権は商業レコードの貸与により，レコードを公衆に提供する権利である（97条の3第1項）。許諾権としての貸与権は，商業用レコードが最初に販売された日から起算して12カ月経過後は適用されず（同条2項・95条の3第2項，著施令57条の2），レコード製作者は期間経過商業用レコードの公衆への貸与を営業として行う貸レコード業者に対して相当な報酬を請求する権利を有するのみとなる（97条の3第3項）。

放送事業者の 著作隣接権	放送とは，公衆送信のうち公衆によって同一

の内容の送信が同時に受信されることを目的
として行う無線通信の送信をいい（2条1項8号），いわゆるラジオ，
テレビ放送がこれに該当する。放送事業者とは，放送を業として行う
者をいう（同項9号）。放送事業者の放送についての著作隣接権には次
のものがある。

(1) **複製権**　放送またはこれを受信して行う有線放送を受信して，
その放送に係る音または影像を録音し，録画し，または写真その他こ
れに類似する方法により複製する権利である（98条）。

(2) **再放送権・有線放送権**　放送を受信してこれを再放送しまたは有
線放送する権利をいう（99条）。

(3) **送信可能化権**　放送またはこれを受信して行う有線放送を受信
して，その放送を送信可能化する権利である（99条の2）。この権利に
よって，たとえばテレビ番組のインターネットへの無断アップロード
が捕捉され得る。

(4) **テレビジョン放送の伝達権**　放送の中でも，テレビジョン放送ま
たはこれを受信して行う有線放送を受信して，影像を拡大する特別な
装置を用いてその放送を公に伝達する権利である（100条）。

有線放送事業者の 著作隣接権	有線放送とは，公衆送信のうち公衆によって

同一の内容の送信が同時に受信されることを
目的として行う有線電気通信の送信をいい（2条1項9号の2），いわゆ
る CATV などがこれに該当する。有線放送事業者とは，有線放送を
業として行う者をいう（同項9号の3）。有線放送事業者の有線放送に
ついての著作隣接権は，放送事業者の権利にならって，①複製権
（100条の2），②再有線放送権・放送権（100条の3），③送信可能化権
（100条の4），④有線テレビジョン放送の伝達権（100条の5）から成る。

第13章 著作物の自由利用

> 科学者や技術者は，新しい研究成果を論文等により公表し，芸術家達も作品を公表して，一般大衆に提供する。憲法上，表現の自由は，著作者にも，著作物の利用者である一般大衆にも保障されるが，著作権法は両者の経済的利益の調整を行っている。

1 はじめに

著作権は，憲法上の人権ないし経済的自由権としての財産権であり，公共の福祉に合致するように，法律によりその内容・制限・保護期間が定められる（憲29条1項・2項）。

著作権法は，一般大衆による文化的所産の公正な利用に留意しつつ，著作者や実演家などの権利を保護している（1条）。著作物などの一般大衆による自由利用は，権利の存続期間中においては私的使用のための複製，引用，図書館等における複製などを認めることによって実現しようとしている。

一般大衆に著作物の自由利用を認めることは，著作権の効力に制限を加えることであり，そこには権利者と一般大衆の利益の調整をいかに行うかという問題が存在する。実演，レコード，放送・有線放送は，著作隣接権により保護されるが，それにも著作権におけると同様の自由利用が認められている。

著作物の自由利用が認められる場合としては，第1に，公共の利益のための強制許諾によるものと，第2に法定の自由利用の場合がある。

このうち，著作物の自由利用については，すでに，ベルヌ条約9条2項が，複製権の制限に関して，いわゆるスリー・ステップ・テスト（3-Step-Test）の原則を定めていたが，TRIPs協定13条，WCT10条では複製権に限らずあらゆる利用についてこれが基準とされるに至った。この原則は，①特別の場合に（特定の目的を有する場合），②著作物の通常の利用を妨げることなく（正規の利用や流通を妨げないこと），③権利者の利益を不当に害しないこと（権利者に過度の不利益を与えないこと），である。わが国の自由利用もこの国際基準におおむね則したものである（WCT，TRIPs協定については第22章4・5参照）。

　著作権の効力が制限されることにより，第三者は法定の条件のもとで無許諾で他人の著作物を利用できることとなるが，必ずしも無償とは限らず，著作権者の利益に配慮して有償とされる場合がある。また，著作権の効力制限の多くは，それぞれ目的外使用等を禁止しており，目的外使用の行為がなされた場合には，その時点で複製権等の侵害が擬制されるものとされており（49条），通常は目的外使用の態様により譲渡権や公衆送信権等との重複侵害を生じる点に注意する必要がある。さらに，著作権の効力制限は，著作者人格権の効力まで制限するものではない点にも注意が必要である（50条，*Column㉓*〔パロディ事件〕および東京高判平12.4.25判時1724号124頁〔脱ゴーマニズム宣言控訴審事件〕を参照）。

　著作物の自由利用行為が契約によって禁止されるオーバーライド（over-ride）の有効性の問題が，いわゆるシュリンク・ラップ契約やクリック・オン契約などについて議論されている。この問題は権利制限規定を強行規定と解するか，任意規定と解するかなどによって結論が分かれている。

　なお，わが国の著作権法は，昭和45（1970）年の制定時から，レコードによる演奏の再生を原則自由としてきた（附則旧14条）。これは，昭和初期のプラーゲ旋風（第15章*Column㉙*参照）に対抗するため，

適法録音物による興行・放送を出所明示を条件として著作権を侵害しないものとした旧著作権法30条1項8号の効力を，一定の場合を除き，現行法下でも経過措置（附則14条）として認めたものであった。これは，附則14条問題と称されてきた。これにより，放送・有線送信のほか，音楽喫茶店のような客に音楽を鑑賞させる特別の設備を有する飲食店やディスコ（ダンスホール）のような事業における演奏など（著施令附則3条）を除いて，演奏権が制限されていた。このため，普通の喫茶店，レストラン，パチンコ店，ホテルなどでのレコードやCDによる演奏は，著作権を侵害しないものとされてきた。音楽鑑賞用の特別設備に関しては，カラオケ・スナックの装置による演奏に附則14条の適用が可能かどうかにつき議論があったが（最判昭63.3.15民集42巻3号199頁〔クラブ・キャッツアイ事件〕伊藤判事意見参照），やがてカラオケ・ボックスがこの特別設備の飲食業とする判決例も出るに至った（東京地判平10.8.27知裁集30巻3号478頁〔カラオケボックス事件〕）。そして，平成11（1999）年改正法は，著作権者の利益保護のため，この附則14条を全面的に廃止した。

また，平成21（2009）年改正法では，ネットワーク社会に対応して自由利用行為が拡大され，平成24（2012）年改正法では，現行法の限定列挙からなる自由利用に加えて，アメリカのフェア・ユースに倣った日本版フェア・ユース一般規定導入が目指されたが，結局「写り込み」などの個別規定の追加にとどまった（後述**3**②参照）。さらに，平成30（2018）年には，いわゆる「柔軟な権利制限」として，デジタル化対応の従来の規定を統合する改正がなされた。

また，著作権の効力は，他の知的財産権と同様に，その場所的制限としての属地主義に服する（ただし，刑施27条1号の外国犯処罰に注意。第16章**4**参照）。

2 公共のための強制許諾制度

　文化庁長官の裁定により，補償金を支払うことで著作権の効力が制限される場合がある。これには，次の3つの場合がある。

　　① 公表著作物利用希望者につき著作権者不明・居所不明の場合（67条）
　　② 公表著作物放送希望者につき著作権者と協議不調・不能の場合（68条）
　　③ 国内第一発売後3年経過のレコードに録音されている音楽著作物を他の商業用レコードへ録音することを希望する者につき著作権者と協議不調・不能の場合（69条）

　なお，ベルヌ条約非加盟の万国著作権条約加盟国の国民の著作物で，発行後7年以内に日本語訳未発行・絶版のものについては，裁定により翻訳・発行が認められる（万国著作権条約5条）。

　また，平成21（2009）年改正法では，過去の放送番組等のコンテンツをインターネットで二次利用する際（たとえば，NHK オンデマンド等）に，その放送番組の出演者（実演家）等著作隣接権者の所在不明によって二次利用の許諾が得られないことを解決するために，著作隣接権者の不明の場合にも，裁定制度を適用できることとし（103条），さらに，権利者捜索の相当の努力をした上で裁定制度の申請を行い，あらかじめ担保金を供託した場合には，裁定結果が出るまでの間，著作物等を利用できることとなった（67条の2・103条）。

3 公共のための効力制限（自由利用）

① 私的使用のための複製

制度の趣旨　著作物は，個人的にまたは家庭内その他これに準ずる限られた範囲内で使用することを目的とする場合には，その使用者はこれを原則として無償で複製することができる（30条）。この私的な範囲内での使用のための複製が認められる理由は，それが閉鎖的範囲内での利用であることから，著作権者の利益を害することはないという考えにある。

要　件　この複製が認められるのは，第1に複製の目的が，私的・家庭内使用の場合に限られる。したがって，販売目的や企業などの資料としての複製はこれには該当せず（東京地判昭 52.7.22 無体集9巻2号534頁〔舞台装置設計図事件〕），インターネットのホームページへのアップロードのためのパソコンへの複製は複製権を侵害することとなる。第2に複製の客体は，公表・未公表を問われないが，違法に作成された複製物を用いた著作物の複製も許されるとの学説もある。しかしながら，そのような行為まで許されるとは解されない（ベルヌ条約9条2項の「スリー・ステップ・テスト」参照）。第3に複製の主体は，私的・家庭内使用者に限られる。したがって，たとえば，紙媒体で販売された書籍をタブレット型端末で視るために，いわゆる「自炊代行業者」に著作物の複製をさせることは許されない（知財高判平 26.10.22 判時 2246 号 92 頁〔自炊代行控訴審事件〕（第 12 章 3 ②(1)参照）は，自炊代行業者の私的使用目的の複製に当たらないとしており，少し誤解を生みやすい。問題となっているのは，自炊代行業者による複製行為が利用者の私的使用目的のための複製行為とみなされるかどうかだからである）。第4に複製の態様は，写真・複写・録音・録画等いずれの複製方法であってもよい

が，次の3つの方法による複製は認められない。①文献複写機器を除き，公衆の用に供する目的で設置されている自動複製機器を用いる複製は複製権を侵害することとなる（30条1項1号，ただし，附則5条の2に注意）。クラウドサービス業者が提供するサーバーが，この自動複製機器に該当すると解するとユーザーは民事上の侵害責任のみを負うが，業者には民事上・刑事上の侵害責任が生じる（119条1項・2項2号，民719条2項）。②技術的保護手段の回避により可能となり，またその結果に障害が生じないようになった複製を，その事実を知りながら行う行為は複製権侵害となる（30条1項2号）。ここで，技術的保護手段とは，コピープロテクションとかコピーコントロールと呼ばれるものであり，著作権等を侵害する行為の防止または抑止をする手段であって，著作物等の利用に際しこれに用いられる機器が特定の反応をする電子的または磁気的方法等による信号を著作物等とともに記録媒体に記録または送信する方式によるものをいう（2条1項20号）。この技術的保護手段は，著作権法には使用権がないため，不正競争防止法上の技術的制限手段とは異なり，アクセスコントロールは含まれないとされている。しかし，プログラムに関する限りは，著作権侵害行為に使用行為が含まれるから（113条2項），アクセスコントロールも含まれると解すべき点には注意を要する。また近時出現しているクラック・ツールを利用して試用期限を解除して行うソフト等のダウンロードも許されない。③著作権を侵害する自動公衆送信を受信して，その事実を知りながら行うデジタル方式の録音または録画（ダウンロード）も複製権侵害となる（30条1項3号）。これは，平成21（2009）年改正法により違法な著作物等の流通抑止のための措置として新設されたものである。著作権を侵害する自動公衆送信には，公衆送信権を侵害するインターネット送信（23条）だけでなく，翻訳権・翻案権等を侵害するインターネット送信も含まれる。この受信対象には，国外で行われる自動公衆送信であって，国内で行われたとしたならば著作権の侵害となるべ

き行為，つまり日本法によれば著作権を侵害するものも含まれる。これら私的使用目的の複製から除外され複製権侵害となる3つの場合には，違法性の程度が著作権侵害罪に問うほどには高くないことを理由に罰則規定は適用されないこととされている（119条1項）。ただし，平成24（2012）年改正による有償著作物等の知情ダウンロードにつき罰則が設けられた（第16章4参照）。

この私的使用目的の複製に該当するかどうか問題となっていたのが，動画投稿サイト等から動画等を視聴する際に行われる動画等のデータのキャッシュフォルダ等への蓄積である。この点については，平成21年改正法により複製権侵害とはならないとされ（旧47条の8），これには送信可能化権を侵害して投稿された動画等の視聴の場合の蓄積であっても複製権侵害とはならないとされていた。著作権には使用権がなく，視聴自体が著作権侵害とはならないことがその理由である。

これらの要件を充たす限り，複製のほかに，翻訳，編曲，変形または翻案して利用することも認められる（47条の6）。

なお，映画館における映画の盗撮については，平成19（2007）年成立の「映画の盗撮の防止に関する法律」4条により，法30条1項は適用されないことが明定され，民事上・刑事上の責任が生じることとなった。

目的外使用の複製権侵害 私的使用目的の複製として認められる方法により作成された複製物を，私的使用目的以外のために頒布し，またはその複製物により著作物を公衆に提示した場合や，私的使用の目的のために作成した二次的著作物の複製物を頒布し，またはその複製物により二次的著作物を公衆に提示した場合には，その時点で複製権を侵害したものとみなされる（49条1項1号・2項1号）。

したがって，たとえばファイル交換サービスのユーザーが，当該サービスを受ける前に私的使用目的で音楽データを複製した場合であっても，当該サービスを利用して公衆がその音楽データを受信して音楽を再生できるような状態にした場合には，目的外使用として，複製権

侵害とみなされることとなる（東京地決平14.4.11判時1780号25頁〔ファイルローグ仮処分事件〕）。

<u>私的録音録画補償金</u> オリジナルの品質が劣化しないデジタル複製技術においては，私的使用目的の複製を無償で認める根拠が稀薄になったとの理由で，平成4（1992）年改正法によりデジタル方式の録音・録画に限って，私的録音・録画補償金制度が導入された。これにより，デジタル方式の特定機器により特定記録媒体に録音・録画する者は，私的録音録画補償金を支払わなければならない（30条2項）。補償金はデジタル録音・録画機器および記録媒体の購入者が一括して支払い（104条の4），録音録画機器および記録媒体の製造者および輸入業者は補償金の支払請求と受領に協力する義務を負い（104条の5），補償金は指定管理団体（私的録音補償金管理協会：SARAHなど）により管理配分される。この点，諸外国の補償金制度とは異なり，わが国では録音・録画機器等のメーカーには補償金支払義務はなく，協力義務を負うにとどまり，ただし，その義務違反に対しては損害賠償請求が認められ得るとされている（知財高判平23.12.22判時2145号75頁〔東芝録画補償金控訴審事件〕。*Column22*参照）。

録画機器媒体のメーカーに補償金支払義務はないとされるに至った今日，私的録画補償金管理協会（SARVH）は，その存在理由を失うこととなり，2015（平成27）年3月31日に解散した。

今や私的録音録画補償金制度は根本的な見直しを迫られており，その見直し作業は，世界中で日本だけがユーザーに補償金の支払義務を負わせて（30条2項），メーカーには協力義務にとどめている点（104条の5）と，実際に使用されていない機器媒体が補償金の対象となっている点から始めるべきである。

このような中で，2013（平成25）年11月14日，業界85団体は「Culture First」という名称で，「新たな補償制度創設に係る提言について」という提言を公表している。その内容は，①補償対象を，機器，

媒体，サービスの別を問わず，私的複製に供される複製機能とし，②補償の支払義務者をメーカーとする，というものであり，議論が本格化する。

② 付随対象著作物の利用（30条の2，写り込み）

　写真の撮影，録音または録画の方法によって著作物を創作するに当たって，当該著作物に係る写真の撮影等の対象とする事物または音から分離することが困難であるため付随して対象となる事物または音に

係る著作物は，当該創作に伴って複製または翻案することができる（30条の2・47条の6第1項2号）。

　このような場合は，他人の著作物の軽微な利用行為であり，その他人の利益を害するものではないことから，フェア・ユースのような包括的・一般的な著作権の制限ではないが，30条の3の「検討の過程における利用」や旧30条の4の「技術の開発又は実用化のための試験の用に供するための利用」と同様に，著作物の利用に支障が生じているとされる事例について権利を一般的に制限するものである。

　複製できる付随対象著作物は，作成しようとする写真等著作物から分離困難なものでなければならず，また，当該写真等著作物における軽微な構成部分（30条の2第1項括弧書）であることを要する。

　なお，平成30（2018）年改正法により，この写り込みにより作成された複製物は「いずれの方法によるかを問わず，利用することができる」と制限が拡充された（30条の2第2項）。

③　検討の過程における利用（30条の3）

　著作権者の許諾や裁定を得て他人の著作物を利用しようとする者は，これらの利用の検討の過程における利用に供することを目的とする場合には，必要と認められる限度において，いずれの方法によるかを問わず，当該他人の著作物を利用することができる（30条の3）。企業における商品企画のプレゼンテーション等に必要な著作物の利用である。前条の写り込みと同様に，いわゆる権利制限の一般規定とされる。

④　著作物に表現された思想又は感情の享受を目的としない利用（30条の4）

　この権利制限は，平成30（2018）年改正法で新設されたものであり，「著作物は，次に掲げる場合その他の当該著作物に表現された思想又は感情を自ら享受し又は他人に享受させることを目的としない場合に

は，その必要と認められる限度において，いずれの方法によるかを問わず，利用することができる」ものとされている（30条の4）。

著作物に表現された思想または感情の享受を目的としない行為については，著作物に表現された思想または感情を享受しようとする者からの対価回収の機会を損なうものではなく，著作権法が保護しようとしている著作権者の利益を通常害しないとの趣旨である。

ここで，著作物に表現された思想または感情の享受を目的とする行為に該当するか否かは，著作物等の視聴等により，視聴者等の知的，精神的欲求を満たすという効用を得ることに向けられた行為であるか否かという観点から判断されることとなるとされている。

「次に掲げる場合」としては，①技術の開発等のための試験の用に供する場合（同条1号），②情報解析の用に供する場合（同条2号），③人の知覚による認識を伴うことなく電子計算機による情報処理の過程における利用等に供する場合（同条3号），その他の当該著作物に表現された思想または感情を自ら享受しまたは他人に享受させることを目的としない場合があり，その必要と認められる限度において，いずれの方法によるかを問わず利用することができるものとされた。ただし，著作権者の利益を不当に害する場合は除かれている。

このうち，①は，改正前の「技術の開発〔等〕のための試験の用に供するための利用」（旧30条の4）とほぼ同様であり，録音録画機器や通信機器など著作物の利用を目的とした機器の開発の際には，著作物の利用が不可欠であり，著作権者の利益を害することもないと考えられたものである。改正前は利用できる対象が「公表された著作物」に限定されていたが，改正によりその限定が削除され権利制限が拡充された。

②は，改正前の「情報解析のための複製等」（旧47条の7）とほぼ同様である。改正前には，「電子計算機による情報解析（……統計的な解析を行うことをいう。……）」との限定があったが，改正により削

除された。

③は，例えば AI（人工知能）の開発のための学習用データとして著作物をデータベースに記録する行為やシステムのバックエンドでの著作物の利用，プログラムのリバースエンジニアリングなどができるようにしたものとされている。

これらの行為により作成された複製物を用いて，当該著作物に表現された思想または感情を自らまたは他人に享受させる目的のために，いずれの方法によるかを問わず，当該著作物を利用した者は，その利用した時点で複製権侵害者とみなされる（49条1項2号）。

⑤ 図書館等における複製

制度の趣旨

著作物は，国立国会図書館および図書，記録その他の資料を公衆の利用に供することを目的とする図書館等が非営利事業として行う一定の場合には，図書館等の図書，記録その他の図書館資料を用いてこれを複製することができる（31条）。これは，文化的所産である著作物などを一般公衆の利用に供する目的で設置されている図書館等の公共的な目的を達成させるためである。平成21（2009）年改正法では，従来の損傷・劣化した所蔵資料の保存目的の電子化にとどまらず，所蔵図書の納本直後の電子化を認めた（31条2項。なお，インターネット資料の収集につき43条参照）。

要 件

複製が認められる要件は，一般的要件と個別的要件に分けられる。

(1) 一般的要件　第1に，複製の主体は図書館等に限られている。この図書館等は，国立国会図書館，公共図書館，大学・高等専門学校の図書館など政令で定めた施設で司書相当の職員が置かれている施設に限られている（著施令1条の3）。コピー業者への委託やコイン式複写機の利用にあたっては，あくまでも図書館等が複製主体といえる態様でなければならない。第2に，複製の客体は図書館等が所蔵する資料

に限られている。第3に，複製の態様は非営利でなければならない。なお，複製方法は問われておらず，自動複写機器，マイクロフィルム，磁気テープ，磁気ディスク，スキャナなどいずれでもよい。

(2) **個別的要件**　第1に，利用者の求めに応じて，利用者の調査研究目的のために，公表著作物を，原則として一部分を利用者1人につき1部に限りコピーするサービスが認められる（31条1項1号）。ただし，新聞や雑誌などの定期刊行物に掲載されている個々の著作物は，発行後相当期間経過した後のものは全部のコピーが認められる。この場合，翻訳による利用もできる（47条の6第1項3号）。また，複製物または翻訳複製物を，映画の著作物の複製物を除き，譲渡することにより著作物を公衆に提供できる（以下，これを複製物等の「譲渡」という。47条の7）。ただし，目的外譲渡や目的外使用は認められない（同条但書，49条1項1号・2項1号）。第2に，図書館資料保存のために必要な場合（31条1項2号），たとえば，稀少本の損傷を防止するための複製や，所蔵スペースとの関係でマイクロフィルムやCD-ROMなどへ複製することが認められる。第3に，他の図書館等の求めに応じて，絶版その他これに準ずる理由により，一般に入手困難な資料を複製することが認められる（同項3号）。絶版のものであっても古本屋などで入手できるものの複製は認められない。第4に，平成21（2009）年改正法により，国立国会図書館法に基づく納本制度のもとでわが国の官庁や民間の出版物を網羅的に収集している国立国会図書館では，出版物が納本直後の良好な状態で文化的遺産として保存されるように，電磁的記録作成のために記録媒体に記録することができることとなった（同条2項）。第5に，平成24（2012）年改正法により，国会図書館は，絶版等の理由で一般に入手することが困難な図書館資料に係る著作物については，電磁的に複製したものを用いて一般の図書館等に対して自動公衆送信することができることとなり，その自動公衆送信を受信した図書館等は，営利を目的としない事業として，利用者の求めに応じて，

調査研究のためにその著作物の一部分を複製し，一人につき一部提供することができることとなった（同条3項）。さらに平成30（2018）年の改正法により，その自動公衆送信の送信先は，政令で定める外国の図書館等に拡大された。ただし，受信図書館等における目的外使用は複製権侵害とみなされる（49条1項1号）。

目的外使用の複製権侵害 図書館等の利用者の求めに応じて，利用者の調査研究のために認められている複製物の提供を受けた者が，調査研究目的以外の目的のためにその複製物を頒布し，またはその複製物により著作物を公衆に提示した場合には，その時点で複製権を侵害したものとみなされる（49条1項1号・2項1号）。

⑥ 引用・転載

引用の制度の趣旨 他人の著作物は，一定の要件のもとで，自己の著作物の中に挿入して利用することができる（32条1項，ベルヌ条約10条1項）。これを引用という。翻訳による引用も認められるが，編曲，変形または翻案による引用は認められない（47条の6第1項3号）。もっとも，判例は，翻案である要約による引用を認めており，それは要約は翻訳よりも原著作物により近いとの理由による（東京地判平10.10.30判時1674号132頁〔血液型と性格事件〕）。

引用が認められる根拠については，著作物が先人の文化的遺産の上に成立する性格を有することや，社会通念上の必要性ないし精神的コミュニケーションのために不可欠であることなどが挙げられている。以下の要件を充たす引用は，著作物の創作表現の手段としての利用にすぎず，著作権者の利益に影響が少ない。

引用の要件 引用が認められる要件の第1として，引用の客体は公表著作物に限られる。原則として一部に限られると解されているが，俳句や短歌，美術や写真著作物は全部の引用が許される場合があろう。

第2に，引用は公正な慣行に合致しなければならない。引用の事実を明らかにしなければ公正とはいえず，判例は，出所表示の慣行がある場合には，出所表示義務違反は公正な慣行に反するものとしており（東京高判平 14.4.11 裁判所 HP〔絶対音感控訴審事件〕），また，引用する側の著作物と引用される側の著作物との明瞭区別性が要求される。

　第3に，引用は報道，批評，研究その他の引用の目的上正当な範囲でなければならない。正当な範囲について，判例は，表現形式上，引用する側の著作物と引用される側の著作物における主従関係を求めている（最判昭 55.3.28 民集 34 巻 3 号 244 頁〔パロディ事件〕。*Column㉓*参照。東京高判昭 60.10.17 無体集 17 巻 3 号 462 頁〔藤田嗣治控訴審事件〕）。この主従関係は，量的だけでなく，質的ないし価値的な側面からも判断されるべきである。この要件について検討されるべき点は，言語の著作物以外の写真，美術および音楽などの同一ジャンルの著作物間や，または異なるジャンルの著作物の間においても認められるものであるかどうかである。もっとも，近時の判決例には，この引用する側の表現物には著作物性は要求されないとしたものがあるが（知財高判平 22.10.13 判時 2092 号 135 頁〔絵画鑑定書カラーコピー事件〕），制度の趣旨からすれば疑問である。なお，時事の事件の報道目的の引用については，特別の規定がある（41 条）。

　第4に，複製して引用する場合には，引用される著作物の出所を合理的と認められる方法と程度により明示しなければならず（48 条 1 項 1 号），出所表示義務違反については，罰則がある（122 条）。

　この引用においては，その複製物または翻訳複製物の譲渡も認められている（47 条の 7）。

転 載

転載とは，国もしくは地方公共団体の機関，独立行政法人または地方独立行政法人が一般に周知させることを目的として作成し，その著作の名義で公表する広報資料，調査統計資料や報告書など，いわゆる官公 PR 資料を新聞，

雑誌などの刊行物に説明の材料として全部または一部掲載することである（32条2項）。法令や通達などと異なり，これらの資料にも，著作権が認められているが（13条参照），公共のために広く利用させるべき性質のものであることから，自由利用が認められる。翻訳による転載も認められる（47条の6）。ただし，転載は，一般への周知目的で作成されていない庁内資料や白書・報告書類については認められず，また新聞・雑誌などの刊行物における説明材料としての利用に限られ，また転載禁止の表示がある場合は転載は認められない。また，引用と同様出所明示義務がある。

この転載による利用の場合にも複製物または翻訳複製物の譲渡もできる（47条の7）。

⑦　その他の主な効力制限規定

教科書等への掲載　公表著作物は，高等学校以下の教科用図書，高等学校の通信教育用学習図書および教科用図書の教師用指導書に掲載することができる（33条，ベルヌ条約10条2項参照）。これは，学校教育の目的と教科書などの性質上の必要性から認められるものである。翻訳，編曲，変形，翻案による掲載も可能であり（47条の6），また，教科用図書および教師用指導書たる掲載著作物の複製物または翻案複製物の譲渡もできる（47条の7）。さらに学校教育の目的上やむを得ない用字または用語の変更その他の改変が認められる（20条2項1号）。ただし，この掲載をする者は，著作者にその旨通知して著作者人格権を行使できる機会を与え，著作権者に対して文化庁長官が定める補償金を支払わなければならず，出所明示義務がある（48条1項1号）。

教科用図書の拡大複製等　教科用図書に掲載された著作物の文字や図形等の拡大等必要な方式で複製することが，視覚障害・発達障害等の児童または生徒の学習の利用に供するために認

められる（33条の3第1項）。拡大教科書やデジタル録音図書などの作成のための複製である。視覚障害・発達障害等の児童または生徒が健常者と同等に教育の恩恵に与ることができるように図ることを趣旨とする。これらの複製物について譲渡もできる（47条の7）。ただし，目的外譲渡や目的外使用は認められない（同条但書，49条1項1号）。出所明示義務がある（48条1項1号）。また，教科用拡大図書を作成する場合にはあらかじめ発行者に通知し，営利を目的としてこれを頒布する場合には著作権者に対して33条の補償金の額に準じて文化庁長官が定める算出方法により算出した額の補償金の支払が必要である（33条の3第2項）。

学校教育番組の放送等 公表著作物は，学校向けの放送番組または有線放送番組において放送・有線放送し，当該放送を受信して同時にIPマルチキャスト放送し，これらの教材に掲載することができる（34条1項）。これは，教科書等への掲載と同様の理由で認められるもので，著作者への通知，補償金支払義務がある（同条2項）。翻訳，編曲，変形または翻案して利用することもできる（47条の6）。教材たる複製物または翻案複製物の譲渡もできる（47条の7）。出所明示義務がある（48条1項2号）。

学校等における複製 公表著作物は，学校等の非営利の教育機関の教育担当職員または授業を受ける者が，授業における使用に供する目的で必要と認められる限度において複製し，公衆送信し，公衆伝達することができる（35条1項）。これも，学校等の教育目的の必要に基づいて認められるものである。この場合，翻訳，編曲，変形または翻案して利用することも可能である（47条の6第1項1号）。また，複製物または翻案複製物につき，映画の著作物の複製物を除き，譲渡もできる（47条の7）。ただし，目的外譲渡や目的外使用は認められない（同条但書，49条1項1号・2項1号）。出所を明示する慣行があるときは明示義務がある（48条1項3号）。

平成30（2018）年の改正法により，公衆送信を行う場合には，当該教育機関設置者は，相当な額の補償金を著作権者に支払わなければならないこととなった（同条2項）。ただし，この補償金の支払義務は，いわゆる遠隔授業の場合には不要とされている（同条3項）。

　非営利の教育機関には，小・中・高・大学・高専のほか専修学校や各種学校が含まれるが，その他に社会教育施設や教員研修施設・職業訓練施設のような，組織的・継続的な教育機能を営む教育機関が含まれる。したがって，私人の経営する塾や予備校，企業などの従業員研修施設は含まれない。著作権者の利益を不当に害するか否かは，著作権者の利益とのバランスを考慮して判断されることとなる。授業用であると称して書籍一冊を全部複製したり，用途の特定されたドリルや教育用ソフトなどを生徒数だけ複製するようなことは認められない。

試験問題としての複製

　公表著作物は，入学試験その他学識技能に関する試験や検定の問題として，試験・検定の目的上必要と認められる限度で複製または公衆送信（放送・有線放送を除き，自動公衆送信の場合にあっては送信可能化を含む）することができる（36条）。この試験問題としての複製等が認められる理由は，試験や検定の公正な実施のために，問題内容等の事前の漏洩を防ぐ必要があるために，事前の著作権者の許諾になじまず，また著作権者の利益に影響が少ないことにある。したがって，たとえば，小学生用国語教科書に掲載された著作物を掲載した国語テスト（ドリル）は，秘密とする必要性も許諾の困難性もないから，これには該当しない（東京地判平18.3.31判タ1274号255頁〔国語テスト事件〕）。一定限度で公衆送信が認められるのはインターネットで試験を行うことを可能にする趣旨である。この場合，翻訳して利用することも可能である（47条の6第1項3号）。複製物または翻訳複製物については，映画の著作物の複製物を除き，譲渡もできる（47条の7）。出所を明示する慣行があるときは明示義務がある（48条1項3号）。業者の模擬試験のような営利目的の場合には

通常の使用料の額に相当する額の補償金を著作権者に支払わなければならない（36条2項）。企業などの入社試験も，著作物の複製行為自体ないしは試験問題作成行為が営利に結びついてはいないと解されている。また，試験問題集の作成はこれに含まれない。学校などの学期末試験等は，教育機関における授業における使用目的の複製にも該当する。

視覚障害者等のための複製等　公表著作物は，①視覚障害者用の点字による複製（37条1項），②点字データのコンピュータへの記録とインターネット等を通じた公衆送信が認められ（同条2項），さらに，③視覚障害その他の障害による表現の認識が困難な者（視覚障害者等）の福祉に関する事業者は，公表著作物であって視覚によりその表現が認識される方式で公衆に提供または提示されているもの（視覚著作物）について，もっぱら視覚障害者等で当該方式では当該視覚著作物を利用困難な者の用に供するために必要と認められる限度において，当該視覚著作物に係る文字を音声にすることその他当該視覚障害者等の利用に必要な方式による複製またはインターネット等を通じた公衆送信が認められている（同条3項）。

これらの利用を認める理由は，視覚障害者等福祉の増進と点字出版やインターネット等による配信が公益的・奉仕的性格を有する点にある。

①と②は翻訳も可能であり（47条の6第1項3号），③は翻訳，変形または翻案も可能である（同項5号）。①ないし③により作成された複製物と翻訳物は，③の目的外の場合を除き，譲渡することも可能である（47条の7）。しかしながら，③により作成された複製物と翻訳，変形，翻案の複製物の目的外使用は，それぞれ複製権侵害，翻訳権・変形権・翻案権侵害とみなされる（49条1項1号・2項1号）。また，①と③については，出所表示義務がある（48条1項1号・2号）

聴覚障害者等のための複製等　公表著作物であって，聴覚によりその表現が認識される方式で公衆に提供または提示され

ているもの（聴覚著作物）については，聴覚障害者その他聴覚による表現の認識に障害のある者（聴覚障害者等）の福祉に関する事業者は，もっぱら聴覚障害者等で当該方式では当該聴覚著作物を利用困難な者の用に供するために必要と認められる限度において，当該聴覚著作物に係る音声を文字にすることその他当該聴覚障害者等の利用に必要な方式による複製またはインターネット等を通じた自動公衆送信と（37条の2第1号），もっぱら当該聴覚障害者等向けの貸出し用に音声を文字に複製することが認められている（同条2号）。

　これらの利用を認める理由は，視覚障害者等の場合と同様に，聴覚障害者等福祉の増進とインターネット等による配信が公益的・奉仕的性格を有する点にある。

　翻訳または翻案も可能であり（47条の6第1項6号），これらにより作成された複製物と翻訳物は，貸出し用の場合を除き，譲渡することも可能である（47条の7）。しかしながら，これらの場合に作成された複製物と翻訳・翻案の複製物の目的外使用は，貸出しの場合を除き，それぞれ複製権侵害，翻訳権・翻案権侵害とみなされる（49条1項1号・2項1号）。また，これらの利用については，出所表示義務がある（48条1項2号）。

営利を目的としない上演等

　公表著作物は，営利を目的とせず，聴観衆から料金を徴収せず，実演家に報酬を支払わない場合には，公に上演，演奏，上映，口述することができる（38条1項）。その理由は，関係者が利益を得ないことに求められている。非営利，無料，無報酬の3つの要件の1つでも欠く場合には認められない。非営利であることを要するから，学校の学芸会での上演や演奏，教室における教科書の朗読などは認められるが，企業内のBGMや宣伝用試写会，喫茶店のレコード演奏などは認められないとされる。判例は，カラオケボックスの顧客自身の歌唱は非営利に当たるとするが（大阪地判平6.4.12判時1496号38頁〔ビデオカラオケ事件〕），社交ダンス教

室における CD 等の再生は非営利には当たらないとしている（名古屋高判平 16.3.4 判時 1870 号 123 頁〔社交ダンス教室控訴審事件〕）。無料であることを要するから，チャリティーショーはこれに該当せず，料金はいかなる名目であるかを問わない。無報酬の要件は，生演奏などのような実演の場合にだけ意味がある。翻訳，編曲，変形または翻案して利用することはできない。この利用には慣行があるときには出所明示義務が生じる（48 条 1 項 3 号）。

放送される著作物は，非営利，無料で有線放送または IP マルチキャスト放送することができる（38 条 2 項）。また，放送または有線放送される著作物（放送される著作物が IP マルチキャスト放送される場合の当該著作物を含む）は，非営利，無料で受信装置により公に伝達することができ，さらに通常の家庭用受信装置を用いる場合には，営利目的または有料でも公に伝達することができる（同条 3 項）。したがって，飲食店などでラジオ・テレビにより著作物を客に視聴させることが認められる。

さらに公表著作物は，非営利，無料でその複製物を貸与することができる（同条 4 項）。これは図書館などにおける視聴覚資料の貸出しに対する貸与権の制限である。同様に，視聴覚教育施設等や公共図書館等における映画フィルム等の貸与も認められるが，補償金の支払義務がある（同条 5 項）。

時事問題に関する論説の転載等 　新聞または雑誌に掲載された政治，経済，社会上の時事問題に関する論説は，転載禁止の表示がない限り，無償で他の新聞または雑誌に転載し，放送・有線放送し，当該放送を受信して同時に IP マルチキャスト放送することができる（39 条 1 項，ベルヌ条約 10 条の 2 第 1 項）。その理由は，報道に対する社会的要請とされている。論説とは，報道機関の一定の主義，主張ないし提言であり，学者や評論家などの時事論評のような学術的性質の論説は除かれている。翻訳による利用も可能である（47 条の 6 第 1 項 2 号）。複製物または翻訳複製物の譲渡もできる（47 条の 7）。出所明

示義務がある（48条1項2号）。また，放送，有線放送または自動公衆送信されるものを受信装置を用いて公に伝達することも可能である（39条2項）。

<h3>政治上の演説等の利用</h3>

①公開の政治上の演説または陳述と裁判手続における公開の陳述は，口述の言語著作物であるが，無償で自由に利用することができる（40条1項）。この理由は，これらの演説や陳述が広く公衆へ伝達されるべき性質を有することにある。政治上の演説とは，選挙演説のような政治上の主張が含まれるものをいい，政治問題の解説を含まないと解されている。編集による利用も，同一著作者のものを除いて認められる。複製物の譲渡もできる（47条の7）。ただし，出所明示義務がある（48条1項2号）。また，②公共機関における公開の演説または陳述も，報道の目的上正当な範囲で，新聞や雑誌に掲載し，放送・有線放送し，当該放送を受信して同時にIPマルチキャスト放送することができる（40条2項）。この場合，翻訳による利用もできる（47条の6第1項3号）。また，複製物または翻訳複製物の譲渡も可能である（47条の7）。ただし，出所明示義務がある（48条1項2号）。さらに③②により放送・有線放送され，当該放送を受信して同時にIPマルチキャスト放送される演説または陳述は受信装置により公に伝達することができる（40条3項）。

<h3>時事の事件の報道のための利用</h3>

時事の事件を構成し，または事件の過程において見聞きされる著作物は，写真，映画，放送その他の方法によりその時事の事件を報道する場合において，報道の目的上正当な範囲で無償で複製し，利用することができる（41条，ベルヌ条約10条の2第2項）。その理由は，報道目的上の必要性にあるが，引用の一類型ということもできる。テレビ放送による報道として，暴力団の組長継承式のビデオの一部の放送がこれに当たるとした事例がある（大阪地判平5.3.23判時1464号139頁〔山口組ビデオ事件〕）。その他の報道の態様には，新聞，雑誌や有線放送などが考えられる。たとえば，

展覧会の新聞記事の中に出品作品の図版を掲載するような場合がこれ
に当たる（東京地判平10.2.20知裁集30巻1号33頁〔バーンズ・コレクション
展事件〕）。この場合，翻訳による利用もできる（47条の6第1項3号）。
複製物または翻訳複製物の譲渡も可能である（47条の7）。ただし，目
的外譲渡や目的外使用は認められない（同条但書，49条1項1号・2項1
号）。出所明示義務は慣行がある場合に生じる（48条1項3号）。

| 裁判手続等における
複製 | 著作物は，裁判手続上必要な場合，および立
法・行政目的の内部資料として必要な場合に， |

必要な限度で無償で複製することができる（42条1項）。その理由は，
国家目的実現に必要だからである。捜査機関が証拠収集目的で行う録
画も認められる（東京地判昭55.3.26判時968号27頁〔テレビニュース録画事
件〕）。未公表著作物も複製できるが，複製物が無断で公表されれば公
表権を侵害することとなる。内部資料等としての複製であっても，著
作物の種類・用途，複製部数および複製態様に鑑みて著作権者の利益
を不当に害する場合には認められない（同項但書）。

　判例は，社会保険庁の改革を批判する著作物を社会保険庁と同一構
内とはいえない場所とのネットワークであるLANへ掲載する行為に
ついては，複製権を制限する42条は適用されず公衆送信権侵害を構
成するとしている（東京地判平20.2.26裁判所HP〔社保庁LAN事件〕）。

　なお，平成18（2006）年改正法により，特許庁における特許審査等
の手続や薬事行政手続における文献の提出等のための複製が認められ
るに至った（同条2項）。

　これらの場合，翻訳による利用もできる（47条の6第1項3号）。複製
物または翻訳複製物については，映画の著作物の複製物を除き，譲渡
もできる（47条の7）。ただし，目的外譲渡や目的外使用は認められな
い（同条但書，49条1項1号・2項1号）。また，出所明示義務がある（48
条1項1号）。

情報公開法等による 開示のための利用	著作物は, 行政機関の長, 独立行政法人等ま たは地方公共団体の機関もしくは地方独立行

政法人が, 行政機関情報公開法, 独立行政法人等情報公開法または情報公開条例の規定により公衆に提供または提示する目的でその法定の方法により開示するために, 必要な限度で利用することができる (42条の2)。その理由は, 情報公開法等の法目的を達成するためである。翻訳・翻案による利用はできないが (47条の6), 複製物の譲渡はできる (47条の7)。ただし, 目的外譲渡や目的外使用は認められない (同条但書, 49条1項1号)。

公文書管理法等による 保存等のための利用	国立公文書館等の長または地方公文書館等の 長は歴史公文書等を保存する目的で, 必要と

認められる限度において, その歴史公文書等に係る著作物を複製することができる (42条の3第1項)。

国立国会図書館法に おけるインターネット 資料等の収集のための 複製	国立国会図書館の館長は, インターネット資 料やオンライン資料の収集のために必要と認 められる限度で, それらに係る著作物を, 国

立国会図書館の使用に係る記録媒体に記録することができる (43条1項)。

放送事業者による 一時的固定	放送事業者は, 放送をすることのできる著作 物を, 自己の放送のために, 自己の手段また

はその放送をすることのできる他の事業者の手段により, 一時的に録音・録画することができる (44条1項)。有線放送事業者も, 自己の手段による場合に限り同様である (同条2項)。その理由は, わが国の放送・有線放送業界における実態に配慮したことと, すぐ消される一時的固定は著作権侵害を問題とするまでもないと考えたものである。録音物・録画物の目的外使用は認められない (49条1項1号)。

また, 作成された録音・録画物は政令で定める記録保存所に保存する場合を除いて6カ月 (その期間内に放送または有線放送があった場合には,

その後6ヵ月）を超えて保存することはできない（44条3項・49条1項3号）。

美術の著作物の原作品の所有者による展示

美術もしくは写真の著作物は，その原作品の所有者またはその同意を得た者が，その原作品により公に展示することができる（45条1項）。これは，商品としての原作品の流通を阻害しないために，原作品所有者の所有権を優先し著作権者の展示権を制限したものである。

アニメやゲームのキャラクターの原画の展示については，そのアニメ等の原作者の展示権も制限されるものと解される（28条参照）。

ただし，美術著作物を屋外の場所に恒常的に設置する場合には認められない（45条2項）。

公開の美術の著作物等の利用

恒常的に屋外に設置されている美術の著作物および建築の著作物は，彫刻の増製，建築著作物の建築複製，恒常的屋外設置のための複製，もっぱら美術の著作物の複製物の販売目的で行う複製を除いて，自由利用が認められる（46条）。これは，設置者の意思と社会的慣行を考慮したものとされている。美術著作物と建築著作物に限られるから，文芸著作物，音楽著作物や写真著作物の利用は認められないが，除外事由に該当しなければいかなる方法による利用も可能である。もっぱら販売目的で行う複製には，絵はがき，カレンダー，ポスターなどの作成があるが，判例は，車体に絵画が描かれた路線バスの写真を，町を走る各種自動車の解説書籍の表紙等に掲載する行為はこれに当たらないとしている（東京地判平13.7.25判時1758号137頁〔路線バス写真事件〕）。慣行があるときは出所明示義務が生じる（48条1項3号）。

美術の著作物等の展示に伴う複製

美術の著作物または写真の著作物は，これらの原作品の展示をすることのできる者が，観覧者のための解説・紹介を目的とする小冊子に複製し，展示著作物の上映や自動公衆送信を行うために必要な複製をし，展示著作物を上映し自動公衆送信を行い，展示著作物の所在に関する情報を公衆に提供

するために必要な展示著作物を複製または公衆送信をすることができる（47条1項～3項）。これらの複製物は，譲渡することができる（47条の7）。これは，美術著作物などの展示における実態と複製の態様に基づく制限である。解説・紹介用の小冊子への複製のみが認められるから，観覧者用であっても鑑賞用の豪華本への複製は認められない（東京地判平元.10.6無体集21巻3号747頁〔フジタ展カタログ事件〕，東京地判平9.9.5判時1621号130頁〔ダリ事件〕）。この場合，出所明示義務がある（48条1項1号）。

> **インターネット販売等における美術品等の画像掲載**

美術の著作物または写真の著作物の原作品または複製物の所有者のほか，これらの譲渡または貸与の権原を有する者，あるいはその委託を受けた者は，その原作品または複製物を譲渡し，または貸与しようとする場合には，その申出の用に供するため，複製または公衆送信を行うことができる（47条の2）。この公衆送信には，自動公衆送信の場合には送信可能化が含まれる。

この趣旨は，今日，インターネットオークション等による商品取引が広く行われており，その際に美術品や写真の商品紹介用の画像を掲載することは，複製権や公衆送信権の侵害に当たる可能性がある一方で，画像は，商品情報の提供として取引に不可欠なものであることから，その譲渡等は著作権侵害とならないのに，画像掲載に複製権や公衆送信権が及ぶこととするのは適当ではないと考えられたことにある。

ただし，ネット上に掲載された画像からの複製を防止するための技術的な手段を施すなど，著作権者の利益を不当に害しないための措置として政令で定めるものを講じている場合に限られる。また，出所明示義務がある（48条1項2号）。

この画像掲載された著作物については，目的外の譲渡は譲渡権侵害となり（47条の7但書），目的外使用は禁止されるから，掲載された画像の複製物を頒布し，または当該画像により当該著作物を公衆に提示

する行為は，複製権および公衆送信権の侵害となる（49条1項1号）。

<u>プログラム著作物の複製物所有者の複製等</u>　プログラムの著作物は，その複製物所有者がコンピュータで実行するために必要な限度で，複製と翻案（翻案により創作された二次的著作物の複製を含む）が認められる（47条の3・47条の6第1項2号）。これは，昭和60（1985）年著作権法改正により追加されたもので，プログラム利用の特性に基づいて認められたものである。プログラムのインストールのほかバックアップコピー，バージョンアップが認められる。しかし，必要な限度に限られるため，複数のコンピュータでの使用は認められないと解されており，また複製物または翻案複製物の目的外使用は認められない（49条1項4号・2項4号）。さらに，プログラム複製物の所有者は，元の複製物またはその複製物の所有権を滅失以外の理由で失った場合には，その他の複製物を保存することができない（47条の3第2項・49条1項5号・2項5号）。これは，それを許すと所有者の複製物の譲渡により著作権者の利益が不当に害されることとなるからである。

<u>コンピュータにおける著作物の利用に付随する利用等（47条の4）</u>　この権利制限は，平成30（2018）年改正により，改正前の権利制限であった「機器の保守・修理のための一時的複製」（旧47条の4），「インターネットでの送信の効率化等のための複製」（旧47条の5），「コンピュータ等における著作物の利用に伴う複製」（旧47条の8）および「情報通信技術を利用した情報提供の準備のための利用」（旧47条の9）を拡充・統合して新設されたものである。

　これらの改正前の権利制限は，「主たる著作物の利用行為」の補助的・補完的な行為にすぎず，「主たる著作物の利用行為」とは別に著作物の新たな享受の機会を提供するものではなく，独立した経済的重要性もないとの評価が可能であり，権利者に対価回収の機会が与えられなかったとしても，著作権法が保護しようとしている著作権者の利益を通常害しないものと評価が可能な行為であるとの理由で，拡充・

統合されたものである。

その内容は，①電子計算機における利用に供される著作物について，当該利用を円滑または効率的に行うための付随的な利用に供することを目的とする場合（47条の4第1項），②電子計算機における利用を行うことができる状態を維持し，または当該状態に回復することを目的とする場合（同条2項）には，その必要と認められる限度において，いずれの方法によるかを問わず利用することができるとされている。

①に含まれるのは，まず(i)電子計算機における著作物の利用に伴う複製，例えばインターネットにおけるストリーミングなどで（47条の4第1項1号，改正前47条の8に対応），次に(ii)ブラウザキャッシュなどで（同項2号，改正前47条の5第1項および第2項に対応），そして(iii)情報通信技術を利用した情報提供の準備に必要な情報処理のための利用である（同項3号，改正前47条の9に対応）。①には，これらの改正前の権利制限に加えて，ネットワークを通じた情報処理の高速化を行うためのキャッシュの作成や，インターネット・サービスプロバイダーがウィルスや有害情報のフィルタリングを行うために行う複製行為等が新たに可能となるとされている。

②に含まれるのは，まず(i)保守・修理等のための一時的複製で（47条の4第2項1号・2号，改正前47条の4に対応），つぎに(ii)滅失や毀損した場合の復旧のための一時的複製である（同項3号，改正前47条の5第1項2号に対応）。②には，これらの改正前の権利制限に加えて，メモリ内蔵型携帯音楽プレーヤーを他の同様の機能を有する機器に交換する際に一時的にメモリ内の音楽ファイルを他の記録媒体に複製する行為等が新たに可能となるとされている。

コンピュータによる情報処理およびその結果の提供に付随する軽微利用等（47条の5）

この権利制限は，著作物の本来的利用には該当せず，権利者に及ぶ不利益が軽微な行為であるとして，「送信可能化された情報の送信元識別符号の検索等のための複製等」（改正前47条の6）を大幅に拡充

して新設されたものである。

これに含まれるのは，第1に①インターネット検索エンジンに関するもので（47条の5第1号），特定のキーワードを含む書籍を検索し，その書誌情報や所在に関する情報の提供に付随して，書籍中の当該キーワードを含む文章の一部分を提供する書籍検索サービスなどがあり，第2に②情報解析サービスに関するもので（同条2号），大量の論文や書籍等をデジタル化して検索可能にして，検証したい論文につき，他の論文からの剽窃の有無や剽窃率などの情報の提供に付随して，剽窃箇所に対応するオリジナルの論文等の本文の一部文を表示する論文剽窃検証サービスなどがあるとされている。さらに第3には，③所在検索サービスや情報解析サービスが発生した場合に，政令で定めることにより当該ニーズに係る行為を権利制限行為として追加できることとしている（同条3号）。

上記①〜③の利用態様は，それらの行為の目的上必要な限度で，当該行為に付随して行われるものに限定されており，かつ，著作物の利用は軽微なものでなければならないとされ，著作権者の利益を不当に害しないことが求められている。

複製権制限規定に基づく複製物の譲渡　　平成11年改正法により譲渡権（26条の2）が新設されたことに伴い，著作権法が複製権を制限している規定に基づいて作成された著作物の複製物等の譲渡にも譲渡権が及ぶこととなることにならないように，一定の場合に譲渡権を制限している（47条の7）。

この譲渡権の制限は，譲渡権の消尽（26条の2第2項）および善意者保護（113条の2）とともに，著作物の円滑な流通ないし取引の安全という観点から設けられたものである。したがって，複製権の制限規定のうちの一定の規定に基づいて作成された複製物等の譲渡であれば，第二，第三の譲渡にも譲渡権が及ばないこととなる。その意味では，実質的には譲渡権の消尽と同一の効果を有するようにみえる。しかし

ながら，譲渡権の消尽は著作権者等が適法に作成し適法に譲渡した複製物について認められるのに対して，この譲渡権の制限は適法に作成した複製物の譲渡のうち一定の譲渡を適法とするものである点が異なっている。

　なお，この譲渡権の制限は，映画の著作物については除外されている（47条の7本文括弧書）。その理由は，もともと映画の著作物には頒布権のうち譲渡をする権利が認められていたために（26条），譲渡権を定める規定から映画の著作物を除外されたからである。そのために，たとえば，図書館において作成した映画の複製物の譲渡は，文言上は頒布権のうち譲渡をする権利が及ぶこととなる。しかしながら，映画の著作物についても，その他の著作物と同様に，頒布権のうち譲渡をする権利の消尽が認められているように（最判平14.4.25民集56巻4号808頁〔中古ゲームソフト販売大阪上告審事件〕），異なる取扱いをする実質的な根拠はないものと思われる。

⎛著作隣接権への準用⎞　著作権の自由利用の規定のうち30条1項，
　　　　　　　　　　　　30条の2〜32条，35条，36条，37条3項，
37条の2（1号を除く），38条2項・4項，41条〜43条，44条（2項を除く），46条〜47条の2，47条の4・47条の5は，著作隣接権の目的となっている実演，レコード，放送または有線放送に準用される（102条1項）。

4　譲渡権の消尽

　著作権の支分権に複製権しかなかった時代（たとえば，1901年のドイツ著作権法）には，違法に作成した複製物の譲渡や貸与には著作権の効力は及ばなかった。その後，著作権の支分権に頒布権（譲渡権と貸与権）が認められるようになって，著作権者自身が譲渡した複製物の譲

渡や貸与にも頒布権が及ぶかどうかが大きな問題となった。多くの学説と判例の蓄積の後，著作権者等が作成し譲渡した物の再譲渡には頒布権のうち譲渡権は及ばないとする消尽理論が確立された。その理論的根拠については，外国におけると同様に，さまざまな理論の展開を経て，取引の安全説が採用されるに至っている。

　今日，国際的には，なおこの消尽理論が統一的に採用されているとはいいがたいが（TRIPs 6 条参照），平成 11（1999）年改正法は，映画の著作物以外の著作物全般に譲渡権を認めると同時に（26 条の 2 第 1 項），著作権者またはその許諾を得た者により公衆に譲渡された著作物の原作品または複製物には譲渡権がもはや及ばないことを明らかにして消尽理論を採用するに至っている（同条 2 項 1 号）。また改正法は，消尽理論が，裁定に基づき複製され譲渡された複製物と特定少数の者に譲渡された複製物にも適用があることを明らかにしている（同項 2 号～4 号）。映画の著作物については，従来から譲渡権と貸与権を含む頒布権が認められてきたが，これは消尽しないものである旨の解釈がある（大阪地判平 11. 10. 7 判時 1699 号 48 頁〔中古ゲームソフト販売大阪一審事件〕）。しかし，公衆への譲渡後なお頒布権のうちの譲渡権が及ぶとすることは不当であり，ゲームソフトを含む映画の著作物についても，取引の安全という観点から，その著作物または複製物がいったん譲渡されたことにより消尽し，もはや著作権（頒布権のうちの譲渡権）の効力は，当該著作物または複製物を公衆に再譲渡する行為には及ばないものと解すべきである（前掲〔中古ゲームソフト販売大阪上告審事件〕）。その意味において，改正法はすべての著作物またはその複製物の販売について消尽理論が適用されることを明白にしたというべきである。なお，この消尽理論は譲渡権にだけ適用されるものであって，近時議論が開始された公衆送信権など，他の支分権には適用がないことに注意すべきである。また，わが国の著作権者またはその許諾を得た者により外国において公衆に譲渡された著作物の原作品・複製物にも適用されるから

（同項 5 号），改正法は頒布権の国際的消尽論を採用しており，いわゆる並行輸入を認めることとなった（113 条 1 項 1 号および特許権に関する最判平 9.7.1 民集 51 巻 6 号 2299 頁〔BBS 上告審事件〕を参照。反対，東京地判平 6.7.1 知裁集 26 巻 2 号 510 頁〔101 匹ワンチャン事件〕）。

ただし東京地判平 24.7.11 （判時 2175 号 98 頁〔韓国テレビ番組 DVD 事件〕）では，韓国で作成された韓流ドラマの主役俳優たちのトーク番組の DVD が韓国で販売され，日本での販売許諾契約に基づいて輸入販売されたのち，その契約が解除された場合には，適法譲渡がなかったこととなるとして消尽が否定された。消尽理論の正確な理解に基づく判断とは思われない。

Column㉓ パロディ事件 ••••••••••••••••••••••••••••

〈最判昭 55.3.28 民集 34 巻 3 号 244 頁〉

山岳写真家である原告は，オーストリア・チロル州の雪山の斜面でスキーヤーが波状のシュプールを描いて滑降しているカラー写真を作成し，写真集とカレンダーに掲載した（写真左）。パロディ作家の被告は，カレンダーに掲載されたこの写真を白黒写真に複製し，その一部分をカットしたうえ，その右上部分に自動車タイヤの写真を配置して波状のシュプールがそのタイヤ跡に見えるようにするなどして，自動車公害を風刺するパロディ写真を作成し，自己の写真集や週刊誌に掲載した（写真右）。原告は，著作権と著作者人格権に基づく損害賠償と謝罪広告を請求した。これに対して，被告は，パロディ写真は芸術表現の一形式であり，他人の写真を利用していても新たな著作物であって，その写真の利用は「節録引用」であると主張した。第 1 審判決は，被告の行為は著作権侵害であるとした。控訴審においては，原告の著作権侵害の主張の取り下げもあったが，第 1 審判決が取り消され，被告のパロディ写真は「他人の著作物の自由利用として許される」とし，同一性保持権の侵害も否定した。これに対して，最高裁判所は，控訴審判決を破棄し差し戻したが，引用に関して次のような解釈を示した。

「引用とは，紹介，参照，論評その他の目的で自己の著作物中に他人の著作物の原則として一部を採録することをいうと解するのが相当であるから，右引用に当たるというためには，引用を含む著作物の表現形式上，引用して利用する側の著作物と，引用されて利用される側の著作物とを明瞭に区別して認識することができ，かつ，右両著作物の間に前者が主，後者が従の関係があると認められる場合でなければならない……更に，……引用される側の著作物の著作者人格権を侵害する引用は許されない」。

この事件は，とくに控訴審判決がパロディ作家の主張を認めたことから，写真家をはじめとする多くの芸術家や文化人の関心を集め，パロディ芸術論や憲法上

の「表現の自由」と著作権との関係について論議せしめるものとなった。この判決は，問題点として，上記主従の関係が量的な面だけを問題としているとの誤解を生じやすい点，引用の要件に著作者人格権侵害のないことを掲げている点，本件では引用の出所明示義務（48条1項1号）を問題としていない点，そもそも本件では著作者人格権の侵害だけが問題とされているから，著作権の効力制限事由である引用の判断は不要だったものであるという点（50条）が指摘されている。

左：原告の写真
右：被告のパロディ写真
（いずれも，民集34巻3号より）

> 著作権の保護期間は，他の知的財産権と同様に法律で定められ
> ている。その理由は，著作物が先人の文化的所産に基づいて成
> 立しており，一定期間後は文化的所産として一般大衆の自由な
> 利用に供されるべきだからである。

1 保護期間の限定はなぜ必要か

　著作権法は，一般大衆の公正な利用に留意しつつ，著作者や実演家
などの権利を保護する。そして，その著作物などの一般大衆による自
由利用は，著作権の存続期間中においては私的複製を認めるなど権利
を制限することにより実現しようとしていることを前章でみた。著作
権法はさらに，著作権が一定の期間を経過した場合にはこれを消滅さ
せて公有（public domain）とすることによって一般大衆による自由利用
を達成しようとしている。

　18世紀の精神的所有権論における所有権として位置づけられた著
作権においては，著作権は永久に保護されるべきこととなる。しかし，
永久に存続する権利であるとすれば，そもそも著作物などの創作が先
人の文化的所産の上に形成されるものであるため，いちいち権利処理
が必要となり創作意欲を失わせることとなる。これが著作権に保護期
間の限定を認める根拠とされている。

　そのために，著作権を人格権としたり，財産権的要素と人格権的要
素を有する権利とする二元論などの立場においても保護期間の限定が

認められている。

著作権に保護期間を設けることは、著作権の効力に時間的な制限を加えることとなり、一般大衆にとっては自由利用の機会を保障するものとなる。そのために、著作者の側では長い保護期間を望み、利用者である一般大衆側では短い保護期間を望むこととなる。また、著作物には様々な種類があるが、その種類や独創性の有無に応じて保護期間に差を設けるかどうかが問題となる。法は、一般の著作物の著作権の保護期間については死亡起算主義の原則を採用し、原則の適用が困難であったり不適当である特殊な著作物について例外的に公表起算主義および創作時起算主義を採用しているが、可能な限り死亡起算主義の原則に戻ることとしている。

わが国の著作権法は、保護期間を満了した著作物について一般大衆のほぼ完全な自由利用を認めており、補償金や使用料を支払う必要は全くない。しかし、フランス、イタリア、ロシアなどのように、この場合にも利用者から一定の使用料を徴収する有償公有制度を採用する国もある。

また、著作権と異なり著作者人格権は一身専属権であるため、その保護期間は著作者の生存中に限られるが（59条）、著作者の死亡後においても著作者人格権の侵害に当たる行為は禁止されている（60条・116条・120条）。

2　保護期間の原則

保護期間

著作権の存続期間は、従来は著作物の創作の時に始まり、著作者の生存中およびその死後50年であったが、環太平洋パートナーシップに関する包括的及び先進的な協定（TPP 11、平成30（2018）年発効）の締結に伴う平成28（2016）

年の法改正により死後 70 年となった (51条, ベルヌ条約 7 条 1 項)。この死亡起算主義は, 著作権の保護期間の始期ではなく終期の起算を死亡時とするものである。保護期間の計算方法は, 著作者の死亡した日の属する年の翌年から起算する暦年計算の方法によるため, その死亡年だけ明らかになれば保護期間の計算が可能である (57条)。たとえば, 著作者が 2000 年 2 月 1 日に死亡した場合には, 2001 年から 70 年を経た 2070 年 12 月 31 日にその著作権の保護期間は満了する。

ただし, 外国人の著作物については, 後述の相互主義 (58条) と戦時加算 (連合国及び連合国民の著作権の特例に関する法律 4 条) の問題がある。

著作権の保護期間の起算方法には, このほか例外的に採用される方法として, 著作物の発行時から起算する発行起算主義, 著作物の公表時から起算する公表起算主義, 著作物の創作時から起算する創作時起算主義がある。

死亡起算主義

死亡起算主義の原則は, ベルヌ条約上の義務であり, その保護期間は最低 50 年であるが (7条1項), 加盟国がこの期間よりも長い期間を定めることを認めている (同条6項)。たとえば, メキシコは死後 100 年, コロンビアは死後 80 年, アメリカおよび EU 諸国では死後 70 年, インドは死後 60 年である。なお, 中国は死後 50 年, イランのように死後 30 年の国もある。

死亡起算主義の適用が問題となる場合として, 著作者が複数存在する共同著作物の場合と, 著作者の死亡の事実や時期が不明な場合, そして法人などの団体の場合がある。共同著作物の場合には, 最後に死亡した著作者の死後 70 年で保護期間は満了する (51条2項)。それ以外の場合には, 死亡起算主義の適用が困難であるか不可能であり, 法は例外的な起算方法としての公表起算主義 (TRIPs 12条) を採用し, そのうち原則に戻るべき場合も定めている。

なお, 従来写真の著作権の保護期間については, 公表起算主義が採

用されていたが（ベルヌ条約7条4項，TRIPs 12条），WIPO 著作権条約9条に対応して，平成8 (1996) 年の著作権法改正により死亡起算主義による50年の保護期間が採用されるに至り，平成28 (2016) 年改正により70年となった。

また，翻訳権については，特別の保護期間を定めている。

3 保護期間の例外（公表起算主義等）

無名・変名の著作物 無名または変名の著作物の著作権は，著作物の公表後70年まで存続する（52条1項本文）。通常，真の著作者が不明であり，その死亡の事実も時期も不明だからである。しかしこの計算方法はあくまでも例外であるために，もし著作者の死亡時が明らかになったときには，死亡起算主義の原則に戻る（原則回帰）こととされている（同項但書）。

同様に，無名または変名の著作物であっても，その著作者が一般に明らかになっている次の場合にも原則に戻ることとされている。それは，①変名著作物の変名が特定の者のものとして周知である場合，②著作物の公表後70年を経過する前に実名登録（75条1項）があった場合，③いったん無名または変名の著作物として公表した後70年を経過する前に実名または周知の変名を著作者として表示してその著作物を公表した場合である。①の例として，平成8年9月23日に死亡した「ドラえもん」の著作者である藤子・F・不二雄（実名：藤本弘）は周知の変名であり，その著作権の保護期間は死亡起算が可能である。

団体名義の著作物 法人その他の団体が著作の名義を有する著作物の著作権は，その著作物の公表後70年まで存続する（53条1項）。自然人ではない団体については死亡起算主義の適用ができないからである。ただし，これらの団体名義の著作物が

創作後 70 年以内に公表されない場合には，その創作後 70 年で保護期間は満了する（同項括弧書）。職務著作としてのプログラムについては，法人などの名義で公表しないものも法人著作となるが（15 条 2 項），その団体を著作の名義を有する者とみなして公表時または創作時から存続期間を起算することとしている（53 条 3 項）。

　この場合の公表起算主義も，あくまでも例外であり，団体名義の著作物の著作者が自然人であることが明らかになった場合には，死亡起算主義の原則に戻ることとなる。すなわち，その自然人が公表後 70 年以内にその実名または周知の変名を著作者名として表示してその著作物を公表したときには，その著作者の死後 70 年で著作権の保護期間は満了する（同条 2 項）。

───────────
映画の著作物
───────────

映画の著作物の著作権は，その著作物の公表後 70 年まで存続する（54 条 1 項）。ただし，創作後 70 年以内に公表されないときは，その創作後 70 年で保護期間は満了する（同項括弧書）。この映画の著作権の保護期間は，従来は公表後 50 年だったが，欧米主要国が公表後 70 年としており，また，インターネットの普及により，現行法制定時には想定できなかったコンテンツ配信という新しい利益獲得のチャンスが到来していることに対応して，平成 15（2003）年法改正により延長されたものである。

　ただし，この延長は，この改正法施行日（2004 年 1 月 1 日）までに著作権の存続している映画の著作物に限られる。たとえば，2003 年 12 月 31 日で満了した「ローマの休日」の存続期間は延長されない（東京地決平 18. 7. 11 判時 1933 号 68 頁〔ローマの休日格安 DVD 事件〕，最判平 19. 12. 18 民集 61 巻 9 号 3460 頁〔シェーン格安 DVD 上告審事件〕も同じ。なお，東京地判平 19. 9. 14 裁判所 HP〔姿三四郎格安 DVD 事件〕は，映画監督黒澤明の名義で公表されたことを理由に，死亡起算によりその死亡年（1998 年）の翌年から旧法による存続期間の 38 年間（平成 48 年まで）存続するとした。また，最判平 21. 10. 8 判時 2064 号 120 頁〔チャールズ・チャップリン格安 DVD 上告審事件〕は

争いとなった映画作品につき，チャールズ・チャップリン名義で公表されたとして，死亡起算により死亡時（1977年）から，「殺人狂時代」については平成29年，「ライムライト」については平成34年，その他についても平成27年まで著作権は存続すると判示している）。

　映画の著作物については，その製作に監督，カメラマン，美術監督など多数の者が関与しており，その著作者の特定も，その死亡の事実や時期の特定も困難であるため公表起算主義が採用されている。この点は，映画の円滑な流通の促進という理由とともに，映画の著作権を映画製作者に帰属させているのと同様の理由となっている（29条参照）。しかしながら，映画の著作者の特定が常に困難であるとはいえない。そのため，この点については，映画の著作権の帰属の場合と同様に，立法論上疑問がある。

　また，映画の著作権の保護期間については，無名または変名著作物や団体名義の著作物におけるように死亡起算主義原則へ戻ることはない（54条3項）。

　なお，映画著作権の保護期間が満了した場合には，その映画の著作物の利用に関する限り原著作物の著作権（28条）も消滅したものとされる（54条2項）。したがって，保護期間が満了した映画を第三者が利用する場合には，映画著作権者のライセンスが不要であるだけでなく，その映画の原作である小説やシナリオの著作権者のライセンスも不要であって，自由利用となる。ただし，映画の原作以外の音楽や美術の著作物についてまでライセンスが不要となるわけではない。

継続的刊行物等　　無名または変名著作物，団体名義の著作物，映画の著作物が，新聞や雑誌のような継続的刊行物であるときには，その公表起算主義の適用が問題となる。継続的刊行物は，すべての刊行が完了するかどうか未定であることから，冊，号または回を追って公表する著作物については，毎冊，毎号または毎回の公表の時から起算する（56条1項前段）。ただし，一部分ずつ

を逐次公表して完成する著作物については，最終部分の公表時から起算し，その著作権の保護期間は全部の公表完了時から70年で満了するものとされている（同項後段）。

　この場合に前回の公表から3年以上経過しても公表されないときには，前回の公表時を起算点とする（同条2項）。判例は，新聞などにおける一話完結型の連載漫画のキャラクターの無断利用の事例において，その漫画の保護期間は各回の公表時に独立して進行するが，後続の漫画は最初の著作物の二次的著作物であるとの理論構成により，キャラクターが最初の漫画のキャラクターと同一の場合には，最初の漫画の著作権の保護期間によるべきであるとしている（最判平9.7.17民集51巻6号2714頁〔ポパイ事件〕。*Column*㉔参照）。

外国の著作物　外国の著作物の著作権のうち，わが国の保護期間より短い保護期間を定めているベルヌ条約加盟国とWTO加盟国の著作物については，その本国において定められる著作権の保護期間しか保護されないという相互主義を採用している（58条）。これは，ベルヌ条約が「保護期間は，著作物の本国において定められる保護期間を超えることはない」（7条8項）と定めていることに対応したものである。この著作物の本国には，同盟国ではない国の国民が著作物を第一発行した同盟国も含まれる。また，複数の同盟国で著作物が同時に第一発行された場合の「本国」は，存続期間の最も短い国とされる（ベルヌ条約5条3項）。

　また，万国著作権条約締約国の国民の未発行著作物，または締約国で最初に発行された著作物で，その締約国の法令により保護期間が満了した場合には，その著作物のわが国における保護期間も満了することとされている（「万国著作権条約の実施に伴う著作権法の特例に関する法律」3条1項）。

戦時加算　第二次世界大戦中に，連合国の著作物がわが国で保護を受けなかった期間を，本来の保護

期間に加算することが「日本国との平和条約」15条により義務づけられている。これは，大戦中に，連合国または連合国民が取得するはずであった著作権を保護しようとするものである。

　これを受けて，連合国および連合国国民の著作権については，戦争が勃発した昭和16 (1941) 年12月8日から平和条約発効日の前日までの期間が本来の保護期間に加算される（「連合国及び連合国民の著作権の特例に関する法律」4条）。保護期間の終期が平和条約発効日の前日とされているために，昭和27 (1952) 年4月28日に批准を終えた国の著作物については，加算期間は3,794日となる。それ以後に批准した国の著作物の加算期間は，さらに延びることとなる。たとえば，アメリカ，イギリス，フランス，カナダ，オーストラリアなどの加算期間は3,794日であるが，ブラジルは3,816日，オランダは3,844日，ベルギーは3,910日となっている。

Column㉔　ポパイ事件 ••••••••••••••••••••••••••

〈最判平9. 7. 17民集51巻6号2714頁〉
　原告は，アメリカのキング・フィーチャーズ社であり，法人著作である一話完結式の新聞等の連載漫画「シンブル・シアター」の著作権者である。この連載漫画「シンブル・シアター」には主人公キャラクターとしてポパイが最初の公表時（昭和4 (1929) 年1月17日）から継続して登場する。被告は，ポパイの絵，「ポパイ」または「POPEYE」からなる登録商標の商標権者であり，カバー，マフラー，ネクタイに使用して販売した。そこで，原告が著作権に基づいて被告の行為の差止めと損害賠償を求めた。
　最高裁判所は，①ポパイのキャラクターについて，「具体的な漫画を離れ，右登場人物のいわゆるキャラクターをもって著作物ということはできない」とし，②後続の漫画は先行する漫画を翻案するものであるとし，「後続の漫画に登場する人物が，先行する漫画に登場する人物と同一と認められる限り，当該登場人物については，最初に掲載された漫画の著作権の保護期間によるべきもの」であるとして，最初の掲載時（公表時）である昭和4 (1929) 年の翌年である昭和5年1月1日を起算日として，50年に3,794日の戦時加算をし，原告のポパイ漫画の第1回作品の著作権は平成2年5月21日が経過した時点で存続期間が満了して消滅している，として，原告の請求を認めなかった。

••

著作権は他人に対して著作物の利用をライセンスする権利であるとさえいわれる。著作権のビジネスにおける活用は，インターネット上のコンテンツの配信や電子出版の普及に伴って増大し続ける。その法的構成を明確にしておく必要がある。

1 著作権は財産権

　著作権は財産権であるから，著作者人格権と異なり移転性を有し，これを経済的な財貨として活用することができる。その活用方法には，著作権自体の譲渡やライセンスにより対価を得る方法のほか，担保権を設定して融資を受ける方法がある。通常，著作者などは，一つの著作物の著作権を全部売却してしまうよりは，なるべく多くの利益を得るために著作権のうちの支分権ごとに一部を譲渡したりライセンスをすることが多い。たとえば，複製権は出版社やレコード会社などに譲渡するかライセンスされ，放送権はラジオ局やテレビ局に譲渡するかライセンスされる。

　一方，他人の著作物などの利用を希望する第三者は，その著作権などが消滅したり，権利の制限を受ける場合に当たらない限り，著作権の移転かライセンスを受けなければならないこととなる。

　ただし，著作権者が著作物を第三者に引き渡した場合において，それが著作権の譲渡であるのかライセンスであるのか，ライセンスであるとしても単なる利用許諾であるのか出版権の設定契約であるのか明

確な場合ばかりではない。著作権の譲渡とライセンスとでは、その著作権の帰属に変動が生じるか否か、効力、対抗要件などにおいて違いが生じる。

　なお、著作権が移転する場合としては、譲渡・交換・贈与・信託による特定承継のほかに、相続その他の一般承継がある。

　このような著作権のビジネスへの活用に関しては平成 26（2014）年改正法により、電子書籍の増加とインターネット上の違法流通に対応する後述の出版権の整備が行われた。

2　著作権の譲渡

> 自由譲渡

　著作権は、原則として、その全部でも一部でも譲渡することができる（61条）。支分権ごとの譲渡も、著作物ごとの譲渡も自由である。ただし、著作権が共有の場合には、他の共有者の同意が必要である（65条1項）。譲渡は、譲渡人と譲受人との意思表示によってのみ効力を生じるのであって、登録は第三者対抗要件にすぎない（77条）。ただし、登録には、いわゆる公信力は認められない。

　著作権の譲渡があった場合でも、著作者を保護するために、当然にはその支分権の全部が譲渡されたことにはならないこととされている。支分権のうち、二次的著作物の作成権である翻訳権、編曲権、変形権や翻案権（27条）とそれらの利用権（28条）は、原著作物の譲渡契約において明確に譲渡の目的として特掲されていないときは、譲渡人に留保されたものと推定される（61条2項）。したがって、懸賞応募などにおける「著作権は当社に帰属します」という条件に応じた場合には譲渡契約が成立するが、その条件中にはそのような明示の特約は通常ないのでこれらの権利は留保される。また、音楽著作権のJASRAC

への信託的譲渡においてもこれらの権利は著作者や著作権者に残ることとなる。プログラムの開発業務の受託者が当該プログラムを改良したことにつき委託者が翻案権侵害の主張をした事例において，両者間の契約には翻案権譲渡の特掲がないから，委託者に留保されたものと推定されるが，契約の前提となる事実等から翻案権は受託者に譲渡されたものと認められるとした判決例（知財高判平18.8.31判時2022号144頁〔システムK2控訴審事件〕）がある。

出版界の慣行である「原稿の買取り」や「懸賞論文の応募」が，直ちに著作権の譲渡を意味するとは限らない（*Column*㉖参照）。

また，著作権の一部譲渡は，時間的，地理的，内容的な制限を付して行うことができる。

すなわち，著作権の期限付き譲渡，著作権の場所による分割譲渡，支分権や著作物ごとのほか，英語への翻訳とフランス語への翻訳のような細分化された譲渡も可能である。

なお，これらの著作権の譲渡に関する取扱いは，著作隣接権にも準用される（103条）。

著作権等の信託的譲渡　著作権者等は，通常，著作権等を自ら管理し，譲渡やライセンスを行うのは困難である。そのため，著作権は「他人に著作物の利用を許諾する権利である」とも称されてきた。そこで，昭和14（1939）年制定の「著作権ニ関スル仲介業務ニ関スル法律」以来，これが平成12（2000）年の「著作権等管理事業法」に引き継がれるまで，著作権等の信託的譲渡の形態を採用した権利管理システムが展開されてきた。また，平成16（2004）年の新信託業法が受託可能財産の制限を撤廃したため，知的財産を含む財産権一般に拡大され，信託制度を利用した著作権をはじめとする知的財産の管理活用が促進されている。

著作権等管理事業法によれば，著作権等管理事業とは，①信託契約に基づいて，委託者から著作権等の移転を受け，著作物等の利用許諾

その他著作権等の管理を行うことを目的として，または②委任契約に基づいて，委託者の有する著作権等に係る著作物等の利用許諾の取次ぎ，または代理およびそれに伴う管理を行う事業である。この著作権等管理事業は，仲介業務法における許可制から登録制に移行した（著作権等管理事業法3条）。

平成28（2016）年3月1日現在，登録を受けた著作権等管理事業者は，一般社団法人日本音楽著作権協会（JASRAC），公益社団法人日本文藝家協会，協同組合日本脚本家連盟，協同組合日本シナリオ作家協会，株式会社NexTone，株式会社東京美術倶楽部，公益社団法人日本複製権センター，一般社団法人日本レコード協会，一般社団法人学術著作権協会，公益社団法人日本芸能実演家団体協議会など，29団体となっている。

なお，デジタル録音・録画補償金請求権は，指定管理団体によってのみ行使できるものとされている（104条の2第1項。その内容といわゆる「東芝録画補償金事件」については第13章 *Column* ㉒参照）。

Column ㉕　プラーゲ旋風 ••••••••••••••••••••••••••••••••••••••

　わが国において著作権の仲介業務の形成発展にとって大きな役割を演じた事件として「プラーゲ旋風」を挙げることができる。これは，昭和6（1931）年，わが国がベルヌ条約ローマ改正条約を批准して，楽譜演奏権の留保条項を放棄したのをきっかけに，欧州の音楽著作権管理団体から授権を受けたドイツ人，プラーゲ氏が，わが国における音楽の無断演奏を次々と摘発した事件である。

　この事件は昭和15（1940）年にプラーゲがドイツに帰国するまで続いた。この間，政府は，プラーゲ対策として，昭和9（1934）年に旧著作権法30条1項8号を新設して，適法レコード購入者の利用を原則自由とした。これが，後年の最判昭63.3.15民集42巻3号199頁〔クラブ・キャッツアイ事件〕による「カラオケ法理」の背景となった（第12章3②参照）。プラーゲ旋風として有名なのは，NHKに対する音楽著作物の使用料請求や「お蝶夫人の幻想」上映禁止事件などである。これは著作権意識の低かった当時のわが国において，かなりのインパクトを与えた事件と評することができる。他方で，昭和14（1939）年に仲介業務法が制定され，著作物の利用を円滑に図ることを業務とする団体が公的規制監督のもとに形成される法的基礎が確立されるに至った。

••

著作権等管理事業者登録状況一覧（令和元年7月1日現在）（文化庁ホームページより）

登録番号	名　　　　称	取り扱う著作物等の種類
01001	一般社団法人　日本音楽著作権協会	音楽
01002	公益社団法人　日本文藝家協会	言語
01003	協同組合　日本脚本家連盟	言語
01004	協同組合　日本シナリオ作家協会	言語
01005	株式会社　NexTone	音楽，レコード
01006	株式会社　東京美術倶楽部	美術，言語
01008	公益社団法人　日本複製権センター	言語，美術，図形，写真，音楽，舞踊又は無言劇，プログラム，編集著作物
02001	一般社団法人　日本レコード協会	レコード，実演
02004	一般社団法人　学術著作権協会	言語，図形，写真，プログラム，編集著作物，美術，建築，映画，音楽，舞踊又は無言劇
02005	公益社団法人　日本芸能実演家団体協議会	実演
02006	一般社団法人　日本美術家連盟	美術
02007	株式会社　メディアリンクス・ジャパン	美術，写真，言語
02010	一般社団法人　教科書著作権協会	言語，音楽，美術，図形，写真
02013	有限会社　コーベット・フォトエージェンシー	写真，言語，美術，図形
03010	一般社団法人　日本出版著作権協会	言語，写真，図形，美術
04001	一般社団法人　出版物貸与権管理センター	言語，美術，写真，図形
05001	株式会社　International Copyright Association	音楽，レコード
06001	協同組合　日本写真家ユニオン	写真
07002	一般社団法人　出版者著作権管理機構	言語，美術，図形，写真，編集著作物
08001	株式会社　アイ・シー・エージェンシー	音楽，レコード，実演
08002	コピーライトコンサルティング　株式会社	美術
09002	株式会社　日本ビジュアル著作権協会	言語，美術，図形，映画，写真
10001	一般社団法人　ワールドミュージックインターネット放送協会	音楽，レコード，実演，映画
12001	一般社団法人　日本美術著作権協会	美術
13001	一般社団法人　日本テレビジョン放送著作権協会	映画，放送
14001	一般社団法人　映像コンテンツ権利処理機構	実演
18001	公益社団法人　日本漫画家協会	言語，美術

以下の事業者は，著作権等管理事業の開始準備中です。（管理委託契約約款及び使用料規程を定め，文化庁へ届出をしなければ事業を開始できません。）

登録番号	名　　　　称	著作物等の種類
15001	一般社団法人　日本ケーブルテレビ連盟	映画，有線放送

3 著作権のライセンス

著作物利用の
ライセンス

著作権者は，他人に対して，著作物の利用を許諾することができる（63条）。これにより，著作権者は著作物により経済的収益を図ることができる。もともと著作権は，その権利者自身が著作物を利用する権利というよりは，他人に著作物の利用を許諾する権利であるともいわれる。その意味で，著作物の利用許諾は，著作権行使の基本的態様といわれ，その許諾の態様も原則として自由である。ただし，共有著作権者による著作物の利用許諾も，譲渡の場合と同様に，他の共有者の同意がなければすることができない（65条2項）。

著作物の利用許諾には，著作権のうちのそれぞれの支分権について他人に債権的な利用権を許諾する態様と，次に述べる準物権的な利用権としての出版権を設定する態様がある。

債権としての利用権の許諾は，さらに，独占的な利用権と，非独占的な利用権を許諾する場合に分かれる。ただし，この債権的な利用権は，特許法などにおける通常実施権に相当するものであり，許諾契約により，独占的利用権であることを定めた場合でも，著作権者がさらに同様の権利を許諾した場合には，債務不履行による損害賠償責任が発生するにすぎない。

著作権者から著作物の利用許諾を得た第三者は，その契約で定めた利用方法と条件の範囲において著作物を利用することができる（63条2項）。著作物の利用許諾も，譲渡の場合と同様に，支分権や著作物ごとにすることができる。複製権に基づく出版許諾や録音・録画の許諾がなされ，公衆送信権に基づいてインターネット送信の許諾などがなされる。ただし，著作物の放送と有線放送の許諾があっても，契約で

別段の定めがない限り，著作物の録音・録画の許諾は含まれない（同条4項）。著作物の送信可能化の許諾を受けた者は，契約で定める利用方法と条件に従う限り，反復してまたは他の自動公衆送信装置を用いて送信可能化することについては公衆送信権（23条1項）は及ばないものとされている（63条5項）。この著作物の許諾による利用権は，著作権者の承諾があれば譲渡することができる（同条3項）。

　このような著作物の利用許諾に関する取扱いは，著作隣接権の利用許諾についても準用される（103条）。

　なお，他人の著作物や実演などの利用許諾を受けようとする場合には，前述のように著作物などの円滑な利用のために組織された著作権などの権利管理事業者を通じて簡易迅速に許諾を受けることができる。

| 出版許諾契約 |

著作権者は，第三者に著作物の出版をさせようとする場合には，著作権または複製権を譲渡するか出版のライセンスをすることができる。この出版のライセンスには，単なる出版許諾契約と出版権設定契約がある。一般に出版契約といわれる場合に，それがいずれの契約であるか判断が困難な場合が生じる。また，出版権の文言を含む契約であっても著作権の譲渡契約とみなされることもある（東京高判平元.6.20判時1321号151頁〔原色動物大図鑑事件〕）。

　出版許諾契約は，著作権のうち複製権を有する者（複製権者）が出版者に出版を許諾する債権契約であり，当事者の意思表示により契約は成立するが，この契約による利用権には登録の制度がない。この利用権に基づいて第三者に対して侵害の差止請求をすることは認められず，独占的利用権の場合に損害賠償請求が認められるにすぎない（東京地判平3.5.22無体集23巻2号293頁〔教科書朗読テープ事件〕）。

| 出版権設定契約 |

前述のように，平成26（2014）年改正により，出版権が電子書籍の増加とインターネット上の違法行為への対応のために整備された。改正法によれば，出版権設

定契約は，複製権等保有者（複製権者および公衆送信権者）と出版者が出版権の設定を約する準物権契約である。当事者の意思表示により成立する点は出版許諾と同じであるが（79条），出版権は登録により第三者対抗要件を備えることとなる（88条）。この契約は，出版者が競合者を排除して独占的に出版を希望する場合に採用される傾向がある。

出版権の設定は，複製権および公衆送信権に質権が設定されている場合には，その質権者の承諾を要する（79条2項）。

| 出版権の効力 |

平成26年改正法のもとでは，出版権者は，設定行為で定めた範囲で，次に掲げる権利の全部または一部を専有するものとされた（80条1項）。

① 頒布の目的をもって，原作のまま印刷その他の機械的または化学的方法により文書または図画として複製する権利（原作のまま電子計算機を用いてその映像面に文書または図画として表示されるようにする方式により記録媒体に記録された電磁的記録として複製する権利を含む）

② 原作のまま電子計算機を用いてその映像面に文書または図画として表示されるようにする方式により記録媒体に記録された複製物を用いて公衆送信を行う権利

①における頒布目的とは，公衆に譲渡・貸与する目的をいう。原作のままとは，翻訳や翻案をすることなくという意味であり，たとえば小説の出版権者はその翻訳物を出版することはできないし，翻訳物の出版権者はその原作の出版はできないこととなる。文書または図画としての複製とは，書籍・雑誌・画集・写真・楽譜のような直接可視的な視覚的媒体への複製だけに限られるとの意味であり，したがって録音テープやCDのような聴覚的媒体だけでなく，ビデオテープやCD-ROMのような視聴覚媒体への複製も除外されるものとされている。

②により，出版権者は，公衆送信を行う権利を認められたから，インターネット上の出版物の無断送信を自ら差し止めることができるこ

ととなった。

出版権は，いわゆる出版者の権利とは異なる。出版者の権利は，版面の利用に関する出版者の著作隣接権として認めるべきかどうかが検討されている権利をいう。

出版権者には，権原のない第三者の無断出版や無断送信による侵害に対して，著作権侵害の場合と同様に差止請求（112条）と損害賠償請求（114条）が認められる。したがって，出版権は，ライセンスに基づく排他的独占権である特許法上の専用実施権（特77条）と同じ性質を有するが，専用実施権が登録により発生するのと異なっている（特98条1項2号）。

また，出版権者は，設定契約に別段の定めがない限り，原稿などの引渡しから6カ月以内の出版義務または公衆送信義務を負い，継続出版義務または継続公衆送信義務を負う（81条）。この義務違反に対しては，複製権等保有者に出版権消滅請求権が認められる（84条1項・2項）。

著作権者や複製権等保有者は，出版権設定後においては，もはや自ら出版したり，第三者に利用許諾することはできない。ただし，出版権者は，複製権等保有者の承諾がなければ，第三者に対して著作物の複製または公衆送信を許諾することはできない（80条3項）。出版権の譲渡や質入れは，複製権等保有者の承諾を得た場合にのみ認められるが（87条），登録しなければ第三者に対抗できない（88条1項）。

さらに，出版権には，著作権に対する制限と同様の制限がある（86条）。出版権の存続期間は，設定契約で定めたところによるが，その定めがない限り最初の出版日より3年で消滅する（83条）。

なお，複製権等保有者には著作者が死亡した場合などにおける編集物への収録権と公衆送信権が認められ（80条2項），複製権等保有者である著作者には，著作物の内容が自己の確信に適合しなくなった場合には，出版権者への損害賠償を条件に，絶版による出版権消滅請求権

が認められている（84条3項）。また，著作者には，出版権者があらためて複製または公衆送信する場合に，正当な範囲内における著作物の修正・増減権（82条1項）と，複製ごとの通知請求権が認められている（同条2項）。

著作権などの質権設定

著作権，出版権および著作隣接権は，担保権の目的とすることができる。担保権設定の形態としては，一般先取特権，質権，譲渡担保，企業担保などが考えられる。とくに，法は，著作権などの質権について規定を置いているが，著作権を目的とする質権は，もともと民法上の権利質である（民362条）。権利質の設定は債権者に対してその目的物を引き渡すことによりその効力を生じるものとされているが（民344条），著作物の引渡しができない著作権などにあっては，著作権者などと質権者の間の質権設定の意思表示により成立することとされている。質権設定の登録は，第三者対抗要件にすぎない（88条）。ただし，著作権などが共有のときには，他の共有者の同意を得なければその持分の質入れはできず（65条1項・103条），出版権の質入れは，複製権等保有者の承諾がなければすることができない（87条）。

著作権などの質権者は，設定行為に別段の定めがない限り，その著作権の行使をすることができない（66条1項・103条）。これは，著作権を行使するのに最も適した者にその行使を行わせようとしたものであり，その点は不動産の抵当権に類似する。かつ，著作物が無体物であることから，著作権の質権においては，留置的機能を果たすことができず，優先弁済機能が主な機能となる。また，著作権譲渡の対価，著作物利用料に対する物上代位が認められている（66条2項）。

Column㉖ 原稿料・印税・原稿買取り・懸賞論文 ◆◆◆◆◆◆◆◆◆◆◆◆◆◆◆◆
　原稿料は，出版契約において著作者に支払われる一定の著作物使用料であり，通常「原稿料支払契約」によりその計算方法が定められる。定期刊行物に著作物を掲載する寄稿契約で多く採用されている使用料である。
　印税は，出版物の販売価格を百分率で計算した印税率に，発行部数または売上

部数を乗じて定められる著作物使用料である。この支払方法を約する契約を「印税支払契約」と呼ぶ。印税は，書籍出版の場合に多く採用される使用料で，印税率は 10% が多い。この印税が支払われる場合は，発行部数などに応じて支払われるのであるから，著作権の譲渡ではなくライセンスである。

　出版界の慣行として，出版許諾契約において「原稿買取り」と称して著作物またはその複製物である原稿が出版者に引き渡されることがある。しかし，その法律的な意義は明白ではない。たとえこの表現が使用されている場合であっても，著作権譲渡の明示がない限り著作権は移転しない。ただし，その原稿料が，印税相当額を大幅に上回り，原稿の引渡しと引換えに一括支払われ，支払金額の追加変更がなく，発行部数・再版の取扱いについて何らの取り決めがなく，印税の請求もない場合には，著作権（複製権）の譲渡契約が成立したものと解釈されることがある（東京地判昭 50.2.24 判夕 324 号 317 頁〔秘録大東亜戦史事件〕）。

　同様に，大学の学内懸賞論文などへ応募して著作物である作品を引き渡した場合にも，それだけで著作権の譲渡，出版権設定または出版の許諾があったとはいえない。募集要項に著作権についてなんらの記載もないときには，著作権が移転することはない。ただし，入賞者の賞金の額が著作権使用料をはるかに超える場合などの特別の事情があるときには，著作権が譲渡されたと判断されることがある。また，論文集などへの掲載，出版の通知に対して異議を唱えるなどの特別の意思表示をしない場合には，大学による論文の出版について黙示の承諾をしたことになる（東京地判平 2.11.16 無体集 22 巻 3 号 702 頁〔法政大学懸賞論文一審事件〕）。

第16章 著作権の侵害と救済・制裁

著作権の侵害が成立する場合として，各支分権の積極的効力範囲における第三者の直接侵害，支分権が認められていないことを補うための擬制侵害，直接侵害に加担する間接侵害がある。今後，社会のデジタル化，ネットワーク化，クラウドコンピューティングの発展に伴って，侵害は複雑化し発見困難なものとなってゆくだろう。

1 著作権の侵害とは

　著作権の侵害とは，著作物に対する排他的支配が害されることをいい，権原のない第三者による，著作権の支分権の及ぶ直接侵害（21条～28条）と一定の侵害とみなされる擬制侵害（113条）および直接侵害行為への加担行為としての間接侵害（119条2項2号・120条の2）をいう。

　著作権の侵害は，著作物が有体物（民85条）ではなく無体物であることから，著作物の模倣が中心となる。それは，著作物の無体物の面を無断利用する行為である。したがって，このような行為について，著作物の原作品や複製物という有体物の所有権を侵害するものとしてその禁止を請求することはできない（最判昭59.1.20民集38巻1号1頁〔自書告身帖事件〕。第1章 *Column①* 参照）。

　また，著作物が無体物であるために，これを無断で複製，上演・演奏，上映，公衆送信・送信可能化，口述，展示，頒布，譲渡，レンタルし，二次的著作物を作成・利用する行為は，同時に異なる場所において可能である。すなわち，これらの行為は，著作権の効力が及ぶ国

内だけでなく，効力が及ばない外国においても容易に行われることとなる。そのことは，インターネット時代においてはさらに増幅される。

さらに，1つの著作物の無断利用行為が，いくつもの著作権の支分権を侵害することになるし，著作隣接権や出版権，著作者人格権さえも同時に侵害することがあり得る。たとえば，無断でCDの音楽を自己のコンピュータに取り込み，インターネット上のウェブサイトにアップロードする場合には，複製権，送信可能化権，公衆送信権という著作権侵害に当たるだけでなく，実演家の録音権と送信可能化権，レコード製作者の録音権や送信可能化権という著作隣接権侵害を構成する可能性がある。

著作権法は，著作権の直接侵害，擬制侵害については，民事上の救済と刑事上の制裁を定め，間接侵害については刑事上の制裁だけを認めている。

なお，著作隣接権，著作者人格権，実演家人格権および出版権についても，直接侵害，擬制侵害および間接侵害が認められている。

2 侵害の態様

直接侵害　著作権の直接侵害とは，権原のない第三者による著作権の支分権の効力に属する行為をいう。それぞれの支分権ごとに，無断複製（21条），無断上演・演奏（22条），無断上映（22条の2），無断公衆送信（23条），無断口述（24条），無断展示（25条），無断頒布（26条），無断譲渡（26条の2），無断レンタル（26条の3），無断翻訳，編曲，変形，翻案，これらの無断利用（27条・28条）が直接侵害となる。

とくに，複製権の侵害が成立する要件は，第1に著作物へのアクセスの存在であり，第2に著作物と本質的部分において同一性を有する

ものを有形的に再製することである。

また，平成11 (1999) 年改正法により，著作物の原作品・複製物につき善意者が公に譲渡する行為は著作権（譲渡権）を侵害しないものとみなされることとなった（113条の2）。

なお，著作隣接権の直接侵害とは，権原のない第三者による，実演家の権利，レコード製作者の権利，放送事業者の権利，有線放送事業者の権利の効力の及ぶ行為である。

また，著作者人格権の直接侵害も，権原のない第三者による，公表権，氏名表示権および同一性保持権の効力の及ぶ行為である。

平成14 (2002) 年改正法により創設された実演家人格権の直接侵害は，権原のない第三者による，氏名表示権（90条の2）および同一性保持権（90条の3）の効力の及ぶ行為である。

擬制侵害　著作権の擬制侵害とは，著作物の複製物の輸入行為，頒布・陳列・頒布の申出行為，違法作成プログラムの業務上の使用行為，権利管理情報の付加，除去，改変行為等をいう。この擬制侵害は，間接侵害と称されることがある。しかし，著作権の間接侵害とは，権原のない第三者が直接侵害へ加担する間接的な著作物の利用行為を独立して侵害とする著作権の侵害形態をいう。したがって，特許法などが間接侵害を擬制侵害として定めているのとは異なっている。

なお，擬制侵害は，著作隣接権，著作者人格権，実演家人格権および出版権にも認められている。

擬制侵害の態様には，以下のものがある。①無断複製物等の頒布目的の輸入行為（113条1項1号），②無断複製物等の情を知ってする頒布・頒布目的の所持・頒布申出・業としての輸出・輸出目的の所持行為（同項2号），③無断複製等のプログラムの使用行為（同条2項），④権利管理情報の故意による付加・除去・改変，この付加・除去・改変著作物等の情を知ってする頒布・公衆送信・送信可能化（同条4項），

⑤国外頒布目的商業用レコードの頒布目的の輸入行為または所持行為（同条6項），⑥著作者人格権については，著作者の名誉・声望を害する方法による著作物の利用行為（同条7項）。

　①は，著作権の支分権として輸入権が認められていないことに対応し，③も，同様にプログラムの著作物の使用権を認めていないことに対応して定められたものである。しかし，②は，すべての著作物に譲渡権（26条・26条の2）と貸与権（26条・26条の3）が認められるに至った現行法ではその存在意義に疑問がある。ここで，「情を知つて」について，判例は，物がいったん流通過程に置かれた後に，それをさらに転売・貸与するような場合に求められる要件であり，著作権者に無断で著作物を掲載した書籍を自ら出版する場合などは含まれないとしている（東京高判平12.5.23判時1725号165頁〔三島由紀夫控訴審事件〕）。頒布目的の所持と頒布の申出の相違点は，後者においては，物が存在しておらず，今後入手の可能性もない場合には侵害とみなされることがない点である。⑤は，平成16（2004）年改正法により，いわゆる商業用レコードの還流を防止するために定められたものである。ただし，真正商品の並行輸入を認めた26条の2第2項5号との関係が問題となる。なお，この規定は，商業用レコードの国内販売から4年を経過したものには適用されない（113条6項但書，著施令66条）。また権利者が不当に利益を害される場合の基準として，権利者が得る国外頒布目的商業用レコード1枚あたりのライセンス料が，同一の国内頒布目的商業用レコード1枚当たりのライセンス料の6割以下の場合であるとする指針が文化庁より示されている。⑥の名誉・声望を害する方法とは，たとえば絵画を猥褻なショーを見せる劇場の看板に使用するような行為である。

| 間接侵害 |

著作権の間接侵害とは，権原のない第三者が直接侵害ないし直接侵害該当行為へ幇助ないし加担する行為であって，それが著作権者の利益を害することから，

独立して違法とされる著作権の侵害形態である。アメリカでは判例上，イギリスとドイツでは成文法上，特許権の間接侵害理論に倣って認められている。

著作権の間接侵害の態様は，現行法上，①私的使用目的で著作物や実演を複製する者に対して，営利目的で自動複製機器を提供する行為（119条2項2号）と，②著作物，実演，レコード，放送・有線放送のコピープロテクション回避装置・プログラムを製造し，譲渡し，貸与し，輸入し，所持し，公衆の使用へ提供し，公衆送信し，送信可能化する行為（120条の2第1号），および③業として公衆の求めに応じて行うコピープロテクションの回避行為（同条2号）である。①は，著作権，出版権および著作隣接権の間接侵害であり，②はWIPO著作権条約（10条），WIPO実演・レコード条約（18条）に対応した立法であって，著作権，出版権，著作隣接権および著作者人格権・実演家人格権の間接侵害である（2条1項20号参照）。

しかし，著作権の直接侵害または直接侵害該当行為への幇助ないし加担行為としての間接侵害には，さらに，下記のような事案が問題となっている。カラオケ装置のリース行為（大阪高判平9.2.27知裁集29巻1号213頁〔魅留来事件〕，最判平13.3.2民集55巻2号185頁〔ナイトパブ事件〕），CS放送による録音を想定した音楽の放送行為（東京地判平12.5.16判時1751号128頁〔スターデジオ事件〕），インターネット上でMP3を利用して音楽配信されたものを再生する携帯端末の製造販売，インターネットサービスプロバイダーが無断複製物等を掲載したホームページにサイトを提供する行為やインターネット上でPtoPで無断送受信をさせるファイル交換サービスの提供（東京地判平15.12.17判時1845号36頁〔ファイルローグ一審事件〕および東京高判平17.3.31裁判所HP〔ファイルローグ控訴審事件〕），ファイル共有ソフトの提供（京都地判平18.12.13判タ1229号105頁〔Winny一審事件〕。ただし，控訴審判決（大阪高判平21.10.8刑集65巻9号1635頁）は無罪とし，最決平23.12.19刑集65巻9号1380頁〔Winny上告審事

件〕は，これを支持した），ゲームソフトの改変のみを目的としたメモリーカードの輸入・販売（最判平 13. 2. 13 民集 55 巻 1 号 87 頁〔「ときめきメモリアル」上告審事件〕），電子掲示板に違法な複製物が掲載されているのを掲示板管理者が放置すること（東京高判平 17. 3. 3 判時 1893 号 126 頁〔2 ちゃんねる事件〕），マンション住民のためにテレビ番組を録画して自由に観賞できるように配信することのできる機器の販売（大阪地判平 17. 10. 24 判時 1911 号 65 頁〔選撮見録一審事件〕，大阪高判平 19. 6. 14 判時 1991 号 122 頁〔同控訴審事件〕），テレビ番組の転送サービス行為に関する一連の事例（東京地決平 16. 10. 7 判時 1895 号 120 頁〔録画ネット事件〕をリーディングケースとして，知財高決平 17. 11. 15 裁判所 HP〔録画ネット抗告審事件〕，知財高判平 20. 12. 15 判時 2038 号 110 頁〔まねき TV 控訴審事件〕，最判平 23. 1. 18 民集 65 巻 1 号 121 頁〔まねき TV 上告審事件〕，東京地判平 20. 5. 28 判時 2029 号 125 頁〔ロクラクⅡ事件〕（請求認容），知財高判平 21. 1. 27 民集 65 巻 1 号 632 頁〔ロクラクⅡ控訴審事件〕（請求棄却），最判平 23. 1. 20 民集 65 巻 1 号 399 頁〔ロクラクⅡ上告審事件〕など），無断複製者への自動複製機器の提供（知財高判平 20. 9. 30 判時 2024 号 133 頁〔土地宝典控訴審事件〕），そして動画投稿サイトの提供（知財高判平 22. 9. 8 判時 2115 号 102 頁〔TV ブレイク控訴審事件〕（請求認容）），違法に著作物をアップロードしているサイトへのリンキング（大阪地判平 25. 6. 20 判時 2218 号 112 頁〔ロケットニュース 24 事件〕（請求棄却））などである。

　そして，今日では，インターネットに不可欠なプロバイダーの責任として，著作権の間接侵害法理が採用されるに至っているし，著作権侵害サイトへのリンキングやフレイミング，リーチサイト（第 20 章 3 参照）による著作権者の利益侵害が深刻となっている。

　これらの行為は，著作権の支分権ごとに，また著作者人格権，著作隣接権や実演家人格権および出版権の侵害を惹起させる行為が含まれると考えられる。著作物などのコピー・再生技術と送受信技術が発達し，クラウドコンピューティングが発展する中にあって間接侵害の発生する余地はさらに増大するものと思われる。しかし，そこでは，コ

ピー・再生技術や送受信技術，そしてクラウドコンピューティング等の発達を不当に妨げることのない間接侵害成立要件の検討が不可欠であり，直接侵害ないし直接侵害該当行為への従属性と著作物の間接的利用の面からの検討も必要である。

現行法に規定されている著作権の間接侵害の法的効果は刑事責任にとどまり，民事責任の規定がない。判例は，直接侵害の幇助行為に対しては刑法上従犯（刑62条）と捉えており，いわゆる従犯減軽（刑63条）を行っている（前掲〔Winny事件〕参照。控訴審・上告審では無罪）。現在，著作権の間接侵害に関する規定を新設するための検討が行われている。立法へ向けた議論の現時点での到達点として，平成24（2012）年に，司法救済ワーキングチームが公表した「『間接侵害』等に関する考え方の整理」がある（*Column㉗*を参照）。

Column㉗ 司法救済ワーキングチームの「間接侵害」等に関する考え方の整理‥

　著作権の間接侵害の立法化への検討は，平成14年度の文化審議会著作権分科会の司法救済制度小委員会において開始され，平成17年度からは法制問題小委員会に司法救済ワーキングチームが設置され，平成24年1月12日に，8頁にわたる「『間接侵害』等に関する考え方の整理」（以下，「整理」という）が公表された。

　この「整理」によれば，まず，「(1)差止請求の対象について」は，「直接行為者に限定されるものではなく，一定の範囲の間接行為者も差止請求の対象とすべきとの考えで一致した」と述べている（「整理」2頁）。次に「(2)間接侵害成立の前提としての直接侵害成立の要否について」は，「本ワーキングチームとしては，基本的に前者の考え方（従属説）で一致した」と述べている（「整理3頁」）。

　その上で，「(3)差止請求の対象と位置付けるべき間接侵害行為者の範囲に係る試案」として，以下の3つの類型を明らかにしている。

「(i) 専ら侵害の用に供される物品（プログラムを含む。以下同じ。）・場ないし侵害のために特に設計されまたは適用された物品・場を提供する者

(ii) 侵害発生の実質的危険性を有する物品・場を，侵害発生を知り，又は知るべきでありながら，侵害発生防止のための合理的措置を採ることなく，当該侵害のために提供する者

(iii) 物品・場を，侵害発生を積極的に誘引する態様で，提供する者」。

　この3つの類型中，(i)は，わが国特許法101条1号・4号の専用品に係る間接侵害に，(ii)は，主観的要件を伴うアメリカ連邦特許法271条c項，ドイツ特許法10条1項，わが国特許法101条2号・5号の非専用品に係る間接侵害に，

(iii)はアメリカ連邦特許法 271 条 b 項，ドイツ特許法 10 条 2 項の特許権侵害の教唆とほぼ対応している。

その意味では，「整理」は，比較法や判例の研究の到達点を明らかにしたものといえよう。

この類型に登場する「場」には「ウェブサイト等」が該当するとされているから，場の提供者には，インターネットサービスプロバイダー，動画共有・投稿サービス業者などが含まれることになる。わが国のプロバイダー責任制限法 3 条の損害賠償責任の免責規定も，動画共有・投稿サービス等のユーザーが著作権者の許諾なくアップロードして公衆送信権を直接侵害しているのを幇助している者としての損害賠償責任を軽減するものとなっているのが，その具体例である。

しかしながら，「整理」には，理論上，以下 2 点において疑問がある。

第一に，間接侵害に関する立法は，差止請求の困難性を立法的に解決しようとするものとなっている。しかしながら，そもそも特許権や著作権の間接侵害法理は，これらの排他権の実効性を確保して，直接侵害者や直接侵害該当行為をなす者に幇助ないし加担する行為による利益の侵害を差し止めるために生成発展した法理であることからすれば，出発点において疑問がある。

第二に，間接侵害には直接侵害の成立を要するとする従属説にチームの構成メンバーが「一致した」とのことである。米国特許法では個人的家庭内の私的実施にも特許権は及ぶから従属説（共同不法行為構成）でも問題はない。しかしながら，ドイツ特許法やわが国の特許法では，私的実施には特許権が及ばず，私的実施者等への部品等の提供は常に共同不法行為としての幇助に当たらないために，常に侵害を回避できることとなるのを避けるために独立説を採用してきた。同様に，私的使用目的等の複製には著作権は及ばないわが国の著作権法における間接侵害には独立説を採用すべきことが明らかである。

3 民事上の救済

① 侵害への対応

著作者，著作権者，出版権者，実演家または著作隣接権者は，権利侵害の事実を知ると，まず侵害停止の警告を行う。これには内容証明や配達証明郵便などを利用する。相手方が警告に従わない場合には，差止請求や損害賠償請求の本訴を行うこととなるが，その前または同時に，迅速な救済を受けるための仮処分（民保23条〜25条）や証拠保

全手続（民訴234条～242条）を申し立てることができる。この仮処分は，仮の地位を定める仮処分であり，争いのある権利関係について著作権者等に生じる著しい損害の発生を避けるため必要な場合であって，急迫の事情があるときに裁判長が発する（民保23条2項・15条）。申立ては，保全すべき権利と保全の必要性を明らかにして行い，疎明しなければならない（民保13条）。証拠保全手続は，あらかじめ証拠調べをしておかなければその証拠を使用することが困難となる事情があるときに，本来の証拠調べの期日前に認められる手続である（民訴234条）。

② 本案訴訟

差止請求権　著作権，著作者人格権，著作隣接権，実演家人格権および出版権の侵害に対する差止請求権には，侵害停止請求権と侵害予防請求権があり（112条1項），さらに，差止請求に際して侵害予防に必要な行為の請求権がある（同条2項）。侵害停止請求権は現に侵害が行われているとき，侵害予防請求権は侵害のおそれがあるときに認められる。侵害の予防に必要な行為の請求権には，侵害組成物や侵害行為により作成された物，またはもっぱら侵害行為に供された機械・器具の廃棄請求権のほか，その他侵害の予防に必要な行為の請求権がある。

なお，著作者または実演家の死後における人格的利益の保護のためにも差止請求が認められる（116条）。

損害賠償請求権　著作権，著作者人格権，著作隣接権，実演家人格権および出版権の侵害に対する損害賠償請求権は，侵害者の故意・過失，権利侵害（違法性），損害の発生，および侵害行為と損害との間の相当因果関係の4つの要件を備える場合に認められる（民709条）。著作権等の侵害については，権利の公示制度がないことから特許権侵害におけるような過失の推定規定はない。

著作権等の侵害に対する損害賠償は金銭賠償によるが，その損害の

種別は積極的損害と消極的損害および精神的損害である。しかし，著作権，著作隣接権および出版権侵害における損害額の立証は困難であることから，侵害者の受けた利益を損害額と推定し，権利行使につき受けるべき使用料額を最低請求できることとしている（114条2項・3項）。また，特許法におけるのと同じく，侵害行為により作成された物を侵害者が譲渡等した数量に著作権者等における単位数量あたりの利益額を乗じた額を損害額とする規定も置かれている（同条1項）。判例には，権利者が著作物を利用していない場合には，特許法における権利者不実施の場合と同様に，114条1項および2項の適用を否定しているものがあるが（東京地判平20.2.26裁判所HP〔社保庁LAN事件〕），特許法における判例は損害額の推定規定は不実施の場合にも適用されるとするに至ったから（知財高大判平25.2.1判時2179号36頁〔ごみ貯蔵機器控訴審事件〕），著作権者が利用していない場合にも同様に認められることとなろう。判例は，「被告商品は原告商品と全く同一のDVD商品であり，原告商品のいわゆるデッドコピーというべきものであって，このようなデッドコピーを販売した者に利得の一部を保有させるのは相当ではない」としている（東京地判平27.8.28裁判所HP〔日本語台詞字幕事件〕）。侵害訴訟の当事者は，侵害行為を立証するために，または侵害による損害額の計算をするために必要な書類の提出命令を申し立てることができる（114条の3，民訴219条）。裁判所は，この申立てに基づいて，書類所持者に提出拒否の正当理由があるときを除き書類の提出を命ずることができるが，その正当理由の存否判断のため必要なときは，いわゆるインカメラ手続により書類を提示させることができる（114条の3第2項）。文書が提出されないときや，提出義務のある文書を相手方の使用を妨げる目的で滅失させ，その他これを使用不能にしたときには，裁判所は相手方の主張を真実と認めることができる（民訴224条）。文書提出義務は営業秘密との関係で問題となるが，侵害者が得た利益を計算するために必要な事項を記載した文書である限り，

それに営業秘密たる情報が含まれていることを理由としては，提出を拒むことはできないとされている（東京高決平9.5.20判時1601号143頁〔トラニラスト製剤事件〕）。

当事者は，損害の計算に必要な事項につき鑑定を申し立てることができるが，鑑定が命じられたときは，鑑定人に対し必要な事項を説明する義務がある（114条の4）。裁判所は，損害額の立証が困難なときは，相当な損害額を認定することができる（114条の5）。

なお，損害額推定と相当使用料請求権は，著作者人格権・実演家人格権に基づく慰謝料請求については適用されない。また，従来は相当使用料請求権は，サブライセンスが禁止されていた出版権者には認められていなかったが，平成26（2014）年改正法による出版権の整備により，認められることとなった（80条3項）。

著作権が共有に係る場合には，各著作権者は他の著作権者の同意を得ることなく単独で自己の持分に対する損害賠償請求権を行使することができる（117条1項）。これは，著作隣接権にも準用されている（同条2項）。その損害額の割り振りについては，著作物全体に占める各共同著作者の寄与度の割合に従って行った事例がある（東京地判平9.3.31判時1606号118頁〔ワンポイントアドバイス事件〕）。

なお，著作権等の侵害に対する損害賠償請求権は，3年または20年で時効により消滅する（民724条）。

不当利得返還請求権　不当利得返還請求権は，①法律上の原因がなく，②他人の財産または労務により利益を受けて，③他人に損失を与えており，④その受益行為と損失の間に相当因果関係のある場合に認められる。損害賠償請求権の要件とは異なり，侵害者の故意・過失を必要としない。返還額は，侵害者が善意の場合には現存利益であり（民703条），悪意の場合はこれに利息を加えた額である（民704条）。この不当利得返還請求権の消滅時効は，民事債権に関する5年または10年（民166条）と解される。権利者と侵害者の

関係は商行為ではなく，かつ法定の債権と解されるからである。したがって，不当利得返還請求権は，損害賠償請求権の時効による消滅後においても行使が可能である。

| 名誉回復等請求権 | 著作者人格権または実演家人格権の侵害に対しては，損害賠償に代えて，または損害賠償 |

の請求とともに，著作者または実演家の名誉・声望の回復措置を請求することができる (115条)。これは，原状回復請求権の一つである (民723条参照)。このような回復措置の具体例としては，新聞・雑誌等における謝罪広告などがある。

著作者または実演家の名誉・声望とは，著作者または実演家がその品性，徳行，名声，信用等の人格的価値について社会から受ける客観的な評価 (社会的声望名誉) をいうのであって，人が自己自身の人格的価値について有する主観的な評価 (名誉感情) はこれには含まれない (最判昭61.5.30民集40巻4号725頁〔パロディ第2次上告審事件〕)。しかし，著作者人格権または実演家人格権が侵害された場合には，常にこの名誉声望の毀損があるとは限らない。名誉声望の毀損があるとはいえない場合であっても，問題となっている著作物の著作者が不明な状態が続いていて，真の著作者が誰であるかを確保するために必要なときなどには，その適当な措置として謝罪広告を掲載させることができる (東京高判平8.10.2判時1590号134頁〔高校研修集録事件〕)。なお，115条は，①名誉回復措置のほかに，②著作者または実演家であることを確保し，または，③訂正のために必要な適当な措置をも認めている。これはたとえば，著作物が公衆に提供または提示される際に，著作者の氏名が表示されていなかったり，または，著作者でない者の氏名が表示されている場合に，その表示を求めたり，訂正を求めたりすることができる趣旨である。最近の事案として，仏師が制作した観音像が寺に納められた後，無断で寺が仏頭部をすげ替えた事案において，遺族が同一性保持権に該当する行為として求めた訂正のための措置として，元の

頭部に原状回復することを認容したものがあるが（東京地判平21.5.28裁判所HP〔駒込観音像事件〕），控訴審はこれを覆して，仏頭のすげ替えを行った事実経緯を説明するための広告措置を採ることで十分であるとした（知財高判平22.3.25判時2086号114頁〔駒込観音像控訴審事件〕）。

著作者または実演家の死亡により，著作者人格権または実演家人格権は消滅するが（59条・101条の2），著作者または実演家の死後においてもその保護が定められている（60条・101条の3）。これに反する行為をした者に対しては，著作者または実演家の遺族による名誉回復措置請求が差止請求とともに認められている（116条）。

また，著作権者や著作隣接権者および出版権者は，その「業務上の信用」が害されることがある。この場合にも，特許法（106条）などにおけるように信用回復措置請求が認められるべきである。

4 刑事上の制裁

著作権，出版権，著作隣接権の侵害罪は親告罪であり（123条），10年以下の懲役もしくは1000万円以下の罰金またはこの併科に処せられる（119条1項）。著作権，著作隣接権および出版権の侵害罪は，法人も業務主体として処罰され，3億円以下の罰金が科せられる（124条）。すでに述べたように（第2章7参照），この著作権等侵害罪については，平成30（2018）年のTPP11関係整備法（法律第70号）により，一部非親告罪とされ（123条2項・3項），同年12月30日のTPP11発効と同時に施行されている。

著作者人格権，実演家人格権の侵害罪および，営利目的の著作権等侵害たる複製への自動複製機器提供者，一部の擬制侵害者（113条1項・2項）については，5年以下の懲役もしくは，500万円以下の罰金

またはこの併科に処せられる（119条2項）。

　平成24（2012）年の改正により，私的使用目的であっても，有償著作物等であって，有償で公衆に提供され，または提示されているものの著作権や著作隣接権を侵害する国内国外における自動公衆送信を受信して行うデジタル方式の録音録画を，自らその事実を知りながら行った者は，2年以下の懲役若しくは200万円以下の罰金またはその併科に処せられることとなった（同条3項）。

　著作権などの侵害罪については刑法総則が適用され，したがって，著作権侵害罪の成立には故意を要する（刑38条1項）。しかしながら，日本国民の外国犯も処罰される点は注意を要する（刑施27条1号，刑3条）。

第17章 パブリシティの保護

> 著名人の氏名や肖像は顧客吸引力を持ち，これについて，その主体に「パブリシティ権」が認められつつある。とはいえ，その要件・内容さらには人格権との関係について検討を要する。

1 パブリシティ

著名人の氏名や肖像

著名人の氏名や肖像を営業的に利用することは，その営業に係る商品やサービスについて顧客を引きつける力を持っている。これを「顧客吸引力」という。パブリシティ（publicity）というのは，まさに著名人の氏名または肖像などが有している顧客吸引力に着目し，著名人の氏名または肖像が営業的に利用される際の財産的価値を指し示すことばである。現在では，パブリシティの主体である著名人に，自らの氏名または肖像の営業的利用について排他的支配が認められるべきものとして，排他的権利保護が確立しつつあり，この権利を「パブリシティ権」という。

パブリシティと
プライバシー

この「パブリシティ権」は，映画の国，アメリカで発達し，個人の私事を保護し人格的な利益を保護する権利として「プライバシー権」が認められているのとは別に，とりわけ著名人のプライバシー権が制限される一方，その氏名または肖像についての財産的利益を保護するものとして確立した。わが国でも，一般人にも認められる自らの氏名，肖像，私事に対する氏名権，肖像権，プライバシー権などとは別にパブリシティ権を承認

し，とりわけ著名人の氏名や肖像が無断で営業的に利用されないよう
保護する傾向が，最近，顕著にみられる。もっとも，人格権と構成す
るか，それとも財産権と構成するかは理論的に争いがある。

2 パブリシティ権の形成

映画とコマーシャルの
タイアップから

こうした問題は，わが国では当初，外国配給
映画に出演する著名俳優の，映画とタイアッ
プ方式でなされたテレビコマーシャルでの肖像の無断利用について，
タイアップが業界の慣行であるかどうかという点も絡んで問題となっ
た。東京地判昭 51. 6. 29（判時 817 号 23 頁〔マーク・レスター事件〕）は，
俳優はプライバシー権が制限される一方で，自ら得た名声の故に自己
の氏名や肖像を対価を得て利用させる経済的利益を有しているとし，
タイアップの慣行も認められないとして請求を認容した。逆に，東京
地判昭 55. 11. 10（判時 981 号 19 頁〔スティーブ・マックイーン事件〕）は，原
告の主張を肖像権の違法侵害と捉えた上で，業界におけるタイアップ
の慣行を認めて請求を棄却した。その後，この種の事件では，芸能人
の肖像を，メダル，テレホンカードその他のグッズ，カレンダー等に
利用する販売行為につき，仮処分申請が認められ，無断の利用行為の
排除が確立していく（東京地決昭 53. 10. 2 判タ 372 号 97 頁〔王貞治記念メダル
事件〕，東京地決昭 61. 10. 6 判時 1212 号 142 頁〔おニャン子クラブ仮処分事件〕，
東京地決昭 61. 10. 9 判時 1212 号 142 頁〔中森明菜 1 事件〕，東京地決昭 61. 10. 17
判タ 617 号 190 頁〔中森明菜 2 事件〕，東京地判平元 . 9. 27 判時 1326 号 137 頁〔光
GENJI 事件〕）。

おニャン子クラブ本訴
事件

こうした流れの中で，東京高判平 3. 9. 26（判
時 1400 号 3 頁〔おニャン子クラブ本訴控訴審事件〕）
は，芸能人グループの実演写真が無断でカレンダーに使われた事件に

おいて，芸能人の氏名・肖像の持つ顧客吸引力を認め，これは当該芸能人が獲得した名声，社会的評価，知名度から生じる独立した経済的な利益ないし価値として把握することができると述べる。そして，これが芸能人に固有に帰属するものであることは当然であり，当該芸能人はかかる顧客吸引力の持つ経済的な利益ないし財産的利益を排他的に支配する財産的権利を有すべきものとして，その無断利用は権利侵害となるとした。この判例は，人格権とは別個に，著名人の氏名・肖像についての顧客吸引力を排他的に支配する財産権を初めて明確に正面から認めたものとして注目に値する。

権利主体 しかし，パブリシティ権に関しては依然いろいろな問題がある。まず権利主体として「著名人」とはどのような者をいうかが問題になる。芸能人が問題になる例は多い。しかし著名な詩人である土井晩翠の相続人が，無断で晩翠の氏名が「晩翠草堂前」というバス停留所等の標識に用いられたのに対して使用差止と損害賠償を請求した事件で，晩翠が生前自己の氏名や肖像の持つ顧客吸引力により経済的利益を得，または得ようとしていたとは認められないから，晩翠の氏名，肖像等についてパブリシティ権の発生は到底認められないとした横浜地判平 4.6.4（判時 1434 号 116 頁〔土井晩翠標識事件〕）がある。著名な詩人がパブリシティ権を有しないとすると，結局は，権利主体は，氏名または肖像の顧客吸引力を管理し，そこから対価を得ることを主たる活動とする著名人，すなわち芸能人，テレビのパーソナリティーやプロスポーツ選手などに限定されることにもなろうが，検討を要する。

財産権としての譲渡性・相続性 パブリシティ権は争いはあるものの財産権であると考えられる。この場合，一般の財産権のように譲渡性が問題となる。ただ，本人の主体と密接に結びついた側面があるので，他人に譲渡しても，譲受人は使用態様において本人の名誉等の人格権を侵害してはならないことになろう。また，他方，

財産権であるとしても，本人たる主体と切り離せないものとして一身専属権として捉えることも可能であり，このように考えると譲渡不可と考えられる。相続性も問題になる。一身専属権とすれば相続され得ず，本人死後の使用は自由となるが，生前は全く使用できなかったものが，本人死亡後は直ちに使用が全く自由というのも納得しがたい。反対に財産権であるとすれば，相続の対象となるが，本人の死後いつまで権利が存続するかについても争いがあり，死後25年あるいは50年ぐらいに限定する説と，使用されている限り永久に保護されるとする説もある。顧客吸引力を有する氏名・肖像に着目した権利であるので，使用され顧客吸引力を有する限りは期限の限定なく保護されるとする考えも可能であろう。

　なお，芸能人の芸名について，芸能人本人にか，それともプロダクションに帰属するか争われた事案で，専属契約の条項および商標登録がされていることによりプロダクションへの帰属を前提に芸能人本人による使用の差止めを命じた一審東京地判平4.3.30（判時1440号98頁〔加勢大周一審事件〕）に対し，専属契約の解約告知による解消を理由に一審判決を取り消した控訴審東京高判平5.6.30（判時1467号48頁〔加勢大周控訴審事件〕）がある。社長本人がつけた芸名も芸能人本人に帰属するが，専属契約によりその期間中はプロダクションに譲渡または排他的な管理権が付与されていたという趣旨であろう。

| 人格権とパブリシティ |

人については，人格の表象として，肖像，氏名，個人のプライバシー，名誉，著作物その他が権利保護の対象となり得るが，これらの保護を通じて個人の精神的利益を保護するものが「人格権」として捉えられてきた。しかし人格権を，自己の自由な展開を保障する権利として，精神的利益のみならず，経済的利益にも関わる自己決定権として捉えることができるとすれば，少なくとも人の氏名や肖像などのパブリシティの保護を人格権の一環として捉えることができ，「パブリシティ権」の概念は無用

または人格権の一部となり得よう。また，顧客吸引力の有無とは別に，著名人に限らず一般人についても人格権の一面として「パブリシティ権」を捉えることもできよう。とくに，死後の人格権保護があってこそ，人は生前十分な人格的展開をなし得るという観点から，死後の人格権が存続を認められるとすると，死後のパブリシティの保護も結局は行使主体の問題に還元され得よう。しかし人格権の制約を甘受せざるを得ず，その反面，それが故に氏名・肖像が顧客吸引力を有するに至った著名人につき，パブリシティ権が認められるに至った経緯からすれば，パブリシティ権は人格権に由来し，人格権を背後に控えた財産権と捉えるべきであろう。

使用態様　芸能人の氏名や肖像を，新聞のテレビ番組紹介欄で使用することはパブリシティ権の侵害とは考えられない。では，一体どういう場合に顧客吸引力を有する著名人の氏名・肖像を無断で利用したことになり，侵害とされるのかも問題となる。ラジオ局が出版したロックグループ「キング・クリムゾン」の紹介本につき，全体として「キング・クリムゾン」および原告を含むグループに関連する音楽家の氏名，肖像およびこれらの者の音楽作品のジャケット写真の有する顧客吸引力を重要な要素として成り立っているとして，パブリシティ権の侵害を認めた判例がある（東京地判平 10.1.21 判時 1644 号 141 頁〔キング・クリムゾン一審事件〕）。しかし，控訴審（東京高判平 11.2.24 判例集未登載〔キング・クリムゾン控訴審事件〕）では当該書籍は，もっぱら原告らの顧客吸引力を利用したものとはいえないとして侵害が否定された。これはもっぱら顧客吸引力を利用した使用態様でなければ権利侵害とはならないとした判旨と理解できるが，そうであれば個別具体的事例毎に判断する必要があろう。

　近時では，プロサッカー選手である中田英寿選手の半生について書かれた書籍につき，他人の氏名，肖像等を使用する目的，方法および態様を全体的かつ客観的に考察して，もっぱらその顧客吸引力を利用

するものとはいえないとした判例や（東京地判平 12.2.29 判時 1715 号 76 頁〔中田英寿事件〕），ピンク・レディーの歌唱時の振り付けを利用したダイエット記事において，ピンク・レディーが撮影されている写真を掲載したことが，もっぱらピンク・レディーのメンバーの顧客吸引力を利用したものではないとした判例があるが（東京地判平 20.7.4 判時 2023 号 152 頁〔ダイエット記事ピンク・レディー写真利用一審事件〕および知財高判平 21.8.27 判時 2060 号 137 頁〔ダイエット記事ピンク・レディー写真利用控訴審事件〕），反対に芸能人らが芸能人になる前の姿の写真や，通学中の姿を写した写真等で主として構成された雑誌について，パブリシティ権の侵害を認めた判例もある（東京高判平 18.4.26 判時 1954 号 47 頁〔ブブカ・スペシャル 7 事件〕）。そして，上記ダイエット記事ピンク・レディー写真利用事件の最判平 24.2.2（民集 60 巻 2 号 89 頁〔ダイエット記事ピンク・レディー写真利用上告審事件〕）によれば，人の肖像等の有する顧客吸引力を排他的に利用する権利としてのパブリシティ権を人格権に由来する権利ということができるとした。その上で，肖像等に顧客吸引力を有する者は，社会の耳目を集めるなどして，その肖像等を時事報道，論説，創作物等に使用されることもあるので，その使用を正当な表現行為等として受忍すべき場合もあり，したがって肖像等を無断で使用する行為は，①肖像等それ自体を独立して鑑賞の対象となる商品等として使用し，②商品等の差別化を図る目的で肖像等を商品等に付し，③肖像等を商品等の広告として使用するなど，専ら肖像等の有する顧客吸引力の利用を目的とするといえる場合にパブリシティ権を侵害するものとして，不法行為法上違法となると解するのが相当であるとし，本件の場合にはそれに当たらないと判示した。ただ最高裁判決は人格権に由来する権利としてのパブリシティ権の性質については明言していないが，やはり財産権と解すべきであろう。

　なお，近時の興味深い判例として，数名の女性芸能人の肖像写真に，乳房のイラストを合成した性的な内容の雑誌記事につき，上記最高裁

判決のパブリシティ権侵害の使用態様には該当しないとしながら，本件記事は女性芸能人の受忍限度を超えた氏名権および肖像権ならびに人格的利益としての名誉感情を侵害するものとして不法行為を構成するとしたものがあり，注目に値する（東京地判平 27.1.29 裁判所 HP〔女性芸能人乳房イラスト合成記事一審事件〕また，一審判決を支持する控訴審判決として知財高判平 27.8.5 裁判所 HP〔女性芸能人乳房イラスト合成控訴審事件〕がある）。

3 物のパブリシティ

物のパブリシティに関する判例

判例の中には，広告用ガス気球を第三者が無断撮影して，それを素材とするポスターで宣伝した事例（東京高判昭 53.9.28 東高民 29 巻 9 号 206 頁〔広告用ガス気球事件〕），長尾鶏の写真を撮って絵葉書として販売した事例（高知地判昭 59.10.29 判タ 559 号 291 頁〔長尾鶏事件〕）およびホテル所有のクルーザーが無断で宣伝広告に利用された事例（神戸地判平 3.11.28 判時 1412 号 136 頁〔クルーザー広告利用事件〕）等のように，実質的に物のパブリシティ権を認めたと解されるものもみられる。これらは所有権侵害で理由づけている。しかし，物とはいえ，物自体ではなく，その有体性を取り除いた特定の形象が一定の者に帰することが客観的に認められ，その者による顧客吸引力の支配があるところにおいて，第三者の無断利用が問題となるとすれば，一般的に物のパブリシティについても，それを支配する者に権利を認める見解の余地があろう。近時，競馬の人気馬の名を競馬ゲームソフトに使用した事案につき，パブリシティ権の侵害が争われた事案がある（*Column㉘*参照）。

顧客吸引力とパブリシティ

そもそも，ある形象や表象に係る顧客吸引力に法的に財産的価値があるとするのは，それが営業的に利用され得，かつ，そのために当該帰属主体によるコント

ロールが認められるところに，無断利用からの法的保護が問題になるからである。そうした観点からは，著名人の氏名や肖像に限らず，著名商標，その他のシンボルやキャラクター，さらには動物や物も確かに顧客吸引力を具現する形象の担い手たり得る。ただ著名人のパブリシティ権は人格権の制約されることの代償として権利保護を捉えることができるが，顧客吸引力を有する物のパブリシティ権については所有権から導き出すことはできず，それ故に権利保護を検討する以前に，不正競業法的な観点からの「ただ乗り規制」等が考えられるべきように思われる。

Column㉘ 馬名のパブリシティ権 •••••••••••••••••••••••••••••

　「ギャロップレーサー」なる競馬ゲームソフトに競走馬の馬名を使用した事案で，名古屋地判平12. 1. 19はGIレース出走馬の馬名につき馬主にパブリシティの権利を認めたが（判タ1070号233頁〔ギャロップレーサー一審事件〕），この控訴審判決である名古屋高判平13. 3. 8は一審判決を支持しつつ，権利保護が認められるものをGIレース優勝馬に限定した（判タ1071号294頁〔ギャロップレーサー控訴審事件〕）。これに対して，「ダービースタリオン」なるゲームソフトに使われた競走馬の馬名につき，馬主20名がゲームソフト会社に損害賠償を請求した事案において，東京地判平13. 8. 27は物のパブリシティ権を否定した（判時1758号3頁〔ダービースタリオン一審事件〕）。また，その控訴審東京高判平14. 9. 12も，一審判決を支持して，馬主らの控訴を棄却した（判時1809号140頁〔ダービースタリオン控訴審事件〕）。最高裁の判断に注目が集まったが，上記ギャロップレーサー事件の上告審判決は，権利保護を否定し馬主らの請求を棄却した（最判平16. 2. 13民集58巻2号311頁）。この判決のような理解が正当であるにしても，一定の「物」の有する顧客吸引力につき，ただ乗り防止的な観点から保護を図ることを理論的には検討する余地があり得よう。

•••

4 パブリシティの主体の推奨責任

　パブリシティは，自らの氏名や肖像についての顧客吸引力を他人に営業上利用させることによって，人々の購買決定に重要な作用を与え

るので，それを利用した営業につき責任が発生する場合には，営業主だけではなく，その営業に自らのパブリシティを利用させた本人自身にも責任が生ずるか否かが問題になる。実際に，原野商法のような詐欺的な土地分譲事例について，自らのパブリシティを利用させた俳優の責任が認められた例がある（大阪地判昭 62.3.30 判タ 638 号 85 頁〔高田浩吉事件〕）。確かに，パブリシティが営業そのものの信頼性を補って購入者の購入決定について大きな要因となり得る場合には，パブリシティの使用許諾にあたっては，その本人にパブリシティが利用される営業内容等について誠実に調査すべき義務があると考えられ，この義務を尽くさず，そのために被害の生じたときには営業主とともに共同不法行為責任が発生する場合がある。

デジタル社会と知的財産権

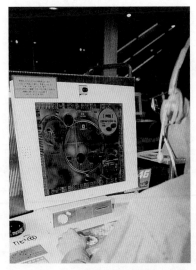

デジタル化された情報は，どんな姿でもとる
ことができます。それだけに，どの姿をとっ
たときを対象とするかによって保護のあり方
も変わってきます。

第**18**章 プログラム，データベースおよびデータの保護

> プログラム，データベースおよびビッグデータ等のデータは，
> これからのAIやIoTによる社会の高度情報化を支えるものと
> して財産的価値が高い。そこにはデジタル形式の著作物の提示
> する問題性が凝縮されている。

1 保護の意義

法的保護の必要性

　今日，コンピュータ・プログラムは産業機器・製品はもちろん，身近なところでも自動車，カメラ，ゲーム，おもちゃ，その他一般の家庭電化製品にも欠かせないものとなっている。また，データベースはテキスト，数値その他の情報を体系的にコンピュータに蓄積し，利用者が検索により必要な情報を引き出せるように構築したシステムであり，様々な経済的，文化的，社会的活動のための意思決定をなす際に不可欠なものである。さらには，AI（Artifical Intelligence＝人工知能）に係る技術が普及しつつある中で，AIに「深層学習」（deep learning，すなわち，人間の脳神経回路を模したニューラルネットワークを多層的にすることで，コンピューター自らがデータに含まれる潜在的な特徴をとらえて学習する機械学習のひとつ）をさせ，これにさまざまな分野において大量に蓄積されたデータであるいわゆるビッグデータ等を分析・評価させて，AIが人と同様な認知，判断および創造等をなすことが可能となりつつある。また，IoT（Internet of Things＝物のインターネット）は，現実世界の様々の機器等がインターネ

AI，IoT およびビッグデータのイメージ

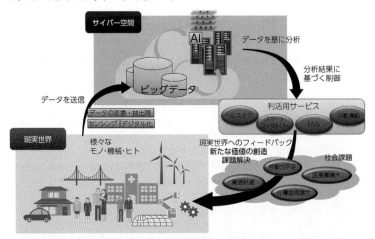

総務省『「平成 28 年版 情報通信白書』第 1 章 ICT によるイノベーションと経済成長』より
(http://www.soumu.go.jp/johotsusintokei/whitepaper/ja/h28/html/na000000.html)

ットに接続され，データのやり取りをすることにより相互に制御する
技術であるが，今日，これによって新たなデジタル社会の実現が目指
されており，平成 28（2016）年改正後の特定通信・放送開発事業実施
円滑化法附則 5 条 2 項 1 号括弧書では「インターネット・オブ・シン
グスの実現」を，「インターネットに多様かつ多数の物が接続され，
及びそれらの物から送信され，又はそれらの物に送信される大量の情
報の円滑な流通が国民生活及び経済活動の基盤となる社会の実現」と
定義している。この定義でも明らかなように，IoT では様々な物どう
しが相互に送受信する多様，かつ大量の情報が想定されていて，それ
らは自ずと自動的にデータベースに蓄積されて，AI と結びつき用い
られ，分析・評価されてその結果が現実世界にフィードバックされる
という循環構造を持つ。これら AI や IoT 等に関わる技術として重要
なのはやはりプログラム，データベースないしはビッグデータ等であ
り，これらの保護が問題になり得る。ビッグデータ等の保護について

は，平成 30（2018）年の不正競争防止法の改正により明文化され，本書では第 11 章 2 ⑤で触れているので，以下ではプログラムおよびデータベースの保護について一般的述べることにする。

*Column*㉙　AI や IoT とこれからの世界 ・・

　AI や IoT に係る技術保護は重要ではある。AI や IoT によって社会的に大量のデータが収集されることになって，それらに対する不正アクセスやサイバー攻撃等が問題になるであろうし，他面ではこれらのデータには個人に関するものもあり，それがたとえ匿名データであっても，他のさまざまなデータを掛け合わせることで，個人を特定することも可能である。したがって個人の人格権保護の観点から個人情報保護も重視していかなければならない。また，AI が人と同様に学習し，認識，判断する能力に持つに至り，やがて発明をし，また，音楽，絵画や小説等を創作するようになることも十分予測されるところであり，そうなれば，それらの権利保護や権利帰属がどうなるのかという問題も生じる。他方，AI は，やがて人を支配・管理し，人を AI の道具に貶める危険性も孕んでいる。したがって，このような技術を扱うに当たっての「哲学」が必要とされるであろう。その際のキーポイントは，AI を「人間の道具にとどめ，それを超えるものとしてはならない」ということである。これは人が人であるためには譲るべきでない一線であろう。また，将来，このような観点からの法規制が必要とされるかもしれない。

・・・

2　プログラムの保護

①　著作権法による保護

プログラムの著作物

　プログラムについては 80 年代に工業所有権的な新たな「独自立法」（*sui generis* 立法）による保護の主張と，著作物として著作権法による保護の主張が対立し，大きな議論の対象となったが，後者が国際的に支持されるようになり，わが国では昭和 60（1985）年の著作権法改正により，プログラムを著作権法上の著作物として保護することを明確化した。そして現在では，TRIPs 協定 10 条および WIPO 著作権条約 4 条によってもベルヌ条約

上の文学的著作物としての保護が要請されている。

　著作権法上，プログラムは「電子計算機を機能させて一の結果を得ることができるようにこれに対する指令を組み合わせたものとして表現したものをいう」と定義され（2条1項10号の2），それに創作性があることを前提に「プログラムの著作物」として保護される（10条1項9号）。一般に「学術」の分野に属する著作物と考えられている（東京地判昭57.12.6無体集14巻3号796頁〔スペース・インベーダー・パートⅡ事件〕）。プログラムの開発は，通常，日常言語に近い人間に理解可能なプログラム言語により，まずソースプログラムが作成されるが，これをコンピュータで使用するためにはコンピュータに実行可能な機械語命令によるオブジェクトプログラムに，コンパイラーというプログラムを用いて変換しなければならない。このように変換されたものが通常CD-ROMやDVDに納められ，またはインターネットからダウンロードできるプログラムである。この変換は機械的であるので判例・通説は著作権法の観点から複製であると考えている。したがってこの場合，オブジェクトプログラムはソースプログラムについて成立する著作権によって保護される。モジュールといわれる小さなプログラムの基本単位やプログラムの一部でも，電子計算機を機能させて一の結果を得ることができ，かつ，創作性が認められれば著作物として保護され得る。プログラムのコーディングの前段階で作成されるシステム設計書，フローチャートさらにはプログラムの使用マニュアルなどは，プログラムの著作物ではなく，言語の著作物や図形の著作物などの他の類型の著作物として保護され得る。また，ビデオゲームなどのプログラムを実行して生成される画面の影像は映画の著作物として保護されると考えられている（東京地判昭59.9.28無体集16巻3号676頁〔パックマン事件〕）。

表現保護

著作権法は「表現」を保護するものであるので，プログラムを表現する手段としての「プ

ログラム言語」は保護されない。また，たとえば通信プログラムは，通信によるデータのやり取りのために一定の通信プロトコルという規約を基礎に命令が組まれ，また基本プログラム（OS）も，その上で動くアプリケーションプログラムとの命令の連動のためにインターフェース情報という一定の規約に基づいて組まれるが，そうした「規約」や，プログラムの表現の基礎にある命令の組み合わせの方法としての処理の手順は「解法」として，プログラムの表現とはいえずアイデアに属し保護されない（10条3項）。したがって，小説などは具体的なストーリーも表現と考えられているが，プログラムにあっては自然科学の論文等のように，その表現としての保護される範囲は比較的狭いものと考えられる。最近の判例として，原告がいかなる記述が個性の発現の余地があるものかを主張せず，むしろ証拠として提出された指令の組み合わせは一般的に使用されたものと認定してプログラムの著作物性を否定した大阪地判令元.5.21（裁判所HP〔注文・商品管理プログラム事件〕）がある。

著作者　　自然人たるプログラマーがプログラムを作成した場合には，その者が著作者として著作者人格権および著作権を有することになる。ただし15条2項において，「法人等の発意に基づきその法人等の業務に従事する者が職務上作成するプログラムの著作物の著作者は，その作成の時における契約，勤務規則その他に別段の定めがない限り，その法人等とする」と規定され，法人その他使用者に雇用されているプログラマーが職務上作成するプログラムの著作物については，別段の定めのない限り，原則として雇主としての法人等が著作者となり著作者の権利を有する。

権利制限　　著作権法は，ユーザーがプログラムを利用するにあたっての利益を考慮して次のように著作者の権利を制限する。

(1) **著作者人格権の制限**　　特定の電子計算機において実行できない

プログラムの著作物を実行できるようにするため，またはプログラムの著作物を電子計算機においてより効果的に実行できるようにするために必要な改変には，同一性保持権は適用されないものとした（20条2項3号）。

(2) **利用の確保のための著作権の制限**　プログラムの著作物の複製物の所有者は，自ら電子計算機において実行するために必要と認められる限度において，プログラムの著作物の複製または翻案（これによって創作した二次的著作物の複製を含む）をすることができる（47条の3第1項，47条の6第1項2号，47条の6第2項）。プログラムの毀損・滅失に備えたバックアップやプログラム使用の前提としてのハードディスクへのインストールなどの複製，さらには自らの電子計算機において実行し得ないプログラムを実行できるようにしたり，あるいは既存のプログラムの機能を追加拡張したりするための翻案と，こうした翻案により創作された二次的著作物の複製を，プログラムの著作権者の複製権および翻案権を制限して認めたものである。もっとも，こうして作成された複製物を頒布し，または当該複製物によりプログラムの著作物やその二次的著作物を公衆に提示した者は，複製や翻案を行ったものとみなされる（49条1項4号・2項4号）。また作成された複数の複製物のいずれかについて，所有者が滅失以外の事由によって所有権を有しなくなった後には，著作権者の別段の意思表示のない限り，その他の複製物を保存してはならない（47条の3第2項）。保存できない典型的な場合としては，複製物のひとつを他人に譲渡したような場合がある。これに反して保存すれば複製または翻案を行ったものとみなされる（49条1項5号・2項5号）。なお，プログラムの実行に際してのコンピュータ内のメモリーへの一次的な電子的蓄積は，わが国では複製には該当しないとされている。また，ブラウザを実行してインターネットのサイトを閲覧する際に，そのキャッシュコピーがコンピュータ内のハードディスク等の記録装置にコピーされることが複製に当たるかは議論

があるところ，47条の4第1項1号の著作権制限規定により侵害とはされない。

(3) **リバース・エンジニアリング**　　プログラムは，その本質において技術としての特性を備えている。したがって技術の累積的発展を考慮すれば，著作権法上保護されないプログラムのアイデアを抽出して評価・解析することは不可欠である。また，あるプログラムとの相互運用性を図るためにそのプログラムが前提としている規約を抽出して，それに合わせてプログラムの命令を組む必要性も認められる。そのためには機械語命令の形式のオブジェクトプログラムを人間にも理解可能なソースプログラムに逆変換し，さらにはときとしてフローチャートまで遡らなければならない。これをプログラムのリバース・エンジニアリングというが，その過程で複製や翻案が伴うので，典型的な技術保護法である特許法が特許権を制限して試験・研究のための実施を認める規定（特69条1項）を設けているのとは異なり明示的規定のない著作権法上は許容されるか否か争いがあった。判例として，原告の外国為替証拠金取引（FX取引）用ソフトウェア関連のプログラムの被告による複製および翻案行為，すなわちリバース・エンジニアリングの違法性が争点となった事案において，大阪地判平21.10.15（裁判所HP〔FX自動売買プログラムリバース・エンジニアリング事件〕）は，トレードごとの成績を個別に検証し，適切なパラメータ設定を探ることのみを被告プログラムの作成目的としていること，また，本件プログラムの作成経緯，さらには被告プログラムが第三者に開示も頒布もされていないことなどの事情を総合して，原告が被告の複製・翻案行為のみを理由として著作権侵害を主張し，損害賠償を請求することは権利濫用に当たるとした例がある。こうした中，平成30（2018）年改正により柔軟な著作権制限規定が設けられ，30条の4により著作物に表現された思想または感情の享受を目的としない利用は，いずれの方法によるかを問わず著作物を利用することができるとされるに至った。リバ

ース・エンジニアリングは表現の享受を目的とするものではなく，プログラムの背後にあるアイデアそのものを抽出することを目的とするものであるので，今後は著作権法上認められるものと解される。

保護の強化

(1) LAN での使用　　他方，プログラムの著作者の利益につき，プログラムの特性に照らしてより一層の保護を図るために，次のような配慮をしている。すなわち，電気通信設備で同一人が同一構内にあるものを占有する場合は，原則としてこれによる著作物の送信は公衆送信に該当しないが，プログラムの著作物については構内 LAN による有線・無線の送信は例外的に公衆送信に該当し，著作権者の公衆送信権の対象となる（23 条・2 条 1 項 7 号の 2 参照）。

(2) 海賊版の業務上の使用　　プログラムの著作物の複製物の使用権原を取得した時——たとえばそれを購入したり借り受けたりした時——に違法複製物であることの情を知っていた場合，それを業務上電子計算機で使用する行為は著作権を侵害するものとみなされる（113 条 2 項）。情を知っていたものは，上記 47 条 3 第 1 項の制限規定の適用もない。使用されることに価値があるプログラムの特性に着目した保護強化の規定といえる。

② 特許法による保護

「物の発明」として のプログラム等

プログラムの保護は著作権法によるものに限られない。ソフトウェアとしてのプログラムが一定要件のもとで特許法上の発明としても保護されることは，わが国においても 1970 年代から実務上の取扱いとして認められていた。近時はソフトウェアとしてのプログラムに関しては，特許権による「アイデア保護」を，著作権による「表現保護」と合わせて求める動きも顕著にみられ，多くのソフトウェア関連発明の特許出願がみられる。その際には新規性，進歩性，産業上の利用可能性等の特許要件を

充足する必要があるが，そもそも特許法上の「発明」としての「自然法則の利用」が問題にされることが多い（特2条1項）。これにつき，ソフトウェアによる情報処理がハードウェア資源を用いて具体的に実現されている場合，当該ソフトウェアは自然法則を利用した技術的思想の創作であるとされ，特許法上の発明に該当することが明らかにされている。また，こうしたソフトウェア関連発明は，①時系列的につながった一連の処理または操作，すなわち「手順」として表現できるときに，その「手順」を特定することにより，「方法の発明」（「物を生産する方法の発明」を含む）として請求項に記載でき，また，②その発明が果たす複数の機能によって表現できるときには，それらの機能により特定された「物の発明」として請求項に記載できる。

　こうしてソフトウェア関連発明に係るプログラム自体が「物の発明」の「物」に該当することが認められているが，特許法上も「プログラム等」を「物」に含めるとともに，「物の発明」の実施行為である「譲渡等」についても，「譲渡及び貸渡しをいい，その物がプログラム等である場合には，電気通信回線を通じた提供を含む」とされている（特2条3項1号）。

　ここで「プログラム等」とは，「電子計算機に対する指令であつて，一の結果を得ることができるように組み合わされたもの」としてのコンピュータ・プログラムをいうほかに，「その他電子計算機による処理の用に供する情報であつてプログラムに準ずるもの」をいう（特2条4項）。したがって，たとえばコンピュータによる処理効率が飛躍的に高まるデータ構造を有するデータ等も「物の発明」に該当し得ることになる。この関係でさらに「物を生産する方法の発明」の場合の「物」にもこうしたプログラム等が含まれることになり，プログラムを自動的に生成するソフトや，影像・音楽を圧縮するソフトは生産方法の発明として特許権が成立しているとすると，その方法により自動生成されたプログラムや圧縮された影像・音楽ファイルが，この生産

された「物」に該当して特許権が及ぶものとなる。

　また，特許権の及ぶプログラム等の「電気通信回線を通じた提供」が，実施行為としての「譲渡等」に当たることになり，上記特許発明としてのコンピュータ・プログラムや，プログラムで処理される特定のデータ構造を有するデータ，さらには物を生産する方法としてのプログラムで生成されたソフトやデータ・ファイルをネットワークを通じてやり取りすることにも特許権の効力を及ぼすことができる。しかし，伝統的な有体物としての「物」の概念（民85条）を一定限度拡大して無体物たるプログラム等にまで含めたわけであるが，立法であれ，今後，「物」の概念にいかなる無体物を含めて考え得るのか検討を要する。また，インターネットを通じて提供されるプログラムは物にあたるとはいえ，消尽論の適用はないと解される。こうした背後に，無体物としての情報が価値を有するデジタル情報化時代という，その全体像の把握が依然困難な状況を垣間見ることができる。

| ビジネス方法，AI
や IoT 関連特許 | コンピュータ・システムを用いたビジネス方法等のビジネス関連発明もまた，プログラム |

と同様に，基本的にはソフトウェア関連発明として取り扱われ得るが，新規性および進歩性の判断に関する事例を充実させるためにデータベースの充実化と国際協力の体制作りがなされ，そして特に平成12 (2000) 年には，特許庁に電子商取引審査室の創設と，専門家の活用と審査官・審判官の育成にも努力が払われつつある。また現在の審査基準によるソフトウェア関連発明の取扱いでは，特に進歩性の判断との関連において，「当業者」を特定のビジネス分野とコンピュータ技術分野の複数の技術分野からの「専門家からなるチーム」として考えた方が適切な場合があるとしている。ただ，日本においては平成12 (2000) 年頃にビジネス関連発明の出願ブームともいえる状況が生じたが，近年出願件数は減少傾向にある。他方，AI や IoT 関連の発明に係る出願は増加している。これらの分野においては技術進歩が速く，

また，技術の陳腐化も速いので特許権取得のために公開することのデメリットはさほどないといわれているので，今後も出願が増加する傾向が続くものと思われる。なお，平成30 (2018) 年3月には，AIやIoT関連の発明についてはソフトウエア関連発明に係る審査基準の基本的な考え方を変更せずに，発明該当性に関する明確化を図る改訂特許審査基準が公表されている。

3 データベースの保護

① 著作権法による保護

データベースの著作物 わが国の著作権法は，昭和61 (1986) 年の改正により，データベースを「論文，数値，図形その他の情報の集合物であつて，それらの情報を電子計算機を用いて検索することができるように体系的に構成したもの」と定義する規定を設けるとともに (2条1項10号の3)，「データベースでその情報の選択又は体系的な構成によつて創作性を有するものは，著作物として保護する」と規定する (12条の2第1項)。この規定は，データベースはシステムとしては情報を検索するコンピュータ・プログラムを不可分の要素とするものであるが，コンピュータ・プログラムは別個の著作物として保護され得るので，システムにおける情報の体系的構成の部分のみをコンピュータ・プログラムと切り離してデータベースの著作物として保護するものである。こうしてわが国では「データベースの著作物」という新たな著作物の範疇を導入して，創作性のあるデータベースを著作物として保護することを明確化している。TRIPs協定10条およびWIPO著作権条約5条にも，コンピュータ・プログラムと並んでデータベースの著作権保護が謳われている。

またデータベースが構築されるにあたっては，情報の収集・選定に

始まり，情報のフォーマットやデータベースの体系の設定，抄録作成やキーワード付与などの情報の分析・加工を経る必要があり，こうした情報が最終的にコンピュータに蓄積されてデータベースが完成されることに鑑みれば一般の編集著作物とは異なる側面に創作性がみられるとして，編集著作物とは異なる新たな範疇を設けてデータベースを保護することにしたものである。

　しかし，こうした相違点にもかかわらず著作権法上保護されるデータベースの著作物が一般の編集著作物とそれほど異なるものとは考えられない。データベースは通信回線による情報提供が前提にあったが故に，当初は，データベースの著作物の公表については，公衆の求めに応じ有線送信の方法で公衆に提示される状態に置かれたときに公表されたとみなす旨の規定（旧4条4項）があり，データベースの著作物に特有の規定として存在した。しかし現在では，データベースの著作物のみならず一般の著作物についても，公衆送信の方法で公衆に提供され，または自動公衆送信の場合には送信可能化されたときに公表されたものとされるので（4条1項・2項），今日ではデータベースの著作物は，編集著作物のみならず一般の著作物と変わるところはない。むしろデータベースの著作物は編集著作物の一類型であって，創作性の判断において特別の考慮を必要とすると理解すれば十分であろう。したがって，ある著作物がデータベースの著作物か，それとも編集著作物であるかは，それほど大きな問題とされる必要はない。たとえばCD-ROM や DVD に検索ソフトとともに入れられ，検索用に整理・構成された電子辞典・辞書・六法などはデータベースの著作物であるともいえるし，編集著作物であるといってもいいであろう。

データベースと素材情報
　　データベースは，素材情報を体系的に構成したものである。素材情報が著作物ではなかったり，または著作権法によって保護されない法令・判決などの情報である場合もある。しかし，素材情報が著作物である場合で，データベ

ース自体も著作物として保護されるときでも，データベースの部分を構成する著作物としての素材情報の著作権には影響を及ぼさないので（12条の2第2項），こうした素材情報をデータベースに加工・入力する際には素材情報の複製・翻案として著作者の複製権や翻案権が，また，公衆送信する場合には公衆送信権（さらに場合によっては著作者の公表権等の著作者人格権）が問題になり，さらには利用者が検索の結果，素材情報をダウンロードして利用する場合には，再度，複製権や翻案権などが問題となり得る。したがってこのような場合，データベースの構築にあたっては，データベースの提供およびユーザーの適切な範囲での素材情報の利用が可能となるように権利処理がなされることが必要である。

データベースについての権利　　データベースにあっては，①データベースの全部または一部の盗用，②データベースの体系の盗用，③データベースのプログラムの複製，翻案等による盗用が問題になる。この中で③については，著作権法は上述のようにコンピュータ・プログラムを別個の「プログラムの著作物」として保護しているので，それにより対処されれば十分である。次に①の場合で，それがデータベースの表現としての創作性がある部分の盗用である場合には，データベースの著作権侵害はもとより，個々の素材情報が著作物であれば，その著作権侵害ともなり得る。もっとも，具体的にいかなる場合に，データベースの表現としての創作性がある部分の盗用となり得るのかは判断が困難な問題である。多少なりともデータベースとしての再利用が可能な程度の情報がまとめて盗用された場合には，これに当たると考えられるであろう。データベースの一部の盗用で，データベースの表現としての創作性がある部分の盗用とはいえない場合には，データベースを構成する素材情報が著作物であれば，その著作権侵害のみが問題となり得る。これらは無権原のユーザーによるデータベースのダウンロードと再利用のときに特に問題となろう。さら

に②については，それが素材情報を伴うデータベースの体系的構成の盗用ではなく，具体的な素材情報の構成のされ方を捨象した抽象的なデータベースの体系の盗用であれば，その体系自体はアイデアであって著作権法上は保護されないので，著作権侵害とはならないと考えられる。ただし，電子計算機で処理されるデータベースの一定のデータ構造は特許法上の発明として保護される得ることもあると考えられる。

| 創作性のない
データベース |

データベースは，一定の分野の可能な限り多くの情報を収集し蓄積して，検索できるようにしたところに価値を有することがあり，そのためにデータベースの製作にあたって情報の収集・蓄積に多大な労力と投資（いわゆる「額に汗」）は必要とされるものの，データベース自体に創作性がなく，著作権法によって保護され得ない場合も多数存在し得る。AI や IoT などのシステムで利用されるビッグデータ等のデータもインターネットを通じて自動的にデータベースに入力蓄積されたものやその部分であることも多く，創作性はないといえよう。このような創作性のないデータベースについても，データベースの製作にあたっての投資保護が図られるべきものとして，EU では，1996 年 3 月のデータベース保護に関する指令により，データベースが著作権法によって保護されるか否かにかかわらず，実質的な投資によって製作されたデータベースの製作者（maker of a database）に，データベースの全部または実質的な内容を抽出し再利用する行為（acts of extraction and/or re-utilization）に対して *sui generis* 権を付与し 15 年間保護している。例えば EU 加盟国のドイツでは創作性のないデータベースについての *sui generis* 権を著作権法改正により独立の章を設けて導入している。さらに 1996 年 12 月に採択された WIPO 著作権条約および WIPO 実演・レコード保護条約の検討過程において，また，アメリカの提案により，データベースの *sui generis* 権による保護がベルヌ条約議定書に関する専門委員会において検討されたが，最終の条約としては実現しなかった。わ

が国では，むしろ不正な競争の禁止という目的から，不正競争防止法上，一定期間に限った不正競争行為類型を設けるという提案がなされたが実現していない。

② 不法行為法による保護

わが国において，自動車車検証に記載する必要のある項目や自動車の車種の情報などからなる自動車整備業用に作成された実在の自動車に関する情報を提供するための原告データベースにつき，相当な部分を被告が複製してデータベースを作成し顧客に提供した事案において，東京地判平 13.5.25（判時 1774 号 132 頁〔自動車整備業用データベース中間判決事件〕）は，原告のデータベースにつき情報の選択およびデータベースの体系的構成に創作性があるとは認められないとしながらも，人が費用や労力をかけて作成したデータベースのデータを複製してデータベースを作成し，競合する販売地域において販売する行為は，公正かつ自由な競争原理によって成り立つ取引社会において著しく不公正な手段を用いて他人の法的保護に値する営業上の利益を侵害するものとして，不法行為を構成し得るとし，損害賠償請求が認めた（5613 万円の損害賠償請求を認容した終局判決として東京地判平 14.3.28 判時 1793 号 133 頁〔自動車整備業用データベース事件〕）。

本判決は被告の行為を不正競業行為に当たるとしたものの，これが不正競争防止法上の不正競争行為類型には該当しないために民法上の不法行為として捉えたものである。違法性においては差異はないと考えられるところ，不正競争防止法の適用があれば差止請求が認められるのに対し，民法の不法行為であれば通説・判例により，原則として差止請求は認められない。しかし，これはいかにも不均衡である。それは不正競争防止法に一般条項がないためで，本件被告の行為につき民法上の不法行為としても差止請求を肯定する理論的検討の余地はあるように考える。もっとも，平成 30（2018）年の不正競争防止法改正

により限定提供データの不正取得・使用・開示等が不正競争行為とされ（不競2条1項11号～16号），こうした限定提供データは，保有者が業として特定の者に提供するビッグデータをはじめとする相当量のデータとして，自動的にデータの入力されたデータベースまたはその部分として形を取って存在するといえ，その限りでは創作性のないデータベースまたはその部分について，一定限度間接的な保護が可能となったともいえる。

半導体チップはありとあらゆる製品に組み込まれている。現在では，単一機能の集積回路ではなく，プロセッサー，メモリー，その他の機能を一つのチップに組み込んだ「システムLSI」の開発が進んでいる。

1 はじめに

半導体集積回路と保護

半導体集積回路ないしは半導体チップは，小さな数ミリ角のシリコンなどの半導体基板に何十万〜何千万のトランジスター，コンデンサー，抵抗等の素子を形成し，これらを導線で結ぶことによって電子回路としたものであり，集積度が高まるとそれだけ小型で高度で複雑な機能を果たすことが可能となる。そしてこれにより，それを組み込んだ製品の小型化・軽量化とともに製品の大幅な品質・機能の向上を果たすことができる。

しかし高度の集積度を極めた半導体集積回路が製品として市場に出されるや否や，競争業者が先行者の製品を模倣して半導体集積回路を製造して販売することは容易となる。そこで半導体集積回路の模倣を防止し，半導体回路開発に投下した資本が適切に回収できるよう図るために，この種の法律としては世界で初めてアメリカにおいて「半導体チップ保護法」（Semiconductor Chip Protection Act）が 1984 年 10 月に制定されるに至った。これは「独自立法」（*sui generis* 立法）として制定されたものであるが，アメリカ法が外国チップの保護につき相互主

義を規定していたために，翌昭和60（1985）年にはわが国においても独自立法としての「半導体集積回路の回路配置に関する法律」（法43号）が制定される運びとなった。もっとも，わが国の半導体集積回路保護法は，アメリカ法と異なり相互主義を採らず内外平等主義により，すべての国民の回路配置を対等に権利保護することにしていることは注目に値する。

　　　　　　　　　　　　　　さらには半導体集積回路の国際的な模倣を防
　　国際条約　　　　　　　　止すべく，WIPO の主導のもとに1989年5
月26日ワシントンにて「集積回路についての知的所有権に関する条約」（集積回路保護条約，IPIC 条約）が採択されているが，わが国はアメリカと同じく署名するに至っておらず，条約そのものも未発効である。しかし TRIPs 協定により，加盟国は集積回路保護条約の一定の規定を遵守する義務を負うことになり（TRIPs 35条），しかも TRIPs 協定には集積回路保護条約を補完する規定も設けられている（TRIPs 36条〜38条参照）。

2　わが国の半導体集積回路保護法

1　体系的位置づけ

　　　　　　　　　　　　　　半導体集積回路保護法は，産業的な所産を保
　工業所有権の一種　　　　　護するものであるので工業所有権法の一種で
あると考えることができる。ただ法は，あくまでも模倣防止のための排他的権利を付与し，独自に同一の回路配置の半導体集積回路が開発されたとき（独自創作）には権利侵害とはならず（12条1項），また回路配置についての権利であって，その背後にある理論，プロセス，アイデアには効力は及ばないものである。その意味で，著作権法と権利構造上の類似性がある。他方，著作物の複製等の盗用行為は個人でも可

能であるが，高度に集積度を極めた半導体集積回路の模倣行為は，一定の技術力を要求されるので，事実上は半導体集積回路業界における競争業者の間でのみ問題となり得るものといえる。その意味で，半導体集積回路保護法は，半導体集積回路業界における競争業者が先行者の製品を模倣することを禁止することで競争業者間における公正な競争を確保し，先行者が市場を通じて半導体集積回路の開発に要した投資が適切に回収されることを図るものともいえ，この観点から不正競争防止法の特別法たる性質を有する。特にわが国の不正競争防止法は，「商品形態の模倣」を不正競争行為と規定する（不競2条1項3号）。これは先行者の市場における先行利益を短期間保護することで投資回収を図ることを確保するもので，半導体集積回路保護法と同一趣旨の規定といえる。

② 保 護 対 象

半導体集積回路の
回路配置

「半導体集積回路」とは「半導体材料若しくは絶縁材料の表面又は半導体材料の内部に，トランジスターその他の回路素子を生成させ，かつ，不可分の状態にした製品であつて，電子回路の機能を有するように設計したもの」と定義されている（2条1項）。保護の客体となるのは，この「半導体集積回路における回路素子及びこれらを接続する導線の配置」であり，「回路配置」といわれるものである（同条2項）。こうして回路配置の開発者に対して当該回路配置につき排他的権利を付与することで回路配置を用いた模倣半導体集積回路の製造・譲渡等を禁止する。

設計資産の保護

これに対して，半導体集積回路の開発過程で作成される機能設計や，論理回路設計および回路配置設計など設計資産や，その電子化された情報は，その表現を捉えて著作物として保護されることはあっても，本法の保護対象とはなり得ない。もっとも，TRIPs協定により遵守する義務を負う集積

回路保護条約では，製品としての半導体集積回路に具現される前段階の回路配置も無許諾複製から保護される対象となっており，製品保護から若干デザイン保護への傾斜がみられる。

③　権利発生と権利内容

創作者と設定登録申請　半導体集積回路に具現された回路配置の創作者またはその承継人が，経済産業大臣に一定事項を記載した申請書を提出して回路配置利用権の設定登録を申請し（3条），設定登録を受けることによって回路配置利用権という排他的権利が発生する（10条1項）。ただし，設定登録は，その申請の日から2年さかのぼった日前に，その創作者またはその許諾を得た者が，業として当該申請に係る回路配置の半導体集積回路（組み込んだ物品を含む）を譲渡し，貸し渡し，譲渡もしくは貸渡しのために展示し，または輸入する行為をしていた場合には受けることができない（6条）。また，設定登録の申請には，回路配置の特定のために一定の図面または写真等の添付および半導体集積回路4個の提出が要求される（3条3項，回路配置利用権等の登録に関する省令7条・8条）。

　回路配置の創作者とは，実際に回路配置を創作した自然人であるが，法人その他使用者の業務に従事する者が職務上創作した回路配置については，その創作の時における契約，勤務規則その他に別段の定めのない限り，その法人その他の使用者が当該回路配置の創作者とされる（5条）。プログラムの著作物につき著作権法15条2項に見られるのと同趣旨の規定である。

創作性　回路配置についての権利保護のための実体要件は規定されていないが，法には回路配置の創作や創作者を問題にする規定があるので（3条・5条参照），実体要件としては「創作性」が問題になる。実用品たる半導体集積回路の回路配置につき，著作権法のように「著作者の個性」を問題にする余地は

ないので，回路配置が主観的には創作者の知的努力の成果であり，客観的には創作時に市場においてありふれたものではなく，一定の競争的価値を有することが「創作性」の内容となろう。もっとも「創作性」は設定登録にあたり審査されず，争いがあれば裁判所が侵害訴訟の中で最終的に判断するものと考えられる。

　回路配置利用権の設定登録の申請書提出先は，法文上，経済産業大臣とされているが，登録機関に設定登録その他の登録事務を委任することができる（28条）。現在，一般財団法人ソフトウェア情報センター（SOFTIC）が回路配置に関わる登録事務を担当している。

権利内容 設定登録がなされれば回路配置利用権が発生し，回路配置利用権者として権利者は設定登録を受けている回路配置を業として利用する権利を専有する（11条）。回路配置の「利用」とは，①回路配置を用いて，半導体集積回路を製造する行為および②回路配置を用いて製造した半導体集積回路（当該半導体集積回路を組み込んだ物品を含む）を譲渡し，貸し渡し，譲渡もしくは貸渡しのために展示し，または輸入する行為をいう（2条3項）。権利の存続期間は設定登録日から10年である（10条2項）。設定登録前に，回路配置の創作者またはその許諾を受けた者が業として上記②の行為をした後に，模倣と知りつつ業として回路配置を利用した者は，設定登録がなされた場合に，創作者等に対して，その利用に対して通常支払うべき金銭相当額（いわゆるライセンス料相当額）の補償金を支払わねばならない（27条）。なお設定登録がなされれば公示される（7条3項）。公示される事項は，設定登録番号，設定登録の年月日，設定登録を受けた者の氏名または名称および住所または居所，設定登録を受けた回路配置を用いて製造した半導体集積回路の名称および分類のみであり（回路配置利用権等の登録に関する省令36条），主として回路配置利用権の存続期間の始期の起算日を公にし，侵害が生じた場合に公示された登録年月日を基準とする依拠等の資料として機能し得るもので，

特許法の発明公開のような意義はない。

④ 権利の制限

相対的独占権
回路配置利用権は回路配置の模倣を禁止する権利であるので，その性質からして他人が独自創作した回路配置には及ばない（12条1項）。この点，回路配置利用権は著作権のような相対的な排他的独占権にとどまる。

専用利用権・
通常利用権
半導体集積回路保護法は，第三者が回路配置の利用を適法に行うことができるように回路配置利用権に基づく専用利用権の設定（16条）および通常利用権の許諾（17条）の制度を設けている。回路配置利用権者が第三者に専用利用権を設定したときには，専用利用権を設定した範囲において回路配置利用権は制限を受け，回路配置利用権者といえども登録回路配置を利用することはできなくなる（11条但書）。

権利の消尽
回路配置利用権者，専用利用権者または通常利用権者が，登録回路配置を用いて製造した半導体集積回路（当該半導体集積回路を組み込んだ物品を含む）を譲渡したときは，回路配置利用権の効力は，その譲渡された半導体集積回路またはそれを組み込んだ物品を譲渡し，貸し渡し，譲渡もしくは貸渡しのために展示し，または輸入する行為には及ばない（12条3項）。権利の消尽論を明文化したものである。輸入にも及ばないとされているので，国外で業として譲渡した半導体集積回路またはそれを組み込んだ物品にも効力が及ばず，その意味で真正品の並行輸入を認める趣旨と解される。

他人の特許発明・登録
実用新案による制限
回路配置利用権者，専用利用権者または通常利用権者が適法に登録回路配置を利用する権原を有している場合でも，その利用が他人の特許発明または登録実用新案の実施に当たるときには，業としてその登録回路配置を利用する

ことはできない（13条）。特許発明または登録実用新案の出願または登録と，回路配置の設定登録の申請または設定登録との先後関係を問わない。

> リバース・エンジニアリングの許容

回路配置利用権の効力は，解析または評価のために登録回路配置を用いて半導体集積回路を製造する行為には及ばない（12条2項）。いわゆるリバース・エンジニアリングを許容した規定で，登録回路配置を用いて半導体集積回路を製造し，その解析または評価をすることを認め，その過程で自らのノウハウや技術力の点検と向上を図り，さらにはより良い半導体集積回路が開発される契機を保障するためである。

> 模倣半導体集積回路の善意取得

半導体集積回路または当該半導体集積回路を組み込んだ物品の引渡しを受けた時において，当該半導体集積回路が他人の登録回路配置を模倣して製造されたことを知らず，かつ，知らないことに過失のない者（善意者）が，業として当該半導体集積回路またはそれを組み込んだ物品を譲渡等する行為は，当該回路配置利用権または専用利用権を侵害しないものとみなされる（24条1項）。半導体集積回路はありとあらゆる物品に組み込まれるために，相当な注意をしてもそれが模倣であることを発見できないこともあることから，取引の安全を考慮した規定である。

> 事後悪意になるケース

善意者が模倣の事実を知った後に業として譲渡等する場合には，回路配置利用権者または専用利用権者は，その者に対して登録回路配置の利用につき，通常受けるべき金銭の額に相当する額の金銭の支払を請求することができる（24条2項）。

さらに事後悪意者がこのライセンス料相当額の支払をした場合は，模倣半導体集積回路または当該半導体集積回路を組み込んだ物品は権利者が譲渡したものとみなされ（同条3項），これが権利の消尽を規定する12条3項と結びついて，以後，回路配置利用権の効力は譲渡等

の行為には及ばず，取引の安全が図られている。

3 権利侵害に対する救済

権利侵害

権原がないのにもかかわらず登録回路配置を模倣して半導体集積回路を業として製造し，模倣半導体集積回路またはこれを組み込んだ物品を業として譲渡等する場合には権利侵害となる。逆に独自創作による回路配置を用いた半導体集積回路の製造等は侵害にならない。登録回路配置をどの程度模倣して半導体集積回路を製造すれば権利侵害になるのかは，未だ判例もなく明確ではないが，登録回路配置を「実質的同一」に模倣する場合が侵害になるように考えられる。

差止請求権・損害賠償請求権

半導体集積回路保護法においても，権利侵害に対して回路配置利用権者または専用利用権者に侵害予防・停止請求権と，これに付帯的な請求として侵害組成物または侵害供与物の廃棄その他の侵害予防に必要な行為の請求権が認められている（22条）。また，損害賠償額算定についての特別規定（25条）と，損害額の計算のための書類提出命令の規定（26条）がある。もっとも特許法103条のような侵害者の過失の推定規定はない。

侵害とみなす行為

もっぱら登録回路配置を模倣するために使用される物を業として生産，譲渡等する行為は回路配置利用権または専用利用権の侵害とみなされる（23条）。業として無権原に登録回路配置のフォトマスクを製作することは直接には権利侵害とはならないが，フォトマスクの製作はもっぱら登録回路配置を模倣して侵害半導体集積回路を製造するために使用される物の生産として本条により侵害行為とみなされるだろうし，その譲渡や貸渡し等も同様である。

4 今後の課題

最初の独自立法 独自立法としての半導体集積回路保護法は，半導体集積回路という先端技術分野の特性に着目し，しかも既存の知的財産法の法的概念や制度をうまく導入することで，保護対象の適切な保護を図るように工夫された注目すべき法律といえる。その意味で時代の動きの中で，既存の法的枠組みでは適切な保護をなし得ない客体については，ときには独自立法による保護を検討することに消極的である必要はない。しかし独自立法制定においては，それを既存の知的財産法につき内国民待遇を規定する国際条約の枠外に置くことによって「相互主義」を持ち出し，客体の適切な法的保護という枠を超えて先端技術分野における政治の駆け引きの道具として利用される危険がつきまとうことには注意が必要である。

検 討 課 題 さらに先述のように，半導体チップに関していえば，最近では半導体集積回路に固定された回路配置そのものの保護はもとより，その前段階にみられる設計資産の保護が問題になり得る。また，法律自体も有効に機能しているかは疑問であり，今後，検討を要する。

あらゆる種類のコンテンツが，デジタル化され極めて容易に複
製・加工できるようになった。さらに，インターネットにより
それらを瞬時に地球規模で送受信することもできる。このため，
知的財産権の侵害行為がネットワークを利用して行われる危険
性が高まっている。現行国内法自体の見直しはもとより，新し
い国際ルールの構築が必要とされている。

1　情報のデジタル化・ネットワーク化がもたらすもの

　15世紀半ばにグーテンベルクが発明した活版印刷技術は，著作権
の保護制度をもたらすと同時に，新聞・雑誌・書籍という印刷メディ
アを発展させた。その後，映画による映像メディア，レコードによる
音響メディア，電信の発明によるラジオ，テレビという放送メディア
が発展し，電話の発明による電気通信メディアが発展した。デジタル
技術は，これらの個々のメディアを複合して利用することを可能にす
る。

　デジタル化された情報は，記録，再生，加工，編集，送受信が極め
て容易であり，インターネットの発達によりグローバルに，リアルタ
イムで，かつインタラクティブに流通するに至っている。

　そして，2006年頃から，このインターネット経由でコンピュータ
処理サービスを提供する利用形態は，クラウドコンピューティングと
称されるようになり，ユーザーは，ソフトウェアやデータを自分自身
で保有・管理せず，そのサービスを受ける形態に発展している（クラ

ウドコンピューティングの定義については，*Column㉚*を参照）。

　今日の出版においては，原稿の多くはパソコンによるデータとして作成され，電子出版がさらに容易となり，さらに書籍のコンテンツをデジタルデータの形式で販売し，購入者はディスプレイ上で購読するものが増加している。映像も，その製作段階からコンピュータグラフィックス（CG）技術などによりフルデジタル化され，その遠隔コラボレーションにおける映像編集も可能となり，映画館へのフィルム搬送という流通や上映に至るまで変容する可能性が生じている。そして，映像の圧縮技術によりインターネットなどによる送受信も飛躍的に大量化かつ容易化が実現している。音楽も，MP3等による無断複製とインターネット上の配信が問題となっている。

　また，情報技術（IT）を含むテクノロジー自体が発展している。たとえば，インターネットを利用した種々のビジネスモデル，電子マネー，広告方法，検索方法，インターネットへの接続方法などは，アメリカでは特許による保護がなされている。わが国でもこれらの特許出願・登録が増加しているが，その保護可能性はなお議論の余地がある。このほかに，インターネットを利用したトレード・シークレットの違法な取得や，ホームページ・アドレス（URL）であるドメインネームや，インターネットのサイトにおける商標の使用と商標権の問題がある。また，インターネットにおける著作権，特許権および商標権のいずれについても，それらの権利侵害への加担者としてのサイトの提供者やプロバイダーの責任も問題となる。

Column㉚　クラウドコンピューティング（cloud computing）とは何か？•↩

　平成23年4月1日に，経済産業省が発表した「クラウドサービス利用のための情報セキュリティマネジメントガイドライン：Information security management guidelines for the use of cloud computing services」（http://www.meti.go.jp/press/2011/04/20110401001/20110401001-3.pdf）6頁では，「クラウドコンピューティング」を次のように定義している。

　「共有化されたコンピュータリソース（サーバ，ストレージ，アプリケーション等）について，利用者の要求に応じて適宜・適切に配分し，ネットワークを通じ

て提供することを可能とする情報処理形態。」

　本ガイドラインでは，さらに，「注記　これよりも広い定義が使われることもある。」として，経済産業省が，2010 年 8 月 16 日に公表した「クラウドコンピューティングと日本の競争力に関する研究会報告書」の定義を紹介しており，それによれば，「クラウドコンピューティングとは，『ネットワークを通じて，情報処理サービスを，必要に応じて提供／利用する』形の情報処理の仕組み（アーキテクチャ）をいう。」とされている。

　クラウドコンピューティングは，特に企業等ユーザーのデータがクラウドに集約されることとなる。そのため，知的財産権との関係では，クラウドサービス業者のサーバーに，ユーザーが著作物を保存した場合には，そのユーザーだけがその著作物を視聴・実行できる場合であっても，その事業者のクラウドサービス提供行為が複製権や公衆送信権侵害となる可能性が生じるし（最判平 23.1.20 民集 65 巻 1 号 399 頁〔ロクラクⅡ上告審事件〕および最判平 23.1.18 民集 65 巻 1 号 121 頁〔まねき TV 上告審事件〕を参照），さらに，不競法上の保護対象である営業秘密（顧客情報等）の漏洩等のリスクも生じる。

2 デジタル化時代と著作権

複製の容易化

　デジタル化された著作物は，その複製が容易であり，その複製物は劣化しないで，オリジナルと同じ品質のものが再生されることとなる。複製が容易化したことにより，第三者の無断複製の可能性が飛躍的に増大した。さらに，前述のクラウドコンピューティングの発展により，ユーザーは，パソコンさえも使用しないで，スマートフォンやタブレット型端末で視聴等を行うに至っている。

　著作権法は，すでに私的使用目的の複製に関し，デジタル機器および媒体を使用する場合について補償金請求権の制度を導入し，さらにコピープロテクション回避のための装置・プログラムの製造・販売の禁止を規定している。また，中古ゲームソフト販売の問題におけるように，ユーザーの使用によりその品質が劣化しないゲームソフトの頒

布権ないし譲渡権の消尽を従来どおり考えることができるかどうかも検討されなければならない。

加工・編集の容易化

デジタル著作物は加工，編集もまた極めて容易であり，その容易さがデジタル技術による文芸，学術，美術，音楽の発展を促すものである。それにもかかわらず，従来のアナログを前提とした著作権法には第三者による加工，編集を禁止する著作者の変形権と同一性保持権があり，文芸等の発展と著作者の権利保護との関係をどう考慮するかが問題となる。また，加工，編集を必要とする電子図書館などでは，膨大な権利処理と対価の支払が必要になるが，現行著作権法がそれに対応しているということができるかが問題となっている。

送受信の容易化

デジタル化された著作物の送受信は，インターネットなどの通信技術の著しい発達によりインタラクティブで，グローバルで，リアルタイムかつ容易になった。インタラクティブな送受信は，従来の著作権法では予定していなかったものであるが（キャプテンシステムはあった），著作権法は公衆送信権を認めてすでに対応している（23条）。

　インターネットと著作権の関係は，次の**3**で取り上げるが，通信・放送衛星を利用した音楽の配信の普及は，受信者の音楽利用の機会を著しく拡大しており，送信業者の著作権侵害の問題も生じている。とくに，送信業者が，その会員である受信者にあらかじめ送信楽曲のリストを送付して，もっぱら受信者が複製するために送信する行為は，送信権の侵害のほかに，複製権の間接侵害になる可能性も生じる。

Column㉛ MP3 問題 •••
　MP3 とは，MPEG 1 Audio Layer 3 の略称であり，音声圧縮方式の一つである。とくに音楽の圧縮方式として利用されているものであり，音楽 CD のデータサイズに比べて 10 分の 1 ないし 12 分の 1 にして，1 分間の楽曲のデータを 1 メガバイト以下にすることができる。
　MP3 ファイルの作成は，既存の音楽記録媒体である CD などから音声をコン

ピュータに取り込んで，無圧縮の WAVE データなどに変換した後で，MP3 形式にエンコーディングする方法による。ファイルのサイズが小さいので，楽曲のデータをインターネット経由で入手できる。入手したデータは専用の携帯端末で再生して聴くことができる。

　1999 年には，少年が有名歌手の CD を MP3 に複製したうえ，インターネットで配信して逮捕される事件が起きた。今日においては，無料の音楽配信サービスが多く展開されているが，インターネット上の音楽配信ではこのような無断複製・送信が後を絶たない。

3　インターネットと著作権

アップロードと
ダウンロード

　アップロードとは，一般に，サーバーに情報を転送することをいい，わが国にあるサーバーを利用する場合と外国のサーバーを利用する場合がある。また，ダウンロードとは，サーバー上の情報を自己のパソコンなどの記録媒体に固定することをいう。

　他人が作成した情報をコンピュータのメモリへいわゆる一時的蓄積をしても，著作権法の複製には当たらないと解されるが，アップロードの場合には，複製権侵害だけでなく公衆送信権と送信可能化権侵害の可能性も生じる。アップロードは，インターネットによる自動公衆送信を可能にすることだからである。また，インターネットが世界的なネットワークにつながっているものであるため，私的複製に該当することはない。しかし，アップロードを外国の WWW サーバーを利用して行う場合には，複製行為が外国で行われたという評価がなされればわが国の著作権の効力が及ばないこととなる。逆に，外国にいる者が，わが国の WWW サーバーを利用してアップロードした場合であっても，わが国で複製や再送信されることがない限り，わが国の著作権侵害の可能性は少ないものとされている。その理由は，著作権の

支分権には受信権がなく，単に受信しただけでは著作権を侵害したことにはならないからであるとされている。

リンキングと
フレイミング
）リンキングとは，他人のウェブサイトのインターネット上のアドレスであるURL（Uniform Resource Locater）またはそのウェブサイトの一部の URL を自己のウェブサイトに記述することをいう。リンキングは，リンク先である他人のウェブサイト内の情報を自己のウェブサイトに記述するわけではなく，自己のウェブサイトの利用者が他人のウェブサイトにアクセスできるようにすることである。リンク先の情報は利用者自身が直接閲覧したり，ダウンロードするものである。したがって，リンキング自体は，リンク先の情報を自己のウェブサイトに複製するわけではないから，直ちにその著作権を侵害する行為ということにはならない。

　大阪地判平 25.6.20（判時 2218 号 112 頁〔ロケットニュース 24 事件〕）は，本件動画のデータが，本件ウェブサイトのサーバーに保存されたわけではないことを理由として，公衆送信または送信可能化したとは認められないとして原告の請求を棄却した。これに対して，東京地判平 26.1.17（裁判所 HP〔LINE リンク事件〕）では，マンガの電子ファイルをサーバーにアップロードしていたとして，公衆送信権侵害が認められた。しかし，もし利用者がリンク先の情報である著作物を無断複製した場合には，結局リンキングも無断複製をしたとみなされるか，無断複製等や公衆送信の幇助・加担行為をしたとして複製権や公衆送信権の間接侵害の可能性が生じる。また，他人のウェブサイトの一部，たとえば GIF 画像の URL だけをリンキングする場合には，他人のウェブサイトの著作物の一部だけを利用可能にするため，著作者人格権のうちの同一性保持権侵害の可能性が生じる。

　これに対して，他人のウェブサイトの一部を自己のウェブサイトのフレームの中に掲載するリンクを張ることをフレイミングという。リ

ンキングの一種ではあるが，URL を表示するのでなく，情報の一部を取り込んで表示する点が異なり，複製権および翻案権侵害の可能性が生じる。

そして，今日においては，違法なストレージサイトや動画投稿サイトへユーザーを誘導する，いわゆるリーチサイトの著作権侵害性が問題となっており，悪質なリーチサイトについては，いわゆるサイトブロッキングなどの対応策が検討されている。ただし，リンキング，フレイミング，そしてリーチサイトに関しては，WIPO 著作権条約 8 条の公衆伝達権が及ぶ（著 5 条）との解釈とユーザーの複製権とリンク先の公衆送信権の間接侵害という 2 つのアプローチがあり得る。

> **リーチサイト**

リーチサイトとは，自己のサイト自体には違法コンテンツを掲載しないで，他人のウェブサイトにアップロードされた違法コンテンツに誘導するリンクを集めて掲載しているウェブサイトである。このリーチサイトは，今日，世界中に 3,000 以上存在しているといわれ，中には，高額の広告料収入を得ているウェブサイトも存在している。

リーチサイトにアクセスすれば，アニメーション，マンガ，ゲームソフトなどを違法アップロードしているウェブサイトへ簡単にアクセスして，視聴もダウンロードも可能となる。そのために，正当な著作権者等の利益が大きく損なわれているとして，平成 28 (2016) 年 5 月に公表された「知的財産推進計画 2016」でも対策の必要性が指摘されている。

リーチサイトの類型には，単純にリンクを貼るだけで画面がリンク先に遷移するタイプと，スニペットないしフレイミングという方法でリーチサイト自体で視聴でき，画面がリンク先に遷移しないタイプが報告されている。

リーチサイトは，自己のウェブサイト自体には違法コンテンツを掲載しないで，他人のウェブサイトにアップロードされた違法コンテン

ツへのリンクを集めて掲載してユーザーを誘導して違法コンテンツの視聴やダウンロードをさせるウェブサイトということができる。この問題の解決には，著作権の間接侵害アプローチと直接侵害アプローチが可能である。

　わが国におけるリーチサイトに関するリーディングケースとして，大阪地判平 31.1.17（裁判所 HP〔リーチサイトはるか夢の址事件〕）がある。本件においては，被告人 3 名は，リーチサイト「はるか夢の址」を運営・管理していたものであるが，そのうちの一人が漫画 68 点の各書籍データを，インターネットに接続されたサーバコンピュータの記録媒体に記録・蔵置した上，各書籍データを記録・蔵置した場所を示す URL を，「はるか夢の址」のサーバコンピュータ内の記録媒体に記録・蔵置し，インターネットを利用する不特定多数の者に前記著作物 68 点の各書籍データを自動公衆送信可能な状態にした行為が，著作権侵害に当たるとされた（ただし，本件判決は，被告人 3 名の共同正犯を認めたものの，リーチサイトが独立して著作権侵害責任を負うかどうかについて言及してはいない）。

```
　サイトブロッキング　）
```
サイトブロッキングとは，マンガ，アニメーション，ゲームソフト，音楽などのコンテンツの著作権を侵害する海賊版サイトへアクセスしようとするインターネット・ユーザーのアクセスを，その海賊版側 ISP ではなく，アクセス側 ISP に対して，そのユーザーの同意なく遮断させることをいう。ユーザーの同意を得て遮断するフィルタリングとは，その点で異なり，海賊版サイトへの対策として有効な方法である。

　海賊版サイト運営者の特定困難性，サイトの外国設置，多数のユーザー相手の侵害責任追及の煩雑性などから，サイトブロッキングの有効性・即効性が認められて，40 以上の外国で法制化や判例による承認が行われている。

　サイトブロッキングは，ユーザーの無断ダウンロードを幇助ないし

加担するアクセス側 ISP に対する著作権者（特許権者，商標権者等もあり得る）による間接侵害に基づく差止請求としての法的位置づけが可能である。しかしながら，わが国では，サイトブロッキングがユーザーの送信先を検知して行う点に注目して，憲法上の通信の秘密や検閲の禁止ないし表現の自由の観点から法制化が見送られている。

のみならず，わが国では，アクセス側 ISP が著作権侵害責任としてサイトブロッキングの義務を負うのかどうか，著作権者の視点からみれば，アクセス側 ISP に対する差止請求としてのサイトブロッキング請求権が発生しているかどうかの議論はほとんどなされてはいない。いわば，サイトブロッキング請求に対する抗弁というべき通信の秘密等に基づく否定論のほうが先に展開されているといえよう。

なお，令和元（2019）年 10 月開催の「文化審議会著作権分科会，法制・基本問題小委員会（第3回）の参考資料である内閣府，警察庁，総務省，法務省，文部科学省，経済産業省「インターネット上の海賊版に対する総合的な対策メニュー及び工程表について」によれば，今後も「ブロッキングに係る法制度整備については，他の取組の効果や被害状況等を見ながら検討」するものとされている。

*Column*㉜　VRビジネスにおける知的財産権処理　• • • • • • • • • • • • • • • •

　第4次産業革命と呼ばれる今日の科学技術の発展の中心となっているのは，AI，IoT，ビッグデータ，5G 通信規格に加えて，AR（拡張現実：Augmented Reality）とともに VR（仮想現実：Virtual Reality）がある。

　今日，VR 技術は，製造業での「VR 製造訓練」など，医療分野での「VR 手術」や「VR 精神治療」など，エンターテインメントでの「VR 映画」，「VR ゲーム」，「VR ライブ」など，観光では「VR 旅行」，「VR 技術館」，「VR 文化財保存」，スポーツでは「VR スポーツ観戦」，「VR トレーニング」，教育では「VR 体験学習」，「VR 社会科見学」というように，あらゆる産業分野において応用されつつある。

　そのような中で，VR を構成するハードとソフトと知的財産権の関係が問題となってくるものと思われる。

　なぜなら，ハードとソフトにより完成される VR 作品は，ヘッドマウントディスプレイ（HMD）を用いて視聴するものであるが，その製作段階から利用段階に至るまで，その素材の知的財産権の処理が欠かせないからである。その素材に

は，キャラクター，マンガ，アニメーション，ゲームソフト，音楽，絵画彫刻等の美術，写真，映画，ダンス等があり，それぞれに著作権や著作隣接権がある。

そして，著作権を例にとれば，VR 作品は，個人が一つの HMD で視聴・プレイするために，その支分権のうち，複製権（著 21 条）と翻案権・二次的著作物利用権（著 28 条）を除いて，著作物を「公衆に直接見せ又は聞かせることを目的として」行う行為に関する上演権・演奏権（著 22 条）・上映権（著 22 条の 2），公衆送信権等（著 23 条），口述権（著 24 条），展示権（著 25 条），頒布権（著 26 条），譲渡権（著 26 条の 2），貸与権（著 26 条の 3）が及ばない可能性を孕んでいる。つまり，バーチャルの空間には，リアルの世界の著作権が及ばないのではないかという根本的な問題が潜んでいる。

また，仮に，上記の著作権の支分権が VR 作品に及ぶとしても，その中には，人物映像，写真，建物など，多くの引用や写り込みが存在する。このうち，写り込みについては，最近の著作権法改正により著作権の権利制限規定が導入され，いわゆる分離困難性と付随性という要件が緩和されて付随性のみにする法改正の準備も進んでいるが，VR 作品の制作段階において，どこまで認められるか注視しておく必要がある。

さらには，VR 作品には，動画・静止画を含む映像が多用されるが，視覚と聴覚に訴えるだけではなく，残る五感のうち味覚，嗅覚，触覚に訴えるものが登場しており，それらが著作権により保護されるかどうか困難な問題である。もとより，著作権により保護されるべき著作物は，著作権法 10 条 1 項に例示されている視覚と聴覚に訴える著作物のみではないから，著作物の要件を充足する味覚，嗅覚，触覚に訴える VR 作品も著作権による保護が不可能ではない。とはいえ，VR ビジネスにおいては，全く新しい権利内容や侵害行為が出現しそうであり，知的財産権処理の方法も十分に検討しておく必要がある。

| 国際的動向 | 1996 年 12 月，WIPO では，インターネット条約とも称される「WIPO 著作権条約

（WCT）」と「WIPO 実演・レコード条約（WPPT）」が採択された（第22 章 4 参照）。WIPO 加盟国においては，その後，この条約批准に向けた国内法の整備がなされている。

アメリカでは，1998 年に「デジタル・ミレニアム著作権法」（Digital Millennium Copyright Act）が制定され，「コピープロテクション回避の規制」，「権利管理情報改変の規制」そして「プロバイダーの責任」などが定められた。

EU では，1996 年に「新しいデータベース保護に関する指令」が欧

州議会で採択され，2001年には「情報社会における著作権及び関連権の一定の側面のハーモナイゼーションに関する欧州議会及び理事会ディレクティブ」（EU著作権ディレクティブ）が採択されている。2016年9月8日，欧州司法裁判所（CJEU）は，Sanoma v. GS Media事件（C-160/15）において，違法サイトへのリンキングは，このEU著作権ディレクティブ第3条の公衆伝達権侵害に当たる可能性を認めるに至っている。

4 インターネットと特許権

コンピュータ・ソフトの配信

平成9（1997）年，日本特許庁は「特定技術分野における審査に関する運用指針」（現在は「特許・実用新案審査基準」）において，コンピュータ・プログラムやデータを記録した記録媒体も特許の対象とするに至った。いわゆるパッケージ・ソフトウェアやデータ圧縮処理された特殊なデータ構造のデータ記録媒体について特許権による保護が実現した。これらは，記録媒体特許と呼ばれる。

しかしながら，コンピュータ・ソフトウェアがパッケージとして取引されるのではなく，インターネットなどを介して配信される場合には，記録媒体特許の効力を及ぼすことができるかどうか疑問であった。このような伝送媒体特許は，従来の特許法上の発明の要件である「自然法則を利用した」発明に当たらないと考えられてきた。

そこで，インターネット上の商取引の健全な発展を促進するために，平成12（2000）年，「ソフトウェア関連発明の審査基準」が改訂され，媒体等に記録されていないコンピュータ・プログラムを「物の発明」としてクレームに記載できることとされ（第18章2②参照），さらに平成14（2002）年の特許法改正により「物の発明」の「物」にプログラ

ムおよびコンピュータで処理するために用いられる情報であってプログラムに準ずるものを含ませることにより，より直接的に保護することとなった。このため，コンピュータ・プログラムは，著作権と特許権による重複保護の段階に至ったが，この点に対する立法上の調整は存在しない。また，「物」としてのコンピュータ・プログラムについては，インターネット上で送信する行為は譲渡等とされたから（2条3項1号），平成13（2001）年に成立した後述の「プロバイダー責任法」の適用を受けることになる。

ビジネスモデル特許　　　平成9（1997）年の前記の「運用指針」では，ソフトウェアによる処理が「ハードウェア資源を用いて処理する」場合には，発明の要件である自然法則利用性を充足することとされている。このために，純粋数学上の処理やゲームなどであっても，その処理にコンピュータを使用するものである場合は，自然法則を利用したものであるとの要件を充たすこととなる。これにより，とくにインターネット上のサービスや，ビジネスモデルが特許可能となった。今日，発明の名称や特許請求の範囲にインターネットという語を含む特許の出願と登録が，アメリカとわが国で急増している。また，1998年7月，アメリカ CAFC が「ステート・ストリート事件」（State Street Bank v. Signature）において金融サービスに関するビジネスモデル特許（第5193056号）を有効とする判決を行って以来，ビジネスモデル特許の出願・登録が増加した。たとえば，「プライスライン特許」（第5794207号）は，ユーザーが希望する航空券の購入条件に見合う販売業者を探す仲介をする「逆オークション」の特許である。このような逆オークションではない仲介サービスについては，わが国においても特許出願がなされている（特開平10-320470号，同10-240823号など）。このようなビジネスモデル特許は，従来は特許法上の発明の要件中「自然法則を利用した」発明に該当しないとされてきたし，現在でもその理論的な疑問が解消されたわけではない。ただし，

最近の判決例には,「音声情報の進行に伴い歌うべき文字の色を異なる色に着色して記録する」という技術的特徴がある場合には特許法上の発明の要件を満たすとするものが登場している（東京高判平 11.5.26 判時 1682 号 118 頁〔ビデオ記録媒体事件〕）。

5　インターネットと商標権

インターネット上の商標の使用　インターネットと商標権が問題となるのは,2 つの面においてである。第 1 は, インターネット等のネットワークを通じた商品・サービスの提供や広告の際に商標を使用する行為が商標の使用に当たるかどうかであり, 第 2 は, インターネット・ドメインネームと商標の関係である。

エレクトロニック・コマース（EC）が発達した今日, ダウンロード可能な電子出版物やプログラム等の電子情報財がインターネット等のネットワーク上で取引されるに至っている。その際に商標の使用が商品・サービスの識別標識としての使用と評価されれば商標権侵害の可能性が生じる。もっとも, 商標法の規定からすれば, このような商標の使用行為が「標章を付して展示し, 若しくは頒布」する行為（2 条 3 項 8 号）といえるかどうか厳密には問題であり, 条文を明確化する必要が生じていた。そこで, 平成 14 年（2002）改正商標法は, 商標使用行為の定義を見直して, 商品商標の使用行為に「電気通信回線を通じて提供する行為」を加えることにより, インターネット等のネットワークを通じた電子情報財の流通行為が商品商標の使用行為に含まれることを明らかにした（同項 2 号）。また, サービスマークの使用行為に「映像面を介した役務の提供」を加えた（同項 7 号）。

さらには, 今日, あらゆる商品やサービスがインターネット上で広告宣伝され, 取引が行われており, インターネットショッピングモー

ルやオークション上に商標権侵害品の広告等が掲載された場合の，サイト運営者の商標の間接侵害責任が国際的に大きな問題となっている。最新の判例は，インターネットショッピングモールの運営者が，出店者の行為につき管理・支配を行い，それにより利益を得ており，また，出店者による商標権侵害を知った場合には，合理的期間内に侵害内容のウェブページからの削除をしない限り商標権侵害を理由として出店者に対するのと同様に差止と損害賠償の請求をすることができる，とするに至っている（知財高判平24.2.14判時2161号86頁〔Chupa Chups控訴審事件〕）。

ドメインネームと商標

インターネットのドメインネームには，通常は商標，商号などが用いられる。逆に，ドメインネームを商標や商号にするものもある。ドメインネームは，国別コード，トップレベル・ドメインネーム，セカンドレベル・ドメインネームなどから構成されるものである。たとえば，日本特許庁のURLであるhttp://www.jpo.go.jpのうち，jpo.go.jpは世界でたった一つしかないドメインネームである。このうち，「jp」が「国別コード」で日本のドメインネームであることを示している。ほかには，「de」がドイツ，「fr」はフランスを示すが，アメリカはインターネット発祥の地であるため国別コードがない。トップレベル・ドメインネームである「go」は，「組織の属性」，ここでは「政府機関」を示している。そして，セカンドレベル・ドメインネームの「jpo」が日本特許庁を示しており，この部分に商標や商号，氏名などが用いられる。

　.jpのドメインネームの管理は，従来JPNIC（一般社団法人日本ネットワークインフォメーションセンター）が行ってきたが，平成14（2002）年4月以降は株式会社日本レジストリサービス（JPRS）に移管されている。

　ドメインネームと商標の問題は，2つの側面を持っている。1つは，ドメインネームの登録に登録商標または周知・著名商標の有無を考慮すべきかどうかであり，もう1つはドメインネームが商標といえるか

どうかであり，したがってドメインネームの商標としての登録可能性の問題と，ドメインネームの使用が他人の商標権を侵害するかどうかの問題である。

前者については，これまで WIPO と IAHC (International Ad Hoc Committee) などの国際的機関において検討がなされてきたが，WIPO の紛争仲裁センターでは，ドメインネーム登録の際に，一定期間，商標権者の異議申立てを認める制度がスタートしており，たとえば，2000 年 2 月には「worldwrestlingfederation.com」の商標権者への譲渡命令が出されるに至っている。アメリカでは，1998 年にドメインネームの国際管理を行う非営利会社 ICANN (Internet Corporation for Assigned Names and Numbers) が設立され，1999 年に統一紛争処理方針が制定された。また，アメリカでは，他人の商標のドメインネーム登録の取消し，商標権者への移転などを定めた反サイバースクワッティング消費者保護法が制定されている。

わが国の JPNIC も，平成 12 (2000) 年 7 月に ICANN の紛争処理方針に準じた新たな「JP ドメイン名紛争処理方針」を公開し，同年 11 月 10 日から施行されている。この方針は，不正目的のドメインネームの登録・使用を権利者の申立てに基づいて取消しまたは移転させようとするものである。

また，後者については，ドメインネームの使用が常に商標の使用に当たるということはできないが，この点は，前述のように，平成 14 年改正商標法により明確化された使用行為に該当する場合には，商標権を侵害することとなる。

6 インターネット・サービス・プロバイダーの責任

責任の根拠 　　　　インターネット・サービス・プロバイダー
(ISP) は，WWW サーバーを管理し運営する
者であり，ユーザーがウェブサイトを作成して情報を掲載するスペー
スを提供する者である。そのため，ユーザーが，他人の特許発明，登
録意匠，登録商標，著作物などを無断で自己のウェブサイト上で実施
したり，使用したり，アップロードなどをした場合に，その知的財産
権侵害の場を提供した者としての知的財産法上の責任，とくに間接侵
害の責任が問題となる。

　他方，インターネット・サービス・プロバイダーの責任を重すぎる
ものにするとインターネットの発展を妨げることになり，また，イン
ターネット・ユーザーの表現の自由や契約上の地位を守る必要もある。

　わが国では，この問題が訴訟に発展した例は未だない。アメリカで
は，すでにこのような場合にはアメリカ法にいう寄与侵害（contribu-
tory infringement）が成立する場合があるとされている。ただ，プロバ
イダーがいかなる措置をとり得るかは，他人の表現の自由との関係で
困難な問題があるために，1998 年のデジタル・ミレニアム著作権法
はプロバイダーの責任を限定している。わが国でも，電子掲示板のフ
ォーラムでの名誉毀損事件においては，そのフォーラムのシステムオ
ペレーターが，名誉毀損の発言が掲載されている事実を知っているよ
うな場合には，必要な措置をとるべき条理上の作為義務違反があると
して損害賠償責任が認められている（東京地判平 9.5.26 判時 1610 号 22 頁
〔ニフティサーブ一審事件〕。ただし，控訴審の東京高判平 13.9.5 判時 1786 号 80
頁は，システムオペレーターと事業者の責任を否定した）。また，カラオケス
ナックが演奏権を侵害していることを知っていながら，カラオケ装置

をリースし続けているリース業者の幇助責任も認められており（大阪高判平9.2.27知裁集29巻1号213頁〔魅留来事件〕），侵害防止措置可能性を要件とした同様の法律構成による救済が考えられた。

> **プロバイダー責任
> 制限法**

このような判例理論による解決が模索されるなかで，平成13（2001）年11月「プロバイダー責任制限法」（「特定電気通信役務提供者の損害賠償責任の制限及び発信者情報の開示に関する法律」）が制定された。この法律が施行された平成14（2002）年5月には，「プロバイダ責任制限法著作権関係ガイドライン」が公表されている。

　プロバイダー責任制限法は，インターネット等の特定電気通信による情報の流通によって他人の権利が侵害された場合について，特定電気通信役務提供者の損害賠償責任の制限と被害を受けた者の発信者情報の開示請求権を定めたものである（同法1条）。本法により，インターネット上のウェブサイトや電子掲示板等によって，著作権，特許権，商標権等の侵害が行われた場合にも，一定の場合には，プロバイダー等の権利者に対する不作為責任と発信者に対する作為責任としての損害賠償責任が制限される。

　具体的には，ウェブサイト等の情報が，明らかに他人の著作権等を侵害していると判断できるときや，著作権者等から削除依頼の申出があったことを発信者に連絡し，7日以内に反論がないときには，プロバイダー等がその情報の削除を実行しても発信者に対する損害賠償責任を問われない。しかし，プロバイダー等は，他人の著作権等が侵害されていることを知っていたときや，違法情報の存在を知っており，かつ，明らかに著作権等を侵害していると判断できる場合に，その情報の削除を実行しなければ著作権者等に対する責任を問われる可能性が生じる（3条）。また，著作権者等は，著作権等を侵害されたことが明らかであり，損害賠償請求権の行使のために必要である等，正当な理由がある場合には，プロバイダー等に発信者の氏名や住所などの情

報を開示するよう請求することができる（4条）。ただし，開示された情報をみだりに用いることはできない。

　平成 14（2002）年特許法等の改正により，プログラムの特許発明をインターネットで提供する行為が実施にあたり，専用プログラム等または発明の本質的要素に係るプログラム等の作成・譲渡等が間接侵害とされ（特2条3項1号・101条），実用新案権と意匠権の間接侵害行為には，物品の製造にのみ使用するプログラム等の作成・譲渡等が含まれ（実28条，意38条），インターネットを通じた送信が商標の使用行為に当たるとされた（商標2条3項2号）。したがって，著作権と同様にこれらの権利侵害もプロバイダー責任法の適用対象となることが，より明らかになった。

*Column*㉝　マンガ・アニメの違法アップロード「大規模削除事業」••••••••

　マンガ・アニメ海賊版対策協議会と経済産業省（事務局：一般社団法人コンテンツ海外流通促進機構〔CODA〕）は，平成 26（2014）年8月から12月の5カ月間にわたり Manga-Anime Guardians Project（MAGP）として，マンガ・アニメの違法アップロード「大規模削除事業」を実施した（日本経済新聞 2014年7月31日第38面より）。

　その MAGP では，この他に，「マンガ・アニメの『本物』が見つかる」正規版リンク集サイト「Manga-Anime Here」の提供と「普及啓発」がある。「Manga-Anime Here」では，「名探偵コナン」「ONE PIECE」「進撃の巨人」などのキャラクターがメッセージを送った（http://manga-anime-here.com/現在は閉鎖）。

　大規模削除請求対象のサイトは，ストレージサイト，Torrent サイト，動画投稿・共有サイト，海賊版動画への「リーチサイト」，マンガのオンラインリーディングサイトなど，世界中の約 300 サイトである。削除請求をすべき対象サイトには，この他にも，フレーミング，クラウド・ロッカー，ファイル交換ソフト提供とサービス提供，TV アニメ番組転送サービス，など広範なものがあり得る。このうち，リンキングについては，わが国と多くの国の判例は著作権侵害を否定しており（大阪地判平 25.6.20 判時 2218 号 112 頁〔ロケットニュース 24 事件〕），ファイル交換ソフト提供とサービス提供については，判例は著作権侵害を認めており（東京高判平 17.3.31 裁判所 HP〔ファイルローグ控訴審事件〕），TVアニメ番組転送サービスについても，判例は著作権侵害を認めているから（最判平 23.1.18 民集 65 巻 1 号 121 頁〔まねき TV 上告審事件〕，最判平 23.1.20 民集65 巻 1 号 399 頁〔ロクラクⅡ上告審事件〕），削除請求の法的根拠が明らかとまではいえない。

削除拒否がみられるのは，中国，アメリカおよびブラジルなどの動画投稿サイト（UGC），ストレージサイト，オンラインリーディングサイト，Torrent サイトが多く，本案訴訟に発展するケースが増えている。

　諸外国において，アメリカ DMCA や日本のプロバイダー責任制限法のような制度がある場合でも，それらの多くは，削除すれば権利者や利用者からの損害賠償請求権の行使を受けないというにとどまるものであり，また，わが国では，削除請求は「その他の侵害の停止又は予防に必要な措置」（著 112 条 2 項）にとどまるものとされている。違法サイトの削除命令やリンク切りを有効にするには，EU の判例に見られるような侵害に供したサイトの閉鎖請求権まで認めなければ実効性がないように思われる（立法論）。

知的財産権の国際的展開

世界知的所有権機関 ［写真提供：伊藤宏幸］

知的財産の流通に国境はあまり大きな意味を
もちません。同じ種類の知的財産はどこでも
同じような法的保護を受けられる，国際的に
調和した制度が求められています。

今日，国際取引はモノ，サービス自体の移動に加えて，eコマースにおけるデジタル情報の流通へと大きな発展を遂げている。知的財産権の国際的な問題には，モノ自体の越境流通の問題としての並行輸入の問題，技術移転，強制実施権，生物・遺伝資源の帰属・利益還元などの南北問題，さらには知的財産権侵害の国際裁判管轄や準拠法の問題などがある。

1 総　説

商品・サービス・情報の国際流通　　国際取引の発展した現代社会では，国境を越えた商品やサービスの移動が顕著となっている。加えて，現代社会はインターネット等の通信技術の著しい発達に伴って，知的財産権の客体である知的財産のほとんどがデジタル情報としてグローバルに伝播する時代である。このような状況の中で，いわゆる属地主義の原則に従う知的財産権の効力がどのような範囲で認められるかが問題とされている。

それは，今日では有体物である商品の国際取引の場面と，デジタル情報の国際取引の場面における問題に分けることもできよう。

知的財産権を侵害する商品の流通は，国際取引の秩序を破壊する。そのため TRIPs 協定は，とくに商標権と著作権について重い水際措置を要求する規定を設けている（TRIPs 第 3 部第 4 節）。

著作物のネットワーク上の違法な複製および送信については，WIPO 著作権条約と WIPO 実演・レコード条約（第 22 章 4 参照）が新

しい「公衆伝達権」を導入するなどの対応をしているが，今後さらに国際的なルールの構築が進むものと思われる。

<u>その他の国際的諸問題</u>　　国際的な知的財産権制度は，もともと国際的な技術移転を促進するための制度として構築されてきたが，必ずしも先進国と発展途上国の双方の利益に資するものとはいえないものとなっている。この現状のとらえ方について，双方に越えがたい溝，いわゆる南北問題がある。その中には，1992年に成立した生物多様性条約に基づく発展途上国の生物資源の帰属，その利用技術の移転や利益還元の問題があり，発展途上国の伝統的な芸術，フォークロアの保護の問題も WIPO を中心に議論が継続され，南アフリカ等におけるエイズ治療薬特許の問題は WTO を舞台に議論が継続されている。

　これに関連して，2007年9月13日，国連総会は，「先住民族の権利に関する国際連合宣言」を採択し，世界人権宣言27条が認めた知的財産権を完全に享有することなどを明記した（1条および31条）。

　また，知的財産の国際的な流通の増大により，知的財産権侵害に対する国際的に有効な救済手続ルールの早期構築が求められている。すなわち，知的財産権侵害に関する国際裁判管轄や準拠法の問題がある。

2　並行輸入と知的財産権

<u>総　　説</u>　　並行輸入と知的財産権の問題については，TRIPs協定6条が「消尽」と題して取り上げながらも，「この協定に係る紛争解決においては，第3条及び第4条の規定を除くほか，この協定のいかなる規定も，知的所有権の消尽に関する問題を取り扱うために用いてはならない」と規定している。

これは，TRIPs 協定が並行輸入については国際的合意を得られず結論を出さなかったものであると理解されているが，EU が域外からの並行輸入を認めない点につき，内国民待遇（TRIPs 3 条）と最恵国待遇（TRIPs 4 条）違反に当たる等の指摘もなされている。

わが国における並行輸入と知的財産権については，とくに後述の平成 9 (1997) 年の BBS 事件最高裁判決が昭和 44 (1969) 年のブランズウィック事件大阪地裁判決を覆して特許製品の並行輸入は特許権を侵害しないとしたことにより，並行輸入ないし特許権の国際的消尽と属地主義との関係，並行輸入が認められる要件と効果についてかなり明確にされているといえよう。

並行輸入の問題は，すべての知的財産権に認められる消尽理論が国際取引においても適用されるかどうかの問題ということもできるが，権利の種類（特許権，商標権，著作権）ごとに並行輸入に対する理論構成は著しく異なっている。BBS 事件最高裁判決は，国際的な趨勢とは異なる部分があり，またわが国では今後商標権や著作権と並行輸入の関係にどのような影響を与えるかが検討課題である。

また BBS 事件最高裁判決が認めた特許製品の並行輸入許容の法状況は，論理的に途上国における安価なエイズ治療薬等の先進国への逆流を許す余地を与えていることは否定できない。

なお，平成 11 (1999) 年改正の著作権法は，著作権の国際的消尽を明文で認めるに至り（26 条の 2 第 2 項 5 号），すでに半導体集積回路保護法にも明文の規定（12 条）がある。

並行輸入と特許権

(1) **ブランズウィック事件**　並行輸入と特許権に関するわが国のリーディング・ケースは，ブランズウィック事件についての大阪地判昭 44.6.9（無体集 1 巻 160頁）である。この事件は，「ボーリング用自動ピン立て装置」について日本とオーストラリアで特許権を有していた原告が，オーストラリアで原告のライセンシーからオーストラリアなどの地域限定付きのサ

ブライセンスを受けた会社が製造販売したボーリング用ピン立て装置の中古品を日本に輸入し使用する被告に対して差止めを請求した事例である。判決は，特許権のオーストラリアにおける国内的消尽は認めたが，属地主義を根拠として特許権の国際的消尽を否定し，また再実施許諾がオーストラリアに地域限定されていたとして，被告の並行輸入は特許権を侵害するものとした。

(2) **BBS 事件**　　BBS 事件は，わが国における第2のケースであり，わが国とドイツにおいて「自動車の車輪」の特許権を有していた原告（被控訴人・上告人）が，原告自身がドイツ国内で製造，販売した自動車用アルミホイール製品を輸入販売する被告ら（控訴人・被上告人）に対し差止めと損害賠償を請求した事例である。

最高裁は，①並行輸入ないし特許権の国際的消尽理論の問題は，「専ら我が国の特許法の解釈の問題というべきである」とし，この問題は「パリ条約や属地主義の原則とは無関係」であるとした。

次に，②特許権の国内的消尽理論については，特許製品の譲渡により特許権はその目的を達成して消尽するとし，その根拠として取引の安全の保護と二重利得の禁止の2点を掲げている。

しかし，③特許権の国際的消尽理論については，国際的消尽の根拠について「二重利得禁止説」を否定した上で，「輸入を含めた商品の流通の自由は最大限尊重することが要請されている」とし，「我が国の特許権者又はこれと同視し得る者が国外において特許製品を譲渡した場合においては，特許権者は，譲受人に対しては，当該製品について販売先ないし使用地域から我が国を除外する旨を譲受人との間で合意した場合を除き，譲受人から特許製品を譲り受けた第三者及びその後の転得者に対しては，譲受人との間で右の旨を合意した上特許製品にこれを明確に表示した場合を除いて，当該製品について我が国において特許権を行使することは許されないものと解する」とした（最判平9.7.1民集51巻6号2299頁）。

この最高裁判決については，黙示の実施許諾説を採用したものであって，国際的消尽を認めたものではないとする説明もあるが，黙示の実施許諾説は消尽理論の根拠論の一つであるから，国際的消尽を認めた判決ということができる。また，特許権の国際的消尽が成立する場合につき，いわゆる「並行特許説」ではなく「外国拡布説」を採用しており，正当である。

もっとも，上述のようにこの判決は「取引の安全説」とは相反する「黙示の実施許諾説」を同時に採用しており，いわゆる「所有権移転説」をも採用しているのでないかと思われる点に理論上大きな問題がある。

並行輸入と商標権) 並行輸入が商標権侵害に当たらないとするリーディングケースは，昭和45年2月27日の大阪地裁のパーカー事件判決（無体集2巻1号71頁）である。この事件は，世界的に著名なアメリカのPARKER社の「PARKER」商標が付された万年筆をわが国の輸入業者がわが国へ輸入するに際して，その「PARKER」商標についてわが国の専用使用権を有する総代理店が輸入差止請求権を有しないことの確認を求めたものである。

この判決は，当時の外国の学説・判例の強い影響を受けて商標機能論に基づきこの真正商品の並行輸入は商標の出所表示機能と品質保証機能を害しないことを理由に実質的違法性なしとした。

ただ，この判決は，商標権の国際的消尽理論は採用できないとしていたし，その後のわが国の判例も，真正商品の並行輸入を商標権の侵害としない根拠としては，商標権の国際的消尽理論を根拠とするものではなく，一貫して商標機能論により実質的に違法性がないとするか権利濫用論にとどまっている（東京地判昭59.12.7無体集16巻3号760頁〔ラコステ事件〕，大阪地判平5.2.25知裁集25巻1号56頁〔JIMMY'Z事件〕，最判平15.2.27民集57巻2号125頁〔フレッド・ペリー大阪上告審事件〕，知財高判平30.2.7判時2371号99頁〔NEONERO事件〕など）。学説には，商標権の

国際的消尽理論を肯定する見解とそのような理論構成によるまでもなく商標法の趣旨から権利行使を阻止すべきであるとする見解などがある。国際的にみれば，とくに最近 EU において，立法や判例が商標権の国際的消尽理論は EU 域内だけに適用されるとの立場を明確にしている点が特徴的である。その意味で，特許権に関する BBS 事件最高裁判決の影響が検討課題となっている。

並行輸入と著作権 **(1) 101 匹ワンチャン事件** 並行輸入と著作権に関するリーディングケースは平成 6 年 7 月 1 日の東京地裁「101 匹ワンチャン事件」判決（知裁集 26 巻 2 号 510 頁）である。

この判決は，アメリカにおける本件ビデオカセットの頒布流通はアメリカ連邦著作権法 109 条(a)項あるいはファーストセールドクトリンの法理により制限はなかったと解したが，その並行輸入品のわが国での頒布については，わが国の著作権（頒布権）を侵害するとした。その理由は，アメリカにおける著作権者の製造販売のライセンスにはわが国での頒布は含まれておらず，その対価も支払われていないというものであった。

(2) 頒布権の国際的消尽 平成 11（1999）年改正著作権法が譲渡権の消尽規定（26 条の 2 第 2 項）を新設し，消尽理論が外国において譲渡された複製物にも適用されることを明文で規定するに至っており（同項 5 号），著作権の国際的消尽を認めている。また，海賊版だけの輸入禁止を定める 113 条 1 項 1 号によれば真正商品の輸入行為は著作権の侵害を構成しないとの解釈がもともと可能であった。その意味で，上記「101 匹ワンチャン事件」判決の妥当性が問われる。

また，近時の判決例には，韓国の著作権者が当初は適法に複製物を第三者に引き渡し，日本国内での販売を許諾していたが，第三者が契約に違反したため販売許諾契約が解除された場合にはいったんは消尽したものの，消尽しなかったこととなるとして，日本国内での販売を

頒布権侵害としたものがある（東京地判平 24.7.11 判時 2175 号 98 項〔韓国テレビ番組 DVD 輸入事件〕）。頒布権の消尽現論の誤解に基づく判断というほかない。

最近では，アメリカの判決例でさえ著作権の国際的消尽を認めている（"Kirtsaeng v. John Wiley & Sons, Inc.," U.S. Supreme Court, March 19. 2013）。実務的にも理論的にも十分な検討が急務である。

Column㉞ 水際措置

外国からわが国へ輸入される商品に関しては，輸入申告が適法になされ，必要な検査を経て，輸入申告書に記載されている品名と現品の同一性が確認された場合には輸入が許可される。しかし，関税法 69 条の 11 が定める輸入禁制品についてはこの輸入許可がなされない。この輸入禁制品には，特許権，実用新案権，意匠権，商標権，著作権，著作隣接権，回路配置利用権または育成者権を侵害する物品や不正競争防止法 2 条 1 項 1 号から 3 号までに掲げる行為または同項 10号・17 号または 18 号に掲げる行為を組成する物品（関税 69 条の 11 第 1 項 9号・10 号）が含まれる。

この知的財産権に基づく水際措置は，近時の法改正により，その対象が拡大され，かつ，その手続も充実してきている。なお，この水際措置は，かつては法律としては関税定率法に規定されていたが，平成 18（2006）年改正により関税法に移し替えられた。

その輸入差止申立ての手続は，知的財産権の権利者（不正競争差止請求権者を含む）が税関長に対して，対象となる輸入貨物の侵害の事実を疎明するために必要な証拠を提出して，当該貨物がこれらの知的財産権を侵害するか否かを認定する手続（認定手続）をとるよう申し立てることにより行われる。

税関長は，侵害の事実を疎明するに足りる証拠があると認めた場合には，当該輸入差止申立てを受理する。この申立受理の後，特許権者等は，認定手続開始後一定期間内において，技術的範囲等について特許庁長官に意見を聞くように求めることができる（特許庁長官意見照会制度）。一方，特許権等に基づく輸入差止申立てを受けた輸入者は，認定手続開始後一定期間経過後においては，金銭を供託して認定手続を取りやめることを求めることができる（通関開放制度）。

特許権，実用新案権および意匠権に係る並行輸入品については，従来特許権等を侵害するものとして取り扱われていた。その後，平成 9 年の BBS 事件最高裁判決を受けて，平成 12（2000）年 3 月 31 日に改正された関税定率法基本通達（蔵関 235 号）により，税関においては，特許権に係る並行輸入は，特許権者等と，譲受人との間で特許製品について販売先ないし使用地域からわが国を除外する旨の合意がされ，かつ，その旨が製品に明確に表示された場合などを除き，特許権等の侵害にはならないものとして取り扱われることになった（第 23 節 21-7(2)・(3)。現在本趣旨は関税法基本通達 69 の 11-7（2）で定められている）。

商標権に係る並行輸入品については，昭和45年2月27日のパーカー事件大阪地裁判決を受けて，すでに昭和47（1972）年から商標権の侵害とはならないものとして取り扱われていた。

著作権に係る並行輸入については，平成11（1999）年の著作権法改正により国際消尽の規定が設けられたため，上記通達に明文規定はないが著作権を侵害しないものとして取り扱われている。ただし，映画については，平成6年7月1日の「101匹ワンチャン事件」東京地裁判決が並行輸入を侵害としたことを受けて，なお並行輸入を認めていない。

なお，平成18（2006）年の知的財産法関連の改正により，侵害品の輸出が侵害行為とされるに至ったので，関税法では輸出禁制品に知的財産権の侵害品を挙げるとともに（関税69条の2第1項3号・4号），税関長による認定手続を整備している（関税69条の3）。輸入禁制品と異なり，回路配置利用権の侵害品の輸出は侵害とはされていないので（半導体集積回路の回路配置に関する法律12条），関税法上，侵害半導体チップは輸出禁制品には挙げられていない。

3 技術移転と知的財産権

技術移転と知的財産権の問題は，知的財産権に関する南北問題の中でも最大の問題のひとつである。もともと国際的な知的財産権の制度は，1883年に成立したパリ条約に始まり1994年のTRIPs協定にいたるまで，国際的な技術の移転を促進する法的基盤の国際調和をめざして発展してきたものである。とくに先進国の優秀な技術を発展途上国へ移転することが，発展途上国の技術や産業の発展に寄与するものであるとの考えがあった。優秀な技術が発展途上国へ移転されると，すぐに模倣品が市場にあふれるようでは，先進国は技術移転にたやすく応じることはできないからである。このことは，コンピュータ・ソフトウェアや音楽などの著作物の国際移転についても同様である。

その一方で，今日の発展途上国における知的財産権制度を先進国並みに整備することは，先進国側の輸入独占による利益をもたらすことがあっても，必ずしも発展途上国の利益をもたらすものとはなってい

ないという発展途上国の主張が，1960年代から表明され始めた。

4 強制実施許諾制度の問題

　強制実施許諾制度は，先進国の企業等が取得する知的財産権について国内の企業に特許発明等の実施を認めるものであり，とくに特許権者自身の実施を禁止するいわゆる排他的非自発的実施許諾制度について先進国と発展途上国との間に大きな意見の隔たりがある。この制度は，とくに発展途上国が先進国並みの知的財産権制度を整備するときに，その国内産業の保護を実現する制度として採用されている。先進国企業等にとっては，そのような強制実施許諾制度が存在する発展途上国で特許等を取得しても，市場独占の実効性が乏しく，発展途上国における知的財産権の取得を前提とする技術移転には消極的とならざるを得ない。知的財産権の制度の調和が促進されない大きな原因のひとつとなっている。

5 生物多様性条約と知的財産権

　1992年リオにおいて作成された「生物多様性条約」（CBD：Convention on Biological Diversity）は，わが国も署名・批准している。この条約においては，締約国が自国の天然資源について国家主権を有することが明らかにされ（15条），それから生じる技術や利益はその保有国に還元されることが約束されている（17条参照）。このような生物資源は，先進国よりも発展途上国に豊富に存在するため，やはり知的財産権に関する南北問題ということができよう。

　この条約における天然資源に対する主権の意味は，かならずしも明

らかではないが，ある締約国の遺伝資源を利用した技術，たとえばエイズ治療薬について，他の締約国とくに先進国で特許権が取得された場合には，当該締約国への技術移転および利益の還元が約束されている。そのためには，特許出願等の手続に際して，当該技術の開発に利用した遺伝資源の保有国名や地域名を明記させる必要がある。この手続は，EU 域内ではすでに実務上実現されている。

このほかに，この条約については，とくに生物資源の法的保護のための特別の法制の必要性や，生物資源を利用した発明に関する特許権の取得や技術移転が課題となっている。インド等では，この条約に対応する法律の整備が進んでおり，これらの問題については，WIPO も伝統的知識やフォークロア等の問題とともに検討を開始している。WTO においては，2002 年に始まったドーハ・ラウンドの主要課題ともなっている。わが国は，未だこの条約上の義務を果たしているとはいいがたい。

6 知的財産権侵害の国際裁判管轄と準拠法

国際裁判管轄 知的財産権侵害についていわゆる渉外的要素が存在するときには，どの国の裁判所で裁判すべきかという，いわゆる国際裁判管轄と，裁判するにあたり，どの国の知的財産法を適用すべきであるかという準拠法決定の問題が生じる。

この問題については，いずれも，もっぱら属地主義の原則から結論を導くべきであるとする見解と，一般的な事件に適用される原則に基づいて結論を導くべきであるとする見解に分かれる。前者の見解に属する判決例として，外国の特許権をわが国の国内で侵害する行為に対する差止請求・廃棄請求については，わが国の裁判所には国際裁判管

轄は認められず，準拠法の問題も生じる余地がないし，損害賠償請求については当該行為は準拠法であるわが国の不法行為法（民709条）上，不法行為を構成しないとしたものがある（東京高判平12.1.27判時1711号131頁〔カードリーダー控訴審事件〕）。後者の見解に属する判決例としては，米国著作権が，米国に住所を有する被告によって米国内で侵害（複製権侵害）された場合であっても，わが国に法的関連を有する事件については，わが国の国際裁判管轄を肯定すべき場合があるとしたものがある（東京地判平14.11.18判時1812号139頁〔鉄人28号事件〕）。最高裁は，タイ国において著作物を利用している被告に対する訴えをわが国の裁判所で提起した事件において，わが国における業務妨害行為があったことを理由にわが国の裁判所に国際裁判管轄を認めた（最判平13.6.8民集55巻4号727頁〔ウルトラマン事件〕）。

　国際裁判管轄の問題は，一般的な事件に関しても，現在においては国際的に承認された一般的な準則は確立されておらず，国際的慣習法の成熟も十分ではない。そのために，実務においては，当事者間に合意があれば原則的にはそれに従っており，判例は，そのような合意がない場合に，わが国の民事訴訟法上の裁判籍がわが国内にあれば，わが国の裁判所に国際裁判管轄を認めているが，当事者間の公平や裁判の適正・迅速の理念により条理に従って判断してきた（最判平9.11.11民集51巻10号4055頁〔預託金請求事件〕）。

　そこで，そのような国際裁判管轄に関する国際的なルールの構築のため，ハーグ国際私法会議は，1999年に「民事及び商事に関する裁判管轄及び外国判決に関する条約（案）」を提案した。しかし，各国の意見は対立し，2000年には新しい条約案の作成をみたが，現在なお成立に至ってはいない。

　そのような中で，平成23（2011）年，わが国の民事訴訟法は，第2章第1節に「日本の裁判所の管轄権」を新設した（民訴3条の2～3条の12）。

改正民訴法により，知的財産権訴訟においてわが国の裁判管轄が認められるのは，①被告の普通裁判籍がわが国にある場合（民訴3条の2），②合意管轄（民訴3条の7）または応訴管轄（民訴3条の8）が認められる場合，③請求の目的が日本にあり，または被告が差し押さえるべき財産をわが国に有する場合（民訴3条の3第3号），④被告がわが国に事務所または営業所の所在地を有する場合であって，その事務所の業務に関する場合（民訴3条の3第4号），⑤不法行為の裁判籍（民訴3条の3第8号）が認められる場合，⑥併合請求の裁判籍（民訴3条の6）が認められる場合，となった。

そして，知的財産権のうち設定登録により発生する特許権，実用新案権，意匠権，商標権，育成者権，回路配置利用権の存否または効力に関する訴えについては，日本の裁判所に専属管轄が認められることとなった（民訴3条の5）。

準 拠 法

他方，準拠法に関するわが国の判例は，属地主義の原則をわが国の公序であるとしたり，属地主義を採用するわが国国内法を累積的適用するという論理により，結果的には法適用通則法（旧法例）による準拠法の決定を阻止しているといえよう。最高裁は，アメリカの特許権侵害のわが国における教唆の事件において，差止請求と損害賠償請求のいずれについても，準拠法の決定が必要であるとした。しかし，差止請求の法律関係の性質は特許権の効力であり，わが国の法適用通則法（旧法例）等には直接の規定がないから，条理に基づけば，当該特許の登録国であるアメリカの特許法が準拠法となるとしながら，それにより差止めを認めることは属地主義の原則を採用するわが国の公の秩序（旧法例33条，法適用22条）に反するとした。また，損害賠償の法律関係の性質は不法行為であり，旧法例11条1項（法適用17条）により準拠法が決定され，本件の「原因タル事実ノ発生シタル地」は，権利侵害という結果発生地であるアメリカ合衆国であるから米国特許法が準拠法となるとしたが，

旧法例11条2項（法適用22条1項）によるわが国の法律の累積的適用により，属地主義の原則を採り，アメリカ特許法271条(b)項のような特許権の効力の域外適用の規定を持たないわが国の法律の下においては不法行為を構成せず，同項の「外国ニ於テ発生シタル事実カ日本ノ法律ニ依レハ不法ナラサルトキ」に当たり，アメリカ特許法を適用することはできないとした（最判平14.9.26民集56巻7号1551頁〔カードリーダー上告審事件〕）。

　ここでは，そもそも属地主義の原則は国内法あるいはパリ条約やベルヌ条約等に根拠を有しているといえるかどうか，それは準拠法決定の基準でもあるのかどうか，また，一般国際私法である法適用通則法（旧法例）による準拠法決定に優先するものかどうか，さらに，インターネット上の著作権や特許権などの侵害については，属地主義をどのようにとらえるのか，不法行為地をアップロード地（送信地），ダウンロード地（受信地），およびサーバー所在地のいずれとするべきかなどの困難な問題が横たわっている。

19世紀末にスタートした知的財産法の国際ルールの発展は、パリ条約における手続的なハーモナイゼーションから、TRIPs協定におけるような実体法に踏み込んだハーモナイゼーションを経て、さらに世界共通の制度へ至ろうとする過程である。

1 ハーモナイゼーションから統一へ

　知的財産法の保護対象であるテクノロジー、デザイン、ブランドそして著作物は、それが情報として流通する場合にはもともと国境がない。また、これらはもともと商品としても国境を越えて流通するのが常態である。したがって、知的財産法も、これに対応して異なる地理的空間においても同様の法的保護を実現するものでなければ、情報としての知的財産や商品の流通を妨げるものとなってしまう。そのために、知的財産法のハーモナイゼーションは、究極的には世界統一の知的財産法をめざすものである。

　15世紀に起源を持つ特許法も、16世紀に起源を持つ著作権法も、その発展の歴史はヨーロッパを中心とする国と国の間の知的財産法のハーモナイゼーションから統一への歴史といってよい。しかし、世界の国々がお互いの国や国民の利益のために、同盟を形成して国際的なルール作りを始めたのは、工業所有権についてはパリ条約からであり、著作権についてはベルヌ条約からである。それらは、初期においては知的財産の最低限の保護のルールを定めるものであったが、TRIPs

協定のような知的財産権全体を包括し，多くの実体規定を定めるものへと発展しながら，一方では，なお個々の知的財産ごとの保護のための手続や実体に関する統一法条約をも発展させている。

　パリ条約やベルヌ条約に関する事務は国際連合の機関であるWIPO（世界知的所有権機関，World Intellectual Property Organization）が取り扱っており，一方，TRIPs協定に関する事務はWTO（世界貿易機関，World Trade Organization）が取り扱っている。これらの国際機関はともに知的財産法の国際的ハーモナイゼーションにおいて大きな役割を果たしている。

　このような知的財産保護の国際的条約は，誠実に遵守する義務があり（憲98条2項），知的財産に関して条約に別段の定めがある場合にはその規定によることとされ，いわゆる条約優先の原則が明らかにされている（特26条，実2条の5第4項，意68条4項，商標77条4項，著5条，種57条）。

　今日，国際間には，なお技術に関する南北問題のみならず，先進国間における利害関係さえも残っており，経済のブロック化も進んでいる。知的財産法のハーモナイゼーションないし統一という目標到達にはなお時間を要する。ここでは，知的財産法における属地主義とハーモナイゼーションをめざす知的財産法の主要な条約を解説する。

2　属地主義

　知的財産法においては，その国際的ハーモナイゼーションが進められている一方で，なお属地主義の原則が支配している。属地主義とは，知的財産権の効力の及ぶ地理的範囲を，その知的財産権を認めた法律が適用される領域に限るものとし，知的財産権の発生，効力，変動，消滅についてはすべてその国の法律に従うとする原則である。したが

って，各国は，外国の法律によって認められた知的財産権を自国の領域内では認めない。著作権についても，ベルヌ条約が無方式主義を採用してはいるが，著作権の効力は，各国の法律の適用される領域に限られるし，その権利の消長についてはすべて各国の法律による。ただし，わが国の著作権の侵害罪については，外国において日本国民が犯した場合のいわゆる外国犯処罰の規定がある（刑施27条1号）。

しかし，属地主義は，知的財産法の解釈にあたって，外国における事実を考慮したり，特定の法効果を外国における事実にかからしめることを排除するものではない。

また，属地主義とパリ条約の特許独立の原則（パリ条約4条の2）は，後者は前者を前提とするものではあるが，論理的には，必ずしも第1国の特許と第2国の特許との間の従属関係を否定しなければならないわけではなく，異なる概念というべきである。

属地主義は，並行輸入を否定する根拠として持ち出されることもある（大阪地判昭44.6.9無体集1巻160頁〔ブランズウィック事件〕）。しかし，並行輸入の問題は，知的財産権の効力を権利者自身などにより外国で市場に置かれた商品の輸入にも及ぼすことができるかという国内法の解釈の問題にすぎない（最判平9.7.1民集51巻6号2299頁〔BBS上告審事件〕）。

今日，前述のように属地主義の妥当性が問われ始めている。それは，インターネットの発達により，その上で知的財産が国境を越えて情報として流通し，プログラム特許やビジネスモデル特許などが実施され，商標が使用される場合にも，ある国の知的財産権の効力が及ぶのかどうかという問題である。前章で述べたように，その場合の裁判管轄権および準拠法の問題なども今後の検討課題である。

3 工業所有権法のハーモナイゼーション

① パリ条約

　パリ条約とは，1883年に成立し，1900年ブラッセルで，1911年ワシントンで，1925年ハーグで，1934年ロンドンで，1958年リスボンで，1967年ストックホルムで改正された工業所有権の保護に関する同盟条約である。パリ条約は，いかなる国も加入できる一般条約であり，開放条約であり，そして立法条約である。パリ条約の加盟国は，今日 (2019年現在) 177カ国であり，わが国は，1899 (明治32) 年に加入して以来，ストックホルム改正条約まですべての改正条約に加入している。

　パリ条約の規定は，4種類に分けられる。第1は，国際公法ないし管理的規定，第2は，同盟国に立法措置を要求または許容する規定，第3は，同盟国国民に関する権利義務を定める実体法規定，そして第4は，個人の権利義務に関し直接的に適用できる自己執行的規定である。

　パリ条約の3大原則として，①内国民待遇の原則 (national treatment, 2条)，②優先権制度 (right of priority, 4条)，③権利独立の原則 (4条の2・6条3項) が挙げられる。

　内国民待遇の原則とは，パリ条約同盟国は，他の同盟国国民と準同盟国国民に対して自国の国民と同一の権利能力を認めるというものである (2条・3条)。内外人平等の原則ともいう。

　優先権は，各国ごとに工業所有権の出願手続をする場合に，その時間的な不利を解消し，出願手続を容易にするための制度である。具体的には，発明，考案，意匠，商標について，同盟国に正規の出願 (第1国出願) をした者が，一定の期間内に他の同盟国に同一の発明，考案，

意匠，商標について出願（第2国出願）する場合には，第1国出願時と同時にしていれば享受し得たはずの利益を認めるものである。この一定の期間とは，特許と実用新案に関しては12カ月，意匠と商標に関しては6カ月である（4条C，E1項）。享受し得たはずの利益，すなわち優先権の効果は，優先期間中に行われた行為によって，第2国出願が不利な取扱いを受けず，これらの行為が第三者の権利を生じさせることがないことである。これにより，第2国の出願は，第1国の出願日を基準として先願，新規性喪失や周知商標の有無などが判断されることとなる。この優先権の利益を享受するためには，第2国出願の際に優先権の主張をしなければならない（4条D，特43条，実11条1項，意15条1項，商標13条1項参照）。したがって，外国において工業所有権を取得するための出願手続には，各国ごとの通常の出願方法と，この優先権を主張して行う出願方法と，次に述べるPCTによる国際出願やマドリッド・プロトコルによる国際登録出願の方法があることとなる。優先権主張による外国出願手続をパリ条約ルートと呼び，PCTによる国際出願手続をPCTルートと呼ぶ。

　権利独立の原則とは，前述のように，属地主義を前提として，各国において成立した工業所有権相互の従属性を否定し，相互に独立した権利とするものである。この原則は特許と商標についてのみ規定があるが（4条の2・6条2項・3項），実用新案と意匠についても類推適用されるべきである。したがって，ある国の工業所有権が消滅した場合であっても，他の国の工業所有権が消滅することはない。なお，商標については，商標権独立の原則の例外として，本国の登録商標についてそのまま他の同盟国で商標登録を認める外国登録商標，いわゆるテル・ケル商標の出願が認められている（6条の5）。

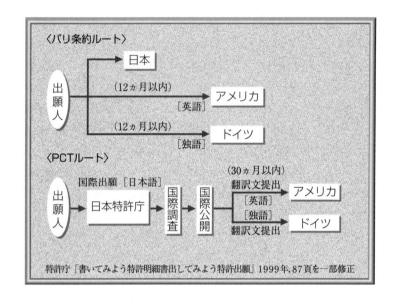

特許庁「書いてみよう特許明細書出してみよう特許出願」1999年, 87頁を一部修正

②　特許法のハーモナイゼーション

PCT（特許協力条約）・
PLT（特許法条約）

　従来，外国で特許権を取得しようとする場合には，法令や手続，そして言語の異なる各国に対して，各国ごとの言語により各国ごとの手続に従わなければならなかった。パリ条約に基づく優先権主張出願にあっても同様であった。複数の国で特許権を取得するために，各国ごとに通常の出願手続か優先権主張出願を行うことは，出願人と各国の特許庁のどちらにとっても重複した負担である。PCT（「特許協力条約」）は，この負担を軽減するために，一つの出願により各国における出願の効果を生じさせるものであり，1970年にパリ条約19条の特別取極（とりきめ）として成立したものである。つまり特許出願の手続統一条約ということができる。PCT の締約国は，今日（2020年1月現在）153カ国となっており，わが国は，1970年に加盟している。

PCT により，単一の方式で単一の言語で，単一の受理官庁へ出願することによって，同一の出願日（国際出願日）に外国の各特許庁に出願したのと同一の効果が認められることとなった。このため，PCT は手続面で「属地主義」を修正するものであるといわれる。

なお，各国における特許出願手続の統一を図るための特許法条約（PLT）は，2000 年 6 月 1 日 WIPO において採択され（2005 年発効），日本も 2016 年に加入した（第 4 章 3⑤・4④参照）。

| EPC（ヨーロッパ特許条約） |

ヨーロッパにおける知的財産法のハーモナイゼーションは長い歴史を有しており，1973 年にはヨーロッパ特許付与手続に関する EPC（ヨーロッパ特許条約）を成立させ，1975 年にはヨーロッパ共同体における単一の統一特許を認める CPC（共同体特許条約）を成立させている。CPC は属地主義を否定する究極の統一広域特許条約といわれるが，未発効である。両条約ともにパリ条約 19 条の特別取極である（EPC 前文）。

EPC は，CPC と異なって 1977 年に発効しており，PCT の国際出願の受理開始と同じ 1978 年にヨーロッパ特許出願の受理を開始している。EPC は，PCT と同じく特許出願手続の統一条約であるが，さらに進んで特許付与手続の統一条約である点で PCT と異なる。また，CPC と同じく参加国をヨーロッパ諸国に制限した閉鎖条約である。したがって，わが国は加盟できないが，出願人の資格を制限していないため，わが国の国民も EPC 出願をしてヨーロッパ特許を取得することができる。

EPC 締約国において特許権を取得しようとする場合には，英仏独語のいずれかにより作成した出願書類に，指定国を表示してヨーロッパ特許庁に単一のヨーロッパ特許出願を行う。その出願は，ヨーロッパ特許庁により先行技術調査がなされ，ヨーロッパ調査報告とともに，優先日から 18 カ月経過後公開され，公開後 6 カ月以内の審査請求に基づいて実体審査がなされてヨーロッパ特許が付与される。付与され

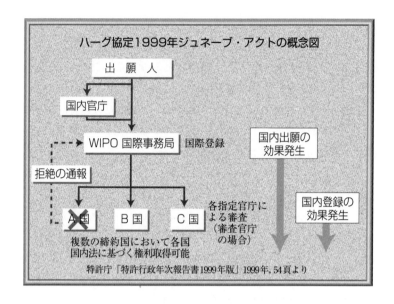

ハーグ協定1999年ジュネーブ・アクトの概念図

出　願　人

国内官庁

WIPO 国際事務局　国際登録

拒絶の通報

~~A国~~　　B国　　C国

各指定官庁による審査（審査官庁の場合）

複数の締約国において各国国内法に基づく権利取得可能

国内出願の効果発生

国内登録の効果発生

特許庁「特許行政年次報告書1999年版」1999年, 54頁より

たヨーロッパ特許は，CPC におけるような EU 加盟国全域をカバーする単一かつ統一の特許権ではないが，EPC 締約国の指定国において国内特許と同一の効力が認められ，同様に管理される。

なお EU 加盟国は，2014 年現在，改正特許一括法案を策定して，EU 単一効特許の導入と，統一特許裁判所（UPC）設立の準備を進めている。これにより，EU では，一つの訴訟で EU 全域での侵害品の差止めが認められることとなる。UPC 協定には，EU 25 カ国が署名している。

③　意匠法のハーモナイゼーション（ハーグ協定）

工業所有権のうち，意匠については，パリ条約による国際的保護のほか，統一法条約として，1925 年に締結されたハーグ協定による保護がなされている。ハーグ協定も，パリ条約 19 条の特別取極であり，国際事務局への一の国際出願により，複数の国における意匠の保護を

可能にする国際登録制度を創設するものであって，統一法条約である。ハーグ協定は，1934年のロンドン・アクトと1960年のハーグ・アクトが併存していたが，両アクトは無審査登録主義の国を想定したものであり，また日・米・英が加盟しないものであった。1999年に至り，審査主義国およびEU等政府間機関の加盟も容易にしたジュネーブ・アクトが成立した。このジュネーブ・アクトの締約国は，2019年現在63の国と地域である。わが国と米国は，2015年2月13日加入書をWIPO事務局長に寄託，2015年5月13日に両国において発効することとなった。わが国は，2014年に，このジュネーブ・アクト加盟のための国内意匠法を整備した。ジュネーブ・アクトに対応したわが国の意匠法については，第9章**3**を参照。

　ジュネーブ・アクトによる意匠の国際登録制度は，WIPOの国際事務局に対して原則として直接になされた国際登録出願について国際登録がなされると，指定締約国（締約国と締約政府間機関）において，国際登録日から同締約国の法規による適法な出願と同一の効果を認めるものである。出願先は，例外的に国内官庁経由の間接出願が認められる。出願言語は，英語，フランス語またはスペイン語を選択でき，一つの出願に100個の意匠まで含めることができる。実体要件の審査をしない締約国においては，国際登録日（＝国際出願日）に保護の付与が確定する。実体要件の審査をする締約国においては，出願資料が指定締約国官庁に送付された後6カ月（または宣言により12カ月）以内になされるべき拒絶通告か権利発生通告を行うまでは保護の付与は確定しない。保護の期間は，国際登録日から原則として15年間であるが，5年ごとの国際登録の更新が条件とされている。

④　商標法のハーモナイゼーション

　工業所有権のうち，商標については，パリ条約による国際的保護のほか，1891年成立したマドリッド協定および1989年のマドリッド・

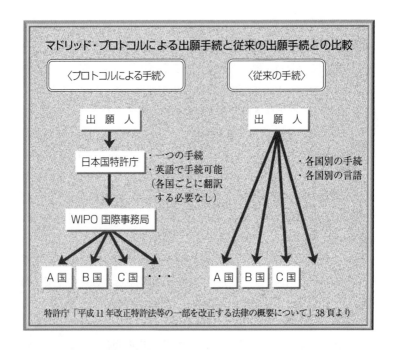

マドリッド・プロトコルによる出願手続と従来の出願手続との比較

〈プロトコルによる手続〉　　　　　　〈従来の手続〉

出　願　人

↓

日本国特許庁　・一つの手続
　　　　　　　・英語で手続可能
　　　　　　　（各国ごとに翻訳
　　　　　　　　する必要なし）

↓

WIPO 国際事務局

A国　B国　C国　・・・

出　願　人

・各国別の手続
・各国別の言語

A国　B国　C国

特許庁「平成11年改正特許法等の一部を改正する法律の概要について」38頁より

プロトコル（「標章の国際登録に関するマドリッド協定の1989年6月27日にマドリッドで採択された議定書」）という統一法条約による保護と，商標登録の手続の簡素化を図るための1994年のTLT（商標法条約），さらに電子出願手続等の新たなニーズに対応するための2006年のSTLT（商標法に関するシンガポール条約）による保護がなされている。

　マドリッド協定も，パリ条約19条の特別取極であり，商標をWIPO国際事務局に国際登録することによって，直接指定した締約国に登録したのと同一の効果を生じさせるものである。ただし，マドリッド協定は，無審査主義国を想定したものであり，拒絶期間や使用言語（仏語）等の問題があったため，日米が加盟していなかった。そこで，審査主義国や日米の加盟を容易にするために1989年にマドリッド・プロトコルが締結され，今日（2019年現在）締約国は106カ国

となっており，1999年にわが国も批准した。プロトコルにおける国際登録制度では，マドリッド協定と異なり，本国登録のほか本国出願に基づく WIPO 国際事務局への国際登録出願が認められ，フランス語のほか英語によることができる。国際事務局では，方式審査の後，国際登録を行い，本国官庁と指定国の官庁（指定官庁）に通知され，この通知後1年以内（宣言により18カ月以内）の拒絶通告がない限り，指定国における登録商標と同一の保護が認められる。国際登録後5年以内に，基礎出願の拒絶または基礎登録の無効もしくは取消しがあったときは（セントラル・アタック），国際登録と指定国における登録は効果を失う。国際登録出願が拒絶されたときには，国内出願に変更することができる。マドリッド・プロトコルに対応したわが国の商標法については，第10章14を参照。

TLT は，商標登録出願，登録後の変更や存続期間更新などに関する手続の簡素化と調和を図るものであり，手続のハーモナイゼーションのための条約である。しかし，同盟形成や管理機関などに関する規定は置いていない。わが国は1997年に加入した。また，STLT にも2016年に加入した。

4 著作権法のハーモナイゼーション

ベルヌ条約

ベルヌ条約は，正式には「文学的及び美術的著作物の保護に関するベルヌ条約」と称し，1886（明治19）年に成立した同盟条約である。その後，1908年にベルリンで，1929年にローマで，1949年にブラッセルで，1967年にストックホルムで，1971年にパリで改正されたもので，その事務はWIPO が行っている。わが国は，1886年のベルヌ条約に1899年加盟し，その後閉鎖されたストックホルム改正条約以外の改正条約のすべ

てに加盟しており，最新の改正条約であるパリ改正条約には 1975 年に加盟している。2019 年 12 月末現在のベルヌ条約の加盟国は 177 カ国である。

ベルヌ条約の 4 つの大原則として，①内国民待遇の原則（5 条 1 項），②無方式主義（5 条 2 項），③死後 50 年の保護期間（7 条 1 項），④著作者人格権の保護（6 条の 2）が挙げられる。

内国民待遇の原則とは，同盟国が，他の同盟国の国民と準同盟国国民に対して，保護すべき著作物に関して，自国の内国民と同一の権利能力を認めるものである（5 条 1 項）。保護すべき著作物は，同盟国国民などの発行・未発行の著作物（3 条 1 項(a)・2 項）のほか，同盟国で最初に，または非同盟国におけると同時に発行された著作物である（3 条 1 項(b)・4 項）。無方式主義とは，著作権の享有および行使について，何らの方式の履行をも要しないとする原則である（5 条 2 項）。死後 50 年の保護期間の原則とは，著作権の保護期間を創作時から著作者の生存中，そして死後 50 年までとするものである（7 条 1 項）。著作者人格権の保護とは，著作者にその著作物に関して著作権のほかに，移転可能性のない一身専属的な著作者人格権を認めるものである（6 条の 2）。

万国著作権条約　ベルヌ条約が無方式主義を採用していることから，方式主義を採用するアメリカと中南米の国々は，この条約に加入していなかった。そこで，これらの国々とベルヌ条約加盟国の間の架け橋として，1952 年に万国著作権条約が締結された。万国著作権条約は，その後 1971 年にパリで改正されたが，その事務局はユネスコである。わが国は 1956（昭和 31）年に加盟し，1977（昭和 52）年にパリ改正条約にも加盟している。2019 年 12 月末現在，この条約の加盟国は 100 カ国である。この条約により，方式主義国においても，著作物の複製物に©マーク，著作権者名および最初の発行年を表示すれば，無方式主義国の国民の著作物が保護されることとなった。この条約で保護される著作物は，締約国の国民の著

作物と締約国で最初に発行された著作物であり，内国民待遇により保護される。

ローマ条約（実演家等保護条約） 複製機器や情報伝達手段の著しい発達により，実演家の実演機会の減少，無断複製の横行によるレコード製作者や放送事業者の経済的損害が生じる。このような実演家等の経済的利益の保護のために，ローマ条約（「実演家，レコード製作者及び放送機関の保護に関する国際条約」。実演家等保護条約とも称される）が1961年に成立した。2019年10月末現在，この条約の加盟国は94カ国である。

ローマ条約は，内国民待遇の原則に従って，実演家には，無許諾の実演の放送，録音・録画の禁止（7条）と商業用レコードの二次使用料請求権（12条），レコード製作者には，レコードの複製権（10条）と商業用レコードの二次使用料請求権（12条），放送事業者には，放送の再放送権と録音・録画権を認めている（13条）。

WCT（WIPO著作権条約） WCT（WIPO著作権条約，WIPO Copyright Treaty）は，著作物のデジタル化やインターネットの普及に対応するために，1996年にWIPOで採択されたものである。同様の目的で，同時に採択されたWPPT（WIPO実演・レコード条約，WIPO Performances and Phonograms Treaty）とともにインターネット条約とも称される。この条約はベルヌ条約20条の特別取極であり，2002年3月6日から発効（わが国についても同日）している。2019年12月現在，この条約の加盟国は103カ国である。

WCTの主な規定は，コンピュータ・プログラムの保護，著作物以外のもので構成される編集物とデータベースの保護，一般的頒布権，貸与権，公衆伝達権，写真の保護期間延長，コピープロテクション解除装置販売などの禁止，権利管理情報の改竄などの禁止に関するものである。

WPPT（WIPO 実演・レコード条約） WPPT は，1996 年に WCT と同時に採択されたものであるが，WCT とは異なり，ローマ条約の特別取極ではなく，これとは独立した新しい条約である。2002 年に発効（わが国では，2002 年 10 月 9 日）した。2019 年 12 月末現在，この条約の加盟国は 103 カ国である。

WPPT の主な規定は，実演家の権利としての人格権，生の実演に係る固定権，放送権，公衆への伝達権，レコードに係る実演家とレコード製作者の権利としての複製権，頒布権，商業的貸与権および公衆が利用可能な状態にする権利に関するものである。さらに，WCT と同様に，コピープロテクション解除装置販売などと権利管理情報の改竄などの防止も定められている。

北京条約（視聴覚実演条約，未発効） 前出の WPPT は，基本的に音の実演を保護対象としており，多くの規定から視聴覚実演の保護は除外されている。その理由は，ハリウッドの映画会社や映画製作者の権利の弱体化をもたらす視聴覚実演家の権利の保護をためらったアメリカの意向によるものといわれる。北京条約は，2012 年 6 月 24 日に，北京で開催された WIPO 外交会議で採択され，わが国は，2014 年 5 月 22 日国会承認，同年 6 月 10 日加入書を寄託した。

この条約は，内国民待遇（4 条），視聴覚実演家の氏名表示権と同一性保持権を含む人格権（5 条）と，固定されていない実演に関する財産的権利（6 条），複製権（7 条），譲渡権（8 条），商業的貸与権（9 条），インターネットへのアップロード等を許諾する権利（10 条）等の財産権を実演家に認めるものである。また，この条約により実演家に与えられる保護期間を実演が固定された年の終わりから少なくとも 50 年とし（14 条），技術的手段等を回避防止するための適当な法的保護と効果的な法的救済（15 条），電子透かし等の権利管理情報の法的救済（16 条）などについて定めている。

5 TRIPs 協定——WTO へのシフト

　知的財産権に関する国際的なルールは，従来工業所有権と著作権の
それぞれについて，さらには各知的財産権ごとのハーモナイゼーショ
ンをめざしてきたが，それらは WIPO を中心として行われてきた。
しかし，1978 年以降，知的財産権の問題が不正商品問題として紛争
処理手続を持つ GATT の場でも取り扱われることとなり，1994 年成
立した WTO 協定の付属書として，TRIPs 協定（「知的所有権の貿易関連
の側面に関する協定」）が成立した。

　TRIPs 協定は，知的財産法の全般について実体面でのハーモナイ
ゼーションを実現しようとするものである。その主な規定は，知的財
産権を私権であるとし（前文），パリ条約，ベルヌ条約，ローマ条約な
ど既存の条約の遵守義務（2 条），内国民待遇（3 条），最恵国待遇（4
条）を明らかにした上で，知的財産権の範囲には，著作権および関連
する権利（9 条～14 条），商標（15 条～21 条），地理的表示（22 条～24 条），
意匠（25 条～26 条），特許（27 条～34 条）に加えて，集積回路の回路配
置（35 条～38 条），秘密情報の保護（39 条）が包含されることを明らか
にしている。さらに，権利行使手続については，とくに，水際措置
（51 条～60 条）に関する規定を置いている。

　なお，平成 19（2007）年 6 月 19 日，わが国は，2005 年 12 月 6 日に
ジュネーブで採択された「知的所有権の貿易関連の側面に関する協定
を改正する議定書」を承認した。この議定書はいわゆる「ドーハ宣
言」の理念を実現するため，一定の条件のもとで，医薬品の輸出加盟
国が与える強制実施許諾に関しては，TRIPs 協定 31 条(f)に基づく義
務を免除する旨の規定を同 31 条の 2 として追加したものである。

事 項 索 引

（ ）：同義語, 俗称　　〔 〕：省略可能　　［ ］：分野などの説明

A〜Z

AI（人工知能） ……………………456
DMCA →デジタル・ミレニアム著
　作権法
DNA 組換え ……………………………183
DNA の塩基配列 ……………………186
FRAND 宣言 ……………………………324
ICANN…………………………………495
IoT ………………………………………456
IP マルチキャスト ……………………27
IP マルチキャスト放送………375, 377
JASRAC →日本音楽著作権協会
JPNIC …………………………………494
MP3…………………………………435, 482
PCT →特許協力条約
public domain →公有
sui generis
　　　　→独自立法・独自の権利
TLO ………………………………………157
TLT →商標法条約
TRIPs 協定…………………………13, 15,
　332, 458, 466, 473, 502, 515, 529
UPOV 条約 ……………………………188
URL ………………………………………486
VR ビジネス ……………………………489
WIPO ……………………………………516
　──事務局………………………………86
WIPO 実演・レコード条約（WPPT）
　………………………332, 373, 490, 527
WIPO 著作権条約（WCT）
　………………………332, 458, 466, 490, 527
WTO…………………………………516, 529
　──加盟国……84, 237, 245, 287, 325
WWW サーバー ………………………485

あ 行

アクセスコントロール ………………384
「味の素」特許 …………………………38
新しい商標……………………………21, 229
アップロード …364, 383, 432, 485, 498
アート………………………5, 6, 23, 330
新たな生産［特許］……………………133
アン条例…………………………………23
安定性［品種登録の要件］…………191
異議申立て［特許］
　　　　　　　→特許異議申立て
育成者権 ………………………………6, 192
　──の効力 ……………………………193
　──の効力の制限 ……………………194
　──の侵害 ……………………………196
　──の存続期間 ………………………194
育成者主義 ……………………………192
意見書…45［特許］, 68［特許］, 104［特
　許］, 107［特許］, 109［特許］, 111
　［特許］, 256［商標］, 259［商標］
意見陳述制度 …………………………128
意　匠 ……………………………2, 6, 208
　──の登録要件 ………………………214
　──の要件 ……………………………210
意匠権 ………………………………2, 6
　──の効力 ……………………………219
　──の効力の制限 ……………………220
　──の侵害 ……………………………219
意匠権等に関する訴え ………………175
意匠条例…………………………………18
意匠法………………………………6, 17
一意匠一出願の原則 …………………217
一群の請求項 …………………………117
一事不再理効 ………………………16, 21
一出願多区分制［商標］………20, 231
位置商標 ………………………………229

一商標一出願〔主義〕……………231, 257
逸失利益 ……………………………178
一身専属権 …………………………448
一般条項［不正競争］………………295
一般的発明概念………………………76
遺伝子資源 …………………………7
移転登録請求…………………………56
意に反する新規性喪失………………44
医薬品医療機器等法………96, 135, 138
医薬品の製造承認…………96, 135, 138
医療業…………………………………41
インカメラ手続 …………302, 313, 440
印刷用書体 …………………………336
印　章 ………………………………246
印　税 ………………………………429
インターネット ……………………481
　　——と商標権 …………………493
　　——と著作権 …………………485
　　——と特許権 …………………491
インターネット・サービス・プロ
　バイダー …………406, 435, 482, 496
インターネット条約 ………24, 26, 527
インターフェース情報 ……………460
引　用 …………………………379, 392
引用発明………………………………47
写り込み ……………………………387
運用補償　→実施補償
映画化 ………………………………370
映画製作者 …………………………354, 357
映画の著作物 …342, 357, 368, 409, 416
　　——の保護期間の延長………27, 416
映画の盗撮の防止に関する法律
　……………………………27, 385
永久機関………………………………35
営業［不正競争］……………………299
営業誹謗行為［不正競争］…………323
営業秘密（トレード・シークレッ
　ト）…………3, 5, 6, 22, 308, 482
営業秘密侵害行為 …………………326
営業秘密侵害罪の刑事訴訟手続
　……………………………22, 326
営業秘密不正開示行為 ……………311

営業秘密不正取得行為 ……………310
営業秘密不正使用行為 ……………311
営業秘密保有者 ……………………309
映像著作物 …………………………358
営利を目的としない上演等 ………398
役　務 ………………………………228
　　——商標（サービスマーク）
　　………………………19, 20, 227
　指定—— …………………………231
エレクトロニック・コマース（EC）
　………………………………493
演奏権 ……………………………7, 361
延長登録無効審判 …………………124
欧州特許庁……………………………87
応用美術 ……………………………338
オークション ………………………404
汚染（ポリューション）……………303
音商標 ………………………………229
オブジェクトプログラム …………459
卸売［商標］…………………………228
音楽の著作物 ………………………336
恩恵主義 …………………………10, 12
オンライン出願［電子出願］………100

か　行

改悪実施論 …………………………166
外観［商標］…………………………268
外観類似［商標］……………………267
解決原理………………………………51
解決しようとする課題 ……………108
外国語書面出願［特許］
　………………………15, 93, 102, 106
外国語特許出願………………………87
外国語要約書面………………………93
外国の著作物 ………………………418
外国犯 ………………………………444
　　——処罰 ………………………381
開示不備………………………………67
解釈資料 …………………………131, 161
会社法 ………………………………6
改善多項制……………………………70
海賊版 …………………………332, 498

回復特許権 ……………………141, 146
解 法 ………………………………460
外面的表現形式 ……………………349
改良発明 ……………………………88
回路配置〔〔半導体〕レイアウト〕
　……………………………3, 6, 474
　——利用権 ……………………3, 6, 475
　登録—— ……………………………477
拡大された範囲の先願（準公知）
　……………………15, 45, 90, 103
拡張現実 ……………………………489
隔離観察［商標］……………………268
雅 号 …………………………248, 270
過誤登録［商標権］…………………270
過失の推定 …………………………288
貸 本 ………………………………370
貸渡し ……………………………132, 149
仮想現実 ……………………………489
学校教育番組の放送等 ……………395
学校等における複製 ………………395
活版印刷機……………………………23
過当競争防止………………………30
画面デザイン ………………………212
カラオケ装置のリース ……………435
カラオケ法理 …………………362, 365, 423
ガラ紡機……………………………14
仮専用実施権 …………………15, 54, 155
仮通常実施権 ………15, 17, 18, 54, 155
刊行物記載等の発明…………………43
刊行物記載等の発明…………………68
観察方法［商標］……………………268
ガン実験用マウス …………………185
願 書［特許出願］…………………66
間接侵害……15［特許］，17［実用新案］，
　139［特許］，151［特許］，167［特許］，
　221［意匠］，434［著作権］，437［著作
　権］
　専用品に係る—— ………168［特許］
　非専用品に係る—— ……170［特許］
観 念［商標］………………………268
　——類似 …………………………267
慣用商標 …………………………240, 271

関連意匠制度………………………18, 225
関連発明……………………………88
記 号 …………………227, 229, 246
希釈化（ダイリュージョン）………302
希釈化防止表示請求権 ……………304
技 術 …………………………34, 36
技術移転……………………………509
技術移転機関 ………………………157
技術形態排除論 ……………………298
技術的課題……………………………52
技術的思想……………30, 33, 36, 130
記述的商標 …………………………240
技術的制限手段 ……………………317
技術的特徴 …………………………107
技術的保護手段 ……………………384
技術評価書制度［実用新案法］……17
技術文献開示要件……………………68
記 章 ………………………………245
擬制侵害 ……………………………433
機 能 …………………………………3
　——のみに基づく意匠 …………216
技 能 ………………………………36
規 約 ………………………………460
脚 色 ………………………………370
キャッシュ …………………………385
キャッチフレーズ …………………335
キャラクター ………………………337
求意見制度 …………………………128
教科書等への掲載 …………………394
教科用図書の拡大複製 ……………394
協議［特許を受ける権利］………54, 80
競業避止契約 ………………………314
強制許諾制度［著作物］……………382
行政事件訴訟法 ……………………128
強制実施許諾制度 …………………510
行政不服審査法 ……………………125
競争秩序………………………………8
共通点…………………………………47
共同出願［特許］……………………56, 103
共同審判 ……………………………114
共同体特許条約（CPC）…………521
共同著作 ……………………………347

共同著作物 ……………………………414
共同発明…………………………………57
　——者……………………………………58
業として ………………………………131
業　法……………………………………295
業務従事者 ……………………………344
業務妨害 ………………………………175
共　有……………………………53, 126, 136
虚偽の事実 ………………………174, 323
虚偽表示 …………………………………4
寄与侵害 ………………………………168
拒絶査定………104[特許]，257[商標]
　——不服審判
　　　……………114[特許]，257[商標]
拒絶審決 ………………………………115
拒絶理由 ………67[特許]，256[商標]
　——の通知…103[特許]，256[商標]
　最後の——通知［特許］…104, 107
　最初の——通知［特許］…104, 107
許諾実施権（ライセンス）…………130
ギルド……………………………………10
記録媒体特許 …………………………491
均一性［品種登録の要件］…………191
禁止権［商標権］………………………266
金銭請求権［商標登録出願後］……239
均等侵害［特許］………………………159
均等論 …………………………………162
具体性……………………………………37
具体的態様の明示義務 ………288, 302
具体的な解決手段………………………52
具体的表現 ……………………………350
グーテンベルク…………………………23
区別性［品種登録の要件］…………191
組物の意匠 ………………………217, 224
クラウドコンピューティング
　……………………………………436, 482
クラウドサービス ……………………384
クラシック・オーサー ………………343
クリック・オン ………………………380
繰延審査制度［特許出願］…………102
グレースピリオド …16[特許]，17[実
　用新案]，19[意匠]

クレーム　→特許請求の範囲
クレーム解釈 …………………………159
クローン技術 …………………………183
勲　章……………………………………245
警　告……101[特許出願公開後]，174
　[特許]，182[特許]，239[商標登録
　出願後]，323[不正競争]
経済的自由権……………………………10
刑事上の制裁 ……181[特許]，443[著
　作権]
継続的刊行物 …………………………417
形態性要件 ……………………………202
景品および表示規制 …………………295
芸　名………………………248, 270, 448
劇場用映画 ……………………………368
結合商標 ………………………………268
結合著作物 ……………………………348
決定取消訴訟［商標］…………………259
ゲームソフト ……………………369, 409
けりあい現象 …………………………266
限界利益 ………………………………179
研究テーマ………………………………52
権限分配論 ……………………………182
原稿買取り ………………………422, 429
原稿料 …………………………………429
言語の著作物 …………………………334
原作品 ……………………………333, 367
原産地（原産国）………………………4, 321
原産地・品質等誤認惹起表示 ……321
建築芸術 ………………………………342
建築の著作物 ……………341, 359, 361
限定解釈…………………………………74
限定提供データ ………………………314
　——不正開示行為 …………………316
　——不正取得行為 …………………315
　——保有者 …………………………316
限定列挙 ………………………………295
現物主義［種苗］………………………193
憲　法……………………………………32
権利管理情報 …………………………433
権利行使の制限 ………………………101
権利質 …………………………………156

権利主義 ……………………………………10
権利独立の原則 …………………518, 519
権利の安定性・信頼性………………32
権利の束 ……………………………359
権利の特定化・明確化………………32
権利濫用………162[特許], 277[商標]
考 案 ……………………………………3, 6
　　──の要件 ……………………………201
合一確定 …………………114, 116, 127
公開代償…………………………………30
公開の美術の著作物等の利用 ……403
後願排除 ………………………………46, 80
工業所有権 ……………………………5
工業所有権に関する手続等の特例
　に関する法律 ………………………99
公共の福祉 …………………………11, 32
公共の利益のための裁定実施権 …147
公権説［特許を受ける権利］………52
抗告審判［特許］……………………15
抗告訴訟 ………………………………128
公示制度…………………………………53
公衆衛生…………………………………49
公衆送信 …………………363, 463, 467
公衆送信権……………7, 26, 363, 463
口述権 …………………………………7, 366
公序良俗…49[特許], 216[意匠], 246
　［商標］
更新登録［商標権］…………………281
　　──出願 ……………………………283
　　──申請 ……………………………281
公正な慣行 …………………………355, 373
公正な競争 ……………………………292
公正な利用（公正な使用）……331, 379
構成要件…………………………………41
公知技術…………………………………47
公知発明…………………………………42
口頭審理 …………………………115, 122
高度のもの………………………………38
構内 LAN…………………………364, 463
公表起算主義 …………………………415
公表権 …………………………353, 354, 367
公表された著作物 ……………………353

公文書管理法 …………………………402
抗弁権 …………………………………143
公有（public domain） …9, 135, 412
合 有 …………………………………136
公用発明…………………………………42
小売［商標］…………………………228
小売等役務 …………………………263, 264
効力発生要件……54[特許], 55[特許],
　280[商標]
顧客吸引力 ………………6, 445, 447
国外犯 …………………………………314
国際意匠登録出願 ……………………218
国際公開［特許の国際出願］…86, 100
国際交通機関 …………………………140
国際裁判管轄 …………………………511
国際事務局……………………………86, 289
国際出願［特許］…………………86, 100
　　──日 …………………………………86
国際出願法　→特許協力条約に基づく
　国際出願等に関する法律
国際商標登録出願 ……………………291
国際信義 ………………………………246
国際調査機関［特許］…………………86
国際登録出願［商標］………………289
国際登録簿 ……………………………290
国際予備審査［特許］…………………86
国際予備審査機関［特許］…………86
国際連合 ………………………………245
国内公表［特許の国際出願］………101
国内優先権……………………15, 81, 88
国立国会図書館法……………………402
個 性 …………………………………334
国会図書館 ……………………………402
国 旗 …………………………………245
異なる効果………………………………47
コピープロテクション
　…………………26, 384, 435, 483
コピーライト・アプローチ……18, 209
コモン・ロー……………………………24
誤訳訂正書 …………………………103, 106
固有必要的共同訴訟 …………………126
語呂合わせ ……………………………333

混同［不正競争］
　狭義の―― ……………………300
　広義の―― ……………………300
混同惹起 …86［商標］, 295［不正競争］
混同説［意匠］……………………221
混同のおそれ
　…………282［商標］, 300［不正競争］
混同防止表示請求
　…………279［商標］, 304［不正競争］
コンピュータにおける著作物の利
　用に付随する利用 ……………405
コンピュータによる情報処理およ
　びその結果の提供に付随する軽
　微利用等 ………………………406
コンピュータ・プログラム
　…………………………26, 331, 456

さ 行

最恵国待遇………………85, 504, 529
財産権………………………53, 130
再 審 ………………………………124
再生医療技術 ……………………187
裁定実施権 ………………………147
サイトブロッキング ……………488
裁判手続等における複製 ………401
再放送権・有線放送権 …………378
再有線放送権・放送権 …………378
差止請求権…176［特許］, 439［著作権］
査証制度…16［特許］, 17［実用新案］,
　19［意匠］, 21［商標］, 177［特許］
雑 報 ………………………………343
査定系審判 …………114, 116, 126
サービスマーク　→役務商標
サポート要件……………………71
産 業 ……………………………40, 331
産業財産権 ………………………5
産業上の利用可能性………41, 103, 186
産業上の利用分野 ………………108
産業政策 ……………………11, 30
産業的所産 ………………………330
視覚障害者等のための複製等 ……397
自家増殖力 ………………………187

色 彩 ………………………227, 229
私 権 ………………………7, 53, 130
試 験 ………………………………43
試験・研究のための実施…32, 137
私権説［特許を受ける権利］………52
試験問題としての複製 …………396
事後悪意者 ………………………478
事後指定［商標の国際登録出願の
　領域指定］ ……………………290
事後審……128［特許］, 301［不正競争］
事実的・法律的根拠 ……………323
時事の報道 ………………343, 400
時事問題に関する論説の転載等……99
自炊代行サービス …………360, 383
システム設計書 …………………459
システムデザイン…………18, 217, 224
自然物………………………………38
自然法則………………30, 33, 34, 464
自他識別力 ………………227, 239, 256
自他物品混同のおそれある意匠 …216
質入れ［特許権の共有持分］………136
質権設定……58［共同発明］, 156［特許
　権］, 429［著作権］
実演家………………330, 373, 372
　――の名誉・声望 ………373, 442
実演家人格権………………27, 373, 442
実 施 ………………………7, 131
実施可能要件……………………67, 103
実施権………………………………32
実質的違法性 ……………………275
実質的同一
　……305［商品形態］, 479［回路配置］
実施補償［職務発明］ ……………65
実施料相当額請求権 ……………178
実施例………………………………67
実用新案 …………………………199
　――登録要件 …………………202
実用新案技術評価制度 …………205
実用新案権 ………………………3, 6
　――の効力 ……………………204
　――の効力制限 ………………204
　――の侵害 ……………………205

実用新案登録請求の範囲……………17
実用新案登録に基づく特許出願
　　……………………………15, 95
実用新案法………………………6, 16
指定商品［商標］………………231
私的使用のための複製………379, 383
私的録音・録画補償金制度………386
私的録画補償金管理協会（SARVH）
　　…………………………………386
自動公衆送信……………364, 467
支配権……………………………4, 7
シフト補正……………………107
死亡起算主義……………………414
資本主義…………………………31
氏　名………………………6, 248, 270
氏名権………………………248, 270, 445
氏名表示権………………354, 373
写真の著作物……………342, 367
自由技術の抗弁［特許］………164
従業者……………………………58
自由競争…………………………31, 292
集積回路……………………………3
集積回路についての知的所有権に
　関する条約（IPIC 条約）………473
集積回路配置　→回路配置
周知商品等表示………………6, 296
周知性……………………………296
周知表示…………………………296
柔軟な著作権制限規定………462
重要な形質……………………189
修　理……………………………131
自由利用………………………356
手　術……………………………41
受信伝達権……………………363
出願経過参酌……………161, 164
出願公開……15［特許］, 51［特許］, 100
　［特許］, 238［商標］
出願公告…………14［特許］, 20［商標］
出願公表………………………192
出願時の技術水準………………161
出願者主義……………………13
出願審査………………………101

出願の効果……………………77
出願の分割……92［特許］, 238［商標］
出願の変更……93［特許］, 238［商標］
出願日の認定［商標］…………234
出願補償［職務発明］……………65
出所表示機能［商標］……………229
出版許諾契約……………………426
出版権………………………361, 426
　──の効力……………………427
出版権設定契約…………………426
出版条例…………………………25
出版特許…………………………23
ジュネーブ・アクト………18, 218, 523
守秘義務［営業秘密］……………313
種苗法…………………6, 188, 251
シュリンク・ラップ……………380
準共有…………………………136
準拠法…………………………513
準公知　→拡大された範囲の先願
準司法的手続……………………113
純粋美術………………………338
上位概念の発明…………………88
上映権………………………7, 363
上演権………………………7, 361
商業用レコード還流禁止………27, 434
使用権……………132, 265, 280
　専用──………………………280
　専用──者……………………270
　通常──………………………280
　通常──者……………………270
称呼［商標］……………………268
商　号……………………3, 6, 294
商号権………………………3, 6
証拠調…………………………115
証拠保全………………………115
称呼類似［商標］………………267
使用者……………………………61
使用主義………………………19, 230
消　尽……26［譲渡権］, 132［特許］, 148
　［特許］, 187［特許］, 275［商標］,
　369［頒布権］, 370［譲渡権］, 376［譲
　渡権］, 377［譲渡権］, 408［譲渡権］,

477［回路配置］，478［回路配置］，
503［国際取引］，504［国際取引］，
507［頒布権］
肖　　像 ………………………6, 248, 270
肖像権 ………………248, 270, 445
承諾義務［職務発明］………………61
譲渡権…………7, 26, 369, 376, 377
譲渡担保………………………………53
消費者契約法 …………………293, 294
商　　標 …………………2, 6, 227
　　──の使用（商標的使用）
　　………………7, 229, 262, 274, 493
商標機能論 …………………275, 506
商標権 …………………2, 6, 230
　　──者 ………………………262
　　──の移転 ………………279
　　──の分割 ………………278
商標条例…………………………20
商標登録 ………………………258
　　──取消制度 ………………284
商標登録出願により生じた権利 …235
商標に関する権利 …………287, 325
商標法 …………………6, 19, 20
商標法条約（TLT）…………237, 524
　　──締約国 ………237, 245, 287, 325
商　　品 …………228, 262, 299
商品形態［不正競争防止法］
　　………………6, 22, 210, 243, 304
　　──模倣行為 ………304, 474
商品等表示 ………5, 210, 243, 295, 297
商　　法 …………………………6
情報技術（IT）…………………482
情報公開法 …………………354, 402
情報提供制度 …………………105, 255
消滅時効 …65［職務発明］，180［特許］
消耗理論 …………………………151
蒸留酒 …………………………254
植物新品種 ……………………6
職務育成品種 …………………191
職務著作 …………………344, 357
職務発明 …………15, 58, 142
除斥期間［商標］…………………260

職権進行主義 …………………115
職権審理［商標の異議申立て］……259
職権探知主義 …………………115
書面主義［特許出願］………………66
書面審理 …………………115, 122
所有権 …………………………4
処理の手順 ……………………460
書類の提出命令 …179［特許］，288［商標］，440［著作権］
指令符号 ………………………319
侵害供与物の廃棄除却請求権…177［特許］，287［商標］，301［不正競争］
侵害組成物の廃棄除却請求権…177［特許］，287［商標］，301［不正競争］
侵害停止請求権…176［特許］，287［商標］，301［不正競争］，439［著作権］
侵害予防請求権 …177［特許］，287［商標］，301［不正競争］，439［著作権］
侵害予防に必要な行為請求権…177［特許］，287［商標］，301［不正競争］，439［著作権］
人格権 …………………372, 446, 448
新規御法度…………………………14
新規事項の追加［特許］…………104
　　──禁止 …………106［特許］
新規性
　　…13［特許］，42［特許］，214［意匠］
　　──喪失の例外［特許］…………43
審決取消訴訟…115［特許］，125［特許］，257［商標］
親告罪 …………………………181
審　　査…101［特許］，255［商標］
審査主義 …………7, 14, 19, 231
審査請求［特許］…………………15, 102
審査前置［特許］…………………15, 114
深層学習 ………………………456
診　　断…………………………41
審　　判 ………………………113
審判合議体 ……………………113
審判長 …………………………115
進歩性［特許要件］…………46, 103
信　　用 ………………………229

信用回復措置請求権…180[特許]，288 [商標]，301[不正競争]
推奨責任 …………………………………452
図形［商標］………………………227, 229
図形の著作物 …………………………342
図面［特許］…………………………45, 66
　　──の簡単な説明………………………67
スリー・ステップ・テスト ………380
スローガン …………………………………241
成果競争 …………………………………292
成果主義 …………………………………292
請求の趣旨 …………………………………122
生産業………………………………………41
生産国 ………………………………………3
生産標………………………………………19
生産方法の推定［特許］………………174
政治上の演説 …………………………400
精神的所有権 …………………10, 13, 23, 30
生物多様性条約 …………………………510
製法限定説［特許］……………………160
世界主義［発明の新規性喪失事由］
　　………………………………………15, 42
赤十字 …………………………………245
石油を食べるバクテリア …………185
設計資産 ………………………………474, 480
設定登録［回路配置利用権］………475
善意者 …………………………………478
先願主義…7, 13, 14, 20, 46, 50, 80, 143, 192, 203, 217, 235
先願の地位………………………………80, 236
先願範囲の拡大…………………45, 103
先後願…………………………………………82
先行技術…………………………………47
先行技術文献情報………………68, 103
先行利益 ………………………………304, 474
戦時加算…………………………………418
先住民の権利に関する宣言 …………7
先使用権……101[特許]，142[特許]，272[商標]
　　──の範囲［特許］…………………145
先使用者［不正競争］………………301
先使用主義［商標］…………………19, 230

全体観察［商標］………………………268
全体的観察［不正競争］……………300
選択国［特許の国際出願］…………86
選択発明…………………………………48
前置審査 …………………………109, 115
宣伝広告機能［商標］………………229
専売条例［イギリス］……………12
専売特許状［イギリス］……………12
専売特許条例……………………………14
専売略規則…………………………………14
先発明主義 …………………13, 50, 143
全部公知 …………………………………161
専用権［商標］…………………………265
専用権説［権利の占有］……………134
専用実施権［特許］……………………152
専用使用権［商標］　→使用権
専用品………………………………………168
専用利用権［回路配置］………………477
相違点……………………………………47
相互運用性 ………………………………462
相互主義………………85, 237, 472, 480
創　作…………………………………………37
創作者主義 ……………………………217, 343
創作性……215[意匠]，334[著作物]，475[回路配置]
創作説［意匠］…………………………221
送信可能化 ……………………363, 366, 467
送信可能化権………………26, 375, 376, 378
相当な損害額の認定 …………288, 302
相当の対価［職務発明］………………59, 63
相当の利益［職務発明］………………60, 63
　　──の額……………………………………64
　　──を受ける権利………………………62
阻害要因…………………………………47
続　審………………………………………115
属地主義……11, 140, 502, 511, 513, 516
素材情報 …………………………………467
ソースプログラム …………………459
ソフトウェア ……………………………3
ソフトウェア関連発明 ………464, 491
ソフトウェア情報センター （SOFTIC）……………………………476

損害額の算定 …………………………178
損害計算の鑑定 …………………288, 302
損害賠償請求権
　………………178[特許]，439[著作権]
存続期間延長特許権 …………………146

た　行

タイアップ ……………………………446
対抗要件…55[特許実施権]，280[商標
　使用権]，421[著作権]，427[出版
　権]
第三者効……………………………………16
退職従業員 ……………………………313
対世的な一事不再理効 …………16, 21
対比観察［商標］……………………268
タイプフェイス ……………………6, 336
貸与権 ………………………7, 370, 376, 377
代理人・代表者 …………………287, 325
代理人不正登録 ………………………287
ダウンロード …………384, 468, 485
多項制 ……………………………………15, 70
ただ乗り（フリーライド）
　………………………302, 304, 452
ダブル・トラック ……………………148
ダブルパテント ………………………145
単一性要件［特許発明］…………107
単項制………………………………………70
団体商標…………20, 232, 233, 266, 279
団体名義の著作物 …………………415
単なる管理者・助言者・補助者・
　援助者・委託者 …………………52, 57
担保権………130[特許]，429[著作権]
単　離………………………………………38
地域団体商標
　………………20, 228, 233, 244, 266, 280
置換可能性［特許］…………………162
置換容易性［特許］…………………163
地図の著作物 …………………………342
知的財産基本法 ………………………294
知的財産高等裁判所……112, 115, 118,
　122, 126, 128, 175, 257, 259
知的所有権 ………………………………7

着　想…………………………………………51
仲介業務法 ……………………………422
中用権 …………………………………145
聴覚障害者等のための複製等 ……397
調　剤 …………………………………141
重複研究 ………………………………100
重複侵害 ………………………………380
重複投資 ………………………………100
直接侵害……158[特許]，432[著作権]
著作権 ………………………3, 6, 5, 348, 357
　——の譲渡 …………………………421
　——の侵害 …………………………431
　——の保護期間 …………………412
著作権侵害罪 …………………………444
著作権等管理事業法…………………27, 422
著作権ニ関スル仲介業務ニ関スル
　法律 …………………………………422
著作権表示…………………………………24
著作権法 …………6, 23, 25, 330, 473
著作者 ………………………………343, 460
　——の権利 …………24, 25, 330
　——の名誉・声望 …………………434
著作者人格権…6, 26, 348, 353, 442, 526
著作物 ………………………3, 6, 330, 333
　——の公表 …………………………352
　——の自由利用 …………………379
　——の発行 …………………………352
　——の保護範囲 …………………349
　——へのアクセス …………………432
著作隣接権 ………………6, 5, 330, 372
著名商品等表示…………………6, 22, 302
地理的表示法 ……………6, 233, 234
治　療 ……………………………………41
追及権［ドイツ著作権法］…………25
通常実施権［特許］…………61, 153
　意匠権消滅後の—— …………146
　独占的—— …………………………154
　特許権移転登録前の実施による
　—— …………………………………145
　非独占的—— …………………………154
通常利用権［回路配置］……………477
通信プロトコル ………………………460

通報［商標の国際登録］………290
抵　触…………136, 146, 270, 273
訂正審判………………………116
訂正請求……………………111, 121
訂正認容審決…………………118
訂正不成立審決………………118
訂正明細書等…………………116
訂正要件…………………117, 122
テクノロジー……………5, 23, 330
デザイン………………………2
デザイン書体…………………336
デジタル・コンテンツ…………317
デジタル著作物………………484
デジタル・ミレニアム著作権法
　［アメリカ］………24, 490, 496
データの保護…………………314
データ不正取得………………22
データベース……………3, 331, 466
　──の製作者…………………469
　──の著作物…………343, 466
手続補正書……106［特許］, 255［商標］
デッドコピー禁止………………200
テープネット放送……………374
テレビジョン放送の伝達権………378
電気通信回線を通じた提供
　………132, 149, 222, 262, 465, 493
電気通信設備…………364, 463
転　載…………………………393
展示権………………………7, 367
電子出願………………………99
電磁的方法による提供…………263
電子マネー……………………482
伝統的知識……………………7
同一性…………………………432
同一性保持権…………355, 373, 461
投下資本の回収………………11
動機付け………………………47
当業者………………………46, 465
陶工標…………………………19
当事者系審判……………119, 126
当事者参加……………………122
当事者尋問等の公開停止……302, 313

当事者対立構造………………122
同日出願
　…81［特許］, 236［商標］, 256［商標］
投資保護………………………469
当然対抗制度…………………15, 155
盗　用…………………………8
登録異議申立て［商標］………258
登録機関［回路配置］…………476
登録主義……………19, 20, 230
登録防護標章…………251, 283
登録補償［職務発明］…………65
独自創作………30, 134, 348, 473, 477
独自の権利（sui generis right）
　…………………………469
独自立法（sui generis 立法）
　…………………458, 472, 480
独占禁止法……………………292
独占的販売権者………………307
独占の利益……………………66
特定国［相互主義］………85, 238
特定手続［電子出願］…………99
特別な技術的特徴……………76
独立特許要件…………104, 108
図書館等における複製………379, 390
特許異議申立て…………14, 15, 16, 109
　──理由……………………67
特許維持審決…………………122
特許延長登録出願…………96, 116
特許協力条約（PCT）…………86, 520
　──に基づく国際出願等に関す
　る法律……………………87
　──による国際出願…………86
特許権………………………3, 6
　──の移転…………………156
　──の活用…………………152
　──の効力…………………131
　──の効力の制限…………136
　──の侵害…………………158
　──の存続期間……………134
特許権移転登録前の実施による通
　常実施権…………………145
特許権侵害罪…………………181

特許権等に関する訴え …………175
特許査定 ……………67, 81, 109
特許出願…………………………66
特許条例…………………………14
特許審決 ………………………109
特許請求の範囲（クレーム）
　………15, 46, 66, 69, 87, 131
特許登録…………………81, 109
特許独立の原則 ………………516
特許発明………………………131
　──の技術的範囲 …69, 75, 131, 159
　──の実施の制限 ……………136
特許付与手続…………………33
特許法…………6, 12, 15, 30
特許法条約（PLT）…………521
特許無効審決…………………122
特許無効審判…………………118
特許要件………………………40
特許料 …………………109, 135
特許を受ける権利 ………33, 51
　──の承継……………………53
　──の消滅……………………55
特　権……………………10, 23
ドメイン名（ドメインネーム）
　…………………………320, 482
　──と商標 …………………494
　──不正取得等……………22, 320
取引の安全 ……………………478
取引の安全説［特許権の消尽理論］
　…………………………………150

トレード・シークレット　→営業秘密

な　行

内国民待遇…84, 332, 480, 504, 518, 526
内面的表現形式 ………………349
南北問題………………503, 509
二元的保護制度………………24
二次使用料請求権 ………375, 377
二次的著作物 …………………371
二次的著作物利用権 …………7, 371
二重保護 ………………………339
二重利得禁止説［特許権の消尽理論］

　…………………………………150
日米包括経済協議合意…………13
「にのみ使用する物」…………168, 222
日本音楽著作権協会（JASRAC）
　…………………………………423
日本知的財産仲裁センター …182, 320
日本複写権センター …………423
日本レコード協会 ……………423
日本レジストリサービス …………494
ネガティブインフォメーション …308
ノウハウ ……………………………3
納　本…………………………24, 390
農林水産植物 …………………189
除くクレーム …………………106

は　行

バイオテクノロジー ……………183
パイオニアインベンション ………164
配信的悪意者……………………54
排他権説［権利の独占］………134
排他的独占権 …………………7, 130
　絶対的な── ……………7, 30, 50
　相対的な── ……………8, 477
バイ・ドール法 ………………157
ハーグ協定………………18, 218, 522
博覧会 …………………………249
博覧会出品………………………44, 236
破　産…………………………55
破産管財人……………………55
裸の特許権……………………53
発　見…………………………34, 37
発　表…………………………43
発　明…………………3, 6, 30, 34
発明者…………………………33, 51
　──権………………………13
発明者掲載権…………………52
発明者主義………13, 14, 51, 52, 58
発明奨励………………………30
発明の開示……………………67
発明の詳細な説明……………67
発明の単一性…………………75
発明の名称……………………67

発明の要旨……………………………69
発明保護の根拠………………………30
パテント・アプローチ…………18, 209
ハードウェア資源 ……………………464
パブリシティ（publicity）………445
　──権 ………6, 8, 445, 446, 448
　物の──権…………………………451
パブリック・ドメイン　→公有
ハーモナイゼーション ……………515
パラメータ発明………………………72
パリ条約…………………14, 515, 518
　──〔上〕の優先権……81［特許］,
　237［商標］
　──同盟国 ……237, 245, 287, 325
　──の例による優先権
　　………………84［特許］, 238［商標］
パロディ …………………………252, 410
版　権……………………………………25
版権条例………………………………26
版権法…………………………………26
万国著作権条約 …………332, 382, 526
判定［特許発明の技術的範囲］……131
半導体集積回路（半導体チップ）
　………………………………472, 474
　──の回路配置に関する法律
　　…………………………………6, 473
半導体レイアウト　→回路配置
反復可能性……………………………37
頒布権 ……………………………7, 368
汎用品…………………………………171
比較広告［不正競争］………………324
ピクトグラム …………………………333
秘　訣……………………………………36
非公知性［営業秘密］………………309
ビジネス方法（モデル）…172, 482, 492
　──特許 …………………465, 492
美術工芸品……………………………338
美術の著作物 …………………336, 367
　──等の展示に伴う複製………403
　──の原作品の所有者による展示
　　………………………………………403
非親告罪………………………………181

非専用品 ………………………………167
額に汗…………………………………469
ビッグデータ…………………………22
筆　名……………………………248, 270
秘匿決定………………………………22
非本質的要素〔クレーム〕…………164
秘密意匠 ……………………………223
秘密管理性［営業秘密］……………308
秘密保持命令 …………178, 302, 313
表現／アイデアの二分法 …………348
表現上の本質的な特徴 ……………350
表現の選択の幅 ……………………334
標　語…………………………………335
標準文字………………………………232
標　章…………………………………227
平等主義………………………………473
品質管理可能性……………………276
品質保証機能［商標］………………229
品　種…………………………………189
　──登録の要件 …………………191
　──名称の付与 …………………191
　──名称の変更 …………………192
ファイル交換サービス ……………385
ファッションショー ………………341
フェア・ユース ……………………381
フォークロア ……………………7, 503
フォトマスク ………………………479
不完全利用論 ………………………166
複合優先［国内優先権］……………89
福沢諭吉………………………………25
複製権 ……………7, 359, 376, 378
複製権制限規定に基づく複製物の
　譲渡…………………………………407
不行使特約 …………………………356
不公正な取引方法 …………………294
不実施…………………………………147
不使用…………………………………284
不使用の抗弁 ………………………278
付随対象著作物 ……………………377
不正競争防止法……6, 21, 243, 294, 474
不正使用［商標登録取消］…………285
不争義務 …………………………152, 154

不争条項 ·················152, 154
ブダペスト条約［特許］·······68, 185
普通名称 ···············240, 271
物質特許··················15
物 品 ···················211
　——の形態 ···············199
ぶどう酒 ·················254
不当な取引制限 ·············294
不当利得返還請求権
　···········180［特許］, 441［著作権］
不登録事由 ·············245, 256
不特許事由··············48, 103
部品の交換 ···············131
部分意匠··············18, 212
部分優先·················89
舞踊または無言劇の著作物 ·······336
プライバシーの権利 ·······445, 446
プラーゲ旋風·········26, 380, 423
ブランド ··················2
フレイミング ··············486
プログラム言語 ·············459
プログラム等
　·········15, 39, 131, 149, 222, 463
プログラムの著作物 ·······343, 459
　——の複製物所有者の複製 ·····405
プロダクト・バイ・プロセス・ク
　レーム··············72, 160
フローチャート ·············459
プロバイダー　→インターネット・サ
　ービス・プロバイダー
プロバイダー責任制限法 ·········497
フロントページ··············66
文化庁長官の裁定 ···········382
分割出願··············92, 104
文化的所産 ···············330
文書提出義務 ··············179
並行輸入 ·············275, 503
　——と商標権 ·············506
　——と著作権 ·············507
　——と特許権 ·············504
平面的雛型 ···············202
ペーパーレス計画 ··········43, 99

ベルヌ条約········24, 332, 458, 515, 525
編 曲 ··················370
変 形 ··················370
変更出願··················93
編集著作物 ·············343, 467
防護標章登録制度··············20, 282
方式主義［著作権法］······24, 526
方式審査··················77
報酬請求権［著作隣接権］·····376, 377
幇 助 ··················365
褒 章 ··················245
法人重課··················20
法人著作 ·················344
放 送 ··················364
放送事業者 ··········330, 357, 378
　——による一時的固定 ·········402
放送・有線放送権 ···········373
包袋禁反言の原則 ···········162
法定債権··················65
法定実施権［特許］···········142
冒認出願···········55, 103, 145
冒認特許 ·················143
冒認特許権··················56
冒認特許権者··················56
方法の発明 ················39
冒用行為 ·················302
補完［特許出願］············78
保護期間［著作権］···········413
補償金···26［デジタル録音・録画］, 101
　［特許の出願公開後］, 374［実演家の
　著作隣接権］, 382［著作物利用の強
　制許諾］, 386［デジタル録音・録画］,
　476［回路配置利用権］
補助参加 ·················122
補助産業··················41
補正［商標］··············255
　要旨変更の—— ············255
補正［特許］··············105
　——却下 ···············104
　——の時期的制限 ···········107
　——の内容的制限 ···········107
　——要件 ···············104

強制—— …………………………106

実体的—— …………………………106

自発的—— …………………………106

手続的—— …………………………106

補正制限主義［特許］…………………106

補正命令…………………………………77

保存行為 …………………………………126

ホログラム ……………………………229

翻 案 …………………………………370

本源的保有者［営業秘密］…………309

翻訳文［特許の外国語書面出願］

　………………………………93, 103

翻訳・翻案権 …………………………370

ま　行

マイクロウェーブ放送 ………………374

マーク ……………………………2, 5, 6

マドリッド協定 ………………………523

マドリッド・プロトコル

　………………………20, 233, 289, 523

マニュアル ……………………………459

未完成発明…………………………………38

水際措置 …………………………502, 508

未譲渡性［品種登録の要件］…………191

水野錬太郎…………………………………26

みなし全指定………………………………86

未編集フィルム ………………………358

民事的救済……174［特許］, 220［意匠］,

　287［商標］

無効審判［商標］………………………260

無効審判［特許］　→特許無効審判

無効の抗弁［特許］……………………182

無効理由 ………67［特許］, 260［商標］

無審査主義…13［特許］, 17［実用新案］,

　19［商標］, 199［実用新案］

無線通信 …………………………………363

無体財産権 ………………………………7

無体物 …………………………………4, 7

無方式〔主義〕［著作権法］

　……………8, 332, 348, 372, 526

無名・変名の著作物 …………………415

明確性要件…………………………………71

明細書［特許出願］……………………45, 66

明細書等補完書［特許出願］ ………79

名　称 …………………………………248, 270

名誉回復等請求権 ……………………442

メーカー名 ………………………………3

黙示の許諾論 …………………………149

文字〔商標〕……………………227, 229

モジュール ……………………………459

モダン・オーサー ……………………344

持分の譲渡［共同発明］ ……………58

物同一説［特許］………………………160

物の発明 ……………15, 39, 463, 491

物を生産する方法の発明……………39

模 倣 …………………………………8, 304

文言侵害［特許］………………………159

紋 章 …………………………………245

や　行

やむを得ない改変 ……………………356

優先権 …………………………………518

優先権書類［特許出願］………………83

優先審査［特許出願］…………………105

有線テレビジョン放送の伝達権 …378

有線電気通信 …………………………363

有線放送 …………………………………364

有線放送事業者 …………………330, 357, 378

有体物 …………………………………4

有用性 ……37［特許］, 308［営業秘密］

要旨認定 …………………………………69, 74

用尽　→消尽

用途発明…………………………………38

要部観察…268［商標］, 300［不正競争］

要約書［特許出願］……………………66

　——の補正 …………………………108

予測できない効果………………………47

予約完結権［職務発明］………………61

予約承継［職務発明］ ………………61

ヨーロッパ特許条約（EPC）……521

ら　行

ライセンシー…………………………………54

ライセンス……130［特許］, 152［特許］,

309［営業秘密］，420［著作権］，425
　［著作権］
ライセンス契約…………………………54
リーチサイト ………………436, 487
立体〔商標〕…………20, 227, 229, 242
リバース・エンジニアリング
　………………………390, 462, 478
リピート放送 ………………………374
利　用 ………………………………136
領域指定［商標の国際登録出願］
　………………………………289, 290
利用可能性………………………………41
利用権 ……………………………………7
両性説［特許を受ける権利］………52
両罰規定 ………………………181, 327
利用発明 ………………………137, 147
臨界的意義………………………………48

リンカーン…………………………………11
リンキング …………………………486
類　似 ……214, 216, 219, 266, 296, 300
類似意匠制度…………………………18, 225
類似必要的共同訴訟 ………………126
レイアウト …………………………………3
レコード ……………………………376
レコード製作者 ………………330, 376
レコード保護条約 …………………332
レコードレンタル（貸レコード）
　…………………………………26, 370
連合国及び連合国民の著作権の特
　例に関する法律 …………………419
連合商標制度……………………………20
レンタル業 …………………………370
録音・録画権 ………………………373
ローマ条約［著作隣接権］……332, 527

546

判 例 索 引

〔大審院〕

大判大元.10.9 民録 18 輯 827 頁〔絹團扇枠製造機械事件〕 ················149
大判大 3.7.4 刑録 20 輯 1360 頁〔桃中軒雲右衛門事件〕 ·················26
大判昭 16.3.28 審決公報号外 23 号 75 頁〔開閉器事件〕··················139

〔最高裁判所〕

最判昭 28.9.3 刑集 7 巻 9 号 1800 頁〔ホスピタン事件〕··················167
最判昭 38.12.5 民集 17 巻 12 号 1621 頁〔リラ宝塚事件〕··················268
最判昭 40.6.4 判時 414 号 29 頁〔ライナービヤー事件〕··················322
最判昭 43.2.27 民集 22 巻 2 号 399 頁〔氷山印事件〕··················269
最判昭 43.4.18 民集 22 巻 4 号 936 頁〔加熱膨潤装置事件〕 ·················162
最判昭 44.1.28 民集 23 巻 1 号 54 頁〔原子力エネルギー発生装置事件〕··39
最判昭 44.10.17 民集 23 巻 10 号 1777 頁〔地球儀型ラジオ事件〕·············143, 144
最判昭 48.4.20 民集 27 巻 3 号 580 頁〔隧道管押抜工法事件〕 ··············154
最判昭 49.3.19 民集 28 巻 2 号 308 頁〔可撓伸縮ホース上告審事件〕 ·········216, 221
最判昭 50.5.27 判時 781 号 69 頁〔オール上告審事件〕 ·················161
最大判昭 51.3.10 民集 30 巻 2 号 79 頁〔メリヤス編機事件〕··················129
最判昭 53.9.7 民集 32 巻 6 号 1145 頁〔ワン・レイニー・ナイト・イン・トー
　キョー事件〕································8, 348, 350, 359
最判昭 55.1.24 民集 34 巻 1 号 80 頁〔食品包装容器事件〕··················129
最判昭 55.3.28 民集 34 巻 3 号 244 頁〔パロディ事件〕 ·········380, 393, 410
最判昭 55.12.18 民集 34 巻 7 号 917 頁〔半サイズ映画フィルム録音装置事件〕 ·········93
最判昭 56.6.30 民集 35 巻 4 号 848 頁〔長押事件〕·················204
最判昭 58.10.7 民集 37 巻 8 号 1082 頁〔日本ウーマン・パワー株式会社事件〕·········300
最判昭 59.1.20 民集 38 巻 1 号 1 頁〔自書告身帖事件〕·············4, 8, 431
最判昭 59.5.29 民集 38 巻 7 号 920 頁〔プロフットボール・シンボルマーク上
　告審事件〕································303
最判昭 61.5.30 民集 40 巻 4 号 725 頁〔パロディ第 2 次上告審事件〕 ··············442
最判昭 61.10.3 民集 40 巻 6 号 1068 頁〔ウォーキングビーム炉事件〕·········143, 144, 145
最判昭 62.5.29 工業所有権関係判決速報 145 号 3968 頁〔樹皮はぎ機事件〕 ··········165
最判昭 63.3.15 民集 42 巻 3 号 199 頁〔クラブ・キャッツアイ事件〕 ·······362, 381, 423
最判平元.11.10 民集 43 巻 10 号 1116 頁〔第 3 級環式アミン事件〕 ·········44
最判平 2.7.20 民集 44 巻 5 号 876 頁〔ポパイ商標事件〕··················277
最判平 3.3.8 民集 45 巻 3 号 123 頁〔リパーゼ事件〕·············74, 75, 161
最判平 3.4.23 民集 45 巻 4 号 538 頁〔シェトア事件〕··················285
最判平 4.4.28 民集 46 巻 4 号 245 頁〔高速旋回式バレル研磨法事件〕··············129
最判平 5.9.10 民集 47 巻 7 号 5009 頁〔SEIKO EYE 事件〕 ··················268

最判平 7.3.7 民集 49 巻 3 号 944 頁〔磁気治療機器事件〕 ………………………126
最判平 9.3.11 民集 51 巻 3 号 1055 頁〔小僧寿し事件〕 ……………………251, 268
最判平 9.7.1 民集 51 巻 6 号 2299 頁〔BBS 上告審事件〕
　　　……………………………………133, 149, 410, 504, 505, 508, 517
最判平 9.7.17 民集 51 巻 6 号 2714 頁〔ポパイ事件〕 ……………337, 371, 418, 419
最判平 9.11.11 民集 51 巻 10 号 4055 頁〔預託金請求事件〕 ……………………512
最判平 10.2.24 民集 52 巻 1 号 113 頁〔ボールスプライン上告審事件〕 ………163, 164
最判平 10.4.28 裁判所 HP〔燻し瓦製造法上告審事件〕 ……………………………161
最判平 10.9.10 判時 1655 号 160 頁〔スナックシャネル事件〕 …………………300
最判平 11.4.16 民集 53 巻 4 号 627 頁〔膵臓疾患治療剤事件〕 …………………138, 139
最判平 11.7.16 民集 53 巻 6 号 957 頁〔生理活性物質測定方法上告審事件〕 ………132
最判平 12.2.29 民集 54 巻 2 号 709 頁〔黄桃育種増殖法事件〕 …………………37, 186
最判平 12.4.11 民集 54 巻 4 号 1368 頁〔キルビー特許事件〕 …………………147, 162
最判平 12.9.7 民集 54 巻 7 号 2481 頁〔ゴナ印刷用書体事件〕 …………………336
最判平 13.2.13 民集 55 巻 1 号 87 頁〔「ときめきメモリアル」上告審事件〕 ………436
最判平 13.3.2 民集 55 巻 2 号 185 頁〔ナイトパブ事件〕 ………………………435
最判平 13.6.8 民集 55 巻 4 号 727 頁〔ウルトラマン事件〕 ……………………512
最判平 13.6.12 民集 55 巻 4 号 793 頁〔生ゴミ処理装置事件〕 …………………56
最判平 13.6.28 民集 55 巻 4 号 837 頁〔江差追分事件〕 ………………………350, 351
最判平 13.10.25 判時 1767 号 115 頁〔キャンディ・キャンディ事件〕 …………371
最判平 14.2.22 民集 56 巻 2 号 348 頁〔ETNIES 商標事件〕 …………………127
最判平 14.2.28 判時 1779 号 81 頁〔水沢うどん商標事件〕 ……………………127
最判平 14.3.25 民集 56 巻 3 号 574 頁〔パチンコ装置事件〕 …………………127
最判平 14.4.25 民集 56 巻 4 号 808 頁〔中古ゲームソフト販売大阪上告審事件〕
　　　………………………………………………………369, 408, 409
最判平 14.9.26 民集 56 巻 7 号 1551 頁〔カードリーダー上告審事件〕 …………514
最判平 15.2.27 民集 57 巻 2 号 125 頁〔フレッド・ペリー大阪上告審事件〕 ………506
最判平 15.4.11 判時 1822 号 133 頁〔アール・ジー・ビー・アドベンチャー事件〕 …345
最判平 15.4.22 民集 57 巻 4 号 477 頁〔オリンパス光学職務発明上告審事件〕 ……59, 65
最判平 16.2.13 民集 58 巻 2 号 311 頁〔ギャロップレーサー上告審事件〕 …………452
最判平 17.6.17 民集 59 巻 5 号 1074 頁〔生体高分子事件〕 ……………………153
最判平 17.7.22 判時 1908 号 164 頁〔国際自由学園事件〕 ……………………248
最判平 18.1.20 民集 60 巻 1 号 137 頁〔天理教豊文教会事件〕 …………………299
最判平 18.1.24 判時 1926 号 65 頁〔質権設定登録過誤事件〕 …………………156
最判平 18.10.17 民集 60 巻 8 号 2853 頁〔日立製作所職務発明事件〕 ……………66
最判平 19.11.8 民集 61 巻 8 号 2989 頁〔キャノン・インクカートリッジ上告審
　事件〕………………………………………………………………133, 149
最判平 19.11.8 判例集未登載〔エプソン・インクカートリッジ上告審事件〕 ………133
最判平 19.12.18 民集 61 巻 9 号 3460 頁〔シェーン格安 DVD 上告審事件〕 ………416
最判平 20.4.24 民集 62 巻 5 号 1262 頁〔ナイフ加工装置事件〕 ………………148
最判平 20.9.8 判時 2021 号 92 頁〔つつみのおひなっこや事件〕 ………………268
最決平 21.1.27 民集 63 巻 1 号 271 頁〔秘密保持命令事件〕 …………………178

最判平 21.10.8 判時 2064 号 120 頁〔チャールズ・チャップリン格安 DVD 上告審
　事件〕‥‥‥‥‥‥‥‥‥‥‥‥‥‥‥‥‥‥‥‥‥‥‥‥‥‥‥‥‥‥‥‥‥‥416
最判平 23.1.18 民集 65 巻 1 号 121 頁〔まねき TV 上告審事件〕‥‥‥365, 436, 483, 498
最判平 23.1.20 民集 65 巻 1 号 399 頁〔ロクラク II 上告審事件〕‥‥360, 363, 436, 483, 498
最決平 23.12.19 刑集 65 巻 9 号 1380 頁〔Winny 上告審事件〕‥‥‥‥‥‥‥‥435, 437
最判平 24.2.2 民集 60 巻 2 号 89 頁〔ダイエット記事ピンク・レディー写真利用上
　告審事件〕‥‥‥‥‥‥‥‥‥‥‥‥‥‥‥‥‥‥‥‥‥‥‥‥‥‥‥‥‥‥‥‥‥450
最決平 24.11.8 判例集未登載〔東芝録画補償金上告審事件〕‥‥‥‥‥‥‥‥‥‥387
最判平 27.6.5 民集 69 巻 4 号 700 頁〔プラバスタチンナトリウム上告審事件〕‥73, 160
最判平 27.11.17 民集 69 巻 7 号 1912 頁〔血管内皮細胞増殖因子アンタゴニスト上
　告審事件〕‥‥‥‥‥‥‥‥‥‥‥‥‥‥‥‥‥‥‥‥‥‥‥‥‥‥‥‥‥‥‥‥‥98
最判平 29.2.28 民集 71 巻 2 号 221 頁〔Eemax 商標事件〕‥‥‥‥‥‥‥‥‥‥277
最判平 29.3.24 民集 71 巻 3 号 359 頁〔マキサカルシトール上告審事件〕‥‥‥‥166
最判平 29.7.10 民集 71 巻 6 号 861 頁〔シートカッター事件上告審〕‥‥‥‥‥‥148
最決平 30.12.3 刑集 72 巻 6 号 569 頁〔日産自動車事件〕‥‥‥‥‥‥‥‥‥‥326
最判令元.8.27 裁時 1730 号 1 頁〔アレルギー疾患処置点眼剤事件〕‥‥‥‥‥‥48

〔高等裁判所〕
大阪高判昭 39.1.30 下民集 15 巻 1 号 105 頁〔三菱建設株式会社事件〕‥‥‥‥300
東京高判昭 45.1.29 無体集 2 巻 1 号 16 頁〔可撓伸縮ホース一審事件〕‥‥‥‥215
東京高判昭 45.5.20 無体集 2 巻 1 号 334 頁〔強化コンクリート製品の製造方法
　事件〕‥‥‥‥‥‥‥‥‥‥‥‥‥‥‥‥‥‥‥‥‥‥‥‥‥‥‥‥‥‥‥‥‥‥‥70
大阪高判昭 47.2.29 無体集 4 巻 1 号 66 頁〔ヤンマーラーメン控訴審事件〕‥‥‥304
東京高判昭 48.5.31 無体集 5 巻 1 号 184 頁〔帽子事件〕‥‥‥‥‥‥‥‥‥‥‥216
仙台高秋田支判昭 48.12.19 判時 753 号 28 頁〔蹄鉄事件〕‥‥‥‥‥‥‥‥‥‥136
大阪高判昭 51.2.10 無体集 8 巻 1 号 85 頁〔金属編織控訴審事件〕‥‥‥‥‥‥161
東京高判昭 53.7.26 無体集 10 巻 2 号 369 頁〔ターンテーブル意匠事件〕‥‥‥‥211
東京高判昭 53.9.28 東高民 29 巻 9 号 206 頁〔広告用ガス気球事件〕‥‥‥‥‥451
東京高判昭 55.3.25 無体集 12 巻 1 号 108 頁〔CUP NOODLE 事件〕‥‥‥‥‥211
大阪高判昭 57.9.16 無体集 14 巻 3 号 571 頁〔鋸用背金意匠事件〕‥‥‥‥‥‥178
東京高判昭 60.7.30 無体集 17 巻 2 号 344 頁〔蛇口接続金具意匠事件〕‥‥‥152, 154
東京高判昭 60.10.17 無体集 17 巻 3 号 462 頁〔藤田嗣治控訴審事件〕‥‥‥‥‥393
東京高判昭 61.12.25 無体集 18 巻 3 号 579 頁〔紙幣事件〕‥‥‥‥‥‥‥‥‥‥49
東京高判平元.6.20 判時 1321 号 151 頁〔原色動物大図鑑事件〕‥‥‥‥‥‥‥426
東京高判平 2.2.13 判時 1348 号 139 頁〔錦鯉飼育方法事件〕‥‥‥‥‥‥‥‥‥38
名古屋高金沢支判平 3.7.10 判時 1408 号 113 頁〔メッシュフェンス事件〕‥‥‥‥221
東京高判平 3.9.26 判時 1400 号 3 頁〔おニャン子クラブ本訴控訴審事件〕‥‥‥446
東京高判平 3.12.17 判時 1418 号 120 頁〔木目化粧紙事件〕‥‥‥‥‥‥‥‥‥339
東京高判平 3.12.19 知裁集 23 巻 3 号 823 頁〔法政大学懸賞論文控訴審事件〕‥‥‥355
東京高判平 4.12.24 判時 1471 号 143 頁〔宝焼酎純事件〕‥‥‥‥‥‥‥‥‥‥242
東京高判平 5.3.31 知裁集 25 巻 1 号 156 頁〔BATTUE 控訴審事件〕‥‥‥‥‥273
東京高判平 5.6.30 判時 1467 号 48 頁〔加勢大周控訴審事件〕‥‥‥‥‥‥‥‥448

東京高判平 5.9.9 判時 1477 号 27 頁〔三沢市勢映画事件〕…………………………358
東京高決平 5.12.24 判時 1505 号 136 頁〔モリサワタイプフェイス事件〕………298, 299
東京高判平 6.2.3 判時 1499 号 110 頁〔ボールスプライン控訴審事件〕…………………163
大阪高判平 6.5.27 知裁集 26 巻 2 号 356 頁〔合成繊維糸事件〕……………………………65
東京高決平 6.8.23 知裁集 26 巻 2 号 1076 頁〔「三国志」仮処分事件〕…………………274
東京高判平 7.3.23 判時 1524 号 3 頁〔BBS 控訴審事件〕……………………………………149
東京高判平 8.1.25 知裁集 28 巻 1 号 1 頁〔Asahi 事件〕……………………………………337
名古屋高金沢支決平 8.3.18 判時 1599 号 134 頁〔グラマリール事件〕………………138, 147
大阪高判平 8.3.29 知裁集 28 巻 1 号 77 頁〔t-PA 控訴審事件〕…………………………163, 188
東京高判平 8.10.2 判時 1590 号 134 頁〔高校研修集録事件〕………………………………442
東京高判平 9.2.27 知裁集 29 巻 1 号 159 頁〔えのきたけ事件〕…………………………190, 193
大阪高判平 9.2.27 知裁集 29 巻 1 号 213 頁〔魅留来事件〕………………………………435, 497
東京高決平 9.5.20 判時 1601 号 143 頁〔トラニラスト製剤事件〕…………………………441
東京高判平 10.2.26 知裁集 30 巻 1 号 65 頁〔ドラゴン・ソード・キーホルダー事件〕
…………………………………………………………………………………………………306
東京高判平 10.3.31 知裁集 30 巻 1 号 118 頁〔プロカテロール事件〕……………………138
東京高判平 11.2.24 判例集未登載〔キング・クリムゾン控訴審事件〕……………………449
東京高判平 11.5.26 判時 1682 号 118 頁〔ビデオ記録媒体事件〕…………………………493
東京高判平 11.11.29 判時 1710 号 141 頁〔母衣旗事件〕……………………………………247
東京高判平 12.1.27 判時 1711 号 131 頁〔カードリーダー控訴審事件〕…………………512
東京高判平 12.2.17 判時 1718 号 120 頁〔空調ユニットシステム事件〕…………298, 306
東京高判平 12.2.24 判時 1719 号 122 頁〔ギブソン・エレクトリックギター事件〕…298
東京高判平 12.4.25 判時 1724 号 124 頁〔脱ゴーマニズム宣言控訴審事件〕……356, 380
東京高判平 12.5.17 裁判所 HP〔照明装置付歯鏡事件〕……………………………………206
東京高判平 12.5.23 判時 1725 号 165 頁〔三島由紀夫控訴審事件〕………………………434
東京高判平 12.8.29 判時 1737 号 124 頁〔シャディ事件〕…………………………………228
東京高判平 13.1.23 判時 1751 号 122 頁〔ケロケロケロッピ控訴審事件〕………………337
東京高判平 13.1.31 判時 1744 号 120 頁〔ESPRIT 事件〕…………………………………228
東京高判平 13.2.28 判時 1752 号 129 頁〔レゴブロック図形商標事件〕…………………241
名古屋高判平 13.3.8 判タ 1071 号 294 頁〔ギャロップレーサー控訴審事件〕…………452
東京高判平 13.5.22 判時 1753 号 23 頁〔オリンパス光学職務発明控訴審事件〕…59, 310
東京高判平 13.5.30 判時 1797 号 111 頁〔キューピー事件〕………………………………371
東京高判平 13.7.17 判時 1769 号 98 頁〔ヤクルト容器事件〕……………………………243
東京高判平 13.9.5 判時 1786 号 80 頁〔ニフティサーブ控訴審事件〕……………………496
東京高判平 13.9.26 判時 1770 号 136 頁〔小型ショルダーバック控訴審事件〕………306
東京高判平 13.12.26 判時 1788 号 103 頁〔LEVI'S ジーンズ控訴審事件〕………………297
東京高判平 14.1.30 判時 1782 号 109 頁〔サントリー角瓶事件〕…………………………241
東京高判平 14.1.31 判時 1815 号 123 頁〔エアーソフトガン・カスタムパーツ控訴審
事件〕…………………………………………………………………………………………305
東京高判平 14.3.27 裁判所 HP〔第一種永久機関事件〕………………………………………35
大阪高判平 14.3.29 民集 57 巻 2 号 185 頁〔フレッド・ペリー大阪控訴審事件〕……275
東京高判平 14.4.11 判時 1828 号 99 頁〔外科手術表示方法事件〕………………………41, 187

東京高判平 14. 4. 11 裁判所 HP〔絶対音感控訴審事件〕‥‥‥‥‥‥‥‥‥‥‥393

東京高判平 14. 7. 31 判時 1802 号 139 頁〔ダリ事件〕‥‥‥‥‥‥‥‥‥‥‥‥249

東京高判平 14. 8. 29 判時 1807 号 128 頁〔バイエル事件〕‥‥‥‥‥‥‥‥‥‥324

東京高判平 14. 9. 6 判時 1794 号 3 頁〔記念樹控訴審事件〕‥‥‥‥‥‥‥‥‥‥352

東京高判平 14. 9. 12 判時 1809 号 140 頁〔ダービースタリオン控訴審事件〕‥‥452

大阪高判平 14. 11. 22 裁判所 HP〔エアロゾル製剤控訴審事件〕‥‥‥‥‥‥‥‥159

東京高判平 15. 6. 30 裁判所 HP〔減速機事件〕‥‥‥‥‥‥‥‥‥‥‥‥‥‥‥220

名古屋高判平 16. 3. 4 判時 1870 号 123 頁〔社交ダンス教室控訴審事件〕‥‥‥399

東京高判平 17. 3. 3 判時 1893 号 126 頁〔2 ちゃんねる事件〕‥‥‥‥‥‥‥‥436

東京高判平 17. 3. 31 裁判所 HP〔ファイルローグ控訴審事件〕‥‥‥365, 435, 498

知財高大判平 17. 9. 30 判時 1904 号 47 頁〔一太郎事件控訴審〕‥‥‥147, 162, 171

知財高判平 17. 10. 6 裁判所 HP〔読売オンライン事件〕‥‥‥‥‥‥‥‥‥‥‥335

知財高大判平 17. 11. 11 判時 1911 号 48 頁〔パラメータ発明事件〕‥‥‥‥‥‥72

知財高決平 17. 11. 15 裁判所 HP〔録画ネット抗告審事件〕‥‥‥‥‥‥‥‥‥436

知財高大判平 18. 1. 31 判時 1922 号 30 頁〔キャノン・インクカートリッジ控訴審
事件〕‥‥‥‥‥‥‥‥‥‥‥‥‥‥‥‥‥‥‥‥‥‥‥‥‥‥‥‥‥‥‥‥151

知財高判平 18. 3. 31 判時 1929 号 84 頁〔コネクタ接続端子事件〕‥‥‥‥‥‥212

東京高判平 18. 4. 26 判時 1954 号 47 頁〔ブブカ・スペシャル 7 事件〕‥‥‥‥450

知財高判平 18. 8. 24 判時 2002 号 137 頁〔ピアノ補助ペダル事件〕‥‥‥‥‥218

知財高判平 18. 8. 31 判時 2022 号 144 頁〔システム K2 控訴審事件〕‥‥‥‥422

知財高判平 18. 9. 13 判時 1956 号 148 頁〔キャロル・ラストコンサート事件〕‥358

知財高判平 18. 9. 20 裁判所 HP〔Anne of Green Gables 商標事件〕‥‥‥‥‥247

知財高判平 18. 9. 20 裁判所 HP〔ルーバー事件〕‥‥‥‥‥‥‥‥‥‥‥‥‥216

知財高判平 18. 11. 29 判時 1950 号 3 頁〔ひよ子事件〕‥‥‥‥‥‥‥‥‥‥‥242

知財高判平 18. 12. 21 判時 1961 号 150 頁〔エリンギホクト 2 号控訴審事件〕‥‥196

知財高判平 18. 12. 25 判時 1993 号 117 頁〔芸北の晩秋りんどう事件〕‥‥‥‥191

知財高判平 18. 12. 26 判時 2019 号 92 頁〔宇宙開発事業団控訴審事件〕‥‥‥‥345

知財高判平 18. 12. 26 裁判所 HP〔極真会館商標事件〕‥‥‥‥‥‥‥‥‥‥‥247

知財高判平 19. 4. 26 判タ 1238 号 282 頁〔がんばれ受験生事件〕‥‥‥‥‥‥236

大阪高判平 19. 6. 14 判時 1991 号 122 頁〔選撮見録控訴審事件〕‥‥‥‥‥‥436

知財高判平 19. 6. 27 判時 1984 号 3 頁〔懐中電灯マグライト事件〕‥‥‥‥‥242

大阪高判平 19. 10. 11 判時 1986 号 132 頁〔正露丸事件〕‥‥‥‥‥‥‥‥‥‥297

知財高判平 19. 11. 28 判例集未登載〔Shoop 商標事件〕‥‥‥‥‥‥‥‥‥‥‥251

知財高判平 20. 2. 29 判時 2012 号 97 頁〔ハッシュ法事件〕‥‥‥‥‥‥‥‥‥34

知財高判平 20. 3. 27 裁判所 HP〔AJ 事件〕‥‥‥‥‥‥‥‥‥‥‥‥‥‥‥241

知財高判平 20. 5. 29 判時 2006 号 36 頁〔コカコーラ・ボトル商標事件〕‥‥‥242

知財高判平 20. 5. 29 判時 2018 号 146 頁〔ガラス多孔体事件〕‥‥‥‥‥‥‥52

知財高判平 20. 6. 24 判時 2026 号 123 頁〔歯科医療システム事件〕‥‥‥‥‥35

知財高判平 20. 6. 26 判時 2038 号 97 頁〔CONMAR 商標事件〕‥‥‥‥‥‥‥248

知財高判平 20. 6. 30 判時 2056 号 133 頁〔板状チョコレート事件〕‥‥‥‥‥243

知財高判平 20. 8. 26 判時 2041 号 124 頁〔音素索引多要素行列構造対訳辞書事件〕‥‥35

知財高判平 20. 8. 28 判時 2032 号 128 頁〔モズライト商標侵害訴訟事件〕‥‥‥250

知財高判平 20.9.30 判時 2024 号 133 頁〔土地宝典控訴審事件〕‥‥‥‥‥436

知財高判平 20.12.15 判時 2038 号 110 頁〔まねき TV 控訴審事件〕‥‥‥‥366, 436

知財高判平 21.1.27 民集 65 巻 1 号 632 頁〔ロクラク II 控訴審事件〕‥‥‥360, 436

知財高判平 21.1.27 裁判所 HP〔熱粘着式造粒方法事件〕‥‥‥‥‥‥‥‥‥75

知財高判平 21.1.27 裁判所 HP〔直接錠剤化用調合物控訴審事件〕‥‥‥‥‥161

知財高判平 21.2.24 判時 2043 号 127 頁〔ELLEGARDEN 事件〕‥‥‥‥‥‥286

知財高判平 21.2.25 判時 2037 号 96 頁〔インディアン・モトサイクル商標事件〕‥‥‥250

知財高判平 21.3.31 裁判所 HP〔経口投与用吸着剤〈除くクレーム〉補正第 1 事件〕
‥‥‥‥‥‥‥‥‥‥‥‥‥‥‥‥‥‥‥‥‥‥‥‥‥‥‥‥‥‥‥‥107

知財高判平 21.3.31 裁判所 HP〔経口投与用吸着剤〈除くクレーム〉補正第 2 事件〕
‥‥‥‥‥‥‥‥‥‥‥‥‥‥‥‥‥‥‥‥‥‥‥‥‥‥‥‥‥‥‥‥107

知財高判平 21.5.25 判時 2105 号 105 頁〔会計処理システム事件〕‥‥‥‥‥36

知財高判平 21.5.26 判時 2047 号 154 頁〔末廣精工株式会社商標事件〕‥‥‥248

知財高判平 21.5.27 裁判所 HP〔タケプロンカプセル事件〕‥‥‥‥‥‥‥‥135

知財高判平 21.6.29 判時 2077 号 123 頁〔中空ゴルフクラブ控訴審事件中間判決〕‥‥165

知財高判平 21.8.27 判時 2060 号 137 頁〔ダイエット記事ピンク・レディー写真
利用控訴審事件〕‥‥‥‥‥‥‥‥‥‥‥‥‥‥‥‥‥‥‥‥‥‥‥‥‥450

知財高判平 21.8.27 判時 2063 号 128 頁〔モズライト商標無効審決取消訴訟事件〕‥‥250

知財高判平 21.9.2 裁判所 HP〔抗 C 型肝炎ウイルス抗体事件〕‥‥‥‥‥‥‥68

大阪高判平 21.10.8 刑集 65 巻 9 号 1635 頁〔Winny 控訴審事件〕‥‥‥‥‥435, 437

知財高判平 21.10.20 裁判所 HP〔INTELLASSET 商標事件〕‥‥‥‥‥‥‥‥249

知財高判平 21.11.26 判時 2086 号 109 頁〔elles et elles 不使用取消事件〕‥‥‥‥264

知財高判平 21.12.17 裁判所 HP〔オートハローズ商標不使用取消事件〕‥‥‥‥265

知財高判平 21.12.24 裁判所 HP〔エアー・ポンプ事件〕‥‥‥‥‥‥‥‥‥‥43

知財高判平 22.1.27 判時 2083 号 142 頁〔BOUTIQUE9 事件〕‥‥‥‥‥‥‥241

知財高判平 22.1.28 判時 2073 号 105 頁〔性的障害治療におけるフリバンセリン
使用事件〕‥‥‥‥‥‥‥‥‥‥‥‥‥‥‥‥‥‥‥‥‥‥‥‥‥‥‥‥72

知財高判平 22.2.24 判時 2102 号 98 頁〔加工工具バリ取りホルダー事件〕‥‥‥‥54

知財高判平 22.3.25 判時 2086 号 114 頁〔駒込観音像控訴審事件〕‥‥‥‥‥443

知財高判平 22.3.29 裁判所 HP〔YIRGACHEFFE 事件〕‥‥‥‥‥‥‥‥‥‥244

知財高判平 22.3.29 裁判所 HP〔SIDAMO 事件〕‥‥‥‥‥‥‥‥‥‥‥‥‥245

知財高判平 22.7.12 判タ 1387 号 311 頁〔SHI-SA 事件〕‥‥‥‥‥‥‥‥‥‥253

知財高判平 22.9.8 判時 2115 号 102 頁〔TV ブレイク控訴審事件〕‥‥‥‥‥288, 436

知財高判平 22.9.28 判時 2097 号 125 頁〔医療用器具事件〕‥‥‥‥‥‥‥‥47

知財高判平 22.10.13 判時 2092 号 135 頁〔絵画鑑定書カラーコピー事件〕‥‥‥393

知財高判平 22.11.15 判時 2111 号 109 頁〔喜多方ラーメン事件〕‥‥‥‥‥‥244

知財高判平 22.11.16 判時 2113 号 135 頁〔ヤクルト容器事件〕‥‥‥‥‥‥‥242

知財高判平 23.1.31 判時 2107 号 131 頁〔換気扇フィルター事件〕‥‥‥‥‥‥47

知財高判平 23.3.3 判時 2116 号 118 頁〔みずほ商標事件〕‥‥‥‥‥‥‥‥‥252

知財高判平 23.3.23 判時 2109 号 117 頁〔イッツ・オンリー・トークシナリオ年鑑
収録事件〕‥‥‥‥‥‥‥‥‥‥‥‥‥‥‥‥‥‥‥‥‥‥‥‥‥‥‥‥371

知財高判平 23.4.18 裁判所 HP〔Yahoo! 中古車オークション事件〕‥‥‥‥‥‥36

知財高判平 23.4.21 判時 2114 号 9 頁〔ジャン・ポール・ゴルチェ香水瓶事件 (1)〕
…………………………………………………………………………………………243

知財高判平 23.4.21 判時 2114 号 19 頁〔三宅一生香水瓶事件〕…………………243

知財高判平 23.4.21 判時 2114 号 26 頁〔ジャン・ポール・ゴルチェ香水瓶事件 (2)〕
…………………………………………………………………………………………243

知財高判平 23.5.10 判タ 1372 号 222 頁〔廃墟写真事件〕………………………342

知財高判平 23.6.29 判時 2122 号 33 頁〔Y チェア事件〕…………………………243

知財高判平 23.7.21 判時 2132 号 118 頁〔光通風雨戸事件〕……………………309

知財高判平 23.9.7 判時 2144 号 121 頁〔サトウの切り餅控訴審事件〕…………163

知財高判平 23.9.14 判時 2128 号 136 頁〔Blue Note 事件〕………………………264

知財高判平 23.9.27 裁判所 HP〔ポリカーボネート樹脂製造装置設計図事件〕………311

知財高判平 23.12.22 判時 2145 号 75 頁〔東芝録画補償金控訴審事件〕…………386, 387

知財高大判平 24.1.27 民集 69 巻 4 号 822 頁〔プラバスタチンナトリウム控訴審事件〕
…………………………………………………………………………………………72, 160

知財高判平 24.1.31 判時 2141 号 117 頁〔ロクラク II 差戻後控訴審事件〕…………360

知財高判平 24.1.31 判時 2142 号 96 頁〔まねき TV 差戻後控訴審事件〕…………366

知財高判平 24.1.31 裁判所 HP〔観世音立像入れ墨控訴審事件〕………………338

知財高判平 24.2.14 判時 2161 号 86 頁〔Chupa Chups 控訴審事件〕……………288, 494

知財高判平 24.2.15 裁判所 HP〔超ミネラル事件〕………………………………240

知財高判平 24.6.27 判時 2159 号 109 頁〔ターザン事件〕………………………247

知財高判平 24.7.11 裁判所 HP〔入札抽選併用土木建築業者等選定システム事件〕 …34

知財高判平 24.7.11 裁判所 HP〔ローマ字表事件〕………………………………34

知財高判平 24.8.8 判時 2165 号 42 頁〔GREE 魚釣りゲーム事件〕……………351

知財高判平 24.10.11 裁判所 HP〔ソフトビニル人形控訴審事件〕………………166

知財高判平 24.10.25 裁判所 HP〔AO 事件〕………………………………………241

知財高判平 24.11.29 判例集未登載〔壺プリン事件〕……………………………240

知財高判平 24.12.5 判時 2181 号 127 頁〔省エネ行動シート〕…………………34

知財高判平 24.12.19 判時 2182 号 123 頁〔シャンパンタワー事件〕……………247

知財高判平 25.1.10 判時 2189 号 115 頁〔スプレー商標事件〕…………………241

知財高判平 25.1.24 判時 2177 号 114 頁〔あずきバー事件〕……………………242

知財高大判平 25.2.1 判時 2179 号 36 頁〔ごみ貯蔵機器控訴審事件〕…………179, 440

知財高判平 25.3.6 判時 2187 号 71 頁〔偉人カレンダー事件〕…………………35

知財高判平 25.6.27 裁判所 HP〔KUMA 事件〕…………………………………253

知財高判平 25.7.24 判時 2226 号 93 頁〔光学活性ピペリジン誘導体酸付加塩事件〕…48

知財高判平 25.9.30 裁判所 HP〔RAGGAZZA 事件〕……………………………241

知財高判平 25.11.14 裁判所 HP〔ECOLIFE 事件〕………………………………241

知財高判平 25.11.28 判時 2225 号 134 頁〔極商標事件〕…………………………285

知財高判平 25.12.17 裁判所 HP〔LADY GAGA 事件〕……………………………240

知財高大判平 26.5.16 判時 2224 号 146 頁〔Apple 対 Samsung 控訴審事件〕
…………………………………………………………………………………132, 133, 325

知財高大判平 26.5.30 判時 2232 号 3 頁〔血管内皮細胞増殖因子アンタゴニスト控訴
審事件〕…………………………………………………………………………………98

知財高判平 26.5.30 裁判所 HP〔粉末薬剤多回投与器事件〕 ……………………98

知財高判平 26.6.12 裁判所 HP〔DS マジコン 2 事件〕 …………………………318

知財高判平 26.8.28 判時 2238 号 91 頁〔Forever 21 ファッションショー控訴審事件〕
…………………………………………………………………………………………341

知財高判平 26.9.11 裁判所 HP〔東京維新の会事件〕……………………………245

知財高判平 26.9.17 裁判所 HP〔日本維新の会事件〕……………………………245

知財高判平 26.9.25 判時 2241 号 142 頁〔キナゾリン誘導体事件〕………………98

知財高判平 26.9.25 裁判所 HP〔キナゾリン誘導体事件〕 ………………………99

知財高判平 26.10.22 判時 2246 号 92 頁〔自炊代行控訴審事件〕 ………360, 383

知財高判平 27.4.14 判時 2267 号 91 頁〔TRIPP TRAPP 事件〕 ………209, 339

知財高判平 27.6.24 裁判所 HP〔なめこ控訴審事件〕……………………189, 193

知財高判平 27.7.15 裁判所 HP〔洗浄剤組成物事件〕……………………………123

知財高判平 27.8.5 裁判所 HP〔女性芸能人乳房イラスト合成控訴審事件〕 ………451

知財高判平 27.10.8 裁判所 HP〔洗浄剤事件控訴審〕……………………………177

知財高判平 27.10.22 裁判所 HP〔ピタバ控訴審事件〕 …………………………275

知財高判平 27.11.10 裁判所 HP〔キャッチフレーズ事件〕 ……………………336

知財高判平 27.11.26 判時 2296 号 116 頁〔アイライト第 1 事件〕……………284

知財高大判平 28.3.25 判時 2306 号 87 頁〔マキサカルシトール控訴審事件〕…………165

知財高判平 28.4.12 裁判所 HP〔フランク三浦事件〕……………………………252

知財高判平 28.9.14 裁判所 HP〔LE MANS 事件〕………………………………284

知財高判平 28.9.20 裁判所 HP〔二重瞼形成用テープ〕 ……………………………73

知財高判平 28.9.28 判タ 1434 号 148 頁〔ロータリーディスクタンブラー錠事件〕…123

知財高判平 28.9.29 裁判所 HP〔ローソク事件〕 …………………………………73

知財高判平 28.9.29 裁判所 HP〔有精卵検査法第 2 事件〕………………………123

知財高判平 28.10.19 裁判所 HP〔ライブハウス演奏権侵害事件〕 ……………363

知財高判平 28.11.2 裁判所 HP〔アイライト第 2 事件〕…………………………284

知財高判平 28.11.8 裁判所 HP〔ロール苗搭載樋付田植機事件〕………………74

知財高判平 28.11.30 判時 2338 号 96 頁〔スティック状加湿器控訴審事件〕…………340

知財高判平 28.12.8 裁判所 HP〔縁の会事件〕……………………………………255

知財高判平 28.12.8 裁判所 HP〔沖縄民謡風楽曲控訴審事件〕…………………352

知財高判平 28.12.21 判時 2340 号 88 頁〔シャフトデザイン事件〕……………340

知財高判平 29.1.17 判タ 1440 号 137 頁〔物品の表面装飾構造事件〕…………123

知財高判平 29.1.20 判時 2361 号 73 頁〔オキサリプラチン第 1 控訴審事件〕…………99

知財高判平 29.5.30 裁判所 HP〔映像装置付き自動車意匠事件〕………………213

大阪高判平 29.9.21 裁判所 HP〔ZOLLANVARI 事件〕…………………………277

知財高判平 30.2.7 判時 2371 号 99 頁〔NEONERO 事件〕……………………506

知財高判平 30.4.4 裁判所 HP〔ピタバスタチン事件〕…………………………144

知財高判平 30.12.18 判時 2412 号 43 頁〔二次元コード等読み取り装置事件〕………128

知財高判平 30.12.18 判時 2431・2432 号 206 頁〔美肌ローラ事件〕…………123

知財高判平 31.3.6 裁判所 HP〔シイタケ事件〕 …………………………………196

知財高判令元.6.7 裁判所 HP〔炭酸パック化粧料事件控訴審〕…………………179

知財高判令元.12.19 裁判所 HP〔二重瞼形成用テープ和解事件〕………………120

〔地方裁判所〕

大阪地判昭 33. 9. 11 判時 162 号 23 頁〔クロルプロマジン事件〕 ……………………137

大阪地判昭 36. 5. 4 下民集 12 巻 5 号 937 頁〔スチロピーズ事件〕 ……………………173

東京地判昭 37. 9. 22 判タ 136 号 116 頁〔二連銃玩具事件〕 ……………………………178

東京地判昭 37. 11. 28 下民集 13 巻 11 号 2395 頁〔京橋中央病院事件〕 ………………299

東京地判昭 40. 8. 31 下民集 16 巻 8 号 1377 頁〔船荷証券事件〕 ………………………333

東京地判昭 40. 8. 31 無体集 1 巻 222 頁〔二重偏心カム装置事件〕 ……………………154

大阪地判昭 41. 6. 29 下民集 17 巻 5 = 6 号 586 頁〔おしゃぶり事件〕 ………………143

東京地判昭 41. 8. 30 下民集 17 巻 7 = 8 号 729 頁〔ヤシカ事件〕 ……………………303

大阪地判昭 42. 10. 24 判タ 214 号 107 頁〔ポリエステル事件〕 …………………………137

神戸地判昭 43. 2. 8 無体集 4 巻 1 号 77 頁〔ヤンマーラーメン一審事件〕 ……………304

大阪地判昭 43. 5. 17 下民集 19 巻 5 = 6 号 303 頁〔ブロック玩具事件〕 ……………166

大阪地判昭 44. 4. 2 無体集 4 巻 1 号 354 頁〔ファスナー事件〕 ………………………163

大阪地判昭 44. 6. 9 無体集 1 巻 160 頁〔ブランズウィック事件〕 …………149, 504, 517

大阪地判昭 44. 11. 21 無体集 1 巻 378 頁〔慶祝用砂糖事件〕 …………………………205

大阪地判昭 45. 2. 27 無体集 2 巻 1 号 71 頁〔パーカー事件〕 ……………275, 506, 509

大阪地判昭 45. 4. 17 無体集 2 巻 1 号 151 頁〔金属編籠一審事件〕 …………………161

大阪地判昭 45. 11. 30 無体集 2 巻 2 号 612 頁〔合成樹脂カバー事件〕 ………………177

福岡地判昭 46. 9. 17 無体集 3 巻 2 号 317 頁〔巨峰事件〕 ……………………………274

大阪地判昭 46. 12. 22 無体集 3 巻 2 号 414 頁〔学習机事件〕 …………………………221

東京地判昭 47. 7. 21 無体集 4 巻 2 号 433 頁〔テトラサイクリン事件〕 ………………174

長崎地判昭 48. 2. 7 無体集 5 巻 1 号 18 頁〔博多人形事件〕 …………………………338

東京地判昭 48. 3. 9 無体集 5 巻 1 号 42 頁〔ナイロール眼鏡枠事件〕 …………………297

東京地判昭 48. 9. 17 無体集 5 巻 2 号 280 頁〔スプレーガン事件〕 …………………215

松山地判昭 49. 2. 25 無体集 6 巻 1 号 46 頁〔金属製棚事件〕 …………………………161

大阪地判昭 50. 1. 24 判タ 323 号 270 頁〔プラスチックフィルム耳片切断搬送装置
　事件〕…………………………………………………………………………………177

東京地判昭 50. 2. 24 判タ 324 号 317 頁〔秘録大東亜戦史事件〕 ……………………430

奈良地判昭 50. 5. 26 判タ 329 号 287 頁〔網戸事件〕 …………………………………151

東京地判昭 51. 5. 26 無体集 8 巻 1 号 219 頁〔サザエさん事件〕 ……………………337

東京地判昭 51. 6. 29 判時 817 号 23 頁〔マーク・レスター事件〕 ……………………446

東京地判昭 51. 7. 21 判タ 352 号 313 頁〔ナフチリジンの製造方法事件〕 ……………159

東京地判昭 52. 7. 22 無体集 9 巻 2 号 534 頁〔舞台装置設計図事件〕 ………………383

東京地決昭 53. 10. 2 判タ 372 号 97 頁〔王貞治記念メダル事件〕 ……………………446

東京地判昭 53. 10. 30 無体集 10 巻 2 号 509 頁〔投げ釣り用天秤事件〕 ……………297

大阪地判昭 54. 2. 16 無体集 11 巻 1 号 48 頁〔装飾化粧板事件〕 ……………………169

神戸地姫路支判昭 54. 7. 9 無体集 11 巻 2 号 371 頁〔仏壇彫刻事件〕 ………………338

大阪地判昭 55. 3. 18 無体集 12 巻 1 号 65 頁〔少林寺拳法事件〕 ……………………299

東京地判昭 55. 3. 26 判時 968 号 27 頁〔テレビニュース録画事件〕 …………………401

東京地判昭 55. 7. 11 無体集 12 巻 2 号 304 頁〔テレビまんが事件〕 …………………274

大阪地判昭 55. 7. 15 無体集 12 巻 2 号 321 頁〔プロフットボール・シンボルマーク
　一審事件〕………………………………………………………………………………300

東京地判昭 55.11.10 判時 981 号 19 頁〔スティーブ・マックイーン事件〕…………446
大阪地判昭 57.2.26 無体集 14 巻 1 号 58 頁〔輸入ウィスキー著名標章事件〕…………303
東京地判昭 57.12.6 無体集 14 巻 3 号 796 頁〔スペース・インベーダー・パートⅡ
　事件〕……………………………………………………………………………334, 459
神戸地判昭 57.12.21 無体集 14 巻 3 号 813 頁〔ドロテ・ビス事件〕……………………277
大阪地判昭 58.2.25 判タ 499 号 184 頁〔紙なべ事件〕………………………………………296
静岡地浜松支判昭 58.5.16 判例集未登載〔過共晶鋳鉄事件〕……………………………170
東京地判昭 58.5.25 無体集 15 巻 2 号 396 頁〔ドアヒンジ事件〕………………………166
大阪地判昭 58.10.28 判タ 514 号 303 頁〔通風器事件〕……………………………………221
横浜地判昭 58.12.9 無体集 15 巻 3 号 802 頁〔勝烈庵事件〕……………………………296
東京地判昭 58.12.23 無体集 15 巻 3 号 844 頁〔クラッド事件〕………………………65, 66
東京地判昭 59.1.13 判時 1101 号 109 頁〔ノーパン喫茶ニナ・リッチ事件〕…………303
東京地判昭 59.1.18 判時 1101 号 110 頁〔ポルノランドディズニー事件〕……………303
大阪地判昭 59.4.26 無体集 16 巻 1 号 271 頁〔架構材の取付金具事件〕…………154, 155
東京地判昭 59.9.28 無体集 16 巻 3 号 676 頁〔パックマン事件〕………………………459
高知地判昭 59.10.29 判タ 559 号 291 頁〔長尾鶏事件〕……………………………………451
東京地判昭 59.12.7 無体集 16 巻 3 号 760 頁〔ラコステ事件〕…………………………506
大阪地判昭 59.12.20 無体集 16 巻 3 号 803 頁〔ヘアーブラシ意匠事件〕………………154
東京地決昭 61.10.6 判時 1212 号 142 頁〔おニャン子クラブ仮処分事件〕……………446
東京地決昭 61.10.9 判時 1212 号 142 頁〔中森明菜 1 事件〕……………………………446
東京地決昭 61.10.17 判タ 617 号 190 頁〔中森明菜 2 事件〕……………………………446
大阪地判昭 61.12.25 無体集 18 巻 3 号 599 頁〔中納言事件〕……………………………228
大阪地判昭 62.1.26 判タ 640 号 217 頁〔剛性物質穴あけ用ドリル意匠事件〕…………151
神戸地判昭 62.3.25 無体集 19 巻 1 号 72 頁〔ホテルシャネル事件〕……………………303
大阪地判昭 62.3.30 判タ 638 号 85 頁〔高田浩吉事件〕……………………………………453
東京地判昭 62.7.10 無体集 19 巻 2 号 231 頁〔グリホサート除草剤事件〕………………138
大阪地判昭 62.8.26 無体集 19 巻 2 号 268 頁〔BOSS 事件〕……………………………228
大阪地判昭 62.11.25 無体集 19 巻 3 号 434 頁〔寄木模様建材事件〕……………………136
大阪地判平元.4.24 無体集 21 巻 1 号 279 頁〔製砂機ハンマー事件〕……………132, 170
東京地判平元.9.27 判時 1326 号 137 頁〔光 GENJI 事件〕………………………………446
東京地判平元.10.6 無体集 21 巻 3 号 747 頁〔フジタ展カタログ事件〕………………404
名古屋地判平元.10.20 判時 1354 号 141 頁〔ユニオン型接手事件〕……………………146
大阪地判平 2.2.20 判時 1357 号 126 頁〔海苔巻握飯製造具事件〕………………………153
大阪地判平 2.7.19 判時 1390 号 113 頁〔薄形玉貸機大阪事件〕………………………161
東京地判平 2.11.16 無体集 22 巻 3 号 702 頁〔法政大学懸賞論文一審事件〕…………430
東京地判平 3.5.22 無体集 23 巻 2 号 293 頁〔教科書朗読テープ事件〕………………426
名古屋地判平 3.7.31 判時 1423 号 116 頁〔薄形玉貸機名古屋事件〕……………………161
神戸地判平 3.11.28 判時 1412 号 136 頁〔クルーザー広告利用事件〕…………………451
東京地判平 3.12.16 知裁集 23 巻 3 号 794 頁〔BATTUE 一審事件〕…………………273
東京地判平 4.3.30 判時 1440 号 98 頁〔加勢大周一審事件〕……………………………448
横浜地判平 4.6.4 判時 1434 号 116 頁〔土井晩翠標識事件〕……………………………447
千葉地判平 4.12.14 知裁集 24 巻 3 号 894 頁〔建築用板材の連結具事件〕……………151

556

大阪地判平 5.2.25 知裁集 25 巻 1 号 56 頁〔JIMMY'Z 事件〕……………………506
大阪地判平 5.3.23 判時 1464 号 139 頁〔山口組ビデオ事件〕………………400
甲府地決平 5.12.27 判タ 854 号 278 頁〔椎茸種菌事件〕……………………197
大阪地判平 6.2.24 判時 1522 号 139 頁〔園芸用肥料小分け詰替事件〕……277
大阪地判平 6.4.12 判時 1496 号 38 頁〔ビデオカラオケ事件〕……………398
東京地判平 6.7.1 知裁集 26 巻 2 号 510 頁〔101 匹ワンチャン事件〕……410, 507, 509
松山地決平 6.9.21 判時 1551 号 125 頁〔茶パック事件〕…………………205
大阪地判平 6.10.27 知裁集 26 巻 3 号 1200 頁〔t-PA 一審事件〕…………188
東京地判平 7.2.22 知裁集 27 巻 1 号 109 頁〔UNDER THE SUN 事件〕……274
東京地判平 7.2.27 知裁集 27 巻 1 号 137 頁〔バレンタインチョコレート事件〕……297
大阪地判平 7.2.28 判時 1530 号 96 頁〔ビル排煙ダクト用材料誤認表示事件〕……322
大阪地決平 8.3.29 知裁集 28 巻 1 号 140 頁〔ホーキンスサンダル保全異議申立事件〕
　………………………………………………………………………………305
大阪地判平 8.9.26 知裁集 28 巻 3 号 429 頁〔外国国旗表示ヘアピン事件〕……322
神戸地判平 8.11.25 判時 1603 号 115 頁〔ホテル ゴーフル リッツ事件〕……300
大阪地決平 9.2.7 判時 1614 号 124 頁〔ノルフロキサシン事件〕…………147
東京地判平 9.2.21 判時 1617 号 120 頁〔キッズシャベル事件〕…………297
東京地判平 9.3.7 判時 1613 号 134 頁〔ピアス孔保護具事件〕…………305
東京地判平 9.3.31 判時 1606 号 118 頁〔ワンポイントアドバイス事件〕……441
東京地判平 9.3.31 判時 1607 号 94 頁〔龍村帯・テーブルクロス事件〕……297
東京地判平 9.5.26 判時 1610 号 22 頁〔ニフティサーブ一審事件〕………496
東京地判平 9.6.27 判時 1610 号 112 頁〔ミニチュアリュック事件〕………306
東京地判平 9.9.5 判時 1621 号 130 頁〔ダリ事件〕………………………404
東京地判平 9.12.12 判時 1641 号 115 頁〔足場板用枠事件〕……………222
東京地判平 10.1.21 判時 1644 号 141 頁〔キング・クリムゾン一審事件〕……449
東京地判平 10.1.30 判時 1648 号 130 頁〔セゾン事件〕…………………277
東京地判平 10.2.9 判時 1632 号 119 頁〔コンセンサス・インターフェロン事件〕……138
東京地判平 10.2.20 知裁集 30 巻 1 号 33 頁〔バーンズ・コレクション展事件〕……401
東京地判平 10.2.25 判タ 973 号 238 頁〔たまごっち事件〕……………306
東京地判平 10.8.27 知裁集 30 巻 3 号 478 頁〔カラオケボックス事件〕……381
大阪地判平 10.9.10 知裁集 30 巻 3 号 501 頁〔タオルセット事件〕………305, 306
東京地判平 10.10.29 知裁集 30 巻 4 号 812 頁〔スマップインタビュー事件〕……356
東京地判平 10.10.30 判時 1674 号 132 頁〔血液型と性格事件〕…………392
東京地判平 10.12.22 判時 1674 号 152 頁〔磁気媒体リーダー事件〕………160
東京地判平 11.1.28 判時 1677 号 127 頁〔キャディバッグ事件〕…………307
東京地判平 11.1.29 判時 1680 号 119 頁〔古文単語語呂合わせ書籍事件〕……333
東京地判平 11.2.25 判時 1682 号 124 頁〔エアーソフトガン・カスタムパーツ一審
　事件〕………………………………………………………………………305
東京地判平 11.6.29 判時 1692 号 129 頁〔シチズン時計事件〕…………306
東京地判平 11.6.29 判時 1693 号 139 頁〔婦人服シリーズ事件〕………298
東京地決平 11.9.20 判時 1696 号 76 頁〔iMac 事件〕……………………297
大阪地判平 11.9.21 判時 1732 号 137 頁〔商業書道事件〕………………337

大阪地判平 11.10.7 判時 1699 号 48 頁〔中古ゲームソフト販売大阪一審事件〕………409
東京地判平 11.10.18 判時 1697 号 114 頁〔三島由紀夫一審事件〕…………………………354
東京地判平 12.1.17 判時 1708 号 146 頁〔ポップ文字事件〕…………………………………298
名古屋地判平 12.1.19 判タ 1070 号 233 頁〔ギャロップレーサー一審事件〕……………452
東京地判平 12.2.18 判時 1709 号 92 頁〔記念樹一審事件〕…………………………………351
東京地判平 12.2.29 判時 1715 号 76 頁〔中田英寿事件〕……………………………………450
東京地判平 12.4.26 判時 1716 号 118 頁〔日銀銀行券印刷機事件〕………………………308
東京地判平 12.5.16 判時 1751 号 128 頁〔スターデジオ事件〕……………………………435
東京地判平 12.6.28 判時 1713 号 115 頁〔LEVI'S ジーンズ一審事件〕…………………297
東京地判平 12.7.12 判時 1718 号 127 頁〔シミュレーションミニゲーム機事件〕……307
東京地判平 12.8.31 裁判所 HP〔写ルンです事件〕……………………………………………131
東京地判平 12.9.28 判時 1731 号 111 頁〔住友重機事件〕…………………………………337
東京地判平 12.9.28 判時 1764 号 104 頁〔医療用機械器具データ事件〕………………308
大阪地判平 12.10.19 判時 1809 号 143 頁〔燃料供給用ポンプ製造方法事件〕…………174
大阪地判平 12.10.24 判タ 1081 号 241 頁〔製パン器事件〕………………………………170
富山地判平 12.12.6 判時 1734 号 3 頁〔JACCS ドメイン名使用差止事件〕……………320
東京地判平 12.12.7 判時 1771 号 111 頁〔車両運行管理業務データ事件〕……………308
東京地判平 12.12.26 判時 1742 号 128 頁〔蝶型活水器事件〕……………………………307
東京地判平 13.1.30 判時 1742 号 132 頁〔小型ショルダーバッグ一審事件〕…………306
東京地判平 13.4.24 判時 1755 号 43 頁〔J-PHONE ドメイン名使用差止事件〕………320
東京地判平 13.5.25 判時 1774 号 132 頁〔自動車整備業用データベース中間判決事件〕
　　　………………………………………………………………………………………………470
東京地判平 13.5.30 判時 1752 号 141 頁〔チャイルドシート標語事件〕………335, 351
東京地判平 13.7.25 判時 1758 号 137 頁〔路線バス写真事件〕…………………………403
東京地判平 13.8.27 判時 1758 号 3 頁〔ダービースタリオン一審事件〕………………452
東京地判平 13.8.31 判時 1760 号 138 頁〔エルメス・バッグ模倣事件〕………………307
東京地判平 13.9.20 判時 1764 号 112 頁〔電着画像形成方法事件〕……………159, 173
大阪地判平 13.10.30 判タ 1102 号 270 頁〔エアロゾル製剤事件〕……………………159
東京地判平 14.3.28 判時 1793 号 133 頁〔自動車整備業用データベース事件〕………470
東京地決平 14.4.11 判時 1780 号 25 頁〔ファイルローグ仮処分事件〕………365, 386
大阪地判平 14.5.23 判時 1825 号 116 頁〔希土類鉄系合金事件〕……………………………52
東京地判平 14.7.15 判時 1796 号 145 頁〔mp3.co.jp 事件〕………………………………321
東京地判平 14.7.17 判時 1799 号 155 頁〔ブラジャー事件〕…………………………………56
東京地判平 14.11.18 判時 1812 号 139 頁〔鉄人 28 号事件〕………………………………512
東京地判平 15.1.29 判時 1810 号 29 頁〔ファイルローグ一審中間判決事件〕…………365
大阪地判平 15.10.30 判時 1861 号 110 頁〔モデルハウス事件〕…………………………342
東京地判平 15.12.17 判時 1845 号 36 頁〔ファイルローグ一審終局判決事件〕…365, 435
東京地判平 16.1.30 判時 1852 号 36 頁〔青色発光ダイオード事件〕…………………59, 66
東京地判平 16.2.24 判時 1853 号 38 頁〔味の素アスパルテーム事件〕……………………65
東京地判平 16.4.28 判時 1866 号 134 頁〔通常実施権抹消登録請求事件〕……………116
大阪地判平 16.9.13 判時 1899 号 142 頁〔ヌーブラ事件〕…………………………………307
東京地判平 16.9.30 判時 1880 号 84 頁〔温水器用ステンレス鋼製缶体事件〕…………65

東京地決平 16. 10. 7 判時 1895 号 120 頁〔録画ネット事件〕 ··············436

東京地判平 16. 12. 8 判時 1889 号 110 頁〔キャノン・インクカートリッジ一審事件〕

··132, 149, 150

東京地判平 17. 6. 21 判時 1913 号 146 頁〔IP FIRM 事件〕 ··············277

東京地判平 17. 9. 13 判時 1916 号 133 頁〔ファイザー事件〕 ··············51

大阪地判平 17. 10. 24 判時 1911 号 65 頁〔選撮見録第一審事件〕 ··············436

大阪地判平 17. 12. 8 判時 1934 号 109 頁〔クルマの 110 番事件〕 ··············264

東京地判平 18. 2. 10 裁判所 HP〔カプセル色彩事件〕 ··············297

東京地判平 18. 3. 22 判時 1987 号 85 頁〔生理活性タンパク質製造法事件〕 ··············144

東京地判平 18. 3. 31 判タ 1274 号 255 頁〔国語テスト事件〕 ··············396

東京地決平 18. 7. 11 判時 1933 号 68 頁〔ローマの休日格安 DVD 事件〕 ··············416

大阪地判平 18. 7. 20 判時 1968 号 164 頁〔台車固定装置事件〕 ··············132

京都地判平 18. 12. 13 判タ 1229 号 105 頁〔Winny 一審事件〕 ··············435, 437

東京地判平 19. 4. 24 裁判所 HP〔写ルンです II 事件〕 ··············151

東京地判平 19. 5. 25 判時 1989 号 113 頁〔ローソク商品説明会事件〕 ··············324

東京地判平 19. 9. 14 裁判所 HP〔姿三四郎格安 DVD 事件〕 ··············416

東京地判平 19. 12. 14 裁判所 HP〔眼鏡レンズの供給システム事件〕 ··············173

東京地判平 20. 2. 26 裁判所 HP〔社保庁 LAN 事件〕 ··············365, 401, 440

東京地判平 20. 5. 28 判時 2029 号 125 頁〔ロクラク II 事件〕 ··············436

東京地判平 20. 7. 4 判時 2023 号 152 頁〔ダイエット記事ピンク・レディー写真利用
一審事件〕 ··············450

大阪地判平 20. 11. 4 判時 2041 号 132 頁〔発熱セメント事件〕 ··············309

東京地判平 20. 12. 26 判時 2032 号 11 頁〔サントリー黒烏龍茶事件〕 ··············324

東京地判平 21. 1. 29 判時 2046 号 159 頁〔ベトナム・ハイウェイ贈賄事件〕 ··············327

東京地判平 21. 2. 27 裁判所 HP〔まいたけ BO-101 事件〕 ··············195

東京地判平 21. 2. 27 裁判所 HP〔DS マジコン 1 事件〕 ··············318

東京地判平 21. 5. 28 裁判所 HP〔駒込観音像一審事件〕 ··············443

東京地判平 21. 8. 27 裁判所 HP〔経口投与用吸着剤特許侵害事件〕 ··············107

大阪地判平 21. 10. 15 裁判所 HP〔FX 自動売買プログラムリバース・エンジニア
リング事件〕 ··············462

東京地判平 22. 8. 31 判時 2127 号 87 頁〔Chupa Chups 一審事件〕 ··············288

東京地判平 22. 9. 30 判時 2109 号 129 頁〔ピースマーク事件〕 ··············274

大阪地判平 22. 12. 16 判時 2118 号 120 頁〔西松屋商品陳列デザイン事件〕) ··············298

東京地判平 23. 7. 29 裁判所 HP〔観世音立像入れ墨一審事件〕 ··············338

東京地判平 23. 10. 11 裁判所 HP〔マイケル・ジャクソン氏名・肖像商品化事業第 1
事件〕 ··············322

東京地判平 24. 7. 11 判時 2175 号 98 頁〔韓国テレビ番組 DVD 事件〕 ··············369, 410, 508

東京地判平 25. 2. 13 裁判所 HP〔コピーガード事件〕 ··············311

東京地判平 25. 2. 28 裁判所 HP〔ピオグリタゾン東京事件〕 ··············141, 171

東京地判平 25. 3. 1 判時 2219 号 105 頁〔基幹物理学教科書事件〕 ··············347

大阪地判平 25. 6. 20 判時 2218 号 112 頁〔ロケットニュース 24 事件〕···365, 436, 486, 498

大阪地判平 25. 7. 16 裁判所 HP〔Cains 事件〕 ··············310

大阪地決平 25. 9. 6 判時 2222 号 93 頁〔新梅田シティ庭園事件〕 …………………342
東京地判平 25. 9. 30 判時 2212 号 86 頁〔自炊代行事件〕…………………………360
大阪地判平 26. 1. 16 判時 2235 号 93 頁〔薬剤分包用ロールペーパー事件〕………132, 133
東京地判平 26. 1. 17 裁判所 HP〔LINE リンク事件〕 ………………………………486
東京地判平 26. 1. 20 裁判所 HP〔フキ事件〕………………………………………299
東京地判平 26. 8. 28 裁判所 HP〔ピタバ一審事件〕………………………………275
東京地判平 27. 1. 29 裁判所 HP〔女性芸能人乳房イラスト合成記事一審事件〕………451
東京地判平 27. 2. 18 判時 2257 号 87 頁〔FRAND 宣言違反営業誹謗事件〕…………324
大阪地判平 27. 3. 26 判時 2271 号 113 頁〔安定高座椅子事件〕…………………206
東京地判平 27. 8. 28 裁判所 HP〔日本語台詞字幕事件〕…………………………440
東京地判平 27. 8. 31 裁判所 HP〔マイケル・ジャクソン氏名・肖像商品化事業第 2
　事件〕………………………………………………………………………………322
大阪地判平 27. 9. 24 判時 2348 号 62 頁〔ピクトグラム事件〕…………………337
東京地判平 27. 11. 30 裁判所 HP〔語呂合わせ事件〕 ……………………………336
東京地判平 28. 1. 14 判時 2307 号 111 頁〔スティック状加湿器一審事件〕…………340
東京地判平 28. 3. 30 判時 2317 号 121 頁〔オキサリプラチン第 1 一審事件〕………99, 135
東京地判平 28. 5. 19 裁判所 HP〔沖縄民謡風楽曲一審事件〕……………………352
東京地判平 28. 10. 12 裁判所 HP〔マイケル・ジャクソン氏名・肖像商品化事業第 3
　事件〕………………………………………………………………………………323
東京地判平 28. 11. 24 裁判所 HP〔TWG ティーバッグ並行輸入事件〕………………276
東京地判平 28. 12. 2 裁判所 HP〔オキサリプラチン第 2 事件〕 …………………99
東京地決平 28. 12. 19 裁判所 HP〔コーヒーチェーン類似店舗使用差止仮処分事件〕
　………………………………………………………………………………………298
東京地判平 28. 12. 22 裁判所 HP〔オキサリプラチン第 3 事件〕…………………99
東京地判平 30. 3. 2 裁判所 HP〔コイルインサート事件〕…………………………
　148
大阪地判平 30. 6. 21 判時 2407 号 61 頁〔トットリフジタ 1 号事件〕…………193, 197
大阪地判平 30. 9. 20 判時 2416 号 42 頁〔フラダンス事件〕……………………336
大阪地判平 30. 12. 18 裁判所 HP〔薬剤分包用ロールペーパ事件〕 ………………169
大阪地判平 31. 1. 17 裁判所 HP〔リーチサイトはるか夢の址事件〕……………488
大阪地判平 31. 4. 11 裁判所 HP〔口コミサイト虚偽記載事件〕…………………324
東京地判令元. 5. 21 裁判所 HP〔デザイン委託ロゴ・ピクトグラム事件〕…………341
大阪地判令元. 5. 21 裁判所 HP〔注文・商品管理プログラム事件〕………………460
東京地判令元. 6. 18 裁判所 HP〔イッセイミヤケトートバック事件〕…………298, 341
大阪地判令元. 8. 29 裁判所 HP〔そうめん流し器事件〕…………………………123

●著者紹介

角田政芳（すみだ・まさよし）

1949 年生まれ。東海大学客員教授，弁護士・弁理士。
1・2・5・6・7・8・9・13・14・15・16・20・21・22 章を執筆。

辰巳直彦（たつみ・なおひこ）

1954 年生まれ。関西大学教授。
1・2・3・4・10・11・12・17・18・19 章を執筆。

ARMA

知的財産法〔第 9 版〕
Intellectual Property Law（9th edition）　有斐閣アルマ

2000 年 10 月 10 日	初　版第 1 刷発行
2003 年 4 月 10 日	第 2 版第 1 刷発行
2006 年 4 月 30 日	第 3 版第 1 刷発行
2008 年 5 月 20 日	第 4 版第 1 刷発行
2010 年 3 月 30 日	第 5 版第 1 刷発行
2012 年 4 月 10 日	第 6 版第 1 刷発行
2015 年 4 月 10 日	第 7 版第 1 刷発行
2017 年 3 月 30 日	第 8 版第 1 刷発行
2020 年 4 月 20 日	第 9 版第 1 刷発行
2022 年 5 月 20 日	第 9 版第 4 刷発行

著　　者	角　田　政　芳	
	辰　巳　直　彦	
発行者	江　草　貞　治	
発行所	株式会社 有　斐　閣	

郵便番号 101-0051
東京都千代田区神田神保町 2-17
http://www.yuhikaku.co.jp/

印刷・株式会社精興社／製本・牧製本印刷株式会社
© 2020, 角田政芳・辰巳直彦. Printed in Japan
落丁・乱丁本はお取替えいたします。
★定価はカバーに表示してあります
ISBN 978-4-641-22166-6